Uwe Anhäuser

# Hunsrück und Naheland

Entdeckungsfahrten zwischen
Mosel, Nahe, Saar und Rhein

DuMont Buchverlag Köln

Umschlagvorderseite: Herrstein (Foto: U. Anhäuser)
Umschlaginnenklappe: Adam und Eva in der Kirche Heiligenbösch (Foto: M. Jeiter)
Umschlagrückseite: Hunsrücklandschaft bei Kell (Foto: Bildverlag Merten)

© 1987 DuMont Buchverlag, Köln
Alle Rechte vorbehalten
3. Auflage 1991
Satz: Rasch, Bramsche
Druck: Interdruck GmbH, Leipzig
Buchbinderische Verarbeitung: Leipziger Verlags- und Druckereigesellschaft mbH

Printed in Germany   ISBN 3-7701-2126-0

# Inhalt

| | |
|---|---|
| Vorbemerkung | 8 |
| | |
| Einstieg in die Erdgeschichte | 11 |
| Cynonotus und Schlangensterne | 11 |
| | |
| Bei den Layenbrechern – Historischer Bergbau im Hunsrück | 17 |
| Im Bauch des Herrenbergs | 17 |
| Kunstvolle Schieferbeschläge | 19 |
| Das Hunsrücker Bauernhaus | 20 |
| | |
| Geschichtlicher Überblick – Zeitgenossen und Zeugen von einst | 21 |
| Ein steinerner Adler lag in der ›Kipp‹ | 23 |
| Bitterböser Balduin | 29 |
| »Jetzt ist die Zeit und Stunde da« | 39 |
| Prometheus ringt mit dem Reichsadler | 44 |
| | |
| Zu den keltischen Höhenburgen | 46 |
| Hunnenring bei Otzenhausen | 46 |
| Elsenfels und Altburg bei Hoppstädten | 65 |
| Nahekopf | 66 |
| Ringmauer und Glasburg | 66 |
| Röderberg, Viereckschanze und Harpelstein | 68 |
| Vorkastell | 69 |
| Ringskopf, Silberich und Wildenburg | 69 |
| Altburg und Damianskopf | 72 |
| | |
| Ausblicke vom Berg des Versuchers | 73 |
| Rheinböllen | 74 |
| Uralte Turmhügel im Bauernland | 77 |
| Kastellaun | 78 |
| Simmern | 82 |

# INHALT

Die Grabmäler in der Stefanskirche .... 87
Schinderhannes im Turmverlies .... 89
Nunkirche und Ravengiersburg .... 90
Kirchberg .... 94
Unter dem Teufelsfels .... 96
Über die Ausonius-Straße .... 114
Dill .... 117
Vom Sohrbach zu den Moselterrassen .... 118

Von der kleinen Venus zum ›Großen Herrgott‹ .... 124

An Dhron und Dhrönchen .... 132

Der Moselhunsrück .... 138
Rechts der Mosel von Neumagen bis Brodenbach .... 139
Bernkastel .... 144
Wegkreuze und Klosterhöfe .... 170
Um den Zeller Hamm .... 177
Schatzkästchen im übergrünten Mauerwerk .... 183
Behagliche Orte über einsamen Tälern .... 186
Den Frühling bringt der Moosemann .... 192

Ein Gang durch Trier .... 195

Waldland im westlichen Hunsrück .... 220
Ruwertal und Saarburger Land .... 220
Rings um den Erbeskopf .... 227
Die Dörfer vor dem Wald .... 229
Stumm-Orgeln aus Sulzbach .... 232
Herrstein: Ein Dorf haute auf den Putz .... 235
Land am Oberlauf der Nahe .... 238
Idar-Oberstein, die ›Schmuckmetropole‹ .... 240
Idyllen und eine kleine Residenz .... 243

An Nahe und Glan .... 248
Streifzüge im ›Musikantenland‹ .... 248
Von Meisenheim nach Sobernheim .... 278
Von Kirn zum Disibodenberg .... 287
Unter dem Rheingrafenstein .... 302
Zwischen Alsenz und Appel .... 310

Bad Kreuznach . . . . . . . . . . . . . . . . . . . . . . . . . . . . . . . . . . 312
Vom Guldenbach zum Mäuseturm . . . . . . . . . . . . . . . . . . . . . . 318

Zwischen Rhein und Simmerbach . . . . . . . . . . . . . . . . . . . . . . 320
Über dem ›Nil des Abendlandes‹ . . . . . . . . . . . . . . . . . . . . . . . 320
Versteckte Schätze im Soonwald . . . . . . . . . . . . . . . . . . . . . . . 323
Merkwürdiges am Rande . . . . . . . . . . . . . . . . . . . . . . . . . . . . 330

Erläuterung der Fachbegriffe (Glossar) . . . . . . . . . . . . . . . . . . . 332

Praktische Reisehinweise . . . . . . . . . . . . . . . . . . . . . . . . . . . 337
Anschriften . . . . . . . . . . . . . . . . . . . . . . . . . . . . . . . . . . . . 337
Essen und Trinken . . . . . . . . . . . . . . . . . . . . . . . . . . . . . . . 338
Kuren . . . . . . . . . . . . . . . . . . . . . . . . . . . . . . . . . . . . . . . 339
Kirchenbesichtigungen . . . . . . . . . . . . . . . . . . . . . . . . . . . . . 339
Museen . . . . . . . . . . . . . . . . . . . . . . . . . . . . . . . . . . . . . . 340
Naturparks . . . . . . . . . . . . . . . . . . . . . . . . . . . . . . . . . . . . 342
Reisezeit . . . . . . . . . . . . . . . . . . . . . . . . . . . . . . . . . . . . . 343
Reiten und Kutschfahrten . . . . . . . . . . . . . . . . . . . . . . . . . . . 343
Schaubergwerke . . . . . . . . . . . . . . . . . . . . . . . . . . . . . . . . . 344
Wandergebiete . . . . . . . . . . . . . . . . . . . . . . . . . . . . . . . . . . 344

Literaturverzeichnis . . . . . . . . . . . . . . . . . . . . . . . . . . . . . . 345
Abbildungsnachweis . . . . . . . . . . . . . . . . . . . . . . . . . . . . . . 345
Register . . . . . . . . . . . . . . . . . . . . . . . . . . . . . . . . . . . . . . 346

# Vorbemerkung

> Mosel, Nahe, Saar und Rhein
> schließen rings den Hunsrück ein.
>
> *Alter heimatkundlicher Merkreim*

In diesem Buch werden vor allem die Bauten und Kunstwerke beschrieben, die den Hunsrück und das Naheland zu einer an historischen Schätzen so bedeutsamen Gegend im Herzen Europas gemacht haben. Beredte Zeugnisse der Vergangenheit finden sich in der Landschaft, aber auch in Museen, doch darüber hinaus ist es hier noch reizvoller als anderswo, zugleich den Spuren derjenigen Personen nachzugehen, die auf dem behäbigen ›Hundsbuckel‹ und in seinen waldschattigen Engtälern am Rad der Geschichte mitgedreht haben. Reizvoller deshalb, weil diese vielerorts bis heute verschwiegene Landschaft seltene und teils sogar rätselhafte Dinge bewahren konnte, die man oft als besondere Überraschung erfährt. Ruinen, Raritäten und Rauhbeine der Geschichte: Von den ›ganz großen Namen‹ sind wohl etliche darunter, aber auch mehr als ein halbes Hundert solcher ›Randfiguren‹, deren eher heimliches oder gar absonderliches Wirken mitunter entscheidender gewesen ist als viele ›Ruhmestaten‹ der jeweiligen Machthaber samt ihren Feldherrn. Und – dies sei schon vorweg versprochen – der Leser wird nicht selten staunen und sich wundern dürfen über so eigenwillige wie krause und wahrhaft ›starke Typen‹, die sich im Hunsrück einst ihr Stelldichein gegeben haben. Geschichte haben sie alle gemacht, mal mehr und mal minder, und der eine oder andere ist als Urheber von Kunstschöpfungen sogar über die Region hinaus bekannt geworden.

Einige könnte man geradezu als Gegensatzpaare schildern, wie etwa jenen Abt Trithemius, der im Sponheimer Kloster seine magischen Experimente durchführte und der seinen ärgsten Konkurrenten im okkulten Geschäft dadurch aus dem Rennen werfen wollte, indem er bei kirchlichen Autoritäten den Widersacher als einen »prahlerischen Vagabunden, Ertzgauner und Schwartzkünstler« verpetzte und ihn der »Unzucht mit Knaben« zieh. Der solchermaßen Angeschwärzte, als Lehrer in Kreuznach beschäftigt, hieß Johann Georg Sabellicus Faustus – leibhaftig der historische Dr. Faust.

Kein geringer Gegensatz auch zwischen zwei Damen: Hildegard von Bingen, der berühmten ›prophetissa teutonica‹, die im Kloster Disibodenberg über der Nahe ihre Visionen literarisch verarbeitete, und der forschen Gräfin Loretta von Sponheim, die einmal den arglistigen Kurfürst-Erzbischof Balduin von Trier bei Traben-Trarbach kidnappte und die neuerdings von engagierten Frauen – keineswegs nur spaßeshalber – als »erste Hunsrücker Emanze« reklamiert wird.

Vom Deutschen Michel wird desgleichen zu erzählen sein, der ein waschechter Hunsrükker gewesen ist, vom Schinderhannes und vom Jäger aus Kurpfalz, der im Soonwald-Jagdrevier – juja, juja – sein Hifthorn blies. Ferner sind als Darsteller in derartigen historischen Stückchen, für welche der Hunsrück die Bühne abgab, auch Leute wie der vormals höchst angesehene Maler Müller aufzuführen, auch der von Herder und Goethe gerühmte Barockdichter Johann Nikolaus Götz (die ›Winterburger Nachtigall‹), die aus dem Dhrontal gebürtigen Hagen von Tronje und Stefan Andres (›Der Knabe im Brunnen‹), Daniel Meisner als Meister des ›Thesaurus philopoliticus‹ und nicht zuletzt auch Johann Georg Engisch, jener Maler, dem das Dorf Krummenau und die Kunstgeschichte den einmaligen ›lächelnden Christus‹ verdanken.

Das geht freilich alles quer durch die Zeiten und Disziplinen, wovon hier nun die Rede sein wird. Vielschichtig und verwirrend, manchmal doppelbödig oder am Ende gar völlig bodenlos stellen sich durchaus häufig die Winkelzüge der Hunsrücker Landesgeschichte nebst ihren Apologeten dar. Und genau dafür sind zahlreiche Denkmäler sowohl bildnerischer als auch literarischer Art ganz vorzügliche Zeugen: seien es die seltsamen Reliefs, beispielsweise, am ›Hunsrückdom‹ Ravengiersburg oder der ›Große Herrgott‹ von Rapperath, seien es die Minnelieder eines Wilhelm von Heinzenberg oder die Tiraden des tolldreisten Magisters Friedrich Christian Laukhard – seien es schließlich auch die Erinnerungen an einen kunstfertigen Knochenflicker namens Pies, dessen Tätigkeitsmerkmale als das Verbum ›piesacken‹ ins deutsche Sprachgut eingegangen sind.

»Nach Art der Gebirgsbewohner«, schrieb Adolph Liese, »sind die Hunsrücker vorsichtig, mißtrauisch, klug berechnend und den eigenen Vorteil nicht hintansetzend. Sie sind fleißig, mäßig und nüchtern.« So wird es schließlich auch immer wieder ratsam sein, in Gedanken von den Monumenten auf diejenigen zu schließen, deren Geist und Lebensart noch darin schwingt, und dann wiederum auf den Rahmen zu deuten, auf die durchaus einzigartige Kulisse, woraus hier alles lebte und seinen Atem hernimmt. Denn, wie Friedrich Back festhielt: »Nicht selten wird der Hunsrück als eine öde, unfruchtbare Höhe geschildert und als eine Landschaft, der es an allem Reiz gebreche. Nun kann allerdings der Hunsrück sich weder an Schönheit noch an Fruchtbarkeit mit den ihn umziehenden Flußtälern messen; denn über diese Täler hat die Natur eine Schönheit ausgegossen, die jedes Auge bezaubert, und zugleich eine Fruchtbarkeit, wie sie nur wenigen Gauen des deutschen Landes verliehen ist... Doch besitzt der Boden des Hunsrücks immerhin einen solchen Grad von Fruchtbarkeit, daß er seine Bewohner nährt, und daß man auf ihm da, wo Fleiß in Anbau mit Sparsamkeit im Haushalt sich paart, einen mäßigen Wohlstand gewinnt. Auch als Landschaft betrachtet, ist der Hunsrück nicht, wie oft behauptet wird, von jedem Reiz entblößt.«

Hinsichtlich der erwähnten Flußtäler, die von jeher für die Höhengebiete von erheblicher Bedeutung waren, sei hier angemerkt, daß verschiedene ihrer Orte, Denkmäler und sonstigen historischen Stätten insofern in Schilderungen dieses Buches miteinbezogen werden, als sie mit den Hunsrücker Verhältnissen oft untrennbar verflochten sind. Immerhin sind ja die berühmten Höhenburgen am vielbesungenen Mittelrhein zu einem sehr großen Teil von Hunsrückrittern gegründet worden; außerdem erheben sich, geographisch betrachtet, auch

# VORBEMERKUNG

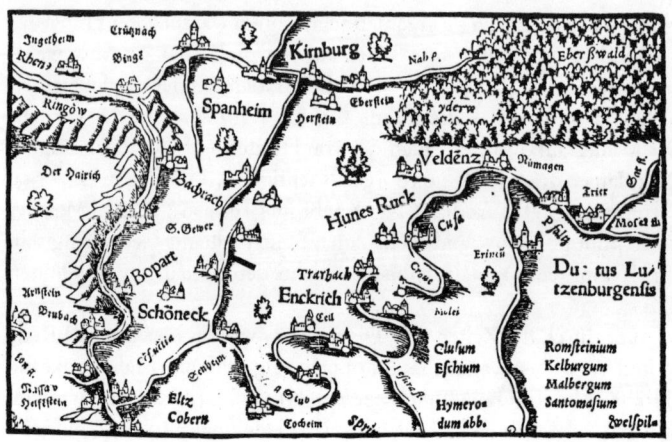

*Der Hunsrück in einer Karte aus Sebastian Münsters ›Cosmographia‹, 1541*

solche Städte wie Trier, Koblenz, Boppard und Oberwesel überwiegend auf dem (Rand-) Boden des Hunsrücks. Die Gebiete an der Saar, im äußersten Südwesten des hier infrage kommenden Raumes, das Nahetal sowie auch die Gegend des Westrichs mit dem Hügelland zwischen Nahe und Glan werden hier deshalb dem eigentlichen Hunsrück ›zugeschlagen‹, weil sowohl die historischen Beziehungen als auch aktuelle Verwaltungseinteilungen und die vom Fremdenverkehr bevorzugten Koordinaten ausreichenden Grund dafür geben.

Wer diese Region also erfahren und erleben möchte, darf dies getrost auch nach Gesichtspunkten unternehmen, wie sie Stefan George hervorgekehrt hat, der in Büdesheim am Naheufer 1868 zur Welt kam und dort auch seine Jugend verlebte: »Vier sonntägliche strassen gibt es auf meinem land: die strasse von den blassen erinnerungen die strasse von der wiederaufgenommenen tat die strasse von den unabwendbaren verzweiflungen und die strasse vom möglichen glück.« Und daran hat George dann, Hunsrück und Naheland betreffend, die unentwegt gültige Frage geknüpft: »Wäre es möglich in dieser friedfertigen gediegenen landschaft seine seele wiederzufinden?«

U. A.

# Einstieg in die Erdgeschichte

## Cynonotus und Schlangensterne

Die mächtig gelagerten Gebirgsstöcke des Hunsrücks sind bereits seit Jahrhunderten ein Gegenstand geologischer Forschung und geben in gewissen Einzelheiten noch heute Rätsel auf. So steht eigentlich erst seit 1970 fest, daß die Region im Erdzeitalter des Unterdevon inselgleich aus dem Vorzeitmeer stieg, das dazumal das jetzige Südwestdeutschland überflutet hatte. Daraus resultieren die einzigartigen Fossilienfunde im Gemündener und Bundenbacher Schiefer, mit deren röntgenologischer Untersuchung sich die Wissenschaft seit einigen Jahren beschäftigt.

Die Forscher früherer Zeit interessierte mehr die Frage nach der Herkunft des merkwürdigen Landschaftsnamens. So meinte schon Trithemius ausgangs des 15. Jahrhunderts, die langgestreckten Höhenzüge seien dem Umriß eines ruhenden Hundes ähnlich: Deshalb müsse es ›Hundsrücken‹ lauten, behauptete er und latinisierte den etwas vulgär klingenden Namen beschönigend in ›Cynonotus‹. Später besann man sich lieber auf die Hunnen, zitierte dafür zum Beweis die seit undenklichen Zeiten im Volksmund als ›Hunnenring‹ bezeichnete Keltenburg bei Otzenhausen und bemühte schließlich noch Attila, der seine auf den Katalaunischen Feldern bei Châlons-sur-Marne geschlagenen Streitkräfte durch diese Gegend ostwärts zurückgeführt habe. Dann sollte zur weiteren Erhärtung dieser Namensgebungstheorie die vom antiken Dichter Ausonius kolportierte Ansiedlung asiatischer Sarmaten bei Sohren dienen – allesamt bemerkenswerte Erklärungsversuche von einigem Gehalt an Wahrscheinlichkeit, und dennoch nicht restlos schlüssig. Versammlungsplätze fränkischer Hundertschaften bzw. die sogenannten ›Hundsgedinge‹ hätten Patenrollen gespielt, wollte man später noch glauben machen. Heute besteht nun weitgehend Einigkeit darüber, daß es sich schlicht um den ›Hohen Rücken‹ handelt, der aus dem keltischen Wortstamm ›hûn‹ (für hoch) herzuleiten ist, und man auch aus Worten wie ›Heune‹ oder Hüne als Bezeichnung für etwas Riesenhaftes kennt. Der Hunsrück als südlicher Teil des Rheinischen Schiefergebirges steigt ja mit dem Erbeskopf (818 m) zum höchsten Gipfel des gesamten Rheinlandes um den Mittellauf des großen Stroms hinauf.

Das heute erkennbare Relief des Hunsrücks bildete sich, als vor rund 350 Millionen Jahren die Wellen des Devonmeers in flachgründigen Buchten auf den Strand aufliefen und zurückfluteten, wobei der Sand mehr und mehr abgetragen wurde. Die Südküste dieses Urzeitozeans reichte von der südwestlichen Eifel bis zum Odenwald.

# EINSTIEG IN DIE ERDGESCHICHTE

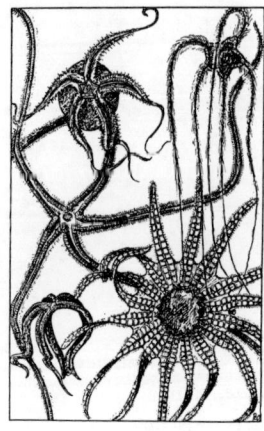

*Rekonstruktionszeichnung devonzeitlicher Seesterne nach Schieferfossilien aus Bundenbach*

Es muß ein recht seichtes Meer mit Tiefen von höchstens 200 Meter gewesen sein, in dessen vermutlich warmem Wasser sich eine vielfältige Population von mindestens 240 Pflanzenarten und Tierformen entwickelte. Anhand der Fossilien lassen sich als die häufigsten Lebewesen Seelilien, See- und Schlangensterne (Abb. 2) sowie Flügelschnecken und verschiedene Krebstiere unterscheiden. Nach dem Absterben sanken sie auf den Grund hinab oder wurden von den Brandungswellen weggezogen und darauf Schicht für Schicht vom stetig abgelagerten Schlick umschlossen. Durch das Gewicht dieser wachsenden Formationen wurde der Meeresboden allmählich zu tonigem Gestein, und in den Buchten prägten sich die abgesunkenen Organismen diesem als Fossilien ein.

Genaue Kenntnis über das einstige Aussehen und auch die Lebensweise vieler Pflanzen und Tiere des Devon ist günstigen geologischen Umständen zu verdanken, die dazu führten, daß namentlich in den Berghängen am Hahnenbachtal bei Bundenbach ungezählte Versteinerungen solcher Meereslebewesen erhalten geblieben und gefunden worden sind. Durch Verwitterung wurden während erdgeschichtlicher Zeiträume die Gebirgszüge über dem Wasserspiegel abgetragen, und ihr zu feinen Sanden zerkleinertes Gestein wurde wieder und wieder in die Buchten eingeschwemmt. So ergab sich ein immenses Aufhäufen derart abgelagerter Schichten bis zur Mächtigkeit von mehreren tausend Metern. Unter der Schwere solch gigantischer Massen mußte aber die darunterliegende Erdkruste zwangsläufig um einiges nachgeben – ein Vorgang bzw. Rhythmus, wie er sich ja immerwährend an vielen Stellen der Erdoberfläche vollzieht, und der ebenso gesetzmäßig innerhalb des stets auf Ausgleich bedachten Naturgefüges eine Anhebung des Untergrundes in benachbarten oder auch ferneren Zonen nach sich zieht. So wurden durch die Senkung des devonischen Meeresbodens an den Ufern Reibungskräfte freigesetzt und Hebungen hervorgerufen. Vor allem der umfangreiche Sockel des westlich gelegenen Ardennengebirges geriet mit in dieses Spiel der Kräfte, und darauf tat sich, vor etwa 220 bis 180 Jahrmillionen, der Saar-Nahe-Graben im Verlauf der sogenannten Variskischen Senkungszone auf.

Zwar liefen die Bewegungen der Erdkruste in ausgedehnten Perioden ab, doch kam es in besonders angespannten Regionen durchaus auch zu plötzlich wirkenden katastrophalen Folgeerscheinungen. Glutflüssiges Magma aus dem Erdinneren drängte sich in die an den Reibungsflächen entstandenen Risse, und nicht selten entlud sich die elementare Erdgewalt auch in offenen Eruptionen. Lava ergoß sich an die Oberfläche, und Vulkane wuchsen empor. Beim Abkühlen des verflüssigten Gesteins formten sich oft Blasen, in welche später hin mineralische Lösungen einsickerten. Solche in meist winziger Dosierung in die Hohlräume gelangten Substanzen sorgten gewissermaßen für eine geologische Spezialität im Gebiet am Oberlauf der Nahe: Sie bewirkten nämlich, daß sich aus Beimengungen wie Eisen, Kupfer oder Chlorit im Laufe chemischer Umwandlungen die für den Idar-Obersteiner Raum so typischen Achatgeoden mit ihren prächtig gebänderten Formen heranbildeten. Und wenn die infiltrierten Lösungen die Spalten und Blasen nicht vollständig füllten, entstanden die heute von Sammlern hoch geschätzten Amethyst- und Kalzitdrusen mit ihrer Vielfalt an Farben und Formen.

Was so in unvorstellbar langen Zeiträumen gedieh, indem die unterirdisch aufsteigenden Wässer ihre mineralischen Beimengungen in die Hohlräume preßten, woraus sich dann durch Druck und Erdwärme die kristallinen Gebilde prägten, hat den Ruf Idar-Obersteins als Fundort von Edelsteinen begründet. Und weil die auf diesem Reichtum an seltenen Steinen fußende Spezialindustrie der Schmuck-›Metropole‹ sich längst auf preisgünstig von Übersee eingeführtes Rohmaterial umgestellt hat, sind die alten Fundstellen an der Nahe

*Darstellung einer Achatschleiferei aus dem Buch von Collini, 1776*

und in ihren Seitentälern inzwischen zu einem Eldorado für Sammler und Hobbymineralogen geworden. Dieser Umstand könnte sogar für Reisende auf den Spuren der Kunst eine kaum geahnte Bereicherung bedeuten: Denn man kann in dieser Region die selbstgefundenen Edelsteine nicht nur in den unterdessen eingerichteten Hobbyschleifereien eigenhändig zu Anhängern oder Cabochons gestalten, sondern auch in mehreren Goldschmieden unter sachkundiger Anleitung zum gediegenen Schmuckstück ausformen. Solch eine kreative Kunstreise darf sicher als außergewöhnlich gelten – und etwas auch nur annähernd Vergleichbares gibt es nirgendwo anderenorts.

Wurden im Erdzeitalter des Karbon (vor 310–240 Mill. Jahren) die waagerecht liegenden Sedimentgesteinsschichten durch seitlichen Druck zusammengeschoben und zu Sätteln aufgefaltet, so brachte das auf diese Periode folgende Perm (vor 240–200 Mill. Jahren; die sogenannte ›Nachkohlenzeit‹) eine bedeutende Phase der Erosion, während welcher Verwitterungsschutt jener Bergsättel in die Mulden eingetragen wurde. Insbesondere der Saar-Nahe-Graben mit dem Soon-Vorland und dem Nahe-Bergland erfuhr eine Auffüllung mit dem Material, das als das ›Rotliegende‹ bezeichnet wird. Dabei unterscheidet man regional die Kuseler, Lebacher und Tholeyer Schichten des Unterrotliegenden mit zahlreichen Konglomeraten und charakteristischen Sandsteinbildungen von den später infolge vulkanischer Unruhen aufsteigenden Magmatiten. Porphyre und Melaphyre wurden dabei zu den Hauptmerkmalen der Abgrenzung zwischen Unter- und Oberrotliegendem, und die damals begründeten Massive haben mit solch gewaltigen Landschaftsformen wie z. B. dem Rotenfels an der unteren Nahe wesentlich dazu beigetragen, daß die Randzonen zwischen Rheinischem Schiefergebirge und dem weiter südlich gelegenen Pfälzer Bergland heute als ein wirklich grandioses ›Bilderbuch der Erdgeschichte‹ bewundert werden können.

Einstiger Meeressand, der zu hartem Quarzit und zu Schiefer geworden war, hat also den Hunsrückrumpf aufgebaut, während das Naheland buchstäblich zu einer ›Region der roten Hänge‹ geworden ist. Im Tertiär (vor 60 Mill. Jahren) erlebte der Hunsrück eine abermalige Hebung, doch bald setzte danach schon wieder die Abtragung der Höhenzüge ein, wobei es bereits die heutigen Bach- und Flußläufe waren, die das aktuelle Relief der Landschaft geprägt haben. Dieses kann trotz seiner Bewegtheit (und abgesehen von vielfältigen Sonderformen auf kleinerem Raum) im grundsätzlichen Aufbau folgendermaßen dargestellt werden: Die höchsten Kämme bestehen aus dem harten Taunusquarzit, der von Quarzadern durchzogen ist, die mitunter infolge eingedrungener Eisenlösungen stark rotgefärbt erscheinen. Unter den Quarzitrücken dominiert meistenorts der gleichfalls aus dem Boden des Urozeans hervorgegangene Hunsrückschiefer, dem sich Quarzitbrocken (manchmal als große Blockmeere von steilen Hängen herab) sowie lehmiger Gehängeschutt zugesellen. Grünschiefer, Phyllite, aus basaltischen Schmelzen umgewandelter Diabas sowie stellenweise Dolomit und (bei Stromberg) sogar Korallenkalk vervollständigen die ›geologische Musterkollektion‹, die zudem noch allenthalben mit Blei-, Zink-, Kupfer- und Eisenerz durchsetzt ist. In den südlichen Randzonen treten schließlich die erwähnten Konglomerate, Sandsteine und vulkanischen Massen hervor.

*Hahnenbach, Zeichnung von Uwe Anhäuser, 1974*

Der so beschaffene Untergrund hat, seit im jüngsten erdzeitlichen Augenblick der Mensch zum Mitgestalter wurde, die Vegetations- und Nutzungszone gewissermaßen diktiert: Demzufolge sind die Quarzitkämme fast durchgehend dicht bewaldet, die darunter gelegenen sanfteren Hänge, Hochebenen und Mulden werden landwirtschaftlich genutzt, während die eingeschnittenen Täler wiederum von Wäldern flankiert werden. Häufig ducken sich die Siedlungen in diese Talgründe oder haben sich zwischen dem Ackerland in Mulden breitgemacht. Charakteristisch für die zum Rhein und zur Mosel hin durch tiefe Schluchten absteigenden Bachtäler sind außer einzeln stehenden Mühlengehöften die oft winzigen Weiler, deren Häuser manchmal als ganz schmale Zeilen gleich unter dem Steilhang die gewundenen Sträßchen begleiten. Orte wie das weithin sichtbare Kirchberg auf seiner Anhöhe gelten für den Hunsrück als Ausnahme. Drunten im Nahetal fanden sich überall dort, wo die zahlreichen Bachläufe die Mulde erreichen, angenehme Siedlungsplätze. Vor allem die Gegend naheabwärts von Martinstein zeichnet sich durch Böden und klimatische Verhältnisse aus, die von alters her den Weinbau begünstigt haben. Winzerorte zwischen ihren Rebhängen beleben diese Region, so wie überhaupt mit den Ertragsflächen auf den Hängen an Rhein, Mosel und Saar – nur ausgenommen der Hochwald- und Westrichraum – der gesamte Hunsrück von Weinlaub geradezu umkränzt erscheint.

Das Naheland am Unterlauf zwischen Bad Kreuznach und der Mündung in den Rhein bei Bingen gilt als Grenz- bzw. Übergangszone zur rheinhessischen Ebene. Gleich am Nordufer des Flüßchens steigen hier aber auch die geologischen Falten und Rippen zum Binger Wald hinan, dessen höchster Gipfel, der 637 Meter hohe Kandrich, leider nicht betreten werden kann, weil er von einer amerikanischen Raketenstellung eingenommen worden ist. Dabei öffnet sich gerade von hier aus ein grandioser Ausblick nach Südwesten zu dem

# EINSTIEG IN DIE ERDGESCHICHTE

langwelligen Waldkamm des großen Soon mit den sagenumwobenen Höhen von Hochsteinchen (648 m), Schanzerkopf (643 m), Simmerkopf (653 m), Alteburg (621 m) und dem Ellerspring (658 m). Sagenumwoben auch die Wildburghöhe (628 m), wo in tiefster Waldeinsamkeit die Trümmer eines mittelalterlichen Rittersitzes liegen, auf dem einst Volker von Alzey, der Nibelung, seine Fiedel gestrichen hat und Graf Walram als Urbild des Wilden Jägers zum fidelen Gejaid ins Horn stoßen ließ. Der heute als Aussichtsturm besteigbare Bergfried der Koppensteinruine am westlichen Soonwaldrand bietet ein herrliches Panorama: Nördlich breitet sich die Simmerner Mulde mit malerisch in die Landschaft eingesprenkelten Bauerndörfern aus, gleich drunten, am Fuß des Koppensteins, liegt Gemünden mit seinem malerischen Schloß, und gegenüber steigt über dem Simmerbachtal der im Teufelsfels (568 m) gipfelnde Lützelsoon auf.

Abermals etwas Sagenhaftes: Auf diesem Teufelsfels soll, so geht die Legende, der Satan den Heiland versucht haben: Wolle er ihm, dem Fürsten der Welt, in aller Form huldigen, dann sei dafür das wunderschöne Land ringsum sein eigen. Nur schwer, behaupten die Hunsrücker, habe Christus diesem Angebot entsagen können, und dies, obwohl doch keine zwei Kilometer unter dem Teufelsfels das hübsche Dörfchen Woppenroth inmitten von Obstbaumwiesen liegt, das unter dem fiktiven Namen ›Schabbach‹ und als Schauplatz für das Fernsehepos ›Heimat‹ unterdessen schon weltbekannt geworden ist...

Zwischen Gemünden und Bundenbach birgt der Lützelsoonsaum die fossilienreichen Schieferschichten aus dem Devon. Jenseits des Hahnenbachs hebt sich aus den engen Tälern der Umriß des Idarwaldes hervor (Idarkopf: 746 m), der bis zur Höhe von 766 Meter ansteigt und zwischen Grauem Kreuz und Usarkopf (724 m) in das Gebiet des Hochwaldes um den Erbeskopf (818 m) übergeht. Parallel zu diesen Kämmen streichen ein paar Kilometer weiter südlich die von mehreren keltischen Fliehburgwällen gekrönten Rücken der Wildenburg (676 m), des Silberichs (628 m) und des Ringelkopfes (712 m); wie schon im Soonwald bilden all diese Höhen ein einziges zusammenhängendes Forstgebiet.

Gleichfalls parallel zueinander verlaufen, immer in südwestlicher Richtung dem geologischen Streichen folgend, der Schwarzwälder und der Osburger Hochwald (mit dem 708 m hohen Rösterkopf), ehe sich das Gebirge dann allmählich zum Saartal zwischen Konz und Mettlach senkt. Vor der französischen und luxemburgischen Grenze trägt die sich westlich anschließende Region des Saargaus, das ›Dreiländereck‹ zwischen Saar und Mosel, ein anderes Gepräge, das schon zum lothringischen Schichtstufenland als dem östlichsten Ausläufer der Ile de France überleitet.

Ein anderes Bild bieten auch die nördlich der geologisch so abwechslungsreichen Gebirgszonen zwischen Binger Wald und Osburger Hochwald ausgebreiteten Hochflächen und Mulden. Aus dem Relief der schon erwähnten Simmerner Mulde und dem auf Koblenz zulaufenden Geländedreieck zwischen Rhein und Mosel ragen keine bedeutenden Gipfel hervor. In Lagen um 400 bis 500 Meter Höhe findet sich hier eine mit verstreuten Wäldern gemusterte Fläche, deren Aussehen von landwirtschaftlicher Nutzung bestimmt worden ist. Aber in den zu den beiden großen Flüssen hin entwässernden Bachtälern ändern sich die Formen meist abrupt. Bis zu den Hangkanten reichen mitunter die Felder und Weiden, bevor hinter einem schmalen Gürtel von Buschwerk die steil abfallenden Talwände im waldigen Kleid anstelle eines behutsamen Übergangs die Einbrüche im geologischen Ganzen geradezu dramatisch markieren. Da sind es mal spitzkantige Klippen, mal Überhänge und nicht selten auch von Geröllhalden übersäte Bergflanken, die, wenn man's von unten betrachtet, den eigentlichen Hunsrück vielerorts wie einen von Natur her unzugänglichen rissigen Gebirgsblock wirken lassen, durch zahlreiche Bastionen der mittelalterlichen Höhenburgen an seinem Rand überdies noch martialisch gespickt. Fährt oder wandert man dann aber hinauf, ist es mancherorts wiederum überraschend, nach all den Klüften und teils bizarren Felsvorsprüngen droben das sanfthügelige Bauernland gleich über den Talrändern zu erblicken.

## Bei den Layenbrechern – Historischer Bergbau im Hunsrück

### Im Bauch des Herrenbergs

Schiefer, Sandstein, Lehm und Eichenholz waren im Hunsrück seit je die dominierenden Baumaterialien. Aus Schieferbruchstein wurden die Fundamente und Kellermauern errichtet, auf die das mit Lehm ausgefüllte Eichenfachwerk gestellt und obenauf ein Dachstuhl gezimmert wurde, der seinerseits mit gespaltenen Schieferplatten einzudecken war. Allerorten diente der Schiefer außerdem als Wetterschutz der Außenwände, wobei die Häuser nicht einfach nur mit den sogenannten ›Layen‹ beschlagen, sondern oft auch mit Ornamenten aus schön behauenen Platten verziert wurden. Noch immer gibt es ansehnliche Beispiele dieser traditionellen Hunsrücker Handwerkerkunst. Fenster und Türen wurden häufig mit Sandstein umrahmt.

Kaum bekannt ist des weiteren, daß dieses Mittelgebirge zwischen Mosel und Nahe von uralten Schürfstollen stellenweise buchstäblich durchlöchert ist: Man suchte und förderte Erze, die seit keltischer Zeit, im Mittelalter und teils noch bis in die letzten Jahrzehnte eine bedeutende Wirtschaftsgrundlage waren. Die bekannte saarländische Eisenindustrie ist z. B. ganz wesentlich von Hüttenherren aus dem Hunsrück begründet und ausgebaut worden. Schmuck und Waffen der Kelten und Römer im Tererverland um das spätere Trier wurden aus Kupfererzen hergestellt, die aus Hunsrücker Gruben kamen. Und auch die noch im 19. Jahrhundert blühenden Eisengießereien mit ihren heute von Sammlern so begehrten Produkten wie Takenplatten und Schranköfen aus der Rheinböller oder der Asbacher Hütte waren gleichsam Bindeglieder zwischen Bergbau und Kunst.

Schließlich ist noch auf die Fundorte von Bergkristall, Achat, Amethyst, Jaspis und anderen kostbaren Steinen am Oberlauf der Nahe hinzuweisen. Diese Rohsteine wurden in solchen Minen gegraben wie dem Idar-Obersteiner Steinkaulenberg mit seinen vielen Dut-

## BEI DEN LAYENBRECHERN

zend Stollen. Jetzt als sogenannte Besuchergrube zu besichtigen, stand diese Mine am Anfang des bis heute noch blühenden Kunstgewerbes der ansässigen Edelsteinschleifer, Graveure und Goldschmiede.

Ein Gang durch die gleichfalls für den Besucherverkehr freigegebene Schiefergrube Herrenberg bei Bundenbach über dem Hahnenbachtal kann vielleicht am ehesten veranschaulichen, welche Mühsal untertage zur Gewinnung jenes blauschwarzen Gesteins erforderlich war, das gewissermaßen als ›Leitfossil‹ meistenorts die landestypischen Bauten prägt. Und auch Fossilien im ganz wörtlichen Sinn können hier an ihrem Fundort betrachtet werden: Dabei handelt es sich hauptsächlich um Seelilien und feingliedrige Seesterne sowie zahlreiche andere ›Charaktertypen‹ aus dem devonischen Tierreich.

Übrigens finden sich Reste der einstigen Vegetation seltener; dies liegt daran, daß Meerespflanzen, die als Nahrung der fossilgewordenen Tiere ja sicher in großer Fülle vorhanden waren, bei ihrem organischen Abbau kein tierisches Eiweiß freisetzten, das sich zu dauerhaftem Pyrit hätte umwandeln können. In der Regel sind sie spurlos vergangen. Auch Seelilien – trotz ihres irreführend klingenden Namens – gehören ja der Tierwelt an. Zur erwähnten Sammlung zählt auch ›Gemündina Stürtzi Traquair‹, ein rochenartiger Fisch, der als Beleg dafür gilt, daß sich in der Bundenbacher Vorzeitfauna schon höhere Tierformen zu entwickeln begannen. Zu den charakteristischsten Fossilien im Schiefer gehören die Trilobiten, kleine Dreilappkrebse, darunter auch als Vorfahr der rezenten Krabben ein ›Nahecaris‹ genannter Krebs.

Mit diesen Fundsammlungen und als eine Dokumentationsstätte für den historischen Bergbau im Hunsrückraum zählt die Schiefergrube Herrenberg zu den anschaulichsten Beispielen des unmittelbaren Zusammenhangs zwischen Erd- und Wirtschaftsgeschichte. Ganz ähnlich gilt dies auch für die gleichfalls zu Schaubergwerken hergerichteten Kupferminen im Hosenberg bei Fischbach/Nahe und die Achatfundstellen des Steinkaulenbergs von Idar-Oberstein. Gerade der Schiefer wurde bereits zur Keltenzeit abgebaut, und zur Römerzeit durchzogen viele Straßen und Verbindungswege die mittelrheinische Region, von denen manche über weite Strecken mit großen Layen gepflastert waren. Die Flußtäler von Nahe und Mosel, vor allem im Umkreis solcher antiken Zentren wie Trier und Bad Kreuznach (Crucinacium), waren teils dicht besiedelt. Über den gesamten Hunsrück verteilten sich damals außer kleinen Ortschaften (›vicii‹) zahlreiche Landgüter (›villae rusticae‹), deren Gebäude meist mit Schiefer eingedeckt waren.

Im Mittelalter wurde das überall anstehende Steinmaterial allgemein zum Burgenbau gebraucht und setzte sich in den späteren Jahrhunderten auch als Bedachung für die Häuser der ärmeren Bevölkerung anstelle der (billigeren) Strohdächer durch. Wie der Freiherr von Schmidtburg im Jahr 1750 für die Gegend um Bundenbach, so forderten bald alle Obrigkeiten der Region ihre Untertanen bei Androhung empfindlicher Geldstrafen dazu auf, binnen kurzer Frist zur Herabsetzung von Brandgefahren ihre Wohn- und Wirtschaftsgebäude mit Schieferdächern zu versehen. An der Mosel wurden ähnliche Verfügungen sogar schon Anfang des 16. Jahrhunderts erlassen. Weil so in relativ kurzer Zeit der Bedarf an Dachschiefer geradezu sprunghaft anwuchs, erlebte der Bergbau eine wahre Hochkonjunktur. Waren

Das Zerkleinern oder Zurichten von Schiefer, Porphyr- und Melaphyrgesteinen gab Hunsrücker Werkleuten noch bis in die letzten Jahrzehnte Arbeit und Brot

die Layen früher meist im Tagebau gebrochen worden, so kam es jetzt – vermutlich auch infolge wirtschaftlicher Konkurrenz – mehr und mehr zu Stollenvortrieben ins Innere der Berge, zumal die Qualität des an der Erdoberfläche den Witterungseinflüssen ausgesetzten Gesteins nicht entfernt an die aus tieferen Schichten heranreicht. 1865 waren allein auf der Bundenbacher Gemarkung 21 Dachschiefergruben in Betrieb.

Dieser Bergbau florierte noch bis weit ins 20. Jahrhundert und kam erst durch die Einführung des Kunstschiefers nach dem Zweiten Weltkrieg fast gänzlich zum Erliegen. Neuerdings, beflügelt von der ›Nostalgiewelle‹ der jüngsten Zeit und auch durch behördliche Denkmalschützer nach Kräften gefördert, zeichnet sich vielerorts im und um den Hunsrück eine regelrechte ›Schieferrenaissance‹ ab. Eine Handvoll stillgelegter Gruben wird nun wieder befahren und liefert das Material für Dacheindeckungen und Außenwandbeschläge, die hier und da auch nach dem Vorbild der im 18. und 19. Jahrhundert zu einer schon kunsthandwerklich zu nennenden Sonderform entwickelten Fertigkeit der Dachdecker gestaltet werden.

## Kunstvolle Schieferbeschläge

Seit alters waren im Hunsrück Schieferplatten nicht nur zur Eindeckung der Dachschrägen, sondern auch für den Beschlag von Giebeldreiecken, Türvordächern und namentlich auch für die landestypischen Wetterdächer verwendet worden. Die letzteren, ›Regenabweiser‹ genannt, ziehen sich als bis zu einem Meter breite Zeilen waagerecht an Wohntrakt, Stall und Scheuertenne des bäuerlichen Einhauses hin. Der Grund für diese Eigenart leuchtet sofort ein: Das Wetterdach ermöglicht auch außerhalb der Räume die bei jeglicher Witterung trockenen Fußes gangbare Verbindung zwischen sämtlichen Wohn- und Arbeitsbereichen eines Anwesens. Wahrscheinlich kam es beim Beschlagen dieser schmalen Dachbänder oder

## BEI DEN LAYENBRECHERN

auch bei der Umkleidung des sogenannten ›Eulenlochs‹ unter dem Giebel zu ersten Zierformen (Rosetten und Zackenbänder), die das einförmige Rautenmuster der Layenfelder unterbrechen bzw. auflockern sollten.

## Das Hunsrucker Bauernhaus

Seit Beginn des 18. Jahrhunderts wurde es üblich, auch die mit ihren Lehmgefachen zwischen den Eichenbalken recht wetterempfindlichen Seitenwände der Fachwerkhäuser mit Schiefer zu verkleiden. Dabei beschränkte man sich bald nicht mehr nur auf die Wetterseiten, sondern umkleidete schließlich das ganze Haus mit einem schützenden Schiefermantel, der ja zudem noch den erheblichen Vorzug der Wärmedämmung mit sich brachte. Die überwiegende Zahl dieser typischen Hunsrückhäuser weist am massiv gemauerten Erdgeschoß einen meist schlichten Verputz und darüber die vollständige Einschieferung des in aller Regel aus Fachwerk errichteten Obergeschosses und der Giebelseiten auf. Durch den gleichfarbig blaugrauen Übergang vom Obergeschoß zu den Dachflächen erscheint dieser in fast jedem Dorf des Hunsrücks anzutreffende Haustyp gedrungen, kompakt und ausgesprochen bodenverwachsen.

Weil nach und nach in den Orten die meisten Häuser auf diese Weise verkleidet wurden, entwickelte sich wie zwangsläufig ein Hang dazu, durch die individuelle Hervorhebung einzelner Partien (z. B. Fenster- und Türumrandungen) dem eigenen Gebäude ein unverwechselbares Gesicht zu geben und möglichst zugleich damit den jeweiligen Nachbarn ›auszustechen‹. So kam im Lauf der Zeit eine recht abwechslungsreiche Palette an unterschiedlichen Flächenmustern zustande, die oft nicht nur von ungefähr der biedermeierlichen

*Hunsrückbauer am Idarkopf, Aquarell von Armin Peter Faust, 1980*

Vorliebe für ornamentale Wandverkleidungen im Innenraum entsprachen. Mit Schablonenschiefer gliederte man die freien Flächen zwischen den Fenstern, umrahmte die Öffnungen mit gegenläufigen Plattenreihen und fügte in die größeren Partien runde, rauten- oder sternförmige Ornamente ein. Häufig ließ der Eigentümer auch seine Initialen groß an der Wand herausarbeiten. Simse, Dachkanten und andere Vorsprünge wurden des weiteren mit fein zurechtbehauenen Zackenkränzen verziert.

Beim Durchfahren der Hunsrückdörfer sollte man sich heute ein wenig Muße zum Betrachten dieser rustikalen Fassaden nehmen. Es handelt sich dabei gewiß um keine grandiosen Kunstwerke, doch um oftmals sehr markante Schmuckformen mit viel Liebe zum Detail (Abb. 3). Je nach Lichteinfall wirken die verschieferten Wände trotz all ihrer Masse recht lebendig.

## Geschichtlicher Überblick – Zeitgenossen und Zeugen von einst

Die nächste Umgebung der Schiefergrube Herrenberg an den Talhängen des Hahnenbaches ist ein Fleck Erde, auf dem sich in außerordentlicher Dichte historische Monumente verschiedener Epochen zueinandergesellt haben. Keine fünf Gehminuten von der Grube entfernt wurde auf einem felsigen Plateau unmittelbar über den unterirdischen Stollen und Weitungen eine keltische Festungsanlage freigelegt. Diese Altburg (s. S. 22, 72), durch einen aus Schieferplatten geschichteten Abschnittswall von sieben Meter Höhe und 80 Meter Länge geschützt, barg eine große Zahl von Siedlungsplätzen und wird seit ihrer archäologischen Untersuchung in der neueren Literatur als ein kleines Oppidum bezeichnet. Von dieser Höhensiedlung sind verschiedene Bauteile rekonstruiert worden und gewähren somit mehr als bloß einen imaginären Blick auf die älteste Siedlungsform im Hunsrückraum.

Beim Ausblick von dieser Stelle ist auf einer langen Felsnase am gegenüberliegenden Talhang eine andere Ruinenstätte nicht zu übersehen: Mit höchst malerischen Baugruppen hebt dort die aus klobigen Schiefermauern errichtete Schmidtburg eindrucksvolle Umrisse aus dem Grün. Diese Anlage, von der Grube Herrenberg gleichfalls in wenigen Minuten zu erreichen, ist eine Gründung aus dem 10. Jahrhundert und war Stammsitz der bedeutendsten Feudalgeschlechter, die später im Hunsrück, an der Nahe und über dem Mittelrhein ihre Besitzungen hatten und weitere Burgen entstehen ließen.

Mit solchen Relikten kann dieser Winkel am entlegenen Hahnenbach als beredtes Beispiel für die Hunsrückgeschichte und ihre Baudenkmäler gelten. Denn dies ist in der gesamten Region noch vielerorts in vergleichbarer Weise zu entdecken: Versunken im weitläufigen Wald, verborgen in abseitigen Talschluchten oder gleichsam hinter einem tarnenden Ring unscheinbarer Häuser mitten in einem Dörfchen stößt man immer wieder auf erstaunliche Zeugen der Vergangenheit. Weshalb sie die Jahrhunderte sozusagen ›verschlafen‹ und selbst die von den Romantikern des 19. Jahrhunderts am Mittelrhein so enthusiastisch gefeierte

## GESCHICHTLICHER ÜBERBLICK

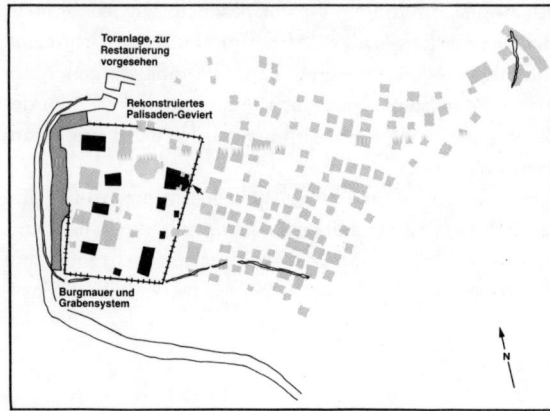

*Altburg bei Bundenbach mit rekonstruierten Keltenhäusern*
- *rekonstruierte Häuser*
- *Hausgrundrisse*
- *In den Fels getiefter Keller, darüber massiver Schutzbau, der künftig zum Dokumentationsraum hergerichtet werden soll*

Hinwendung zu geschichtsträchtigen und legendenumwobenen Ruinenorten unbeschadet überstehen konnten, ist kein Rätsel. Das lag und liegt ganz einfach daran, daß die bedeutenden Verkehrswege – Straße, Schiene, Schiffahrt – damals wie heute drunten in den Tälern verlaufen und die Besucher droben auf dem scheinbar ›undurchdringlichen Hundsbuckel‹ Ausnahmeerscheinungen oder (eben!) verschwiegene Kenner sind.

Dabei war dies in den ältesten Zeiten ganz anders, im Grunde sogar genau umgekehrt. Schon zur Bronzezeit und auch unter den Römern schnitten die wichtigsten Heer- und

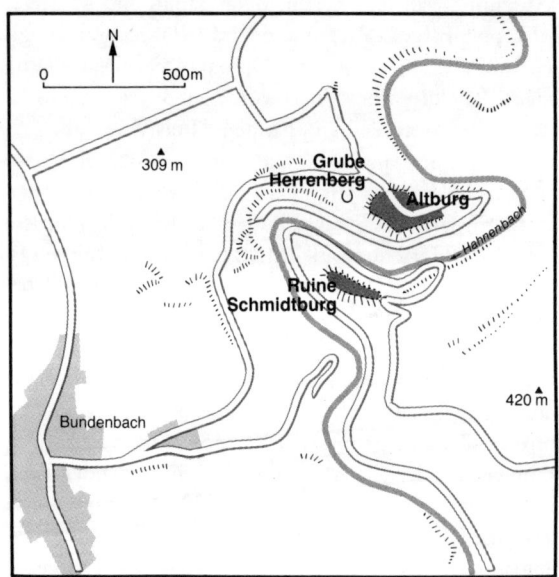

*Ganz dicht beieinander stehen die jeweils restaurierten Ruinen der keltischen Altburg und der mittelalterlichen Schmidtburg über dem Hahnenbachtal*

Handelsstraßen mitten durchs Gebirge. Erst seit dem Mittelalter änderte sich die Situation entschieden, und zwar bemerkenswerterweise durch einen Interessenzusammenhang, den man in der jüngsten Zeit und als Wirkungselement aktueller Politik mit dem Begriff ›wirtschaftlich-militärischer Komplex‹ benennt. Es ergab sich damals nämlich, daß die weltlichen und die geistlichen Herrschaften (beispielhaft: die Bischöfe von Mainz, Köln und Trier) nicht nur ihre in den Tälern aneinandergrenzenden Besitzungen wider den jeweiligen Nachbarn zu sichern, sondern den Passanten auch Brücken- und Wegezölle abzufordern verstanden. Gerade im Rheintal mit seinen durch Bastionen relativ leicht kontrollierbaren Engpässen gestaltete sich dies zu einer ergiebigen Einnahmequelle. Die dazu stets erforderliche Präsenz eingreifbereiter Burgvögte samt ihren Reisigen verlangte dann freilich den Bau der imponierenden Höhenburgen über dem Strom, während gleichzeitig die alten Stammsitze im Hinterland zu minderer Bedeutung herabsanken. Und auch die uralten Höhenwege spielten bald kaum noch eine Rolle, die dort noch durchreisenden Krämer und Viehhändler trugen nicht annähernd soviel ein wie beispielsweise die aus den oberrheinischen Städten ins Niederland herabfahrenden Schiffe der Baseler, Straßburger oder Mainzer Handelsherren mit ihren Ladungen von Tuchballen, Ackerfrüchten oder Wein.

## Ein steinerner Adler lag in der ›Kipp‹

Bei Heddesheim am Rand der Kreuznacher Bucht kamen im Guldenbachtal die Überreste eines Lagers von Rentierjägern aus der Altsteinzeit zum Vorschein. Von hier ist es nicht weit bis Weiler (oberhalb Bingerbrück), wo behauene Steine – Schlagbrocken und Schaber – eines Vorzeitmenschen entdeckt wurden, der vermutlich vor einer halben Million Jahren lebte und dem Typus von Mauer (›Homo Heidelbergensis‹) zugerechnet wird. Ansonsten kennt man aus dem Paläolithikum im Hunsrückraum nur noch einige Quarzitgeräte des Moustérien, die bei Grumbach und Herren-Sulzbach zwischen Nahe- und Glantal gefunden wurden. Somit deuten alle bisherigen Erkenntnisse darauf hin, daß allenfalls vereinzelte Jägerhorden in den ersten Epochen der Menschheitsgeschichte, den Flußtälern aufwärts folgend, in diese Gegend vorgestoßen sind.

Noch etwas weiter wagten sich dann wohl die Jagdgruppen zur Jungsteinzeit vor: Auf den Höhen des Hunsrücks fand man zwar eine recht große Anzahl verstreuter Steinbeile, die aber höchstens auf umherschweifende Jäger und Sammler schließen lassen, während Siedlungsplätze jener Periode ebenfalls nur in den Tälern, z. B. um Bad Kreuznach und an der Mosel, festgestellt worden sind. Die an mehreren Orten aufgerichteten Menhire (›Hinkelsteine‹) scheinen gegen Ende der Jungsteinzeit eine weitergehende Inbesitznahme und vielleicht sogar erste Urbarmachung der Randgebiete von Mosel und oberer Nahe zu dokumentieren (Abb. 6). Immerhin findet sich in Gestalt des ›Königsteins‹ bei Rhaunen ein solcher Menhir bereits unmittelbar unter dem Idarkopf, also in einer der höchsten Lagen der Region.

# GESCHICHTLICHER ÜBERBLICK

*Keramikgefäß aus einem Grabhügel*

Für den Beginn der Bronze- und Urnenfelderzeit (ca. 1700–700 v. Chr.) läßt sodann die Fundhäufigkeit auf eine stärkere Besiedlung schließen, die von den Talmulden aus nach und nach auf die niedrigeren Randzonen des Berglandes übergriff. Eine sehr erhebliche Zunahme der seßhaft werdenden Bevölkerung erfolgte während der regional ausgeprägten Hunsrück-Eifel-Kultur (seit dem 6. Jh. v. Chr.), was an einem rapiden Anwachsen der Hort- oder Depotfunde sowie durch eine Vielzahl von Grabhügeln zu erkennen ist, in denen außer Keramiken vor allem Metallbarren, Schmuckgegenstände und Waffen zutage kamen.

Im Laufe der letzten sieben vorchristlichen Jahrhunderte entwickelten sich aus den Trägern der rheinischen Urnenfelderkultur jene keltischen Stämme der Eisenzeit, die nicht nur durch höchst qualitätvolle Kunstwerke wie z. B. die Goldschale von Schwarzenbach und den wunderbaren Ringschmuck aus einem Fürstengrab von Waldalgesheim hervorragen, sondern auch die Konstrukteure der gewaltigen Höhenburgen waren, die zur Latènezeit von Mettlach an der Saar bis zum Soonwaldrand ein regelrechtes Festungssystem quer durch den Hunsrück gebildet haben. Zur Begriffsklärung muß an dieser Stelle erwähnt werden, daß die jüngere Hunsrück-Eifel-Kultur, der diese Werke angehören, mit dem älteren und mittleren Latène zeitlich gleichzusetzen ist. Von den Ardennen bis an den Rhein, also das Gebiet des heutigen Großherzogtums Luxemburg, einige Landstriche an Obermosel und Saar sowie den gesamten Hunsrückraum abdeckend, breitete sich der volkreiche Stamm der Treverer aus. Die riesigen Ringwälle, zu deren Errichtung Tausende von Arbeitskräften erforderlich waren, und auch der sich in den erwähnten Grabfunden äußernde Reichtum sind nur denkbar als Leistungen einer sowohl vielköpfigen und handwerklich wie kulturell aktiven als auch gut organisierten Gesellschaft. Gewiß fußte der unverkennbare Wohlstand zum Teil auf der schon damals betriebenen Ausbeutung von Erzlagerstätten; des weiteren genossen die Treverer, wie antike Autoren bescheinigt haben, einen besonderen Ruf als vortreffliche Pferdezüchter. Andererseits beklagten ihre Nachbarn aber auch einen anscheinend allgemeinen Hang zu Raufhändeln, wovon auch später die Römer während etlicher Aufstände noch ›Kostproben‹ erfuhren.

Die Römer? Als Cäsars Legionen 58–51 v. Chr. die linksrheinischen Gebiete unterwarfen, geriet auch der Hunsrück unter die Fremdherrschaft. Es heißt sogar, daß die Treverer selbst um Annexion gebeten hätten, waren sie doch dazumal häufig in Scharmützel und stete

Reibereien mit den Germanen verwickelt, die immer wieder zu Raubzügen ins keltische Gebiet einfielen. Mit römischer Schützenhilfe, so hoffte man, könne man auf recht bequeme und doch wirkungsvolle Art die Plagegeister in die Schranken weisen – eine Denkungsart übrigens, die mit den überlieferten treverischen ›Volkspsychogrammen‹ durchaus in Einklang zu bringen ist. Die Rechnung ging in der Tat auf, denn die Germanen erhielten zunächst ihren ›Denkzettel‹. Als nächstes aber ging dann den Treverern selber ein Licht auf: Sie hatten offenbar den Teufel durch den Beelzebub austreiben lassen, hatten sich eine Schutzmacht ins Land geholt und wurden sie nicht wieder los. Da glaubten wohl etliche Herren des keltischen Adels, sie könnten aus dem Schutz ihrer Höhenburgen hervor- und die Römer wieder ins südlichere Gallien zurückschlagen. Doch vergebens: Mit seiner bewährten Taktik ließ Cäsar ein Widerstandsnest nach dem anderen ausräumen, woran sein tüchtiger Unterfeldherr Titus Labienus vermutlich das größere Verdienst hatte – zu wirklich gefährlichen Gemeinschaftsunternehmungen rafften sich die keltischen Kämpen bald nicht mehr auf.

Mit organisatorischem Geschick und insbesondere auch durch ihre durchdachte Befriedungsdiplomatie gelang es den Römern ohne größere Probleme, die Treverer zu eifrigen Bundesgenossen zu machen. Ihre Traditionen, vor allem auch die religiösen Kulte, wurden nicht angetastet und konnten noch relativ lange beibehalten werden. Aber nach und nach erkannte man auch deutlich die Vorzüge der überlegenen römischen Lebensart, der Technik und der gewerblichen Strukturen. Überdies zeichnete sich gewiß schon zeitig ab, daß mit den Legionärsstützpunkten und den größeren Garnisonen am Rhein recht lohnende Zulieferungsgeschäfte zu machen waren. Über die schon zur Bronzezeit beschrittenen und jetzt von den Römern hervorragend ausgebauten Handelswege im Hunsrücker Hinterland stampften deshalb in Bälde nicht nur Soldatenbeine, sondern trappelten auch zahlreich die Hufe vor den Fuhrwerken eilfertiger keltischer Krämer.

Unzählige Fundstücke lassen erkennen, daß Kulturgut des Latène und die unterschiedlichsten Stücke römischer bzw. provinzrömischer Provenienz anscheinend ohne einander zu durchdringen im Gebrauch gewesen sind. Orte wie Belginum auf den Hunsrückhöhen und vor allem auch das ausgesprochene ›Latène-Land‹ an der unteren Nahe behielten die keltischen Grundzüge noch bis tief ins erste nachchristliche Jahrhundert bei. An den als Grabbeigaben und in Siedlungen gefundenen Keramikgefäßen läßt sich dieses Beharren bis ins Detail ablesen. Nur sehr zögernd übernahmen die einheimischen Töpfer die Formen und Fertigungsarten römischer Ware.

Geschichtliche Veränderungen, wenn es um die übergeordneten Rahmenbedingungen und einschneidenden Ereignisse geht, lassen sich ziemlich einfach beschreiben. Aber was bedeuten dabei dann schon Menschenleben, individuelle Sensationen, die Erfahrungen denkender und fühlender Einzelwesen? Ob's sich vielleicht in einem glücklicherweise überlieferten Report als symptomatisch erfassen läßt, in der Schilderung einer Tagesfahrt mit dem Reisewagen übers Gebirge? Ein einziger Tag, stellvertretend beschrieben für Hunderttausende anderer Tage zur Zeit der Römerherrschaft im Hunsrück? Es gibt eine solche Schilderung:

## GESCHICHTLICHER ÜBERBLICK

»Die schnelle Nahe hatt' ich überschritten –
Nebel lag noch auf der Flut –, voll Staunen
über die neuen Mauern, die an das alte Bingen angebaut,
dort wo Gallien sein Cannae einst erlebte
und unbeweint noch liegen hilflose Scharen auf der Flur.
Weiter kam ich auf einsamem Weg durch den öden Urwald,
und ohne daß ich eine Spur von menschlicher Kultur erblicke,
zieh' ich vorbei an Dumnissus, das wasserlos,
wo rings die Landschaft dürstet,
vorbei dann an Tabernas, von einem ewigen Quell bewässert,
vorbei an den Feldern, die kürzlich sarmatischen Siedlern vermessen.«

Daß er in diesen Anfangsversen seines berühmten Gedichts ›Mosella‹ das hübsche Kirchberg-Denzen (Dumnissus) in lechzende Ödnisse versetzt, die Tavernen (Tabernas) offenbar nur im Vorüberhuschen knapp wahrgenommen und dann auch noch das mit schönen Tempeln verzierte, volkreiche Belginum nicht einmal erwähnt hat – das alles nehmen manche Hunsrücker dem römischen Dichter Decimus Magnus Ausonius noch heute krumm. Was hätte er doch auf seiner Reise von Bingen nach Trier 371 n. Chr. neben seinen elegischen Worten an Ortsbezeichnungen und -bestimmungen festhalten können, und welch eine Hilfestellung würden dann solche Angaben für die jetzigen Historiker und Heimatkundler bedeuten!

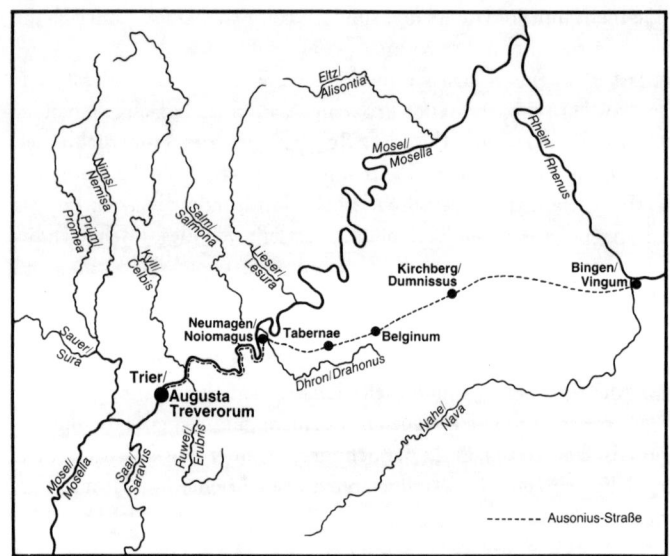

*In seinem Mosella-Gedicht hat Decimus Magnus Ausonius die Römerstraße von Bingen nach Trier beschrieben*

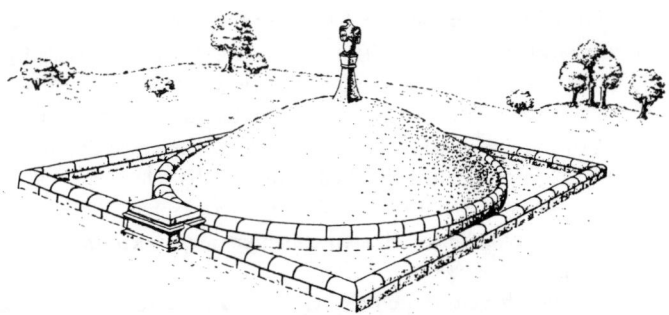

*Nach vollständiger Ausgrabung wurde der römische Grabhügel ›Kipp‹ bei Siesbach originalgetreu nach diesem Grundriß rekonstruiert*

Kurzum: Der Bericht des Ausonius gilt schlechterdings als unzuverlässig, denn die Archäologen haben unterdessen eine beeindruckende Fülle von Beweisen dafür zusammentragen können, daß die Region zur Römerzeit durchaus angenehm und stellenweise sogar dicht besiedelt gewesen ist. Landhäuser, Gehöfte und Kultstätten fanden sich, vielerorts nur Wegviertelstunden voneinander entfernt, nahezu überall auf den Hochflächen und an den südwärts geneigten Hängen der Bachtäler. Selbst in der bis heute siedlungsarmen Höhenregion am Idarkopf kam ein römerzeitliches Quellheiligtum ans Licht, das nicht nur höchst qualitätvolle Skulpturen (heute im Landesmuseum Trier) barg, sondern vermutlich sogar zur Antike einen regelrechten Kurbadebetrieb größeren Stils beherbergt hat.

Unter der Vielzahl solcher Fundplätze darf ein erst 1978 mit den modernsten Mitteln der Archäologie untersuchter Grabhügel geradezu als Musterbeispiel gelten. Auch ihn findet man in einsamer Waldgegend, fast zwei Kilometer vom Dorf Siesbach entfernt. Unter dem Namen ›Kipp‹ war dieser mächtige Erdbuckel von 30 Meter Durchmesser den Einwohnern seit alters bekannt. Große Steinquader hatten sie im Erdreich gefunden, ausgegraben und zum Häuserbau verwandt. Aber es ging auch die Sage, wonach unter der Aufschüttung eine goldene Kutsche und andere Kostbarkeiten verborgen seien. Derartige Vermutungen riefen immer wieder Schatzgräber auf den Plan, die mit ihren Wühlarbeiten grobe Schäden anrichteten. Eigentlich, so war es anzunehmen, konnte in diesem seit Jahrhunderten um- und umgeschichteten Durcheinander kaum noch etwas Erforschenswertes bewahrt geblieben sein. Doch die Ausgrabung erbrachte dann trotzdem äußerst erstaunliche Objekte und Befunde. Als die Ausgräber ihren ersten Schnitt ins Hügelinnere anlegten, ahnten sie nicht, welche großartigen Beweisstücke für die Qualität und Eigenart provinzrömischer Kultur man ihnen genau 1810 Jahre zuvor an diesem verschwiegenen Ort gleichsam ›hinterlegt‹ hatte.

Die Umrisse einer quadratischen Umfassungsmauer traten als erstes in Gestalt massiger Sandsteinquader zutage, die von den älteren Steinsuchern übersehen worden waren. Auf diesen rechteckig zubehauenen Blöcken lagen halbwalzenförmige Abdeckungen aus demselben Material. Und genau in dieses Quadrat eingepaßt umzog den eigentlichen Hügel ein 21 Meter im Radius messender Kreis ebensolcher Quader.

## GESCHICHTLICHER ÜBERBLICK

Innerhalb dieser großen Grabanlage waren drei Menschen bestattet worden, denen die Hinterbliebenen die unterschiedlichsten Beigaben für den Weg ins Jenseits zugeeignet hatten. Neben eisernen Nägeln und Kastenbeschlägen entdeckten die Ausgräber viele Bruchstücke von keramischem Geschirr, worunter Amphoren und fein verzierte Terra sigillata den sozialen Rang und Besitzstand der hier beerdigten Personen anzeigten. Schmuckobjekte und Perlen fanden sich beim Leichenbrand. Unscheinbar und dennoch von erheblicher Wichtigkeit waren schließlich Holzreste, die es mit Hilfe der Jahresringanalyse (dendrochronologische Meßmethode) ermöglichten, die Entstehungszeit dieser Grabanlage für das Jahr 168 n. Chr. zu bestimmen.

Bei den subtilen Untersuchungen stellte man außerdem Spuren von Nahrungsmitteln fest, die auf einen frugalen Totenschmaus schließen lassen. Dabei handelte es sich wohl weniger um Beigaben zur Wegzehrung für die Jenseitsreise als vielmehr um Speiseopfer, die an den offenen Gräbern dargebracht worden waren. Und unter diesen Resten einer kultischen Mahlzeit wurde auch eine Dattel gefunden – ein bedeutsamer Beleg für die gesamteuropäischen Handelsverbindungen im römischen Weltreich.

Die größte Überraschung aber war es, als im Fortgang der Ausgrabung deutlich wurde, daß die Hügelwölbung von einem Grabmal mit figürlichen Steinskulpturen gekrönt worden war. Das Fundament einer Stele und die Reste eines Altars kamen zum Vorschein. Zwar sind die wesentlichen Bauteile verschwunden, den Raubgrabungen der Vergangenheit zum Opfer gefallen, doch fanden sich neben dem geringen Bruchstück einer Grabinschrift noch die Köpfe zweier einstmals fast lebensgroßer Sandsteinstatuen. Der eine stellt einen bärtigen Mann mit Kriegerhelm dar und ist unschwer als Abbild des in Gallien häufig verehrten Lenus Mars zu identifizieren. Der andere trägt hingegen eine phrygische Mütze, die ihn als Attis ausweist, den Sohn der Göttin Kybele, jener in den alten Hochkulturen um das Mittelmeer angebeteten Großen Mutter.

Letztlich gab der ›Kipp‹-Grabhügel noch ein besonderes Kunstwerk frei: einen steinernen Adler, prachtvoll erhalten, der zuoberst das Grabmal und somit die gesamte Anlage ›über-

*Adler und Schlange auf einem Pinienzapfen, Sandsteinskulptur vom Siesbacher Römergrab*

*Sandsteinkopf des Gottes Lenus-Mars aus dem Siesbacher Römergrab*

wacht‹ hatte. Er sitzt auf einem Pinienzapfen und hält eine Schlange in den Fängen. Damit offenbart diese 1,20 Meter hohe Plastik einen Symbolgehalt, der nicht in der keltischen Tradition wurzelte: Pinienzapfen galten in den meisten Religionen der Antike als Sinnbild der Fruchtbarkeit und des immerwährenden Kreislaufs von Werden, Vergehen und Wiedergeburt.

Die Plastiken des Grabmals können als Originale nicht nur im Rheinischen Landesmuseum Trier und als Kopien im Kreismuseum Birkenfeld betrachtet werden, sondern erfreulicherweise in Form akkurater Abgüsse auch an Ort und Stelle: Nach beendeter Ausgrabung wurde der Fundplatz nämlich nicht einfach zugeworfen und planiert; vielmehr sind der ganze Grabhügel wieder aufgeschüttet, seine Umfassungsmauern mit dem Altarblock vollständig rekonstruiert und die Stele mit dem symbolträchtigen Bildwerk im Scheitel des Tumulus aufgerichtet worden. Wegweiser führen aus dem Dorf Siesbach hinauf zum entlegenen Römergrab. Auch ein Wanderparkplatz ist angelegt worden, so daß man heute bequem und sogar mit dem Auto zur Besichtigung des Monuments gelangen kann.

## Bitterböser Balduin

Paradoxerweise hat seit Mitte der siebziger Jahre die Zunahme von Arbeitslosigkeit für viele Geschichtsdenkmäler nur Gutes bewirkt. Nicht bloß das Siesbacher Römergrab, ein frühgeschichtlicher Wachtturm an der Ausonius-Straße, Teilstücke keltischer Ringwälle und noch etliche andere Großobjekte der älteren Vergangenheit konnten im Zuge sogenannter ›Arbeitsbeschaffungsmaßnahmen‹ (ABM) restauriert oder sogar komplett wieder aufgebaut werden, sondern auch Dutzende von Burgen und sonstige Profanbauten aus dem Mittelalter erfuhren gründliche Sanierung oder Rekonstruktion. Hierfür ist wiederum der mit historischen Relikten so einzigartig dicht ›bestückte‹ Landschaftswinkel am Hahnenbach hervorzuheben (s. S. 289), wo gegenüber der Schiefergrube Herrenberg und im Angesicht der teilweise restaurierten keltischen Altburg sich hoch über dem Talgrund die Schmidtburg so malerisch erhebt. Von ihr und ihrer für das gesamte rheinische Oberland bedeutsamen Geschichte wird noch ausführlich zu erzählen sein. Ihre Mauern wuchsen allerdings erst

## GESCHICHTLICHER ÜBERBLICK

nach einem halben Jahrtausend der menschenfernen Abgeschiedenheit empor, seit das alte Römische Reich samt seinen gallischen Provinzen untergegangen war.

Dem ausgezeichneten Fundreichtum aus der Römerzeit im Hunsrück fügten die nachfolgenden Jahrhunderte kaum etwas Nennenswertes hinzu. Diese Schmidtburg aber, auf der in der jüngsten Zeit gleichfalls umfangreiche Freilegungs- und Wiederherstellungsarbeiten geleistet worden sind, ist ein charakteristisches Beispiel für die Kräfte und historischen Strukturen, die sich um die Jahrtausendwende ausprägten, nachdem die Region durch die Ereignisse der frühgeschichtlichen Völkerwanderung zur großen Ödnis geworden war.

Beinahe wie ein Dominospiel mutet es an, was um 375 n. Chr. ausgelöst wurde, als die nach Westeuropa drängenden Hunnen auf die germanischen Stämme der rechts vom Rhein siedelnden Sueben, Alanen und Vandalen trafen. Diese stießen, die asiatischen Kriegsreiter bedrohlich im Nacken, über den Strom und fanden in den römischen Verteidigern der längst schon brüchig gewordenen Grenzfesten hinter dem Limes einen politisch wie militärisch entzweiten und deshalb fatal geschwächten Gegner. Zwar gelang es 451 n. Chr. in der berühmten Schlacht auf den Katalaunischen Feldern, wenigstens die Hunnen zurückzuweisen, doch danach fielen die römischen Provinzen eine nach der anderen den immer weiter süd- und südwestwärts vorrückenden Stämmen nördlicher Herkunft anheim. Westgoten und Chatten (Ostfranken), Burgunder und Alemannen waren es, die mit Expeditionen, Überfällen und auch größeren Gefechten in die Täler der linksrheinischen Nebenflüsse vorstießen. Viermal zwischen 407 und 440 n. Chr. plünderten die Ripuarier (Uferfranken) das alte Trier, die einstige Hauptstadt der Treverer und langjährige Residenz römischer Kaiser; nach 459 machten sie sich in den fruchtbaren Talebenen an Mosel, Saar und Ruwer seßhaft. Ins Naheland bis hinauf nach Kirn und nach Meisenheim am Glan hielten andere Stämme der Franken Einzug und breiteten sich allmählich auch zu den angrenzenden Höhengebieten hin aus. Reihengräber und Rodungen sind die bis heute nachweisbaren Spuren dieser Besiedlungsphase; Ortsnamen mit den Endungen auf -rod, -roth, -heim und ingen (u. a. m.) vermitteln bereits bei einer Übersicht im Kartenbild einen anschaulichen Eindruck dieser räumlichen und bevölkerungsmäßigen Entwicklung.

Als der Frankenherrscher Chlodwig um 500 sein Reich festigte und die politische Untergliederung in verschiedene Gaue (unter Führung beamteter Gaugrafen) vornehmen ließ, galten die zur Römerzeit eingerichteten Verwaltungsgrenzen vielfach maßgeblich weiter. So erfuhr der Hunsrück-Nahe-Raum, wie noch 1074 in der Gründungsurkunde des Klosters Ravengiersburg mitgeteilt wurde, eine Dreigliederung in Nahegau, Trechirgau und Hundesrucha. Sicher wird es zweifelhaft bleiben, ob die letztere Bezeichnung die tatsächlich älteste Namensform der Landschaft gewesen ist.

Jeder fränkische Mann und Familienvater erhielt so viel Land, wie seine Angehörigen zur ausreichenden Ernährung brauchten; an Edelleute wurden dagegen größere Flächen vergeben, die sie von Unfreien landwirtschaftlich bestellen ließen. Die Bewohner der Einzelgehöfte, Weiler und Dörfer wurden politisch in Hundertschaften zusammengefaßt, denen als Führer und Gerichtsherr der sogenannte ›Hune‹ vorstand. Auch diese Bezeichnung gab Anlaß zu manchen Diskussionen über die Herkunft des Landschaftsnamens.

Die fränkische und merowingische Ausdehnung der Siedlungen – nunmehr entstanden Orte mit den Namensendungen auf -weiler, -schied, -scheid und -berg – kann indes nicht bloß als das Aneignen einer völlig menschenleeren Gegend verstanden werden; es ist durchaus auch anzunehmen, daß sich mancherorts noch eine aus den Einheimischen der keltisch-römischen Zeit fortgepflanzte Restbevölkerung hatte behaupten können, die in gewisser Hinsicht noch Trägerin des antiken Kulturerbes geblieben war. Dafür sprechen abermals zahlreiche Namen von Orten, unter denen vor allem an Saar und Mosel noch sehr klar bis heute die römische Form zu erkennen ist. Aber auch an der Nahe und selbst auf dem hohen Hunsrück kann dergleichen buchstäblich abgelesen und erinnert werden. Allerdings ist zweifelhaft, ob aus solchen Fakten darauf geschlossen werden darf, daß sich das unter Kaiser Konstantin dem Großen zur Staatsreligion avancierte christliche Bekenntnis durch die bewegten Jahrhunderte retten konnte – andererseits fanden die unter fränkischen Herrschern weit ins Land wirkenden irischen und schottischen Glaubensboten nicht nur in der ›Moselmetropole‹ Trier wichtige Stützpunkte, sondern auch in etlichen anderen Städten, die schon unter den Römern Zentren gewesen waren.

Von seiner Klause auf dem später nach ihm benannten Berg missionierte der fromme Disibod das Naheland, aus dem Saarländischen zogen Ingbert und Wendalinus predigend von Ort zu Ort, während Goar den Leuten am Rhein sowie Lubentius und Kastor denen in den Landstrichen zwischen Lahn und Mosel die Botschaft des Evangeliums nahebrachten. Hundert Jahre nach Chlodwig, also um 600, gab es im Hunsrück und den benachbarten Gebieten so gut wie keine ungetauften Heiden mehr. Nachdem jetzt zunächst einmal die Seelen gewonnen waren, mußte weiterhin dafür Sorge getragen werden, daß der christliche Glauben zu örtlichen Bezugspunkten gelenkt wurde, wobei dann die frühesten Kirchen bezeichnenderweise ihren Standort häufig auf solchen Stätten fanden, die bereits Kelten und Römern heilig gewesen waren.

Die Erzbistümer Trier und Mainz, quer über den Hunsrück durch die schon seit frühgeschichtlicher Zeit gültig gebliebene Grenzlinie zwischen den einstigen Provinzen Germania superior (Obergermanien) und Gallia Belgica voneinander geschieden, hielten über alle kirchlichen Gründungen ihre Schirmherrschaft, während erste Klöster zu regionalen Glaubenszentren wurden. St. Maximin, St. Matthias, St. Paulin in Trier, Tholey, Mettlach und Merzig im Land an der Saar, Boppard, St. Goar, Hirzenach und Oberwesel am Rhein sowie Disibodenberg, Sponheim und St. Katharinen im Naheraum wurden als Abteien zu den wichtigsten Horten der christlichen Lehre und zu wirkungsvollen Sammelpunkten der Wissenschaft und Kultur. Für den eigentlichen Hunsrück nahm späterhin das Kloster Ravengiersburg am Simmerbach die herausragende Stellung ein.

Diese Entfaltung kirchlichen Lebens wie auch die Formung und Festigung der politischen bzw. verwaltungsmäßigen Strukturen gingen natürlich nicht etwa unter den Bedingungen eines beständigen Friedenszustandes vonstatten. Territorialkonflikte und soziales Unrecht waren gewiß weit mehr als lediglich Randerscheinungen während solcher Entwicklungsphasen; zudem warfen oft genug auch die weltgeschichtlichen Vorgänge namentlich im Umfeld der zur Karolingerzeit aufbrechenden Gegensätze zwischen dem deutschen und dem fran-

## GESCHICHTLICHER ÜBERBLICK

zösischen Reich ihre schweren Schatten auf das stillere Land. Seit 881 zogen mehrmals normannische Heerscharen mit bösen Absichten an Rhein und Mosel aufwärts. In derart unsicheren Zeiten war es mehr denn je erforderlich, Land und Leute durch wehrhafte Stützpunkte zu beschirmen. Die ersten Burganlagen entstanden. Ihre Bauherren waren die Nachfahren der einst unter fränkischen Herrschern eingesetzten Gaugrafen, deren Söhne und Enkel den erblichen Adelsstand begründet hatten.

Von den Vätern wurden Amt, Würde, Eigenbesitz und königliches Lehen vererbt. Außerdem durften gemäß einer Verordnung des Königs Dagobert (7. Jh.) nur noch solche Männer die Grafenwürde er- und behalten, die ausreichenden eigenen Grundbesitz im jeweiligen Verwaltungsbezirk nachweisen konnten. Zwar drang noch Karl der Große sehr darauf, daß diese Grafen sich als vom König abhängige Beamte zu fühlen hatten, doch unter seinen Nachfolgern änderte sich dieser Anspruch immer mehr, bis schließlich außer der Erblichkeit des Adelsstandes auch die vorher nur dem König vorbehaltenen Rechte durch die Grafen selbst eigenherrlich ausgeübt wurden. Um die Jahrtausendwende war diese Entwicklung so weit gediehen, daß die aus Eigengut und königlichen Lehen zusammengesetzten Grundbesitztümer in den Händen der Grafen verschmolzen und vollständig von ihnen beansprucht wurden. Durch absichtsvolle Heiratspolitik, diplomatisch geschickt oder mittels Waffengewalt erreichten etliche Gaugrafen des weiteren eine teils enorme Vergrößerung ihrer Ländereien und Einflußbereiche.

Man schrieb das Jahr 926, als drei fränkische Edelleute an St. Maximins Klosterpforte in Trier pochten. Franco, Humpert und Norpolt verlangten den Vorsteher zu sprechen; ihr Hinweis, es sei um ein gutes Geschäft zu tun, verhalf gewiß zum baldigen Einlaß. Die Urkunde über die Abmachung, die sie dann mit dem Prior trafen, ist erhalten geblieben: Ein Gebietstausch kam zustande, der die Abtei um eine Liegenschaft im Kirchspiel Bergen bei Kirn reicher machte und den drei Edlen andererseits einen zum Burgbau vorzüglich geeigneten Geländeabschnitt am ›Flusse Kira‹, dem heutigen Hahnenbach, verschaffte. Sie brachen gewiß unverzüglich auf und ließen die Fundamentgräben für jenes feste Haus ausheben, nach dem sich ein knappes Jahrhundert darauf (1108) erstmals ein Burgherr Emicho von Schmidtburg benannte.

*Das Wappen der Grafen von Sponheim*

Dieser Emicho wird auch als Erbauer der Burgen Dhaun und Grumbach angesehen; bei seinem Tod mußten sich zwei Söhne – Emicho II. und Konrad – ein unterdessen beachtlich angewachsenes Erbe teilen: Schmidtburg, Dhaun, Grumbach, Kyrburg, Altebaumburg sowie noch einige Burgsitze und Grundeigentum in Rheinhessen und in der Pfalz. Emicho II. gab sich und seinem Geschlecht den Beinamen ›Comes silvestris‹, woraus später verdeutscht ›Wildgraf‹ wurde, während Konrad sich und seinen Kindern das Prädikat ›Raugraf‹ zulegte. Außer den Grafen von Sponheim wurden die aus diesen Familien sich später verzweigenden Linien, darunter vor allem die Rheingrafen und die Grafen von Veldenz, zu den wichtigsten Gebietsherren des Hunsrücks und seiner Randgebiete. Deshalb ist es gewiß nicht untertrieben, die Schmidtburg gewissermaßen als ›Keimzelle‹ für die bis in die Neuzeit fortdauernden Herrschaftsverhältnisse der gesamten Region zu betrachten.

Noch ein Blick auf die Rolle der Sponheimer Grafen, die seit 1020 von sich reden machten: Neben ihrer Stammburg (10 km westlich von Kreuznach) erbauten sie zunächst eine Kirche und dann die nachmals berühmte Abtei Sponheim. Sie verfügten über große Ländereien und bedeutendes Ansehen im ganzen Land. Die Besitzungen reichten mit einem breiten Gebietsstreifen von Trarbach am Moselufer quer über den Hunsrück bis nach Kreuznach und langten von dort noch ein gehöriges Stück weit über das Nahetal hinaus. Anfang des 13. Jahrhunderts teilten sie ihren Besitz in die ›Vordere Grafschaft‹ mit dem Hauptort Kreuznach und in ›Hintersponheim‹ mit der Starkenburg über Trarbach als Verwaltungssitz auf.

Den seit Errichtung der Schmidtburg von allen genannten Gebietsherren und in Sonderheit gerade von den Sponheimern so kontinuierlich wie vehement vorangetriebenen Herrschaftsansprüchen und Besitzerweiterungen erwuchs im 14. Jahrhundert ein äußerst imponierender Gegenspieler: Balduin von Luxemburg, der Kurfürst und Erzbischof von Trier (1285–1354). Von ihm, der ein Bruder Kaiser Heinrichs VII. war, heißt es vielsagend in der Limburger Chronik: »Der war ein klein Mann und tät doch groß Werk.«

Die mit 73 kolorierten Federzeichnungen kunstvoll gestaltete und hervorragend erhaltene Bilderchronik von ›Kaiser Heinrichs Romfahrt‹ (1308–1313) schildert, gleichsam als ein mittelalterlicher Comic strip, die teils erregenden Begebenheiten, als der Kaiser mit seinem rund 2000 Mann zählenden Heerbann die Alpen überschritt und Zug um Zug die italienischen Städte unterwarf. Balduin ist stets als treuer Begleiter neben oder hinter dem Bruder abgebildet. Besonderen Wert hat er als Auftraggeber dieser Bilddokumentation auf die Wiedergabe von Wappen gelegt; deshalb sind auch gewappnete Hunsrücker zu identifizieren: Grafen von Sponheim, die Hunolsteiner Vögte, Ritter von Neumagen und Burgmannen der Schmidtburg.

Es liegt nahe, daß diese mehrjährige Romfahrt mit all ihren Schwierigkeiten, mit Ränkezügen und tausendfachem Blutvergießen sowie der letztlich vom unberechenbaren Tod aufdiktierten Vergeblichkeit den damals nicht einmal 30 Jahre alten Kurfürst-Erzbischof Balduin von Trier zutiefst geprägt hat. Er entwickelte sich zu einer unnachgiebigen Persönlichkeit, die bei größtem diplomatischem Geschick und mit feiner Intelligenz begabt doch stets ihren Hang zum skrupellosen Durchgreifen nicht verhehlen konnte. Balduin entfaltete

## GESCHICHTLICHER ÜBERBLICK

›Kaiser Heinrichs Romfahrt‹: Im Gefolge Balduin von Trier (gleich hinter dem Kaiser) und an ihren Fähnlein erkenntliche Ritter aus Hunsrücker Geschlechtern

im Bereich des Trierer Erzbistums eine Form von Machtpolitik, die bis heute in Gestalt Dutzender von Zwingburgen noch ihre Zeugen besitzt. Wo immer ein regionaler Gebietsherr sich selbstbewußt oder gar keck Balduins Interessen widersetzte, pflanzte ihm der Kirchenfürst ein steinernes Bollwerk quasi vor die Haustür. Mehrere dieser Trutzfesten tragen bis heute den Namen ihres Meisters: Baldenau, Balduinseck und auch das an der Lahn gelegene Balduinstein. Die vielleicht geheimnisvollste aller Hunsrückburgen, die Rauschenburg über dem Ehrbach, hieß ursprünglich Baldenruise und wurde vom Geschichtsschreiber der ›Gesta Treverorum‹ gekennzeichnet als Balduins »Hammer, mit dem er die Hörner der Übermütigen zermalmte«.

Wer hätte dem mächtigen Mann noch irgendwie Paroli bieten können? Kein Widerspruch regte sich, als er z. B. die Baldenau (als einzige Wasserburg des Hunsrücks) strategisch so günstig im Dhrontal plazierte, daß er von dort aus sowohl den Weg von Bernkastel zur Schmidtburg und nach Oberstein als auch die einstige Römerstraße von Trier nach Mainz optimal überwachen konnte. Die Schmidtburg? Allerheiligen 1324 wurde der Kaufvertrag unterzeichnet, durch den um 400 Pfund Heller Balduin die Feste vom kinderlosen Wildgrafen Heinrich erstand. Dieser hatte sich mit seinem Vetter Friedrich von Kyrburg zerstritten und gedachte jenem durch den Handel einen Denkzettel zu verpassen. Friedrich mußte freilich empört reagieren, hatte der gefürchtete Balduin doch jetzt einen weiteren strategischen Vorzugspunkt mitten im Raum zwischen Mosel und Nahe, von wo aus er die Wildgrafen und die mit ihnen verbündeten Sponheimer gehörig traktieren konnte.

Es kam nun zur ›Schmidtburger Fehde‹, die in der örtlichen Tradition auch als ›Katzenkrieg‹ (1337–1342) bezeichnet wird. Dieses Ringen erschütterte die Gegend im weiten Umkreis, waren doch im Grunde sämtliche kleineren Gebietsherren mitbetroffen oder wurden infolge verwandtschaftlicher Bande oder durch Bündnisverpflichtungen mit hineingezogen. Die Fehden konzentrierten sich vor allem um die das mittlere Nahetal dominierende Burg Dhaun, die im Fortgang der Kriegshandlungen – typisch Balduin! – mit einem engen Ring rasch errichteter Trutzfesten umkränzt und schließlich zum Öffnungsrecht genötigt wurde. Erfolgreich blieb Balduin auch im Streit gegen die Burgen Dill und Kastellaun, die er bei derselben Gelegenheit sozusagen gleich ›mitkassierte‹. Bei alledem verdient jedoch Erwähnung, daß Balduin sich sowohl der Waffenbruderschaft des Erzbischofs von Mainz sicher sein als auch für den Notfall auf seinen Bruder, Kaiser Heinrich VII., zählen konnte.

Einmal aber wurde der so sieggewohnte Balduin dann doch in die Knie gezwungen, und zwar durch einen wahrlich tolldreisten Handstreich. Ihm war zu Ohren gekommen, daß Sponheim im Birkenfelder Ländchen auf Besitzerweiterung pochte. Dabei konnte er nicht tatenlos zusehen und meldete deshalb unverzüglich auch trierische Eigentumsansprüche an, die er mit seiner gefürchteten Streitmacht auch zweifelsohne hätte durchsetzen können. Vor dem nächsten Schachzug wurde ihm dann ein jäher Strich durch die Rechnung gemacht – und federführend dabei war eine Frau! Sie hieß Loretta von Sponheim, war noch jung an Jahren und bereits verwitwet. Für ihren noch unmündigen Sohn hatte sie seinerzeit auf einige Jahre die Regierung der hinteren Grafschaft Sponheim übernehmen müssen. Soeben hatte Loretta eine Fehde mit dem schon erwähnten Wildgraf Friedrich von Kyrburg ausgetragen, der in ihr Herrsteiner Amt eingefallen war. Sie hatte ihn aber mit ihren Truppen gefangennehmen und so lange im Kerker der Starkenburg festhalten können, bis er sich eidlich zu ihrem Lehensmann machte. Dieses Erfolgserlebnis verlieh ihr möglicherweise den nötigen Mut zur bald darauf folgenden Aktion gegen Balduin.

Der Kirchenfürst hatte sich unterdessen nämlich nach seiner längst bewährten Weise dazu entschlossen, seinen Forderungen im Birkenfeldischen durch den Bau einer Trutzburg Nachdruck zu geben. Loretta sah sich unvermittelt zum Handeln gezwungen. Da bot sich eine vortreffliche Gelegenheit, als sie erfuhr, Balduin beabsichtige im Frühsommer 1328 per Schiff von Trier nach Mainz die Mosel hinabzufahren. Wie sie dann mit ihren Leuten zu Werke ging, ist Anlaß für zahlreiche Spekulationen und Legenden gewesen: Sie habe, so heißt es, quer über den Fluß und knapp unter der Wasseroberfläche eine Kette spannen lassen, mit der das Boot aufgehalten wurde. Balduin, der im Bewußtsein seiner furchteinflößenden Macht keine nennenswerte Schutzmannschaft mitgenommen hatte, geriet in Lorettas Gewalt und mußte sich jetzt, wie ein Jahr zuvor schon Friedrich von Kyrburg, gezwungenermaßen im Kerker der Starkenburg aufhalten. Über einen Monat blieb er im Gewahrsam der jungen Gräfin, und bis heute darf darüber gerätselt werden, was während dieser Frist zwischen den beiden ungleichen Widersachern geschah. Tatsache ist, daß weder ein päpstlicher Bannfluch noch sonstige Repressalien seine Freigabe erreichten. Selbst Johann von Böhmen setzte sich für seinen Onkel ein, der schließlich nicht nur in die Zahlung eines Lösegeldes von 30 000 Pfund Heller einwilligte, sondern Loretta auch zusicherte, sich beim Papst zur Lösung des Banns zu verwenden. So geschah es auch, und Balduin soll später im Scherz geäußert haben, er sei nötigenfalls zur Zahlung einer noch höheren Pfandsumme bereit gewesen.

## GESCHICHTLICHER ÜBERBLICK

Das wohl Erstaunlichste an dieser wahren Geschichte ist aber sicher, daß Balduin die genannten Bedingungen ohne jede Einschränkung erfüllte und Loretta nie wieder behelligte. Zur Ledigung vom Kirchenbann setzte er sich für diese Frau ein, die wenig später vom erpreßten Geld die Frauenburg an der Nahe als ihren Witwensitz erbauen ließ.

Mehr noch: Als Anlage zum Sühnevertrag fertigte Balduin für Loretta ein an den Papst gerichtetes Empfehlungsschreiben aus, das erfreulicherweise im vollständigen Wortlaut erhalten geblieben ist: »Dem Allerheiligsten Vater in Christo und Herrn, Herrn Johannes, nach Gottes preiswürdiger Vorsehung der hochheiligen Römischen und allgemeinen Kirche höchstem Pontifex nebst seinen Pönitenziaren sendet Baldwin, durch Gottes Gnade der h. Trierischen Kirche Erzbischof, demütige Küsse der seligen Füße. Eure Heiligkeit bitte ich in demütiger Ergebenheit, daß Ihr geruhen möget, der achtbaren Frau Loreta, Gräfin von Spanheim, Herrin zu Starkenburg, und allen ihren Leuten, welche schuldig gewesen sind und noch sind, hinsichtlich der Gefangenschaft, in welcher sie einst mit Hilfe ihrer Leute mich und einige Kleriker von mir, infolge eines zufälligen Vorkommnisses, festgehalten und eine Zeit lang hat festhalten lassen, inbezug darauf die Wohltat der Absolution zu gewähren und von ihnen jeglichen Makel der Entziehung von Rechten und Ehren, den sie bei dieser Gelegenheit sich zugezogen haben, in Gnaden hinwegzunehmen, – wozu ich selbst und meine genannten Kleriker mit gutem und freiem Willen unsere Zustimmung geben. Zum Zeugnis dessen ist diesem Schreiben mein Siegel auf der Rückseite aufgedrückt. Gegeben zu Trier im Jahre des Herrn 1329 am 17. Tage des Monats März.« Keine Augenwischerei – dies ist tatsächlich die authentische Formulierung jenes bärbeißigen und von einer Frau vor der europäischen Öffentlichkeit so blamabel herabgewürdigten Fürsten. Dabei klingt's – mit Verlaub – geradeso, als ob der bitterböse Wolf ein großes Stück Kreide aufgefressen hätte ...

Betrachtet man die seit der Jahrtausendwende im gesamten Hunsrück, an Nahe, Rhein und Mosel so ehrgeizig aufgemauerten Burgen, an deren Zahl Balduin von Trier bedeutenden Anteil hatte, stellt sich zugleich die Frage nach den unteren Bevölkerungsschichten, auf deren Rücken die repräsentativen Architekturen ja gewissermaßen ruhten. Die einfachen Leute, unablässig darum bemüht, den meist kargen Böden eine einigermaßen hinreichende Ernährungsgrundlage abzugewinnen, litten zusätzlich unter der Pflicht zu Fron-, Spann- und Waffendiensten. Städte mit einem aufkeimenden Wohlstand unter freieren Bürgern gab es allenfalls an den Rändern des Mittelgebirges. Dementsprechend findet man außer den Burgruinen aus jenen Jahrhunderten kaum nennenswerte Objekte profaner Architektur. Statt dessen dokumentieren die romanischen und gotischen Dorfkirchen, von welchen die Region eine Fülle eindrucksvoller Beispiele vorzeigen kann, daß man allgemein sein tägliches Elend mit Hilfe geistiger und eben auch materieller Zuwendungen auf Himmelssphären zu lenken suchte. Wenn schon der Leib und seine Arbeitskraft den Machthabern verschrieben war, dann sollte wenigstens die Seele ihr Heil in jenen Bezirken der glaubensfrohen Träume suchen dürfen. Die Kirche mit ihrer Heilslehre verhalf dazu, indes solche Männer, die wie Balduin von Trier geistliche und weltliche Macht in Händen hielten, von beiden Seiten profitierten.

Wo zwischen Kirn und Idar-Oberstein schroffe Felsen das Nahetal verengen und zugleich sehr malerische Panoramen prägen, schlummert, ganz im Grün versteckt und erst aus unmittelbarer Nähe als solche zu erkennen, eine der sagenumwobensten Burgruinen der Gegend. Auf der von Buschwerk und niedrigen Bäumen überwucherten Kuppe über dem Straßenabzweig nach Bärenbach liegt die ehedem bedeutende Naumburg in Trümmern. Nur spärliche Mauerreste und eine gußeiserne Tafel mit dem Lothringer Herzogswappen künden jetzt noch vom damaligen Zentrum einer bewegten Regionalgeschichte.

Die Naumburg wurde im September 1804 durch die Franzosen gesprengt, kein Jahrzehnt nachdem am Fuß des Burgbergs der später berühmt-berüchtigte Schinderhannes beim Abdeckermeister Nagel in die Schinderlehre gegangen war. Aber auch ohne alle Räuberpistolen ist sie mit dem ihr zugehörigen einstigen Amt ein beredtes Beispiel für die vielfältig verzweigten Abhängigkeiten und den fatalen Wirrwarr der früheren Gesellschaftsordnungen. Um 1100 bereits ist die Anlage von Emich VI., dem letzten Grafen des ehemals fränkischen Nahegaues, begründet worden. Durch Erbgänge und ein Kaufgeschäft kam sie – natürlich – an Balduin von Trier, der sie als Lehen an die Raugrafen weitergab. Von diesen geriet sie via Heirat an die Grafen von Sponheim, obwohl die Zugehörigkeit nach Trier den alten Verträgen zufolge noch weiterbestand. Daraus resultierte ein ständig nach rechtlicher Interpretation und Klärung verlangendes Durcheinander, das über Jahrhunderte anhielt und höchstwahrscheinlich deshalb so schwer zu bereinigen war, weil es sich in Anbetracht der geringen Erträge aus Zehntsteuern vom verwaltungsmäßigen Aufwand her kaum lohnte. Durch Abgänge, Zuzug und Heiraten veränderte und verzwickte sich die Bevölkerungsstruktur in den eigentlich Naumburg zugehörigen Ortschaften allmählich zur schieren Unentwirrbarkeit. Da standen neben den Wild-, Rhein- und Raugrafen, neben Kurtrier und Sponheim auch die Herren von Oberstein als Bezugsberechtigte für Steuern und Naturalienabgaben auf dem Plan. Baden, Kurpfalz, Sickingen, Kyrburg und Simmern waren späterhin als die wichtigeren unter noch mehreren anderen Herrschaften vertreten, die aus dem Amt Naumburg ihre Einkünfte bezogen. Es gab Gehöfte, deren Stall und Scheune anderen Herren zugehörten als Wohnhaus und Garten.

Für die heutigen Besucher im Hunsrück und im Naheland ist es von Vorteil, daß es eine ganze Reihe ähnlich unbeachteter Ruinen wie die Naumburg gibt. Sie schlummern im wahrsten Sinne noch vor sich hin und laden somit zu behutsamen Entdeckungsgängen ein. Andere, wie z. B. die Ebernburg an der unteren Nahe, sind zwar bekannter und teils sogar ausgesprochene Touristenziele, doch solche Gästescharen wie auf den Burgen am Rheinlauf wird man hier niemals antreffen.

Die Ebernburg: In diesem wehrhaften Gemäuer erblickte am 2. März 1481 einer das Licht der Welt, den die Chronisten oft als einen der letzten Ritter gerühmt haben. Franz von Sickingens Geburt soll sich bereits unter denkwürdigen Vorzeichen vollzogen haben. Sein Vater nämlich, der nicht nur kurpfälzischer Haushofmeister, sondern auch ein ›Mathematicus und in der Gestirne Lauf Erfahrener‹ war, fand heraus, daß die Himmelszeichen jener Stunde erstaunliche Dinge anzukündigen schienen: Er deutete »eine wunderliche Konstellation, und so das Kind ein Sohn (werde), daß er auf dem Erdreich wunderbarliche Zeit haben und ein trefflich Ansehen in der Welt bekommen werde; sein Ende aber zeigte das Gestirn etwas beschwerlich«.

Was man auch immer von Horoskopen halten mag – der Lebenslauf des Franz von Sickingen gestaltete sich wirklich als reich an Höhen und Tiefen, an großen Ehren und etlicher Schmach sowie letztendlich auch mit fatalen Niederlagen. Des Sickingers Geschick spiegelt überdies exemplarisch die Spannung und Bewegtheit der Epoche, als am Spätabend des Mittelalters mit dem auf die innere Autonomie der Menschen gerichteten Gedankengut der bedeutendsten Humanisten auch die Reformation hier zeitig ihren Einzug hielt. Über Sickingens Kindheit und Jugend ist wenig bekannt; man weiß aber, daß er als Vierzehnjähriger seinen Vater bereits zum Reichstag nach Worms begleiten durfte (1495). Ein Jahrzehnt später saß er an Vaters Stelle als Amtmann für Kurpfalz in seiner Ebernburg, verfügte über ein ansehnliches Vermögen und gute Einkünfte aus allerlei wirtschaftlichen Unternehmungen. Sein Charakter und seine überdurchschnittliche Bildung machten ihn zum geschätzten Ratgeber für die Untertanen und ebenso für die benachbarten Adelsherren. Sogar der französische König umwarb ihn, obwohl (oder weil...) Franz dem Herzog von Lothringen kriegerisch arg zugesetzt hatte. Nachdem der Sickinger während mehrerer Feldzüge seinen starken Arm bewiesen hatte, wurde er zum Kämmerer und Feldhauptmann ernannt. 1519 folgte Karl V. Maximilian auf dem Kaiserthron.

Dann aber, ungefähr zur nämlichen Zeit, kam es zu Vorgängen, die der Karriere abträglich waren: Franz ließ sich von den reformatorischen Impulsen anrühren, geriet in engen Kontakt mit führenden Humanisten und dadurch zugleich in krassen Gegensatz zur katholischen Kirche. Deren Machtbereich dehnte sich jedoch mit den Besitzungen des Erzbistums Trier gleichsam unmittelbar vor Sickingens Haustür aus. Eingedenk solcher Fakten hätte ein anderer vielleicht leisere Töne angeschlagen, nicht aber der Amtmann Franz, der aus seiner religiösen Überzeugung lauthals politische Forderungen abzuleiten begann: »Deutschland kann nicht eher frei und glücklich werden, als bis man die Ketten päpstlicher Tyrannei zerbrechen, die Priester zu ihren eigenen Pflichten anhalten, die übermäßigen Einkünfte der Bischöfe und Domherren und Mönche sowohl als die toten Schätze der Kirche zu gemeinnützigen Zwecken verwenden und alle Orden gänzlich aufheben wird.«

Getreu der solcherart provokativ formulierten Leitlinie verhielt er sich fortan in seinem politischen und kriegerischen Wirken. Namhaften Reformatoren, allen voran Ulrich von Hutten, gewährte er auf der Ebernburg Unterschlupf und Asyl. Bald nannte man deshalb diesen stark befestigten Zufluchtsort die ›Herberge zur Gerechtigkeit‹.

Den Worten mußten Taten folgen: 1522 hatte Franz von Sickingen so viele ritterliche Gesinnungsgenossen aus dem Hunsrück, Rheinhessen und aus der Pfalz für seine Sache gewinnen können, daß er sich stark genug dünkte und mit einem Heer von 10 000 Mann die kirchliche Macht zerschlagen wollte. Der Feldzug ging gegen den Kurfürst-Erzbischof von Trier, Richard von Greiffenklau-Vollrath, der schon 1518 auf dem Augsburger Reichstag öffentlich vor der bedrohlichen Entwicklung gewarnt hatte: »Es sei zu viel von Franzen vorgenommen, jetzt eine Stadt, dann die andere, dann auch die Fürsten selbst anzugreifen: was zuletzt daraus werden sollte, wenn man solchen Sachen zusehe.«

*Franz von Sickingen, authentisches Porträt auf einem Kupferstich von Hieronymus Hopfer, um 1523*

Zu Recht hatte der Kirchenfürst diese Befürchtungen geäußert, denn es wurde ein abenteuerliches Unternehmen, mit welchem Franz von Sickingen nun den Hunsrück und die Pfalz heimsuchte. Trier beschoß er, allerdings vergeblich, und ohne ein strategisch durchdachtes Konzept eroberte und zerstörte er etliche Burgen, die ihm sozusagen im Wege standen. Erst den verbündeten Heerscharen der Kurfürsten sollte es gelingen, den Widerborstigen auf seiner Burg Landstuhl unweit von Zweibrücken einzuschließen. Das war im April 1523, und rasch kam nun das schlimme Ende: Als der Sickinger sich ein bei der Beschießung zerborstenes Mauerstück ansehen wollte, fuhr plötzlich neben ihm ein Kanonenschuß in »einen Balken mit solcher Gewalt, daß ein Splitter davon in des Ritters Seite drang und eine Wunde schlug, durch die man ihm Lung und Leber im Leibe sah«. Er verstarb »bei guter Vernunft« am 7. Mai 1523 und wurde in der Landstuhler Pfarrkirche beerdigt. Die Burg aber wurde auf Befehl der Sieger niedergerissen, »damit von der Sickingschen Herrlichkeit kein Stück mehr übrigbleibe«.

## »Jetzt ist die Zeit und Stunde da«

Mit Franz von Sickingen verabschiedete sich gleichzeitig eine Ära, die den Geist der Renaissance im Hunsrück-Nahe-Raum auf denkwürdig komprimierte Weise selbst in schier weltferne Winkel hatte hineinleuchten lassen. Es mutet schon etwas seltsam an, daß sich auf der Ebernburg nicht nur die hervorragenden Reformatoren zusammenfanden, sondern auch der vom Sickinger protegierte Dr. Faust stets willkommen war, gegen den aus der nahen Abtei Sponheim der so gelehrte wie umstrittene Trithemius geharnischte Pamphlete herausgab.

Im übrigen hat es mit dem historischen Dr. Faust noch eine spezielle Bewandtnis: Das Immatrikulationsregister der Heidelberger Universität nennt ihn als aus der Herrschaft Simmern (›ex Symera‹) gebürtig. Daraufhin ist vermutet worden, daß er ein Abkömmling der auf der von den Emichonen gegründeten Feste Stromburg (keinen Tagesritt von Ebernburg) seßhaften Burgmannen Fuste von Stromberg gewesen sein könnte. Eindeutig zu widerlegen ist dies nicht. Und dann müßte auch danach gefragt werden, was Faust und jenen

## GESCHICHTLICHER ÜBERBLICK

*Bildnis von Dr. Faust, Zeichnung von Maler Müller*

*Abt Trithemius von Sponheim*

gleichfalls aus den Fuste hervorgegangenen Johann Elias Michael Obentraut, der um 1575 auf Stromburg geboren wurde, verwandtschaftlich miteinander verband.

Denn dies gibt wiederum zu gedanklichen Abenteuern ausreichenden Anlaß: Wird Dr. Faust und sein ›faustisches Streben‹ gern als ›typisch deutscher‹ Charakterzug proklamiert, dann ist's der Obentraut erst recht, der als allererster ›Deutscher Michel‹ im Dreißigjährigen Krieg eine ziemlich streitbare Rolle spielen sollte. Ihn und seine Reiterei fürchteten die spanischen Soldaten des gegnerischen Marschalls Tilly so sehr, daß sie General Obentraut

*Unter den Abbildungen der 1620/21 durch Ambrosius Spinola eroberten Burgen und Orte finden sich zahlreiche historische Ansichten aus Hunsrück und Naheland*

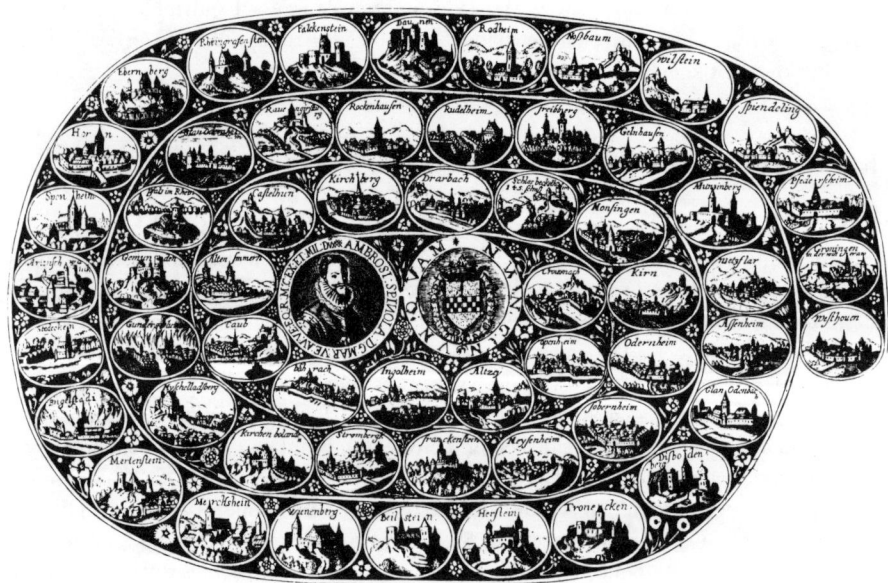

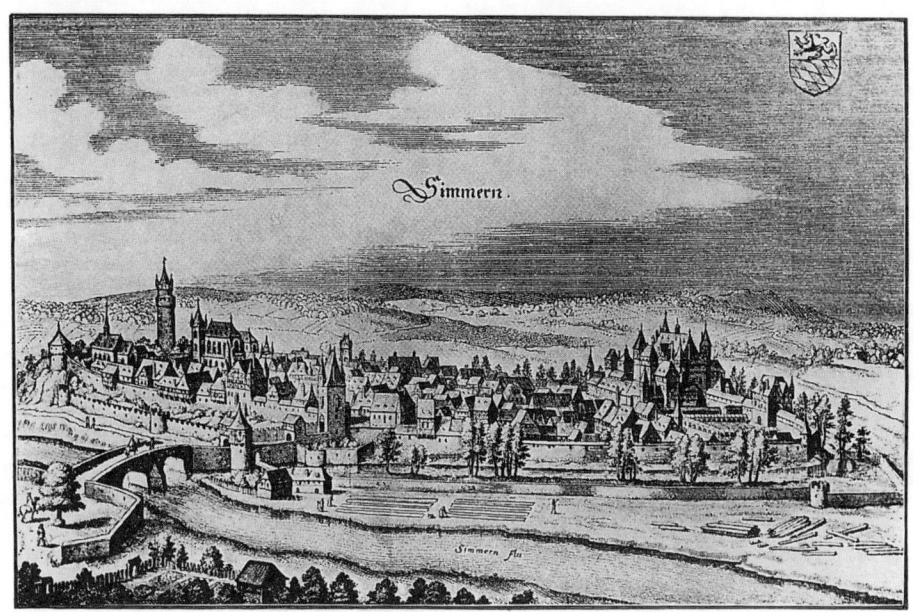

*Simmern, Kupferstich von Merian, um 1650*

respektvoll ›Miguel Alémanˋ nannten: Deutscher Michel. Er war ein echter Sohn seiner Heimat, der abends, nach getanem Kriegswerk, gern die Uniform ablegte und die bequeme Hunsrücktracht anzog: Kniehosen, härenes Wams und eine lange Zipfelmütze (s. S. 85). Kriegsnamen und Habit dieses Haudegens haben ihn bekanntlich bis heute überlebt...
  Wie in ganz Mitteleuropa wütete der Dreißigjährige Krieg mit seiner Soldateska der kaiserlichen, französischen, spanischen, schwedischen und bayerischen Heerhaufen auch im Hunsrückraum aufs gräßlichste; überdies dezimierten Hungersnöte und Epidemien die Bevölkerung. Auch nach dem Westfälischen Friedensschluß (1648) gab es für den linksrheinischen Raum keine Atempause, denn schon streckte Frankreichs Sonnenkönig Ludwig XIV. seine Hand nach den Gebieten aus, die er sich als Erbe einst fränkischen Besitzes glaubte aneignen zu dürfen. Insbesondere sein Feldherr Turenne (1611–1675) flößte den Hunsrückern Angst und Schrecken ein. Dabei konnten sich selbst Gebietsherren wie beispielsweise der Herzog von Birkenfeld, der sein Land notgedrungen unter den ›Schutz‹ der französischen Krone stellte, den Verheerungen der Raubkriege trotzdem nicht entziehen, die erst 1697 beendet wurden. Im Verlauf der langjährigen Kampfhandlungen waren die gesamte Pfalz verwüstet und auch im Hunsrück alle Burgen und festen Orte in Schutt und Asche gelegt worden. Den Höhepunkt bildete der 17. September 1689, der als »der große Hunsrücker Zerstörungs- und Jammertag« in die Geschichte einging. Kreuznach, Stromberg, Sobernheim, Kirchberg und Kastellaun wurden verbrannt, und von Simmern berich-

## GESCHICHTLICHER ÜBERBLICK

tete ein Augenzeuge: »Alles wurde dem Vulcan geopfert. Das Schloß stieß zwei Tage und zwei Nächte hindurch auf ganz entsetzliche Weise Flammenkugeln aus. Nur wenige Häuser blieben verschont.«

Als 1697 nach dem Frieden von Rijswijk Ludwig XIV. die solcherart eroberten Lande wiederhergeben mußte, standen im Hunsrück und an der Nahe keine Burg und kein Schloß mehr, die noch als bewohnbar hätten gelten können. Zwar verheilten die gröbsten Kriegswunden im Lauf des 18. Jahrhunderts allmählich, doch vieles an Besitz und Kunstschätzen war unwiederbringlich verlorengegangen. Wenigstens die Herrschaftsverhältnisse konnten teilweise dahingehend bereinigt werden, daß nach und nach auch die Angehörigen niederer Stände ihr Leben wieder einigermaßen erträglich gestalten konnten. Freilich zeigte die Landkarte zu Ende dieses Jahrhunderts ein äußerst buntscheckiges Bild, waren doch die Kurfürsten von Trier, Mainz und Pfalz, die Wild- und Rheingrafen, Pfalz-Zweibrücken, Baden-Sponheim, Hessen sowie eine Vielzahl kleiner Adelsherren erneut in ihre vormaligen und ererbten Besitzrechte eingetreten.

Genau 100 Jahre und 17 Tage konnten sich während dieser Zeit die Hunsrücker als Deutsche fühlen, ehe im Frieden von Campo Formio (1797) das Linksrheinische wiederum an Frankreich abgetreten werden mußte. Umwälzendes hatte sich inzwischen ereignet: Die Französische Revolution und die Heere der Republik sorgten für eine gravierende Wende auf dem europäischen ›Schachbrett‹, und nachdem in der mißglückten ›Campagne in Frank-

*Wiederbelebte Folklore: Herrsteiner Bürger in Hunsrücker Festtagstracht; Edelsteingraveur Karl Diehl, ein Förster und Hunsrücker Bauhandwerker um 1920 in Niederwörresbach*

reich‹ die preußisch-österreichischen Truppen abgewiesen worden waren, verfolgten Custines Heere die Abziehenden und stießen, als Mainz gefallen war, über Bad Kreuznach durchs Nahetal vor. In Campo Formio wurde sodann jener Zustand beschlossen und vertraglich zementiert, der für 20 Jahre als die ›Franzosenzeit‹ fortdauern sollte. Das Land wurde in Départements, Arrondissements und Mairies eingeteilt und mußte die Herrschaft der Jakobiner und anschließend auch Napoleon erdulden, in dessen Armeen zahlreiche Hunsrücker Söhne gezwungenermaßen mitmarschierten. Erst als in der Neujahrsnacht 1814 Feldmarschall Blücher mit seinen Truppen bei Kaub über den Rhein, durchs Steeger Tal hinauf- und dann quer durch den Hunsrück dem flüchtenden Napoleon nachsetzte, war das Ende der Besatzungszeit gekommen.

Die neuen Besitzverhältnisse wurden auf dem Wiener Kongreß geregelt, wobei es für das kleine Gebiet um Birkenfeld zu einem kuriosen Geschacher kam, weil sich kein Fürst und keine Regierung diese bettelarme Gegend ›anhängen‹ lassen wollte. Das damals ungefähr 20 000 Einwohner in 87 Gemeinden umfassende Ländchen ging wochenlang als Objekt beißend ironischer Satiren durch die gesamte europäische Presse, bevor sich der Großherzog von Oldenburg buchstäblich erbarmte. Als Exklave und später unter der Bezeichnung Fürstentum Birkenfeld gehörte dieses Gebiet von 1817 bis 1937 (!) zu Oldenburg, ehe es unter dem nationalsozialistischen Regime als Landkreis der Rheinprovinz der Bezirksregierung Koblenz unterstellt wurde.

Dieses Birkenfelder Ländchen, das infolge seiner Armut zunächst kein Potentat hatte annehmen wollen (nicht einmal geschenkt...), gibt ein Beispiel für den Zustand der Hunsrückregion nach der Franzosenzeit ab. Dabei hatte das 19. Jahrhundert für den Hunsrückraum nicht einmal mit allzu ungünstigen Vorzeichen begonnen: Von den Mißständen der Kleinstaaterei befreit, hatten sich die Menschen bereits unter der französischen Verwaltung Grundbesitz zu eigen machen können, und auch nach Vertreibung der Besatzungsarmeen blieben die so geschaffenen Verhältnisse weitgehend bestehen. Die Bauern saßen als freie Leute auf eigenem Land, das sie durch neue Methoden der Feld- und Weidewirtschaft sowie strukturelle Verbesserungen mancherlei Art günstiger als ihre Vorfahren zu nutzen lernten. Trotzdem kam auf längere Sicht kein Wohlstand auf, und dies hatte denkwürdige Gründe: Zum einen verkleinerten sich die Besitzflächen durch die landesübliche Erbteilung rasch, während andererseits (und zugleich doch damit zusammenhängend) die Bevölkerung ganz rapide zunahm. Napoleon hatte nämlich versuchsweise (!) in den besetzten Gebieten die gesetzliche Kleinkinderschutzimpfung eingeführt, und zwar mit solchem Erfolg, daß die bisher enorme Kindersterblichkeit beinahe schlagartig absank. So hatte also fast jeder Landwirt weit mehr Kinder zu ernähren, als seine Ertragsflächen es hätten ermöglichen können. Zu allem Übel folgten zu jener Zeit mehrere schlimme Mißernten kurz aufeinander, während gleichzeitig auch noch die Viehbestände von Seuchen heimgesucht wurden. Noch ein weiteres: Die preußischen Forstbehörden untersagten die seit dem Mittelalter überkommenen Nutzungsrechte der sogenannten Waldweide, der Niederwildjagd, der Ausbeutung von Sand- und Steingruben, des Sammelns von Leseholz oder Reisig sowie der kostenlosen Entnahme von Laubspreu und Bauholz.

## GESCHICHTLICHER ÜBERBLICK

All diese Veränderungen summierten und potenzierten sich zu einer katastrophalen Belastung der Menschen im gesamten linksrheinischen Raum; die Verelendung wurde zum fast allgemeinen Los. Und dann fiel plötzlich in solch einen trostlosen Zustand ein wahrhaftes Zauberwort: »Amerika!«

Es sprach sich schnell herum, daß in der Neuen Welt für jeden, der dort sein Geschick tatkräftig in die eigenen Hände nahm, die vielzitierten ›unbegrenzten Möglichkeiten‹ offenstanden. Erste Auswanderer berichteten in Briefen von mutmachenden Erfolgen. Daß ein großer Teil der nach Übersee gereisten Hunsrücker in ähnlichem Elend wie zu Hause lebte, drang kaum ins Bewußtsein derer, die dem Zauberwort erst einmal verfallen waren und mit dem hoffnungsfrohen inneren Auge nichts als Milch und Honig fließen sahen. Zehntausende waren es, die aufbrachen. Dabei ging es nicht nur in den Norden des amerikanischen Kontinents, sondern viele Hunsrücker fanden auch nach Brasilien, wo es bis heute ganze Landstriche und viele Ortschaften gibt, in denen noch der Hunsrücker Dialekt gesprochen wird.

Hätte es damals schon Schlagerhitparaden gegeben, wäre über lange Jahre der absolute Spitzensong jenes Auswandererlied gewesen, in dem das Hochgefühl alle Verse durchschwingt:

Jetzt ist die Zeit und Stunde da:
Wir fahren nach Amerika!
Der Wagen steht schon vor der Tür,
mit Weib und Kindern ziehen wir.

Ihr Freunde all' und wohlbekannt:
Reicht mir zum letzten Mal die Hand.
Ihr Freunde, weinet nicht so sehr;
Wir seh'n einander nimmermehr.

Wir kommen jetzt aufs hohe Meer,
da seh'n wir keine Deutschen mehr;
wir fürchten keinen Wasserfall
und denken: Gott ist überall!

Nun kommen wir nach Baltimor',
da strecken wir die Händ' empor
und rufen laut: Viktoria!
Jetzt sind wir in Amerika!

Dann geh'n wir in die Stadt hinein;
beim ersten Wirtshaus kehr'n wir ein.
Wir trinken da ein gut' Glas Wein
und lassen Deutschland Deutschland sein!

## Prometheus ringt mit Reichsadler

»Wer an einem Sonntagabend in milder Jahreszeit in ein Dorf auf dem Hunsrücken tritt, der findet überall vor den Türen die Nachbarn beisammensitzen und traulich plaudern vom Stande der Früchte, des Flachses, von Krieg und Frieden, von diesem und jenem. Das nennt der biedere Hunsrücker ›Maien‹. So maien die Alten hier beieinander und die Jüngeren dort; streng aber scheiden sich Verheiratete und Unverheiratete. Im Kreise des jungen Volkes erschallt mitunter wohl auch ein heiteres Lied, ein sogenanntes Schelmenlied. Kommt die

*Wilhelm Oertel von Horn (1798–1867), Hunsrücker Volksschriftsteller*

Jahreszeit, wo der Wind über die Stoppeln weht, dann wird in der Stube gemaiet.« Diese arglos-nette Schilderung hat Pfarrer Wilhelm Oertel (1798–1867) niedergeschrieben, der unter dem Namen W. O. von Horn zu Lebzeiten ein weitbekannter Volksschriftsteller war. Zu der von ihm herausgegebenen Familienzeitschrift ›Die Maie‹ lieferte Ludwig Richter die Illustrationen.

Das von Oertel beschriebene Hunsrück-Idyll gibt es in der vorgestellten Form natürlich längst nicht mehr. Zwar ist das ›Maien‹ in der Tat noch eine allerorts gepflegte Gewohnheit, doch von Krieg und Frieden vermag hier niemand mehr traulich zu plaudern. Sah man 1871/72 noch die kaiserlichen Truppen frohen Mutes gen Westen marschieren, so quälten sich 1918 die Heeresreste der Geschlagenen mit ähnlicher Verzweiflung durchs Gebirge wie auch im Frühjahr 1945 die letzten versprengten Kämpfer der Wehrmacht. Gerade gegen Ende des Zweiten Weltkrieges zeigte sich die schon seit Cäsars Eroberungszügen dem Hunsrück zugemessene ›strategische Gunst‹ als Aufmarsch-, Durchzugs- und Rückeilgebiet diverser Kriegsaufgebote besonders eklatant: Die Hunsrückhöhenstraße (heute: B 327) war als Rollbahn für den Nachschub an die Westfront binnen weniger Wochen aus dem Boden gestampft worden; jetzt faßte sie die zurückflutenden Kontingente kaum. Und was da an sogenannten ›Wunder-‹ oder ›Vergeltungswaffen‹ der V 1, V 2 und V 3 noch im Winter 1944/45 in ungeheuren Mengen von den Höhen zwischen Idarwald und Erbeskopf abgefeuert worden war, hatte den Untergang Großdeutschlands nur verzögern und keinesfalls abwenden können.

Auf einer Bastion des Schlosses Dhaun, vor welcher sich ein wunderschöner Weitblick über das Nahetal breitet, ist die von Robert Cauer geschaffene überlebensgroße Marmorstatue des gefesselten Prometheus aufgestellt worden (Abb. 96). Ob Prometheus, der den olympischen Göttern das geheimnisvolle Feuer entwendet hatte und dafür zur Strafe an einen Fels geschmiedet wurde und dem von einem Adler täglich die Leber zerfleischt wurde, möglicherweise auch eine gleichnishafte Figur für diese Region darstellen könnte? Wie der Adler an seiner Leber, so rissen, zerrten und nagten die unterschiedlichsten Mächte seit alters an der Substanz dieses im innersten Kern doch so friedfertigen Landes. Aber immer wieder auch ging man Bündnisse ein, holte sich gewissermaßen das Feuer herbei aus Bereichen, die dann ihre Fühler und Expeditionen sengend und zerstörend übers Land ausstreckten. Franz von Sickingens Hoffnung und Untergang kann z. B. genau unter solchen Gesichtspunkten betrachtet werden. War es nicht stets der von den Deutschen beanspruchte Reichsadler, mit dem der Hunsrücker als Prometheus rang?

Zugegeben: Solche Ansichten mögen für manchen Zeitgenossen doch etwas allzu dramatisch klingen. Vor Ort aber drängen sie sich mitunter unvermittelt auf, wenn man z. B. die historischen Stätten besucht und altehrwürdige Denkmäler betrachtet, während Düsenmaschinen gleich darüber im Blau ihren kriegerischen Einsatz üben. Dann kann man das zwiespältige Empfinden nicht einfach unterdrücken. Andererseits darf aber auch nicht verschwiegen werden, daß trotz all solcher Bedenklichkeiten die Region über eine außergewöhnliche Vielfalt an großartigen Naturlandschaften und eine seltene Fülle kaum bekannter Kunststätten verfügt, die vom militärischen Betrieb nichts ahnen lassen. Und überall wirkt unter der Oberfläche der problematisch wirkenden Gegenwart noch jene Art von Tröstung, die aus der Noblesse alter Monumente rührt, in welche frühere Generationen sowohl ihre jeweils eigenen Probleme als auch eine Zuversicht gegossen haben, die über Jahrhunderte hinweg immer noch das Ewige erstrebt.

## Zu den keltischen Höhenburgen

Die mächtigen Reste von mehr als zwanzig Höhenburgen, die seit Anbruch der Latènezeit um die Mitte des letzten Jahrtausends v. Chr. im Hunsrück errichtet wurden, belegen nebst einer enormen Zahl vorgeschichtlicher Fürstengräber und großer Grabhügelfelder sehr eindrucksvoll, daß diese Landschaft zur keltischen Epoche von außerordentlicher Bedeutung war. Während die historisch wie künstlerisch wertvollen Funde aus Burgplätzen und Gräbern in Museen (insbesondere Trier und Birkenfeld) zu besichtigen sind, findet man die riesigen Wallanlagen meist in großer Einsamkeit auf den dichtbewaldeten Bergkämmen. Von einigen Ausnahmen (Hunnenring, Wildenburg, Altburg bei Bundenbach) abgesehen, sind sie nicht unmittelbar von Autostraßen oder Wanderparkplätzen aus zu erreichen, sondern fordern den Besuchern oft längere Anmärsche über Fußpfade ab, die aber allesamt durch sehr schöne Landschaftswinkel führen. Weil nicht überall eine lückenlose Ausschilderung durch Wegweiser oder Wandertafeln vorhanden ist, empfiehlt sich grundsätzlich die Mitnahme einer Übersichtskarte, die bei den örtlichen Verkehrsämtern erworben werden kann.

### Hunnenring bei Otzenhausen

An vorderster Stelle muß der (fälschlich so genannte) ›Hunnenring‹ auf dem *Dollberg* bei Otzenhausen (Ortsteil Nonnweiler) erwähnt werden, der samt seinen Vorwällen über rund 2500 Meter Länge ein Areal von 18,5 Hektar umfängt. Während 1846 Baron Emil d'Huart

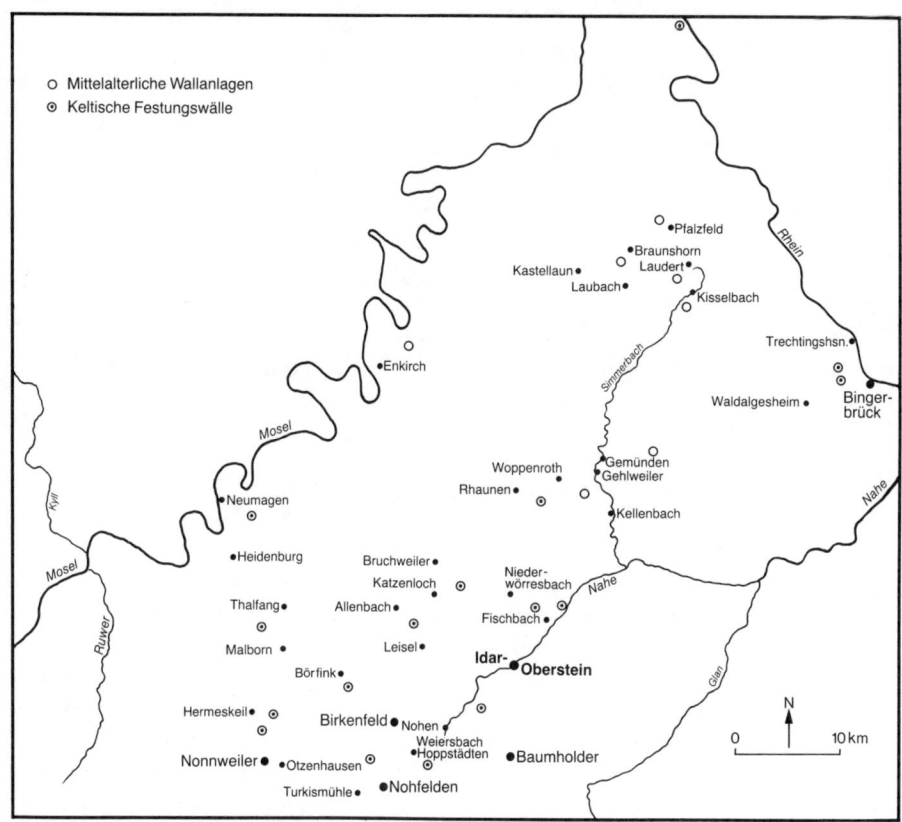

*Mittelalterliche Wallanlagen und keltische Festungswälle auf dem Hunsrück*

im ›Bulletin Monumental‹ den Ringwall als »eine so gigantische Anlage« bezeichnete, »daß man sie eher für ein Werk der Titanen als ein von Menschenhand geschaffenes Werk betrachtet«, haben spätere Forscher ausgerechnet, mit der Menge des in der Wehrmauer verbauten Steinmaterials (228 382 cbm) könnte man 20 000 Eisenbahnwaggons füllen, 100 Kilometer Straßen pflastern oder 13 000 Einfamilienhäuser bauen. Was sich einst als Mauerfronten in der Technik des von Cäsar beschriebenen ›Murus Gallicus‹ erhoben hat, ist nach Vergehen des die Steinpackungen mörtellos zusammenhaltenden Balkengerüstes in diesen Wall zerfallen, der stellenweise 10 Meter Höhe und an seiner Sohle 40 Meter Breite mißt.

Kein Wunder, daß in Anbetracht dieser mächtigen Vorzeit-Höhenfestung (621 m ü. NN) die Phantasie der Menschen in den umliegenden Ortschaften gehörig beflügelt wurde: Auf ihrem Rückzug von der Walstatt auf den Katalaunischen Feldern, so glaubten die einen, hätten sich Attilas Hunnen hier verschanzt, indes andere den Bau der Wälle sagenhaften

## ZU DEN KELTISCHEN HÖHENBURGEN

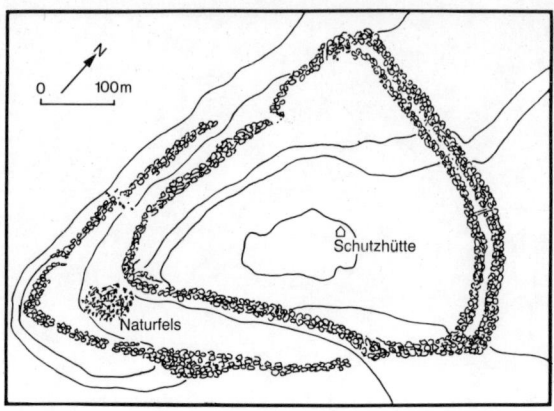

*Grundriß des Ringwalles von Otzenhausen*

Hünen zuschrieben, zumal in der Umgebung fundreiche ›Hünengräber‹ angetroffen wurden. Diese gaben jedoch Aufschluß darüber, daß es seit dem 5./4. Jahrhundert v. Chr. ein bereits großer und offenbar bestens organisierter Volksstamm der Kelten gewesen sein muß, dem Ringwall und Grabhügel zu verdanken sind. Insbesondere die nur zwei Kilometer vom Dollberg entfernten Fürstengräber bei Schwarzenbach (Saarland) lieferten höchst erlesene Kunstwerke als einstige Grabbeigaben, darunter ein Bronzegefäß mit figürlich gestalteten Griffen, Goldbleche mit Ornamenten und Masken sowie eine sehr kostbare Goldschale (heute in Berlin, Staatliche Museen). Aus denselben Grabfunden bewahrt das Rheinische Landesmuseum Trier eine nach etruskischer Art geformte bronzene Schnabelkanne auf, deren Henkel einen wie anbetend rückwärts gebeugten Menschen mit erhobenen Armen darstellt und auf deren Rand zwei kleine Löwen hocken. Es steht außer Zweifel, daß die mit derart wertvollen Gaben beerdigten Würdenträger der Latènezeit mit dem Hunnenring in enger Verbindung standen, wenn nicht sogar seine Bauherren gewesen sind.

Der Ringwall wurde seit 1882 mehrere Male archäologisch untersucht, wobei auf dem inneren Plateau eine Vielzahl kleinerer Funde hauptsächlich dem Spätlatène entstammt und weitere Anzeichen es glaubhaft erscheinen lassen, daß zumindest Teile der Festung besiedelt waren. Damit ist der Hunnenring wohl keine bloße Fliehburg, sondern höchstwahrscheinlich (zumindest zeitweise) ein regelrechtes Oppidum gewesen.

Von besonderem Interesse ist schließlich aber auch die Weiterbenutzung der Anlage in römischer Zeit, was bei den keltischen Wällen im Hunsrück zu den seltenen Ausnahmen zählt. Gewiß sind auch im Bereich anderer Vorzeitburgen römerzeitliche Funde geborgen worden, doch hier handelte es sich sogar um einen sakralen Bezirk. Aus einem Kultbau (3. Jh. n. Chr.) wurden die steinerne Skulptur eines Ebers, ein Bronzefigürchen der Diana sowie zahlreiche Kleinfunde geborgen. Daraus geht hervor, daß hier in der Waldeinsamkeit die Schutzgöttin der Jagdfreuden und vermutlich neben ihr auch der altkeltische Sucellus (bzw. Silvanus) verehrt worden ist.

2 BUNDENBACH  ›Palaeosolaster‹, ein Seestern aus dem Devonmeer
◁ 1 WICKENRODT  Hunsrücker Dorfidyll, im Hintergrund Bundenbach
3 RAVENGIERSBURG  Dachdeckerarbeit als Kunsthandwerk

4 SOONWALD   Blick auf den Rücken des Großen Soon von der Nunkirche aus

5 FISCHBACH/NAHE   Große Weitung im Kupferbergwerk ›Hosenberg‹

6 SCHÖNBERG-TALLING   Menhir
7 NEUMAGEN-DHRON   Pferdeknecht von einem Grabpfeiler. Landesmuseum Trier
8 WILDENBURG   Rekonstruierter Teil der Latène-Ringwallfestung

9 BUNDENBACH   Blick vom Altburg-Oppidum zur einsamen Schmidtburg
11   SIMMERN   Herzog-Reichard-Grabmal in der Stefanskirche ▷
10   SIMMERN   Stadtzentrum mit der Stefanskirche

13, 14  SIMMERN  Beatrix von Baden, Gattin Johanns II. und Herzog Johann II., Grabmalporträts
12  SIMMERN  Inneres der Stefanskirche mit der Stumm-Orgel
15  SIMMERN  Jona und der Wal, Relief vom Herzog-Reichard-Grabmal

16 SIMMERN  Kopfkonsole in der Stefanskirche
18 RAVENGIERSBURG  Christus in der Mandorla
17 SIMMERN  Detail vom Grabstein der Gräfin Alberta
19 RAVENGIERSBURG  Ehemalige Stiftskirche

20 NUNKIRCHE   Anbetung des Kindes, Fresko 13./14. Jh.

21 OBERKIRN   Epitaph an der Dorfkirche

22 KIRCHBERG   Fachwerk in der Altstadt

23　DILL　Die Burg auf ihrem Felssockel über Bauerngehöften

24　DILL　Fachwerkhäuser mit Trempel-Öffnungen am Dachstock

25 AUSONIUS-STRASSE   Rekonstruierter Wachtturm unweit Dill
27   HOCHSCHEID   Sirona-Statue aus dem römischen Quellheiligtum. Landesmuseum Trier ▷
26 AUSONIUS-STRASSE   Die antike Trasse bei Oberhosenbach

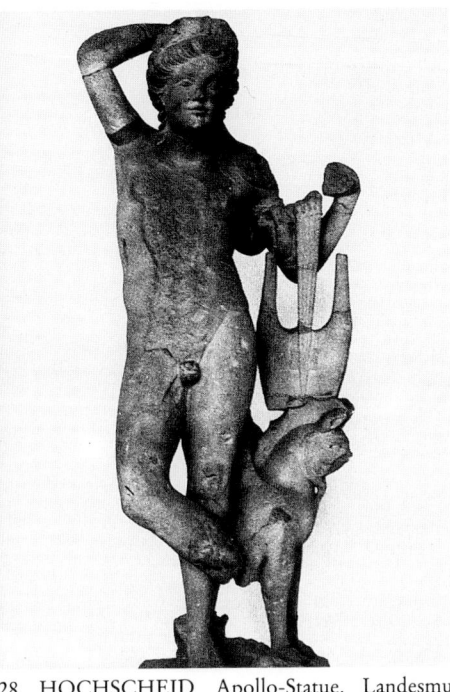

28  HOCHSCHEID  Apollo-Statue. Landesmuseum Trier
29  DHAUN  Emich-Relief am Rittersaal
30  BISCHOFSDHRON  Balduin-Brunnen
31  HINZERATH  Graues Kreuz im Idarwald

32  IDARKOPF   Blick von Mörschied über den Ort Weiden

33  BALDENAU   Hunsrücker Wasserburg am Oberlauf der Dhron

*Bronzene Schnabelkannen aus einem keltischen Fürstengrab unweit des ›Hunnenrings‹ bei Otzenhausen*

Beim Blick auf die Landkarte ist zu erkennen, daß sich vom Hunnenring bei Otzenhausen zwei Linien kleinerer Wallanlagen der Keltenzeit von Südwesten nach Nordosten in Richtung auf den Mittelrhein erstrecken: Die eine setzt sich aus einem halben Dutzend von Abschnittswällen zusammen, die hart über dem Naheufer erbaut worden sind und möglicherweise auch mit einem Wall bei Medard am Glan korrespondierten. Die zweite Linie zieht sich hingegen mit zehn Höhenburgen über die bewaldeten Quarzitkämme bis zum Damianskopf oberhalb Bingerbrücks am Rhein. War der Hunnenring als Oppidum gewiß ein ähnliches Zentrum und Sitz eines Gaufürsten wie der pfälzische Donnersberg und der Titelberg in Luxemburg, so dienten die kleineren Wallbefestigungen wahrscheinlich mehreren Zwecken: Als Fliehburgen zu Kriegszeiten konnten sie die Bevölkerung der umliegenden Landstriche bergen, waren außerdem wohl Begegnungsstätten bei kultischen Feiern oder Stammesfesten und besorgten an solchen neuralgischen Punkten wie z. B. über den Kupferlagerstätten an der oberen Nahe (bei Fischbach) mit einer ständigen Belegung durch kleinere Eingreiftrupps die Aufgabe einer Art ›Alarmwache‹. Letztere Annahme wird noch dadurch gestützt, daß die verschiedenen Höhenburgen oft in Sichtweite voneinander liegen oder mittels ›Relaisstationen‹ auf herausragenden Bergkuppen dazwischen auch durch Rauchsignale miteinander in Verbindung treten konnten.

## Elsenfels und Altburg bei Hoppstädten

Nicht weniger als fünf Wallanlagen drängen sich auf relativ engem Raum entlang einer Flußstrecke von knapp sechs Kilometern um das obere Nahetal bei Hoppstädten und Nohfelden. Die Ursache für diese Häufung ist bis heute unbekannt geblieben, hat aber sicher mit dem siedlungsgünstigen Gelände im breiten Tal zu tun, auf dessen Hängen auch eine dichte Streuung latènezeitlicher und römischer Gräber zu beobachten ist. Vor allem in dem Distrikt ›Hasselt‹, der heute von einem US-Lazarett eingenommen wird, hat man bedeutende Grabfunde der Hunsrück-Eifel-Kultur gehoben. An oberirdischen und frei zugänglichen Bodendenkmälern ragt in dieser Kleinregion zunächst der *Elsenfels* (Gemarkung des Dorfes Ellweiler) hervor, der auf seiner felsigen Anhöhe zur Sicherung der Talaue drunten hervorragend geeignet war. Ein 30 Meter langer Wall und Graben nebst flankierenden Wehrmauerresten ist von dieser Vorzeitburg geblieben.

Weiter flußab verbergen sich auf dem *Kastelskopf* (!), dem *Homerskopf* und dem *Schloßberg* drei weitere Wallanlagen von minderer Größe, während die beim Hoppstädtener Ortsteil Weiersbach an einen schmalen Felsgrat gelehnte *Altburg* wiederum zu den bedeutenderen Relikten der Keltenzeit zu rechnen ist. Bei einer Grabung (1968) wurde unter den Versturzmassen der uralten Festung ein mächtiger Mauerkorpus herausgearbeitet, der im Vergleich mit den anderen Vorzeitburgen des Hunsrücks insofern einen Einzelfall darstellt, als er nicht in Pfostenschlitztechnik (›Murus Gallicus‹), sondern in Form der sogenannten ›Läufer-Binder-Konstruktion‹ ohne Holzgerüst oder Mörtelbinder durch wechselweise quer- und längsgeschichtete Steinplatten gebildet worden ist. Gefäßscherben im Wallinneren ermöglichten eine Datierung der Anlage ins Spätlatène (um 100 v. Chr.), womit zugleich die Verbindung zu einer derselben Zeit angehörenden Nekropole auf dem nur 500 Meter entfernten Gelände ›Heidenbiegel‹ als bewiesen erscheint. Dort wurden die Grabstellen zweier offenbar hochgestellter Personen freigelegt, die mit ihren Streitwagen bestattet worden waren. Somit hat es durchaus den Anschein, als sei hier ein regionales Stammeszentrum gewesen, das sich um die vorhandenen Erzvorkommen gebildet hatte, obzwar deren Ausbeutung zu vorgeschichtlicher Zeit bisher noch nicht nachgewiesen werden konnte.

## Nahekopf

Unmittelbar am Rand des Truppenübungsplatzes Baumholder und unweit der von Gräfin Loretta von Sponheim errichteten Frauenburg (s. S. 243) überragt auf dem *Nahekopf* eine weitere *Wallanlage* das idyllische Tal. Auch diese prähistorische Höhenburg (Mittellatène) kann im Zusammenhang mit großen Hügelgrabfeldern gesehen werden, die reiches Fundgut preisgaben, infolge ihrer Lage im militärischen Sperrgebiet heute aber nicht mehr zugänglich sind.

## Ringmauer bei Fischbach und Glasburg

Zwischen Idar-Oberstein und Kirn findet sich um die Einmündung des von den Hunsrückhöhen zur Nahe herabfließenden Fischbaches (unmittelbar beim Ort Fischbach) eine zur Keltenzeit von zwei großartig erhalten gebliebenen Festungswällen trefflich beschirmte Zone. Es ist ein uraltes Bergbaurevier, und die Fremdenführer in der heute zum Besucherbergwerk hergerichteten Kupfergrube ›Hosenberg‹ erzählen den Gästen gern, daß die am Abhang des Hosenbach-Nebentälchens ergrabenen Metalle früher den weltberühmten Erzen aus dem schwedischen Falun vorgezogen oder zumindest als gleichrangig erachtet wurden.

Auf einem schroffen Felsen neben dem jetzigen Schaubergwerk verbirgt sich im dichten Unterholz die vorgeschichtliche *Ringmauer*. Eigentlich ist sie ein Abschnittswall, der den Bergsporn an seiner verwundbaren Stelle überzieht und an den steilen Seitenhängen vermutlich durch Palisaden ergänzt worden war. Der noch stellenweise über zwei Meter hohe Wall wurde 1971 archäologisch untersucht, wobei sich eine 5,5 Meter starke Mauer zeigte. Sie war einst in Holz-Stein-Konstruktion aufgeführt worden, was an den in der Außenfront noch deutlich erkennbaren Schlitzen zu sehen war, in denen die tragenden Balken gesteckt hatten. Aufgrund dieser Pfostenschlitzbauweise ließ sich die Entstehung der Ringmauer in die Zeit der jüngeren Hunsrück-Eifel-Kultur (ca. 450–250 v. Chr.) datieren.

Keine zwei Kilometer von der Ringmauer entfernt liegt, gleichfalls im Dickicht, auf dem steil aus dem Nahegrund aufstrebenden Bremerberg die sogenannte *Glasburg*. Mit der engen Nachbarschaft dieser zwei Festungen nicht genug: Sie weisen beide ein denkwürdiges gemeinsames Merkmal auf, das sich in etwa ähnlich nur noch an der Altburg bei Bundenbach findet. Die Wälle enthalten nämlich eine Fülle von Steinschlacken aus geschmolzenem Melaphyr, die unter ungeheurer Hitzeeinwirkung im glühenden Fluß die übrigen in den Mauern verbauten Gesteine zusammengebacken haben, so daß diese wie von schwarzem Glas übergossen aussehen. Ursprünglich glaubte man anhand dieser Gebilde auf Rückstände einer frühgeschichtlichen Kupferverhüttung schließen zu können, doch Laboruntersuchungen ergaben dafür nicht den geringsten Anhalt. Heute wird die Erklärung weitgehend akzeptiert, wonach die Verschlackung des Melaphyrs (Ergußgestein) dadurch eintrat, daß bei einer Erstürmung im Balkenwerk des Mauergerüstes und in den als Annäherungshindernis vorgepflanzten Dornenhecken (›Gebück‹) ein Brand gelegt wurde, der infolge einer ›Kaminfunktion‹ der die Bauteile vielfach durchstoßenden Pfosten die zur Schmelze erforderlichen Temperaturen erreichte.

Zwischen Ringmauer und Glasburg verhindert übrigens eine Anhöhe die direkte Sichtverbindung. Dieser Bergsporn wird interessanterweise bis heute ›Feuerklopp‹ bzw. ›Feuerkopf‹ genannt. So deutet noch dieser Namen darauf, daß hier, von wo man weit ins Nahetal hineinschauen und also die Gegend bestens überwachen kann, sicher ein Posten Ausguck hielt und bei Gefahr die im Kupferrevier beschäftigten Leute, diejenigen in den Siedlungen der Umgebung und vor allem auch die Besatzungen beider Vorzeitwälle mit Feuer- und Rauchzeichen warnen konnte.

Noch zweierlei ist im Hinblick auf Ringmauer und Glasburg unbedingt erwähnenswert: Zum einen eignet sich die weite Umgebung dieser zwei wichtigen Vorzeitmonumente hervorragend zu Wanderungen in einer prachtvollen Naturlandschaft. Und zum anderen bewegt man sich dabei buchstäblich auf den Spuren der Geschichte. Denn zwischen den beiden Wallfestungen verlaufen die heute gut ausgeschilderten Wanderwege auf langen Strecken genau über der seit der Bronzezeit benutzten Handelsstraße, die von den Römern ins Verkehrswegenetz zwischen Lothringen, Pfalz und Mosel einbezogen worden war. Am Bremerberg wurde ein römischer Getreidemahlstein (›Napoleonshut‹) gefunden, in einem Seitentälchen gleich daneben kam ein antiker Sarkophag zum Vorschein, und einige Ortskundige könnten die Stelle benennen, wo noch jetzt ein frischer Quell aus einer original römerzeitlichen Brunnenfassung sprudelt. Auf dem Plateau oberhalb der Ringmauer wurden von einer Vielzahl an Hügelgräbern bisher nur wenige ausgegraben, und zwischen den Ortsgemeinden Berschweiler, Bergen und Griebelschied ›schläft‹ gar ein noch vollständig unerforschtes römisches Straßendorf unter dem Humusboden des Waldes; man weiß lediglich, daß hier vor rund 2000 Jahren der ›vicus Vassiniacum‹ gestanden hat.

Keine Frage, daß sich um solch geheimnisumwitterte Stätten seit alters mystische Stoffe ranken. So geht auch vom ›Wildfrauloch‹ an der Fischbacher Ringmauer eine seltsame Sage, die in ihrem Kern möglicherweise mit einem tief im dunklen Forst verborgenen Hügel zu tun hat, der nach einiger Wahrscheinlichkeit die noch völlig ungestörte Ruhestatt eines keltischen Fürsten ist.

## Röderberg, Viereckschanze und Harpelstein

Eigentlich ist's ja schade, daß man zur Betrachtung der an entlegenen Fundorten geborgenen Zeugen der Vergangenheit, unter welchen auch immer wieder Kleinodien der Steinmetz- und der Goldschmiedekunst anzutreffen sind, die Museen aufsuchen muß. Dafür wird aber auch immer wieder die Phantasie kräftig angeregt und meist durch einen Schuß Romantik beflügelt, wenn man vor den einsam gelegenen Bodendenkmälern in der übergrünten Landschaft steht und sich dabei vorstellt, was alles hier schon zutage kam und was des weiteren sicher noch in der Erde ruht.

So enthielten auch die Hügelgräber mehrerer Friedhöfe der Hunsrück-Eifel-Kultur bei Hermeskeil, rund 10 Kilometer nordwestlich vom Hunnenring gelegen, ansehnliches Fundgut, worunter reich verzierter Bronzeschmuck, kostbares Geschirr, feine Keramikgefäße und Waffen herausragen (heute im Rheinischen Landesmuseum Trier). Und auch hier ist der Zusammenhang zwischen den Nekropolen des Latène und benachbarten Vorzeitburgen deutlich.

Drei Wallanlagen verteilen sich im Raum zwischen dem Nordhang des Hochwaldes bei Hermeskeil und dem Unterlauf des Dhronbaches unfern Neumagens an der Mosel. Zunächst ist es der ebenfalls ›Hunnenring‹ benannte Wall auf dem *Röderberg* (2 km östlich von Hilscheid), von dem leider nur noch spärliche Reste erhalten sind; bis etwa 1930 haben sieben Dörfer das prähistorische Monument als wohlfeilen Steinbruch für Straßenbaumaßnahmen genutzt.

Auch die *Viereckschanze*, ein Keltenwall östlich Hermeskeils, ist nur noch stellenweise als Bodenerhebung von knapp einem Meter Höhe zu erkennen, obwohl bei einer Vermessung im Jahr 1941 eine Gesamtlänge der Befestigung von immerhin 1520 Meter nachgewiesen wurde. Sie ähnelt den süddeutschen Viereckschanzen eher als den anderen Hunsrückwällen und diente vielleicht auch mehr als wehrhafte Abgrenzung eines Landgutes oder Kultbezirks denn als Fliehburg. Römerzeitliche Funde, ein Mahlstein und eine Trajansmünze, sprechen für eine den frühgeschichtlichen Kulturwandel überdauernde Nutzung.

Schwierig ist schließlich auch eine hinlänglich genaue Einordnung des westlich von Horath an einem Felsen über der Dhron halbkreisförmig gebauten *Harpelsteinwalles*. Möglicherweise stammt diese kleine Anlage (Radius: 35 m) erst aus dem frühen Mittelalter, obwohl auch hier in der nahen Umgebung vorgeschichtliche Grabhügel vorhanden sind.

## Vorkastell

Ein Junker namens Ferkel soll der örtlichen Überlieferung zufolge ›Taufpate‹ der Festung *Vorkastell* gewesen sein. Das Gelände des in teils noch imponierenden Resten erhaltenen Walles, früher ›Ferrkessel‹ geheißen, wurde von einer 500 Meter langen Wehrmauer umringt, deren Erbauer die natürliche Bodenform einer markanten Felsrippe gut ausgenutzt hatten. Im südlichen Abschnitt dieser keltischen Höhenburg über dem Trauntal (östlich der Straße Birkenfeld–Börfink; Zugang über Waldwege ab Hujets Sägemühle) sind die Steinbrocken der Anlage den Hang hinabgestürzt, wobei sich grandiose Partien auftürmten.

## Ringskopf, Silberich und Wildenburg

Im weitläufigen Hochwaldgebiet, wo bei der alten ›Pfaffenstraße‹ das bedeutende Römergrab von Siesbach (s. S. 27 ff.) ausgegraben wurde, fand man einen noch älteren Bestattungsplatz: Ein Fürstengrab war es, dem die Archäologen eine prachtvoll verzierte Schwertscheide (heute im Rheinischen Landesmuseum Trier) und eine etruskische Schnabelkanne aus Bronze (im Kreismuseum Birkenfeld) sowie Speerspitzen und Zierknöpfe entnahmen. Von diesem Fundort sind es nur knapp fünf Kilometer zum *Ringskopfwall* auf dem Bergrükken droben, und es ist anzunehmen, daß dort ein Stammesmittelpunkt oder Unterzentrum

*Modell-Rekonstruktion der keltischen Höhenfestung auf dem Ringskopf bei Allenbach*

der keltischen Treverer (um 400 v. Chr.) gewesen ist. Dafür spricht auch die vorzügliche Anlage des etwa 500 Meter langen und noch bis zu acht Meter breiten Ringwalls.

Er gehört zu den am besten erhaltenen Vorzeitburgen in ganz Mitteleuropa und gilt als geradezu klassisches Beispiel für die charakteristische Pfostenschlitzbauweise des Latène. Vor Ort kann man den lückenlosen Verlauf der einstigen Wehrmauer und die noch als Ruine mächtige Toranlage abschreiten. Im Landesmuseum Trier werden nicht nur die auf dem Ringskopf geborgenen Funde, darunter steinerne Schleuderkugeln, aufbewahrt, sondern auch ein sehr anschauliches Modell dieser Festung, die um 400 v. Chr. entstanden ist.

Der felsige Quarzitrücken setzt sich von hier in nordöstlicher Richtung fort; es ist eine Region voll bizarrer Landschaftsbilder: Steinerne Zinnen und Rosselhalden (Verwitterungsschutt) werden umrahmt und teils überdeckt von einer artenreichen Vegetation. Da in der steinigen Kammlage eine forstliche Bewirtschaftung kaum lohnt, haben sich urwaldartige Flächen entwickelt; in Klüften und im Unterholz finden selten gewordene Tierarten gute Verstecke. Mit etwas Glück kann man nicht nur gelegentlich Rehe, Hirsche oder Wildschweine, sondern auch Füchse und Wildkatzen erblicken.

In Anbetracht des kostbaren (und geschützten) Lebensraums für diese Waldbewohner sollte man möglichst nicht querfeldein gehen, sondern die gut beschilderten Wege des Wandergebietes Wildenburg (siehe ›Praktische Hinweise‹) unter die Füße nehmen, auf welchen man in einem etwa einstündigen Marsch zum malerischen Felskopf *Silberich* über dem Einschnitt des Idarbaches gelangt. Hier oben, von wo sich eine herrliche Fernsicht zu den Hochwaldhöhen im Norden und auf das Nahebergland nach Südosten weitet, gewahrt man zwischen dem Gewirr der steinernen Zacken und Rosselhalden sogar ein von der Natur geformtes Felsentor. Die Einwohner des am Bergfuß gelegenen Dorfes Kirschweiler nennen den Silberich auch die ›Festung‹, obwohl hier keine von Menschenhand errichteten Bauten nachzuweisen sind.

Quer durch das zwischen 600 und 650 Meter hohe Quarzitmassiv hat sich der Idarbach eine enge Schlucht gegraben. Steil geht es vom Silberich in einer abwechslungsreichen Kulisse von zerklüfteten Felsen, Fichtenbeständen und von Farn und Moosen überwachsenen Hängen hinab. Auf der anderen Talseite reicht eine Rosselhalde aus grauem Geröll gleichfalls bis zum Bachlauf herunter; darüber sind von Birken umstandene Klippen zu erkennen. Ringsum steigt nun das Gelände, teils auch mit ansehnlichem Buchenhochwald bestanden, zu der von einem schlanken Rundturm mit Aussichtsplattform gekrönten *Wildenburg* hinan. Unterdessen ist hier mit einem großen Wildfreigehege und Gastronomiebetrieb zwar ein vielbesuchtes Erholungsziel entstanden, doch gewissermaßen im Windschatten dieser Attraktionen fristen die prähistorischen Ruinen noch ein wenig berührtes Dasein.

Man kann auf einem Parkplatz bei der in den restaurierten Burghäusern eingerichteten Gaststätte, nicht weit auch entfernt von dem alles überragenden Aussichtsturm, den Wagen abstellen und gelangt von dort in wenigen Minuten zum Keltenwall. Hierbei handelt es sich um einen inneren und einen diesem vorgelagerten Halbkreis; beide Teile schieben sich unterhalb eines bizarr ausgezackten Felsriegels (676 m ü. NN) Hunderte von Metern zwischen hochstämmigen Buchen den Hang hinab. Es sind noch sehr eindrucksvolle Reste.

*Die Wildenburg, Zeichnung von Uwe Anhäuser, 1977*

Über lange (und gut überschaubare) Strecken erreichen die Wälle eine Höhe von 6 bis 8 Meter und Sohlbreiten um 20 Meter.

Eine ebene Fläche im östlichen Wallbezirk wird im Volksmund der ›Hexentanzplatz‹ genannt, und in der Tat könnte diese vorzüglich gelegene Stelle ein heiliger Ort gewesen sein. Wenig unterhalb weist ein Schild zu der sogenannten ›Zisterne‹, einem in den felsigen Boden eingetieften Quell. Dieser diente sicher zur Wasserversorgung der Anlage und hatte außerdem – wie bei den Kelten üblich – auch eine sakrale Bedeutung.

In jüngster Zeit sind auf der Grundlage der bei Ausgrabungen gewonnenen Erkenntnisse an Ort und Stelle zwei kurze Abschnitte der Wildenburgwälle im ursprünglichen Bauzustand rekonstruiert worden (Abb. 8). Dort ist nunmehr nicht allein die einstige Größe, sondern auch die authentische Architekturform der für die meisten Hunsrücker Vorzeitburgen typischen Pfostenschlitzmauer zu betrachten.

Gut angelegte und beschilderte Wanderwege führen von der Wildenburg nach Osten über den von weiteren Felsriffen gekrönten und von mitunter gigantisch anmutenden Rosselhalden flankierten Gebirgskamm zum benachbarten Massiv der *Mörschieder Burr*. Dort sind ebenso wie bei der Wildenburg römische Kleinfunde angetroffen worden, die aber den Schluß auf eine etwaige nachkeltische Befestigung nicht zulassen. Für die Burr gilt im übrigen ähnliches wie für den Silberich: Die natürlichen Eigenarten des Geländes mit seinen Felsbastionen und schwer zugänglichen Klüften konnten der Bevölkerung zur vor- und frühgeschichtlichen Zeit auch ohne aufwendige Bauwerke wie eine regelrechte Fliehburg zustatten kommen. Möglicherweise gab es verschiedentlich Palisaden, die man zwischen Felsköpfen leicht einfügen konnte, doch wurden bisher noch keine Spuren davon gefunden.

Andererseits eignete sich die Burranhöhe (646 m ü. NN) aber auch hervorragend als Beobachtungs- und (vielleicht) Signalstation: Man erblickt von ihrem äußersten Vorsprung sowohl die Bergrücken von Silberich und Ringskopf nach Südwesten als auch die im Südosten am Einschnitt des Nahetals gelegenen Festungshügel des Bremerberges und der Ringmauer bei Fischbach. Bei klarer Sicht ist sogar deutlich hinter den niedrigeren Höhen des Nordpfälzer Berglandes der 686 Meter hohe Donnersberg in einer Entfernung von nur 47,5 Kilometer Luftlinie auszumachen, auf welchem sich ein von gewaltigen Ringwällen umgebenes keltisches Oppidum befand. Nach Nordosten hingegen sieht man in größerer Nähe die Höhen um die Altburg am Hahnenbach sowie den klobigen Bergstock des Lützelsoons, von welchem seinerseits die Aussicht weiter über die Soonwaldkämme bis zu den Gipfeln des Binger Waldes reicht.

Obwohl nirgends Funde gemacht wurden, die auf ein solchen Vermutungen über prähistorische Nachrichten- oder Vorwarneinrichtungen entsprechendes Stützpunktenetz schließen ließen, kann diese Möglichkeit doch nicht als bloße Spekulation abgetan werden. Zur Verständigung genügten ja bereits Feuerstellen auf dem nackten Felsen solcher ausgezeichneten Gipfellagen und eine Handvoll für den Notfall vereinbarter Rauchsignale. Einem Volk, das ein derart aufwendiges System gigantischer Festungswälle zu schaffen imstande war, kann die Fähigkeit dazu wohl kaum abgesprochen werden.

## Altburg und Damianskopf

Mit dem Vorzeitwall auf dem Wildenburgrücken findet die dichte Linie der keltischen Höhenburgen zunächst ihren östlichen Abschluß. Weitere Wälle wie diejenigen bei Langweiler (sogenanntes ›Franzosenlager‹) oder auf der Alteburg im Soonwald sind Reste frühmittelalterlicher Anlagen oder auch Abgrenzungen alter Viehtriften. Das kleine Oppidum auf der schon mehrmals erwähnten *Altburg* bei Bundenbach (s. S. 21) war in das übergreifende System der von Treverern (bzw. ›Proto-Treverern‹) errichteten Wehranlagen wohl kaum direkt einbezogen.

Hier legte die umfassende Ausgrabung des vom 80 Meter langen Wall gegen die Angriffsseite hin abgeschirmten Plateaus auf dem Schieferfelsen nicht weniger als 3600 Pfostenlöcher frei, die zur Verankerung des Balkenwerks von rund 200 einfachen Häusern gedient hatten. Aus ungezählten Details im Fundgut ergaben sich deutliche Hinweise auf Entstehen und Erlöschen des befestigten Siedlungsplatzes, der demnach über mehr als ein Jahrhundert (ca. 250–100 v. Chr.) bewohnt war und in einer Feuersbrunst unterging, deren Spuren am ausgeglühten Schiefer und an verbrannten Lehmschlacken im Wallbereich noch sichtbar waren. Die neuerdings hier aufgeführten Rekonstruktionen von Häusern und Palisaden geben eine anschauliche Vorstellung von der einstigen Bebauung (Abb. 9).

*Alteburg* heißt eine andere vereinzelte Festungsanlage auf einem Bergsporn über dem Altlayer Bach bei Kaimt und Briedel im Moselhunsrück. Auch hier ist es eine Schiefermauer, die einen planierten Innenraum abschließt. Spätrömische Münzen, die in diesem geschützten Bezirk aufgefunden wurden, sowie weitere Einzelheiten lassen es als unwahrscheinlich erscheinen, daß Kelten die Urheber des Bauwerks waren. Vermutlich handelte es sich um einen die römische Rheingrenze im Hinterland absichernden Stützpunkt.

Anders ist es beim Abschnittswall auf dem *Dommelsberg* bei Koblenz: Dieser gegenüber der Lahnmündung hoch über dem Rhein angelegte Festungsbau, der nördlichste im Hunsrück, barg Funde schon aus der Urnenfelderzeit und aus der Hunsrück-Eifel-Kultur. Mehrere hundert Meter messen seine drei- und vierfach in die Tiefe gestaffelten Wälle, in deren Kern stellenweise noch Mauerreste freigelegt wurden, die architektonisch den Bautypen aus dem südwestlichen Hunsrückraum ähneln. Und auch hier fanden sich verschlackte Steine als Überreste und Beweisstücke einer Brandkatastrophe ›in grauer Vorzeit‹, möglicherweise infolge eines Überfalls rechtsrheinischer Germanenstämme.

Ein Viereckwall auf der ›Alteburg‹ im Soonwald wurde gelegentlich von Heimatforschern als Fortsetzung oder ›Vorposten‹ der keltischen Höhenburgen im Hoch- und Idarwald angesehen. Dafür mangelt es jedoch an Indizien, während römische Keramik- und Münzfunde (heute im Museum Bad Kreuznach) weit eher eine der ›Alteburg‹ über dem Altlayer Bach ähnliche Funktion als römerzeitliches Bollwerk hinter der Rheingrenze annehmen lassen.

Anders verhält es sich demgegenüber mit dem ›Druidenberg‹ (!) oberhalb Bingerbrücks und der Nahemündung: Dieser Rücken endet im rheinseitig hart vorspringenden Felssporn des *Damianskopfes*, der durch einen 95 Meter langen, sieben Meter breiten und noch etwa einen Meter hohen Abschnittswall geschützt worden ist. Trotz des Fehlens datierender Funde nimmt man für diese Anlage mit einiger Wahrscheinlichkeit an, daß Kelten ihre Erbauer waren.

Ähnlich unklar ist auch die Zeitbestimmung für den dem Damianskopf benachbarten Abschnittswall auf dem *Ohligsberg* im Binger Wald. Auch hier trennt ein 300 Meter langer Wall, bis zu 2,5 Meter hoch, hinter einem noch deutlich erkennbaren Graben ein dreieckiges Plateau gegen die Hunsrückseite hin ab. Ob prähistorische Grabhügel in seiner Nähe einen gleichfalls keltischen Ursprung wahrscheinlich machen? Die Geheimnisse dieser uralten Höhenburgen sind noch längst nicht restlos enthüllt.

## Ausblicke vom Berg des Versuchers

Seit den frühesten Streifzügen steinzeitlicher Jäger waren es stets die Täler, durch die Menschen den Weg ins Hunsrücker Mittelgebirge fanden. Sogar noch zur ›Postkutschenzeit‹ schlängelten sich die wichtigsten Verbindungen durch jene engen Einschnitte zwischen schroffen Bergstirnen ins Waldland hinein, und auch die Ingenieure des 19. Jahrhunderts, als sie die ersten Bahnlinien legten, zogen mit deren Gleisen die von den größeren Wasserläufen ins linksrheinische Relief eingetieften geologischen Furchen nach. Noch später wagten sie sich daran, derart kühne Strecken wie z. B. diejenige von Boppard hinauf nach Buchholz und Emmelshausen – eine der schönsten in ganz Deutschland – zu konstruieren.

## AUSBLICKE VOM BERG DES VERSUCHERS

Die Bedeutung der Täler als Pforten ins Innere der Landschaft wurde eigentlich erst 1938 unerheblich, als die Strategen des nationalsozialistischen Reiches binnen weniger Monate mit einem bis dato beispiellosen Aufwand an Arbeitskräften und modernen Baumaschinen die ›Hunsrückhöhenstraße‹ (heute: B 327) regelrecht aus dem Boden stampfen ließen. Die natürlichen Hindernisse wurden aus dem Weg geräumt: Hügel eingeebnet und Täler zugeschüttet – die militärische Planung war dafür zum ausschließlichen Leitmotiv geworden.

Noch heute bildet die Hunsrückhöhenstraße die wichtigste überörtliche Verbindung, übrigens auch bzw. wiederum für das Militär; hinzu kam als Trasse von größerer Bedeutung (in erster Linie für den Durchgangsverkehr) die in den siebziger Jahren angelegte Autobahn A 61, die parallel zum Rhein zwischen Bingen und Koblenz verläuft. Sie führt mit einem eindrucksvollen Anstieg, vorbei an den Trollbachfelsen, vom Unterlauf der Nahe (aus Richtung Mainz) in den Binger Wald und weiter über die wellige Hochfläche bis zum Moseltal. Die Autobahnausfahrt Rheinböllen eignet sich vorzüglich als Startpunkt für eine Entdeckungsreise durch den zentralen Hunsrückraum: Simmern, Kirchberg und Morbach sind die hauptsächlichen Orientierungsorte an dieser Route, die bis Neumagen-Dhron und – so man möchte – noch weiter bis Trier gewissermaßen auf des Ausonius Spuren fortgesetzt werden kann.

### Rheinböllen

Dem 1309 als ›Rinbulle‹ (Rheinhügel) erstmals erwähnten Städtchen Rheinböllen merkt man auf den ersten Blick kaum an, daß dieser einstige Hauptort des ›Alten Gerichts‹ unter den Pfalzgrafen und insbesondere auch zur Zeit Balduins von Trier eine wichtige Rolle gespielt hat. An mittelalterlicher Bausubstanz ist nichts Nennens- oder gar Sehenswertes übriggeblieben, dafür aber um so interessantere Architekturen des 19. Jahrhunderts.

Das älteste Gebäude von Rang ist in Rheinböllen die *evangelische Pfarrkirche,* deren Turm noch den gemauerten Kern des bereits 1332 genannten Gotteshauses enthält. Im Inneren erkennt man verschiedene Reste aus älterer Zeit (so z. B. zehn Säulen von 1845/46 unter der Empore), doch gehört das am 16. März 1945 durch Artilleriefeuer bis auf die Mauern vernichtete Gebäude im wesentlichen einem 1948/49 erfolgten Wiederaufbau an. Bemerkenswert ist der auf dem alten Kirchhof errichtete Pyramidenstumpf mit der altgriechisch gewandeten Relieffigur einer Trauernden: Hierbei handelt es sich um einen Gedenkstein für Carl Puricelli (gest. 1805), Mitglied der für die Region bedeutenden Hüttenherren-Dynastie.

Rheinböllens *katholische Kirche* ist dem hl. Erasmus geweiht und ruht als dreischiffiger Hallenbau der Neugotik (1870–72) wohl auch auf den Fundamenten eines erheblich älteren Vorgängerbaus. Das unverputzte Ziegelmauerwerk birgt eine gleichfalls neugotische Ausstattung, worunter die mit figürlichen Motiven gestalteten Glasfenster (1895–98) und die ursprünglich in der Stummschen Werkstatt gefertigte Orgel von 1860 Beachtung verdienen.

Im Zentrum des Städtchens bringen sich das hübsche Ensemble der Gebäude um das *Rathaus* (1873) und insbesondere auch das ansehnliche ehemalige *evangelische Pfarrhaus*

(1730–33; Bacharacherstr. 8) vorteilhaft zur Geltung. Am letzteren erinnert eine Tafel: »Blücher, Gneisenau und Prinz Wilhelm rasteten hier am 1. Januar 1814.« Der greise Feldmarschall Blücher, mit seiner schlesischen Armee seit der Völkerschlacht bei Leipzig siegreich dem zurückweichenden Napoleon auf den Fersen, hatte seinen Rheinübergang in der Neujahrsnacht freilich vordatiert. Weil beim Brückenschlag Probleme aufgetreten waren, hatte er zunächst noch in Kaub zurückbleiben müssen, kam erst am 2. Januar nach Rheinböllen und stieß dann aber so vehement weiter vor, daß er bereits am folgenden Tag im Kreuznacher Quartier notieren konnte: »Bis hir bin ich gekomen, erger habe ich genug gehabt weill die brücke so ich bei Caub Schlagen ließ zum teuffell gink wo durch ich einen gantzen Tag uff gehallten wurde.«

Jedenfalls war Rheinböllen der erste größere linksrheinische Ort, der von Blüchers Befreiungszug profitieren durfte, und hier kam es in der Tat danach zu einem bedeutenden Aufschwung, an welchen noch wichtige Geschichtszeugen erinnern. Dies war unzweifelhaft den Hüttenherren Puricelli zu verdanken, die seit Ende des 18. Jahrhunderts einen unterhalb des Städtchens am Guldenbach errichteten Eisenhammer betrieben. Unklar ist, ob diese vormals bedeutendste Produktionsstätte im Soonwaldgebiet mit einer schon für 891 bezeugten Anlage identisch ist; mit Sicherheit kann jedoch festgehalten werden, daß 1598 der Betrieb im größeren Stil und dann unter den Puricellis äußerst erfolgreich geführt worden ist.

Die in der *Rheinböllerhütte* hergestellten Takenplatten, Gußöfen, Eisengitter und kunsthandwerklichen Arbeiten findet man nicht nur in den Hunsrücker Museen (z. B. Sammlungen im Schloß Reichenstein), sondern auch als wieder zu Ehren gekommene Antiquitäten in vielen Privathaushalten wie ebenso in manchem Gasthaus der Umgebung.

Eine Besichtigung des heute zum Teil noch von mehreren Fertigungsbetrieben genutzten Werksgeländes mit seinen Verhüttungs-, Verwaltungs- und Wohngebäuden läßt das in

*Gußeiserne Öfen aus dem Katalog der Rheinböller Hütte, 1868, und Ofenplatte mit ländlicher Szene, Mitte 19. Jh.*

seiner Art beispielhafte Ensemble eines Denkmals der Industriefrühgeschichte erkennen. Die Architektur wird vom einheimischen Soonwälder Bruchstein dominiert, dessen Mauerflächen überall an Türen und Fenstern durch Sandsteingewände wirkungsvoll aufgelockert werden. Rundbogige Blenden, Walmdächer, Mansarden sowie gelegentliche Baudekoration (z. B. mit gußeisernen Vasen auf einer Terrassenbrüstung) vereinen sich zu einem die Formen aus Barock und Klassizismus aufgreifenden Stilganzen.

Die nahebei 1857 errichtete *Puricelli-Gruftkapelle* (1906 nach Osten vergrößert; 1946/47 restauriert) gibt ein interessantes Exempel des neuromanischen Stils ab, wobei neugotisches Beiwerk und insbesondere auch ein Gitter aus Schmiedeeisen der Beachtung wert sind. In der Umgebung (bachabwärts) erinnert auch die *Stromberger Neuhütte* an die wirtschaftlich bedeutsame Geschichte am Oberlauf des Guldenbaches, während das einstige *Jagdschloß Karlsburg* noch davon zu erzählen scheint, daß man bei aller Anstrengung zum Gelderwerb die schönen Freizeitabwechslungen nicht zu kurz kommen ließ.

Die Wohlhabenheit als Voraussetzung dafür, daß die Hüttenbesitzer im 19. Jahrhundert derart geschmackvolle und zugleich zweckdienliche Baulichkeiten aufführen ließen, kommt in der bemerkenswerten Anlage des 1862 durch Jenny Puricelli gestifteten *Waisenhauses* (heute Altersheim) vorzüglich zum Vorschein. Dessen Gebäudevielfalt, die von der oberhalb Rheinböllens vorüberführenden Autobahn wie ein komplett erhaltenes Klostergut aus dem Mittelalter wirkt, ahmt – so überraschend wie überzeugend – die architektonische Tradition weit früherer Spitalbauten nach. Eine lückenlose Ringmauer umzieht die Gärten, Wohn- und Wirtschaftsgebäude samt der neugotischen Kapelle.

Während die Profanhäuser, ganz dem zu ihrer Erbauungszeit vorherrschenden romantischen Zeitgeist entsprechend, aus allen möglichen Blickwinkeln stets eine quasimittelalterliche Vedute suggerieren sollten, besticht die 1887/88 erbaute kleine *Kirche* durch ihre qualitätvolle Ausstattung. Diese dreischiffige Säulenhalle zu drei Jochen (Rippengewölbe über Rundpfeilern; Kreuzrippengewölbe im Chor) vermittelt ein ausgewogenes Raumgefühl, dem eine sehr dekorative Ausmalung gleichsam edle Akzente hinzugefügt hat. In der Verglasung, mit Altar, Kanzel, Gestühl und Orgel – insgesamt und auch in sämtlichen Details – ist die dem gotischen Stil verpflichtete Konzeption konsequent beherzigt worden. Während drunten am und über dem Rheinstrom Fürsten und Kaiser voll romantischer Gestimmtheit die an einstige ›Ritterherrlichkeit‹ gemahnenden Ruinen zu teils pompösen Prunkobjekten restaurieren und aufwerten ließen, hat hier eine Familie von Industriebaronen soziale Fürsorge mit Kunstsinn gepaart und darüber eine Anlage bzw. Einrichtung geschaffen, die den Maßstab der (Mit-)Menschlichkeit auch darin verrät, indem sie über den reinen Zweck hinaus das in Deutschland so oft (und so falsch) beschworene »Schöne, Wahre und Gute« tatsächlich als sichtbares Beispiel zu einer Synthese gedeihen ließ, von welcher man mit Ernst behaupten möchte: ein Gesamtkunstwerk von seltenem Rang. Oder hat sich, beiläufig befragt, der ›Clan der Puricellis‹ hier nur sein eigenes Denkmal setzen wollen? Gleichwie – und selbst wenn es so wäre: Das kunsthistorisch durchaus relevante Ergebnis ist im genauesten und besten Sinn beachtens- und betrachtenswürdig.

# Uralte Turmhügel im Bauernland

Rheinböllen liegt sozusagen ›im Angesicht des Soonwaldes‹, dessen zu allen Jahreszeiten dunkel wirkender Umriß die Landschaft gleich einem urtümlich-unergründlichen Saum einfriedet. Seit Anbeginn haben sich die Dörfer unter dem Höhenzug ins Unvermeidliche fügen müssen: Sie kauern geradezu vor dem tiefen Wald, haben sich wie schutzbedürftig unter seinen schattigen Rand geduckt. Es ist folglich auch eine Gegend voll merkwürdiger Sagen mit allerlei Spukgestalten, in denen man unschwer keltisch-germanische Naturgeister wiedererkennen kann. Viele Stunden lang kann man droben durchs Einsame wandern, wo sich Fuchs und Hase gute Nacht sagen und die vereinzelten Forsthäuser wie vorgeschobene Stützpunkte der Zivilisation anmuten.

In diesen Forsten verspürt man noch etwas von der Zeit, als sie gebannte Gebiete waren, und auch das kleine *Ellern* unter dem 643 Meter hohen Schanzerkopf scheint noch ein wenig von solchem Hauch umfangen. Seine klassizistische Kirche (1827–29) birgt eine Stumm-Orgel (1828) und ist eines der zahlreichen Gotteshäuser, die nach dem Ende der ›Franzosenzeit‹ im sogenannten Rheinischen Oberland zuverlässige Horte des protestantischen Bekenntnisses waren.

Das vorreformatorische Ellern zählte freilich mit *Dichtelbach, Erbach* und *Kleinweidelbach* zum pfalzgräflichen ›Alten Gericht‹ und blickt demnach auf eine ähnlich lange Geschichte zurück wie das benachbarte *Argenthal*, das im Mittelalter befestigt und somit wohl ein nicht unbedeutender Flecken gewesen ist. Auf Argenthals Friedhof liegt Adam Melsheimer bestattet, der wahrscheinlich als historisches Urbild des liedbekannten Jägers aus Kurpfalz am ehesten in Betracht kommt (s. S. 327).

*Mutterschied* mit seiner 1751–54 erbauten Kirche zu den 14 Nothelfern, die das Altargemälde wiedergibt, *Altweidelbach,* in dessen Gotteshaus (1761) eine weitere Stumm-Orgel (1796) steht, und *Mörschbach* gehören auch zu diesen Dörfern zwischen Rheinböllen und Simmern, die dem Christentum am Soonwaldrand recht frühzeitig einen festen Standort gaben. Immerhin konnte der Mainzer Erzbischof Willigis schon 1006 die erste Mörschbacher Kirche weihen, an deren Stelle sich jetzt ein Saalbau von 1761/62 erhebt. Der Turm (1372) läßt noch romanische Formen erkennen. – Im Nachbarort *Pleizenhausen* stehen zwei Kirchen vom Ende des 18. Jahrhunderts, und St. Johann Nepomuk im nahen *Rayerschied* bewahrt in seinem neugotischen Sakralbau eine um 1440 geschaffene Madonna.

Nicht weit ist es durch die sanfthügelige Gegend – ein ausgesprochenes Bauernland – zum Dörfchen *Horn,* das zusammen mit *Laubach* als Königsgut 1302 durch König Albrecht an die Sponheimer Grafen verpfändet wurde. Von diesen kam es kaum 50 Jahre darauf an die Pfalzgrafen und erhielt sogar das Recht, sich mit Türmen und Festungswällen zu umgeben. Vielleicht sollten Horn, Laubach und Argenthal das Fürstentum Simmern gegen die Macht- und Gebietsansprüche des Trierer Erzbistums abschirmen helfen, eine strategische Aufgabe, die möglicherweise mit einigen rätselhaften Turmhügeln in der Umgebung zusammenhing.

Eine Viereckschanze auf dem *Nonnenberg* bei Mörschbach gab bei einer Grabung karolingische Scherben preis, die *Horner Burg* (westlich des Dorfes) ist mit 30 Meter Durchmesser und bis zu drei Meter Höhe als ein durch vorgelegte Gräben gesicherter Festungsplatz des frühen Mittelalters anzusehen, und auch die im Wald zwischen Laubach und Bubach versteckte einstige *Turmburg* erweist sich mit einem quadratischen Kernbau von rund 18 Meter Seitenlänge innerhalb eines Wallringes von ca. 50 Meter Durchmesser durchaus als vormals imposante Bastion. – Ebenfalls im Wald zu finden ist die von heute versumpften Wassergräben im Geviert umgebene *Alte Burg* beim nahen Laudert. Ihr Außenwall, noch annähernd drei Meter hoch (stellenweise), mißt 110 Meter in der Länge, und hinter einem einst vom Quellwasser des Simmerbaches gefüllten Graben erhebt sich das Kernwerk bis vier Meter Höhe.

Wenn auch mangels Gegenbeweisen ein römerzeitlicher Ursprung dieser vier alten Befestigungen in der Horner Umgebung nicht gänzlich von der Hand gewiesen werden kann, legen sie vom Typus her (und auch anhand der spärlichen Funde) eher die Vermutung nahe, daß sie von fränkischen Herren nach dem u. a. vom Niederrhein her bekannten Muster der frühmittelalterlichen Motten errichtet worden sind.

In *Pfalzfeld* überdauerte eine geheimnisvolle, künstlerisch bedeutende Steinsäule aus keltischer Zeit die Jahrhunderte fast unversehrt. Das anderthalb Meter hohe Bildwerk, ein vierseitiger Pfeiler, ist mit ganz ähnlichen Ornamenten verziert, wie man sie auch von Schmuckformen des Latène kennt. Verschlungene Voluten und fischblasenähnliche Gebilde rahmen mythische Maskenköpfe ein; man glaubt diese als Idolbilder verehrungswürdiger übernatürlicher Wesen deuten zu können. Das Monument stammt vermutlich von einem Grabhügel und wurde 1608 »auf den Kirchhof von Pfalzfeld gebracht, um seinen magischen Charakter zu bannen«. So steht es jedenfalls im Führer durch die urgeschichtliche Abteilung des Rheinischen Landesmuseums Bonn zu lesen, in dessen Sammlungen die Pfalzfelder Stele als »das wichtigste urgeschichtliche Steindenkmal des Rheinlandes« zu bewundern ist.

Zwischen Pfalzfeld und Kastellaun durchschneidet bei *Dudenroth* die Hunsrückbahn mit ihrem Gleiskörper (etwa 300 m westlich der Haltestelle) einen flachen Hügel, der nicht nur Überrest einer Burg (11. Jh.) der Herren von Braunshorn ist, sondern mit einem Wallumfang von rund 300 Meter vielleicht auch eine kleine Siedlung umschlossen hat. Über bzw. durch das Dorf Braunshorn erreicht man von hier rasch die Hunsrückhöhenstraße und an dieser das nahe *Gödenroth* mit seinem für die Gegend charakteristischen Gotteshaus (18. Jh.) und einem hübschen Ensemble der gleichfalls typischen Wohnhäuser im graublauen Schieferbeschlag nach allen Regeln der bodenständigen Handwerkskunst. Zwei Hügel und eine tiefe Talsenke trennen Gödenroth von Kastellaun, dem historisch bedeutendsten Städtchen im nördlichen Hunsrückteil.

## Kastellaun

In den letzten Jahrzehnten hat sich Kastellaun mit weitflächigen Neubaugebieten umringt, und auch das alte Zentrum um den Marktplatz verlor durch moderne Umgestaltung sein ehedem harmonisches Gepräge. Trotzdem beherrscht die von der wuchtigen Burgruine und den beiden Kirchen geprägte historische Silhouette noch immer das Gesamtbild. Kommt im bereits 1226 erwähnten Namen das Wehrhafte (Kastell) ausdrücklich zum Vorschein, so reicht die Geschichte des einst befestigten Ortes noch weiter zurück: Sehr wahrscheinlich war Kastellaun schon 820 als ›Trigorium‹ Hauptstadt des Trechirgaues. Seit 1248 hatten hier die Sponheimer Grafen das Sagen und sorgten 1305 für die Verleihung der Stadtrechte. Nach Aussterben des Grafengeschlechts kam Kastellaun als Oberamtssitz an Kurpfalz und Baden. Beim ›großen Hunsrücker Zerstörungs- und Jammertag‹ sank die Stadt in Schutt und Asche (nur 15 Häuser blieben stehen); auch die mächtige *Burg* wurde dabei zur Ruine. Erst 1968 wurde der Ort wieder zur Stadt erhoben.

Die noch in ihren Resten imposanten Bauten des Palas sowie von Teilen der Ober- und Niederburg (14. Jh.) sind neuerdings gut restauriert worden. So erinnern diese alten Mauern, im bereits erwähnten Zusammenklang mit den Kirchtürmen, wieder lebhaft an die durch Matthäus Merian (1645) und Daniel Meisner im Jahr 1687 im ›Thesaurus philopoliticus‹ (Politisches Schatzkästlein) wiedergegebenen (einander sehr ähnlichen) Panoramen des historischen Kastellaun. Die Unterschrift des im Thesaurus publizierten Motivs nimmt Bezug auf zwei Hasen, die vor der Kulisse im Gras spielen:

Sieh lieber sieh unsr Vatterlandt,  Der Haas gar gern bleibt da er vor
Da Ich und Du seind wohl bekandt.  geheckt worden, hebts Haupt empor.

*Kastellaun, Kupferstich aus Daniel Meisners ›Schatzkästlein‹, 1687*

Dabei wirkt es so, als hätten sich mit diesen Langohren im Wiesengrund vor der Stadt die gleichfalls abgebildeten beiden Männer recht merkwürdig identifizieren wollen, deren einer mit Blatt, Zeichenfeder und Tuschefaß deutlich als Zeichner erkenntlich ist. In der Tat handelt es sich hier um Eberhard Kieser und Sebastian Furck, Söhne Kastellauns, die an Meisners einzigartigem Graphikwerk die wichtigsten Mitarbeiter waren. Und zur abermaligen Bestätigung ihrer Heimatliebe haben sie über die Vedute geschrieben: »Der Haas ist gern, da Er geheckt wardt!« Hasen als alte Symboltiere der Friedfertigkeit: heute gewahrt man drei Kilometer vor der Stadt den Stacheldraht und die Betonschutzmauer der ehemaligen Cruise-Missile-Basis Hasselbach – ein nachdenklich stimmendes Zusammentreffen.

Von weiteren Kastellaunern, die Bedeutendes wirkten, sei noch kurz berichtet: Heinrich Barenbrock war hier von 1563 bis 1573 evangelischer Geistlicher. Er fuhr während dieser Amtszeit viermal nach Essen und hat dort durch seine offenbar gewaltigen Predigten der Reformation zum Durchbruch verholfen. Auch an Friedrich Back erinnert man sich gern, der als Nestor der Hunsrücker Geschichtsschreibung (Pfarrer von Beruf) 1877 von der Heidelberger Universität die Würde eines Ehrendoktors empfing. Während man sich auf seine Forschungen bis heute (und auch in diesem Buch) stets zuverlässig beziehen und ihn mit Fug und Recht zitieren darf, ist der Name Heinrich Zimmer (1850–1920) fast gänzlich in Vergessenheit geraten. Dabei gebührt diesem aus Kastellaun stammenden Gelehrten das erhebliche Verdienst, als Sprachforscher und Verfasser einer gälischen Grammatik der ausgangs des vergangenen Jahrhunderts fast völlig erloschenen keltischen Muttersprache Irlands zur entscheidenden Wiedergeburt verholfen zu haben. Es ist schon tieferen Nachdenkens wert, wenn von Fachgelehrten bestätigt wird, daß durch den aus dem uralten Hunsrücker Keltenland herkommenden Heinrich Zimmer sowohl die heute wieder weltbekannte irische Folklore als auch der ›Ulysses‹ von James Joyce entscheidende Impulse erfahren haben.

Es gibt – sofern dies hier als Beispiel gelten darf – eben Menschen, die Geschichte machen, ohne daß sie in den einschlägigen Annalen verzeichnet stehen. Welcher Passant – beispielsweise – fühlt sich zum ernsthaften Nachsinnen aufgerufen, wenn er in Kastellaun dem Schild der Friedrich-Back-Straße oder im irischen Dublin demjenigen der Heinrich-Zimmer-Street begegnet?

Dort wie hier rollt heutzutage ohne Unterlaß der moderne Straßenverkehr, und deshalb verschweigen auch in Kastellaun die kaum zum Verweilen einladenden Häuserfronten, daß für jeden, der danach sucht, interessante Dinge zu entdecken sind. So wird, wer in die *evangelische Kirche* hineinschaut, zunächst unter den dem 14./15. Jahrhundert angehörenden Bauteilen (1905–07 nach neugotischer Gepflogenheit restauriert) keine architektonischen Kostbarkeiten bemerken. Doch auf den zweiten Blick ziehen dann doch qualitätvolle Grabmäler die Aufmerksamkeit auf sich: Gleich neben der Kanzel (1686) ragt die ausgezeichnete Renaissanceplastik vom Grabmal des Karl Buyser (gest. 1537) hervor, und gegenüber steht das zweifigurige Epitaphium des genau 200 Jahre früher verblichenen Grafen Simon II. von Sponheim und seiner Gemahlin Elisabeth. Diesem benachbart ist ein anderes Bildnismonument derselben Zeit für einen namentlich nicht überlieferten Sponheimer, und unter fünf weiteren Grabmälern mit Ornamentzier und Inschriften gehören zwei (1569 und 1574) den aus der Werkstatt Johann von Trarbachs hervorgegangenen Kunstwerken an.

Bescheidener nimmt sich neben der mit solch guten Skulpturen ausgestatteten evangelischen Kirche das *katholische Gotteshaus zum hl. Kreuz* aus. Dieser neugotische Bau (1899–1902) wurde von dem Kölner Baumeister Eduard Endler in günstiger Lage auf dem

Burgfelsen errichtet. Die den spätgotischen Stil trefflich aufgreifende Architektur wird durch eine adäquate Ausstattung bereichert, unter welcher der Schnitzaltar im Chor besondere Beachtung verdient.

Nun könnte man, nach Besichtigung der beiden markanten Sakralgebäude, Kastellaun ohne Umschweife wieder verlassen und hätte dabei das vielleicht Interessanteste doch versäumt: Freilich gibt sich die alte *Friedhofskapelle* am Berghang gegenüber der Innenstadt auch nicht von fern als Kleinod zu erkennen. Der auf den 1689 ausgebrannten Ruinen im Jahr 1728 errichtete Bau gefällt im Inneren durch Details (z. B. Schnitzereien und Deckengemälde) von derber Bodenständigkeit. Außen beeindruckt ein höchst stimmungsvolles Idyll: ein Kruzifix unter verschiefertem Schutzdach, rustikaler Mauerputz und gußeiserne Grabkreuze mit ihren teils feingliedrig gearbeiteten Ornamenten. Es sind seltene Exemplare einer kunsthandwerklichen Spezialität, die in verschiedenen alten Eisenhütten des Hunsrücks herangebildet worden war.

Die Hänge über der Kastellauner Mulde steigen hinauf zur den Winden ausgesetzten Hochfläche des *Beller Marktes,* unter dessen altehrwürdigen Baumriesen sich in den letzten Jahren die Friedensmarschierer zu vielen Tausenden versammelten, ohne daß die meisten von ihnen wohl wußten, daß hier schon zur Zeit der Hunsrück-Eifel-Kultur, im späteren Trechirgau, im Mittelalter und noch bis in die jüngere Vergangenheit einer der wichtigsten Treffpunkte für die einheimische Bevölkerung war. Thing oder Hundsgedinge, Halsgericht oder Viehhandelsplatz – von derart durch die geographische Situation vorgegebenen Marktplätzen außerhalb der Siedlungszentren kennt man im Hunsrück ein halbes Dutzend; sie alle haben ihre einst wichtige Funktion als Begegnungsstätten und Handelsforen eigentlich erst im Ablauf der letzten hundert Jahre eingebüßt.

Am Rand des Beller Marktes fristet jetzt ein ›Märchenpark‹ sein kaum auf die alten Mythen gegründetes Dasein, und der ›Friedensacker‹ gleich gegenüber wurde als Mahnort im Angesicht der atomaren Vernichtungswaffen von einheimischen Friedensfreunden mit 96 Mahnkreuzen bestückt. Drunten gruppiert sich der Ort *Bell* ausgesprochen harmonisch unter seinem gedrungenen Kirchturm, während die südlich vom Beller Markt, auf Simmern zu, am Külzbach aufgereihten Dörfer zwischen Hasselbach und Keidelheim bedeutend offener in der wenig gegliederten und im Sommer rundum wiesengrünen Landschaft liegen.

Dieses sanfte Tal, zumal in Anbetracht seiner geographischen Lage, kann man durchaus als Herzstück des Hunsrücks bezeichnen. Alterkülz, Külz, Neuerkirch, Klosterkumbd und Kümbdchen, aber auch die etwas weiter vom Wasserlauf entfernten Hundheim, Wüschheim, Michelbach, Reich, Fronhofen und Nannhausen, teils schon mit der Namensprägung beredt auf ihre geschichtliche Vergangenheit zurückweisend, tragen bis heute den Charakterzug jener die spärliche Bandbreite zwischen großbäuerlicher Behäbigkeit und tagelöhnerischer Kargheit ausfüllenden Lebensform, die sich hier in Gestalt der landwirtschaftlichen Anwesen deutlich äußert. Da sieht man zwischen den mit Kunstschieferplatten und Pseudoklinkern verkleideten Häuserfronten noch immer zahlreiche Höfe, die den landesüblichen Typus rein repräsentieren: Unter Walmdächern lückenlos verschieferte Fassaden, die Wohnhäuser meist rechtwinklig zum Wirtschaftsteil angeordnet. Wetter- oder Schleppdächer kragen vor; der Misthaufen ist säuberlich am Straßenrand aufgeschichtet, und im Hintergrund, bachwärts geneigt, erblickt man die von Obstbäumen bestandene Hauswiese, die sogenannte ›Bitz‹. Die Erdgeschosse bestehen in der Regel aus massivem Mauerwerk (vor allem die Küchenräume, aufgrund der Brandgefährdung, verlangten nach steinernen Wänden), während sich unter den Layen der Obergeschosse Fachwerk verbirgt.

Hübsche Fachwerkbauten sind auch oft die Rat- oder Gemeindehäuser, und als genauso charakteristisch für die Gegend erblickt man hier und da noch ein kommunales Backhaus. Die Kirchen von *Neuerkirch* (13./18. Jh.) und *Alterkülz* (18. Jh.; Stumm-Orgel 1779) verstärken als rustikal-kompakte Monumente den überall sichtbaren Eindruck einer auf die bäuerliche Abhängigkeit vom nährenden Boden tief gegründeten zuversichtlichen Lebens- und Glaubenshaltung. Die jüngste Zeit hat zwar auch hier Risse und Sprünge eingekerbt, doch in der Anlage und immer wieder bis ins Detail zeigen die alten Bauwerke unverkennbar die Elemente und Ideale landwirtschaftlichen Besitzerstolzes vor. Dabei ist, wiewohl es sich großenteils um noch weit ältere Architekturen handelt, als ideeller Grundzug des in ansehnlichen Höfen dokumentierten bäuerlichen Selbstbewußtseins stets auch jener epochale Wandel mit zu bedenken, der spätestens zur ›Franzosenzeit‹ aus leibeigenen Untertanen freie Bürger und Grundeigentümer werden ließ.

## Simmern

»Stadtluft macht frei« – für die Hunsrück-›Metropole‹ und ihre Einwohner galt diese bedeutsame Redensart sehr konkret, seit am 10. Juli 1330 Kaiser Ludwig der Bayer dem Raugrafen Georg II. die Freiung seiner Stadt Simmern bestätigt hatte. Historische Abbildungen in den Werken von Sebastian Münster (›Cosmographie‹), Matthäus Merian und Daniel Meisner geben übereinstimmend ein ausgesprochen harmonisch wirkendes Ensemble von Wohn- und Wehrbauten wieder, in welchem das Schiff der ehrwürdigen Stefanskirche bereits nicht anders zur Geltung kommt, als man es noch heute zwischen den Hausdächern aufragen sieht. Alles übrige hat sich aber von Grund auf verändert, nachdem im Vollzug der vom französischen König Ludwig XIV. mit dem Pfälzischen Erbfolgekrieg brutal realisierten Politik der verbrannten Erde auch Simmern in Asche gelegt worden war. So erinnern heute nur noch der Schinderhannesturm und Mauerreste unter dem Römerberg an die alten Festungsanlagen, und auch in den Sammlungen des Hunsrücker Heimatmuseums, untergebracht im Neuen Schloß, finden sich nur wenige (wenngleich höchst wertvolle) Exponate, die darauf schließen lassen, wie prachtvoll Simmern einmal gewesen ist.

Ein rundes Dutzend jungsteinzeitlicher Beile, die verstreut zwischen Rheinböllen, Horn und Hirschfeld aufgelesen wurden, macht glaubhaft, daß nicht nur schweifende Jäger der Urgeschichte in die höheren Regionen des Hunsrücks vorgestoßen, sondern möglicherweise auch erste Ansätze zum Seßhaftwerden und zur landwirtschaftlichen Nutzung des Bodens vorhanden waren.

Zur Bronzezeit und dann schließlich mit der Hunsrück-Eifel-Kultur zeichnete sich in der Simmerner Umgebung bereits eine Zunahme der Bevölkerung ab, was vor allem durch mehrere Grabfunde nachgewiesen werden kann. Bronzeschmuck (Wendelringe) aus Gräbern von Niederkumbd und Oppertshausen wird von den Heimatforschern als Beleg dafür in Anspruch genommen, daß sich schon frühzeitig unter den am oberen Simmerbach ansässigen Leuten eine gewisse Führungs- bzw. Adelsschicht heranbildete. Einer der interessantesten Funde wurde genau an der Stelle geborgen, wo sich die Bunker der ehemaligen Marschflugkörperbasis Hasselbach erheben: Dort lag unter mächtigem Grabhügel ein altkeltischer Häuptling bestattet, ausgestreckt im Kasten eines vierrädrigen Wagens. Seine Lanze und eine bronzene Situla hatte man ihm mitgegeben und über dieser Ruhestätte ein zeltähnliches Holzhaus errichtet.

Auch für die Römerzeit sind es Grabanlagen gewesen, die dem Simmerner Museum reichhaltiges Fundgut geliefert haben. Glasgefäße aus einem Frauengrab bei Budenbach, eine Kugelflasche mit den durch chemische Analyse nachgewiesenen Resten von Hautbalsam aus einer Kisselbacher Bestattung sowie eine voluminöse Glasurne mit Leichenbrand aus einem Adelsgrab von Kümbdchen können in den Vitrinen der Sammlung besichtigt werden. Im eigentlichen Stadtgebiet kam ein römerzeitlicher Grabfund mit erlesenen Keramikgefäßen zutage, darunter eine kunstvolle Terra-sigillata-Schüssel mit Reliefbildern bellender Hunde und springender Hasen. Laut Töpferstempel wurde dieses feine Geschirr in einer Manufaktur der antiken Provence hergestellt. Funde von Mauerwerk und Amphoren, einer Reibschale und sonstigen Haushaltskeramiken konnten bei Verlegung der städtischen Wasserleitung in der Rottmannstraße geborgen werden, was als zuverlässiger Hinweis auf eine frühgeschichtliche Siedlung gewertet wird. Mehr noch: Am selben Ort kamen Münzen der Kaiser Maximianus und Magnentius zum Vorschein; durch diese und anhand noch weiterer Fundplätze im Stadtinneren läßt sich eine römerzeitliche Besiedlung Simmerns spätestens für die Zeit um 350 n. Chr. nachweisen.

Die weitere Stadtgeschichte wird erst im Jahr 1072 durch urkundliche Nennung faßbar, und das bereits erwähnte Datum von 1330 läßt erkennen, daß offenbar nach der Jahrtausendwende ein stetiger Anstieg des Gemeinwesens erfolgt ist. Mit der Freiung unter den raugräflichen Herren und der Einrichtung von Wochen- und Jahrmärkten wurde nun auch offiziell die Zentrumsfunktion des Ortes begründet, wie sie über die Jahrhunderte bis zum heutigen Tag fortdauern sollte. 1359 kam die Stadt unter pfalzgräfliche Hoheit, was vor allem insofern bedeutungsvoll war, als bei der Erbteilung unter den Söhnen König Ruprechts von der Pfalz im Jahr 1410 »Simmern auf dem Hundesruck, Burg und Stadt, Laupach die Stadt, Hohrein die Stadt, Argenthal die Stadt und den Hunsruck zumal und ganz, was die Herrschaft darauf liegen und fallen hat« zu einem eigenständigen Fürstentum vereinigt wurden. Pfalzgraf Stephan, Ruprechts drittgeborener Sohn, nahm seine Regentschaft von Zweibrücken aus wahr, doch sein Sohn Friedrich I., dem aus mütterlichem Erbe 1444 auch sponheimische Besitzungen zugefallen waren, erhob Simmern endlich zur ständigen Residenz.

Die Spanne von 1459 bis 1598 markiert die von der herzoglichen Linie Pfalz-Simmern nach allen Kräften geförderte größte Blüte der Stadt. Insbesondere Herzog Johann II. (1509–57), der nicht nur den Humanisten äußerst wohlgesinnt, sondern auch mit erstaunlichem Weitblick gegenüber vielen sonstigen Neuerungen stets aufgeschlossen war, tat viel

## AUSBLICKE VOM BERG DES VERSUCHERS

*Signet der Rhodlerschen Druckerei in Simmern, 1532*

dazu, daß Simmern bald weit über den mittelrheinischen Raum hinaus im Ruf besonderer Fortschrittlichkeit stand. An seinem Hof gewährte er namhaften Künstlern Aufträge und Broterwerb und zeichnete sich auch dadurch aus, daß er als einer der ersten deutschen Fürsten überhaupt der von vielen feudalen Zeitgenossen noch beargwöhnten Druckkunst eine Chance gab. Und so wurden aus dem entlegenen Hunsrückstädtchen Simmern Buchwerke im deutschen Raum verbreitet, die höchste Beachtung gefunden haben.

Herausgeber der Drucke war der aus Bamberg gebürtige fürstliche Sekretär Hieronymus Rhodler, der sich schon zu Anfang seines Wirkens mit der Veröffentlichung eines auf Albrecht Dürers Proportionslehre fußenden ›Maßbuches‹ einen Namen machte: »Eynn schön nützlich büchlin und underweisung der kunst des Messens mit dem Zirckel, Richtscheid oder Linial. Zu nutz allen kunstliebhabern, fürnemlich den Malern, Bildhawern, Goldschmiden, Seidenstickern, Steinmetzen, Schreinern, auch allen andern, so sich der kunst des Messens (Perspectiua zu latin genant) zugebrauchen lust haben.«

Unter den beiden in Simmern noch vorhandenen Rhodler-Büchern befindet sich auch ein Exemplar des seinerzeit weit verbreiteten und berühmten ›Rixnerschen Turnierbuches‹. Von noch größerer Bedeutung bzw. Ausstrahlung als dieses hervorragend illustrierte Werk sind vermutlich aber die zu Simmern verlegten Sagenbücher gewesen, zum Beispiel: »Fierrabras. Eynn schöne kurtzweilige Histori von eym mächtigen Riesen auß Hispanien, Fierrabras gnant, der eyn Heyd gewest, und bei zeiten des Durchleuchtigsten großen Keyser Karls gelebt, sich in kämpffen unnd in streitten dapfferlich, großmütig, mannlich unnd eerlich gehalten hat.« Ebenfalls aus dem karolingischen Sagenkreis hervor ging jene im gesamten Abendland verbreitete Volkssage von den vier Haimonskindern. Zum erstenmal in deutscher Sprache wurde dieses Werk durch Rhodler in Simmern herausgegeben: »Eyn schön lustig Geschicht, wie Keyser Carle der groß, vier gebrüder, Hertzog Aymont von Dordons

Söne, umb das der eltest undter jnen Reynhardt genant, dem Keyser seiner Neuen (Neffen) eynen, mit eynem Schachbret erschlug, sechzehn jarlangk bekrieget« – »Getruckt zu Siemmern usw. Vollendet auff den Fünffundzwentzigsten tag Februarius, im jar als man zalt nach der geburt Christi MDXXXV.«

Nach dem Tod Johanns II. folgte sein Sohn Friedrich II., unter dem im kleinen Herzogtum die Reformation eingeführt wurde (1557). Nach Aussterben der Linie im Jahr 1598 fiel Simmern wieder an Kurpfalz zurück und wurde von der Residenzstadt zum Sitz eines Oberamtes degradiert. Eine abermalige Vorrangstellung wuchs ihm späterhin zur französischen Besatzungszeit als Verwaltungsort des vorderhunsrückischen Arrondissements zu. Im übrigen machte es (Kreisstadt seit 1814) kulturell noch einmal im 19. Jahrhundert durch seinen Bürgermeister Peter Josef Rottmann (1799–1881) von sich reden, der als bis heute unerreichter Heimatdichter der Hunsrücker Volksseele einen von Mutterwitz und weit überdurchschnittlicher Schlitzohrigkeit durchsäuerten literarischen Ausdruck verlieh. Seine durchweg in Mundart verfaßten Texte wird man sich als Nicht-Hunsrücker freilich von Einheimischen übersetzen lassen müssen. Trotzdem eine kurze Kostprobe:

›Uhs Herrgott sall uhs Aenkel,
uhs Kinn unn all die Leit,
die uff em Hunsrick sinn, erhalle
in Friere unn in Aehnigkeit.‹

*Notgeldschein von 1921 mit Paar in Hunsrücker Tracht (s. S. 41)*

Beim Gang durch das heutige Simmern erblickt man zwar eine Anzahl recht ansehnlicher Bürgerhäuser des 18. und 19. Jahrhunderts, für die ältere Stadtgeschichte stellt jedoch außer dem wuchtigen *Schinderhannesturm* (in welchem der berüchtigte Räuberhauptmann tatsächlich ›geschmort‹ hat) nur noch die betagte *Stefanskirche* das einzig erhaltene Baurelikt von kunsthistorisch bedeutendem Rang dar (Abb. 10). Die in diesem Gotteshaus behüteten Grabmäler zählen zu den großartigsten Arbeiten der Renaissanceplastik im gesamten Rheinland. Zugleich ermöglichen diese vorzüglichen Bildnisepitaphien einen authentischen Rückblick in Simmerns blühendste Zeit.

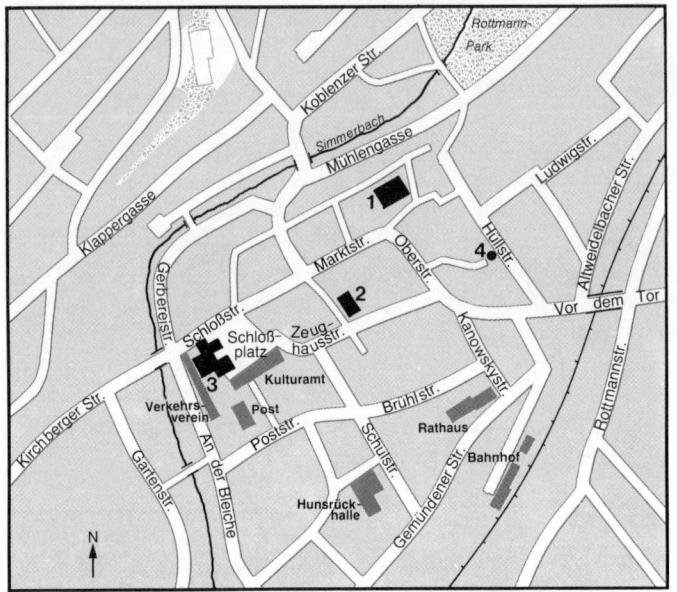

Simmern
1 Stefanskirche
2 St. Josef
3 Neues Schloß
4 Schinderhannesturm

Der Kirchenbau, glücklicherweise von der Feuersbrunst des Herbstes 1689 in der Substanz verschont geblieben, ist als Halle zu drei Schiffen im spätgotischen Stil errichtet worden. Er vertritt als das am weitesten nördlich gelegene Beispiel jenen als ›Bayrische Schule‹ bezeichneten süddeutschen Typus, der auch in der Schloßkirche von Meisenheim am Glan zu beobachten ist. 1486 wurde der Grundstein gelegt, und vermutlich waren die Bauarbeiten vor 1510 bereits abgeschlossen. Der auf den alten Veduten noch einen spitzen Helm tragende mächtige Turm mußte nach den 1689 erlittenen Schäden (durch die Gluthitze schmolzen sogar die Glocken) restauriert werden und erhielt 1752 über dem quadratischen Unterbau ein achteckiges Glockengeschoß sowie die jetzige barocke Schweifkuppel mit aufgesetzter Laterne.

Vom stadtseitigen Vorplatz an der Durchgangsstraße wirkt der Baukörper spannend gegliedert, und betritt man durch das seitliche Portal den Innenraum, überrascht als erstes dessen trotzdem sehr einheitliche, lautere Wirkung, die vor allem auch von der die großen Fenster durchflutenden Lichtfülle profitiert. Das Mittelschiff dominiert und ist von den erheblich schmaleren Seitenschiffen durch hohe und zugleich kräftige achteckige Pfeiler deutlich abgesetzt. Das fünfjochige Langhaus wird von den Rippen eines Sterngewölbes überspannt, die auf teils figürlich ausgeformten Konsolen ruhen (Abb. 16). Auch im etwas höher als das Langhaus gelegenen Chor setzt sich die dekorative Gewölbestruktur fort und wird schließlich in einer Maßwerkrosette zusammengefaßt, auf deren Schlußstein die Gestalt des hl. Stephanus erscheint. Während die Chorstirnseite das Wappen der Herzöge von Pfalz-Simmern trägt, ist die Maßwerkbrüstung der rückwärtigen Empore mit den

Ahnenwappen Johanns I. und seiner Gattin Johanna von Nassau-Saarbrücken geschmückt. Dahinter bietet die schöne Barockorgel (Ende 18. Jh.) aus der Werkstatt Stumm einen prunkvollen Blickpunkt (Abb. 12).

Die grandiosesten Schätze der Stefanskirche birgt die Grabkapelle an der südlichen Seite: Unter dem herrlichen Sterngewölbe mit dem pfalzgräflichen Wappen auf seinem Schlußstein stehen die Grabdenkmäler der Herzöge dicht beieinander, und in Form ihrer überaus lebensnah anmutenden Gestalten treten die mit beklemmend realistischen Porträts wiedergegebenen Herren von einst dem heutigen Besucher entgegen.

### Die Grabmäler in der Stefanskirche

Herzog Johann I. (1459–1509), Sohn des Friedrich ›Cynonotus‹ (des ›Hundsrückers‹), Dritter in der Simmerner Herzogslinie und auch Begründer dieses Epitaphiums in der Stefanskirche, wirkt trotz der mehr als lebensgroßen Darstellung in voller Ritterrüstung auf seinem Grabmal eher nett und gemütlich. Einen harschen Mann des Krieges vermutet man jedenfalls kaum hinter solch einer Physiognomie. Das Werk ist 1522 von einem Meister ›Jacob‹ vollendet und signiert worden, in dem man den Koblenzer Jacob Kerre (Kern) erkennt, einen Schüler des bekannten Bildhauers Hans Backoffen aus Mainz. Herzog Johann steht auf einem Löwen zwischen seitlichen Pilastern und unter einem Bogen, auf welchem Helmzier und Wappenschilde von Putten gehalten werden. Die Bildnisfigur wirkt in ihrer Haltung noch gotisch, aber im ornamentalen Dekor kommt deutlich zum Vorschein, daß mit dieser Gestaltung – übrigens erstmals im mittelrheinischen Raum – die spätgotische Plastik reinen Renaissanceformen gewichen ist. Auch die den Grabmälern benachbarten Inschriftenepitaphien für Pfalzgräfin Alberta und den Kanzler Hieronymus Rhodler tragen die Stilmerkmale der Renaissance.

Ein namentlich unbekannter ›Meister von Simmern‹ soll Schöpfer der Bildnisepitaphien für die Gemahlin Johanns I., Johanna von Nassau-Saarbrücken, und Johanns II. mit seiner Gattin Beatrix gewesen sein. Heute erkennt man freilich in diesen Arbeiten Frühwerke des Bildhauers Johann von Trarbach, der als Günstling Johanns II. (und als Bürgermeister von Simmern) bereits zu Lebzeiten hoch in Ansehen stand. 1557 hat der Herzog ihn mit der Titulierung »unser lieber und getreuer Hans von Trarbach« zum Hofbildhauer erhoben. Werke seiner Hand und seiner Werkstatt finden sich noch in Gemünden, Kastellaun, Kirchberg, Meisenheim, Baden-Baden, Hanau, Michelstadt, Pforzheim und Öhringen. Eine seiner schönsten Arbeiten ist das Epitaph der Johanna von Nassau-Saarbrücken; Johann II. hat

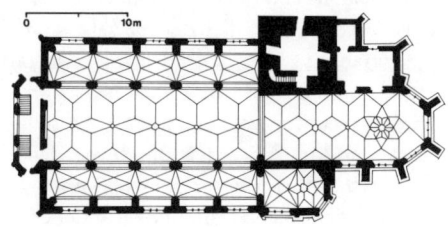

*Simmern, evangelische Stefanskirche, Grundriß*

es für seine 1521 verstorbene Mutter 1554 arbeiten lassen. Die überaus fein herausmodellierten Gesichtszüge der Greisin beeindrucken; größte Detailtreue zeigen auch das faltenreiche Gewand und die betend gefalteten Hände. Dabei kommt diese Figur in einer mit zartem Rankenwerk, üppigen Wappenschilden und sonstiger qualitätvoller Zier besetzten Ädikula hervorragend zur Geltung.

An der Wand gegenüber gewahrt man das ebenfalls von Johann von Trarbach gestaltete Doppelgrabmal ihres Sohnes Johann II. (gest. 1557) und seiner Gemahlin Beatrix von Baden (gest. 1535; Abb. 13). Es ist bereits zu Lebzeiten des Herzogs (1554) begonnen worden, so daß die Gesichtszüge des markanten, kurzhaarigen und langbärtigen Charakterkopfes sicher genau nach der Natur gearbeitet worden sind (Abb. 14). Man erblickt in ihm, wie eine historische Beschreibung es anschaulich wiedergibt, eine »vornehme, hagere Erscheinung mit großem, rundem Schädel, tiefliegenden Augen und mächtigem Bart, selbst im Gebet von lässiger, doch selbstbewußter Haltung, einen Ritter alten Schlages«. Ein anderes Grabmal zeigt als Halbfigur seine zweite Gattin, die Maria Jacobäa von Öttingen (gest. 1598). Dieses gleich beim Eingang an der Fensterwand zu sehende Kunstwerk hat Johann II. testamentarisch gestiftet mit den recht bewegenden Worten: »Daß unserer jetzigen herzlieben Gemahlin, bei deren wir so viel Guts, Liebs und Freundschaft erlebt haben (die ihr der allmächtige Gott wieder vergelten wolle) Brustbild möchte gemacht werden, dabei ein Geschrift, daß diese unsere liebe Gemahlin uns aus rechter Lieb in unserem zweiundsechzigsten Jahr zu einem Gemahl angenommen habe.«

Als wichtiges Spätwerk des Johann von Trarbach gilt in der Simmerner Grabkapelle das Herzog-Reichard-Denkmal (Abb. 11), ein Doppelepitaph für Johanns II. jüngsten Sohn und dessen Gemahlin Juliana von Wied (gest. 1575). Mit Herzog Reichard (gest. 1598) starb die ältere Linie des Geschlechtes derer von Simmern aus. Von den Figuren des Grabmals heißt es allerdings: »Die Kunst des in Simmern als Hofbildhauer ansässigen, auch in anderen fürstlichen Häusern geschätzten Meisters zeigt sich hier weniger vorteilhaft als z. B. in Meisenheim und Öhringen; sie ist nach ihrem Wesen (wie im weiteren Sinne überhaupt die Plastik dieser Zeit) Kleinkunst und vermag dem großen Maßstab nur durch Summierung, nicht durch innere Größe der Motive gerecht zu werden; die Bildnisstatuen sind wenig mehr als Kostümgruppen; das Ornamentale freilich vorzüglich« (Georg Dehio). Das auch in seinen Ausmaßen von 8,20 × 3,20 Meter imponierende Werk, reich mit Wappenschilden, steinernen Vorhängen, langzeiligen Inschrifttafeln und ornamentaler Zier beladen, wirkt in der Tat vor allem theatralisch. Barocke Fülle kündigt sich hier bereits unübersehbar an. Unter seinen zehn Reliefs mit biblischen Szenen sind drei von Hans Ruprecht Hoffmann aus Trier geschaffen worden, der 1582 als Mitarbeiter und späterer Nachfolger des 1586 im Alter von 56 Jahren verstorbenen Johann von Trarbach nachzuweisen ist.

Das nur noch in Resten erhaltene Denkmal für Herzog Reichards zweite Frau, Emilia von Württemberg (gest. 1586), sowie weitere heraldische und Inschriftenepitaphien (16. Jh.) in der Stefanskirche werden durchweg dem Meister von Trarbach zugeschrieben, dessen Werkstatt schließlich durch Hans Trapp und Conradt Wohlgemuth weitergeführt wurde, ohne jedoch das unter ihrem Begründer erlangte Niveau länger halten zu können.

Simmerns zweites Gotteshaus, die katholische Pfarrkirche *St. Josef*, ist 1749–1752 nach Plänen des kurpfälzischen Baumeisters Johann Jakob Rischer (1662–1755) als stattlicher Saalbau konstruiert worden. In dem von Pilastern gegliederten und unter seinem von einer Haube gekrönten Turm an das einstige Karmeliterkloster (1703/04) anschließenden Bauwerk hat sich eine großartige Ausstattung des späten Barock erhalten. Insbesondere die für den Hunsrückraum außergewöhnliche Deckenmalerei (u. a. Anbetung des Kindes), 1754 vom Mannheimer Hofmaler Francesco Bernardini geschaffen, trägt neben weiteren Gemälden (teils demselben Urheber zugeschrieben) bedeutend zur schönen Raumwirkung bei. Den Hochaltar bekrönt eine Herz-Jesu-Statue des kurfürstlichen Hofbildhauers Paul Egell (1691–1752), der als Schüler Balthasar Permosers um 1715 auch an den Skulpturen des Dresdener Zwingers mitgearbeitet hatte. Vorzügliche Plastiken des 18. Jahrhunderts aus der Mainzer Werkstatt des Martin Bitterich erblickt man in Gestalt des Guten Hirten über der Rokokokanzel und einer Madonna am Außenportal. Die Orgel (1753) wurde von den Gebrüdern Stumm aus Rhaunen-Sulzbach geschaffen. Zwei Seitenaltäre (1752) und das Gestühl entstammen gleichfalls Hunsrücker Werkstätten, wobei eine unverkennbare Ähnlichkeit mit den Altären in Ravengiersburg und Kirchberg auffällt.

Als drittes Bauwerk von Bedeutung sollte man in der Kreisstadt Simmern schließlich auch das 1708–1713 über den Ruinen der 1689 zerstörten Herzogsresidenz errichtete *Neue Schloß* beachten. Es birgt die sehenswerten Sammlungen des Hunsrücker Heimatmuseums sowie ein regionales Archiv und die wichtige Geschichtsbücherei. Zu den interessantesten Exponaten zählen die aus der Fürstengruft in der Stefanskirche geborgenen Prunkwaffen des Herzogs Reichard.

### Schinderhannes im Turmverlies

Auf dem barocken Kegeldach des als letzten Rest von der einstigen Stadtbefestigung übriggebliebenen Pulverturms dreht sich als Wetterfahne die Figur eines pfälzischen Husaren, in welcher Einheimische und manche Besucher aber lieber den Schinderhannes erblicken möchten, nach dem derselbe Turm auch benannt worden ist, seit der dubiose ›Nationalheld‹ des Hunsrücks in diesen Mauern gefangen lag. Dieser in »Volkes unergründlicher Seele«

*Authentisches Porträt des Schinderhannes, 1802*

vom brutalen Wegelagerer zum mutigen Rebellen hochstilisierte Johannes Bückler (1778–1803) hat als Anführer einer Räuberbande die gesamte Region und insbesondere die Gendarmerie während der ›Franzosenzeit‹ jahrelang in Atem bzw. auf Trab gehalten. In den Simmerner Turm konnte man ihn einschließen, nachdem er in Schneppenbach am Lützelsoon von mutigen Kirner Polizisten aufgegriffen und dingfest gemacht worden war. Dies geschah am 28. Februar 1799, und die Gefangenschaft währte bis zum 20. August im selben Jahr. Vor seiner Hinrichtung in Mainz hat Schinderhannes über die Haft im Simmerner Turm den Untersuchungsbeamten persönlich zu Protokoll gegeben: »Ich schaudere noch in diesem Augenblick, wenn ich mich der Härte der Gefangenschaft, welche ich da empfunden habe, erinnere. Die Nacht hindurch war ich mit Ketten beladen und in einem finstern, feuchten, unterirdischen Gewölbe gefangen gehalten. Des Tages erlaubte man mir zu Zeiten eine gesunde Luft in einem höheren Gefängnis einzuatmen; ich fand allda Philipp Arnold von Argenthal. In den Augenblicken, wo man mich aus meinem unterirdischen Gewölbe herausgehen hieß, wurde ich durch etliche Bürger bewacht. Einer dieser Wächter verschaffte mir ein Messer; ich bediente mich dessen, um ein Brett in dem Gefängnis durchzuschneiden. Als ich mir einen Ausgang in die Küche geöffnet hatte, bediente ich mich des Seils, welches Arnold oben an mein Gewölbe festgebunden hatte, um in den Turm hinaufzusteigen. Nachdem ich bis in die Küche gedrungen war, fand ich deren Fenster mit eisernem Gitter versehen. Ich erschütterte mit Gewalt dieses Fenster und warf es auswärts. Ein kühner Sprung befreite mich gänzlich, aber ein großer Stein fiel mir nach, und ich brach ein Bein. Da ich nicht gehen konnte, kroch ich in derselben Nacht bis in den Berghäuser Wald, die folgende Nacht setzte ich den schmerzhaften Weg bis in den bei der Apperter Mühle in der Gegend von Gehlweiler gelegenen Wald fort.«

Auf Umwegen gelangte Schinderhannes endlich zu einem Spießgesellen, bekam ein Pferd und ritt zu seinem früheren Lehrmeister Nagel nach Bärenbach an der Nahe, einem Abdecker und Wasenmeister, der in der Heilkunde bewandert war und dem Blessierten beistehen konnte. Am Rande ist hier übrigens zu vermerken, daß die in der Familie Nagel gewissermaßen erblich betriebene Heilkunst noch bis in die jüngsten Jahrzehnte dieses Jahrhunderts einen legendären Ruf genoß. Bis heute schwören manche Hunsrücker auf die wundersamen Wirkungen von ›Nagels Pflaster‹.

## Nunkirche und Ravengiersburg

Der Fluchtweg des Schinderhannes führte südlich von Simmern an Dörfern wie Ohlweiler, Holzbach, Riesweiler und Tiefenbach vorbei. Trotz mancher Veränderungen durch neuzeitliche Straßenbaumaßnahmen und Erweiterungen mit Neubaugebieten haben sie alle in ihrem Kern noch manches von der historischen Bausubstanz bewahrt, wenn auch viele landwirtschaftliche Anwesen aufgegeben, Scheunen zu Garagen und Wohnbauten umgestaltet oder die alten Fassaden mit modernen Materialien verkleidet wurden. Auch *Belgweiler* und *Mengerschied* gefallen noch immer mit schönen Fachwerkbauten, wobei im letztgenannten Ort das in dieser Bauweise errichtete Rathaus in der Ortsmitte besonders auffällt.

Gleich nebenan, ebenfalls aus Fachwerk, steht eines der wenigen noch im Hunsrück erhaltenen Tanzhäuser, einstiger Tummelplatz für jung und alt bei dörflichen Festen. Zum selben Dorfmittelpunkt gehört hier selbstverständlich auch die Kirche, 1842/43 in so schlichter wie markanter Form des Klassizismus erbaut.

Apropos Tummelplatz: Statt altmodischer Tanzhäuser bevorzugt die Hunsrücker Jugend natürlich die auch im ländlichen Raum eifrig frequentierten ›Diskoschuppen‹ topmodernen Zuschnitts. Die geselligen Treffpunkte früherer Zeiten sind gänzlich funktionslos geworden, haben ihre mitunter während vieler Jahrhunderte gewachsene Bedeutung so nachhaltig eingebüßt wie auch der traditionelle Nunkircher Markt zwischen Mengerschied und Simmern, droben auf der Höhe beim Dörfchen Sargenroth. Nur flüchtig erblickt man dort zwischen den breiten Kronen starkstämmiger Baumriesen einen nach seinerzeit ›vaterländischer Baukonfektion‹ geformten Bismarckturm und wenig weiter inmitten von Kastanien und Linden den Turmhelm der *Nunkirche*.

Dieses Gotteshaus, bereits 1072 als Mutterkirche des benachbarten Ravengiersburg erwähnt, erhebt sich auf einer uralten Markt- und Gerichtsstätte; es war bis zur Reformation (1557) ein weitbekanntes Wallfahrtsziel. Der romanische Turm (12. Jh.) vor dem im 18. Jahrhundert erneuerten Langhaus bewahrt im Inneren Wand- und Gewölbefresken (13./14. Jh.), darunter eindrucksvolle Motive aus dem Marienleben (Abb. 20) und Christus in der Mandorla inmitten der symbolisch wiedergegebenen Evangelisten. Ein Jüngstes Gericht und Darstellungen der Klugen und der Törichten Jungfrauen gehören ebenfalls zu dieser bedeutsamen Stätte alter Kunst.

Vom Rochusfeld vor und neben der Nunkirche genießt man weite Rundblicke über die Simmerner Mulde (nach Norden) und zum Gipfelkamm des Soonwaldes auf der anderen Seite (Abb. 4). Der noch jährlich im September gehaltene Nunkircher Markt reicht, obzwar ein lebendiges Volksfest, an die traditionellen Vieh- und Krammärkte von früher nicht mehr heran.

Die zentrale Lage der Nunkirche im mittleren Hunsrück eignet sich heute wie einst als günstiger Ausgangspunkt für Entdeckungsfahrten auf der Hochfläche und durch die zur Nahe entwässernden Tallandschaften. Über die am Rochusfeld vorüberführende Höhenstraße gelangt man zügig nach Simmern und Rheinböllen; durch Tiefenbach und über die Waldsträßchen des Großen Soon sind sowohl die romantisch gelegenen Weiler zwischen Entenpfuhl und Münchwald als auch das nach Sobernheim und Bad Kreuznach orientierte Soonvorland gut zu erreichen, während es über Mengerschied zum idyllischen Gemünden (s. S. 330) und der weithin sichtbaren Koppensteinhöhe mit dem als Aussichtsturm hergerichteten Bergfried der alten Burg nur ein paar Fahrminuten sind.

Unter ortskundigen Wanderfreunden ist talaufwärts von Gemünden die vom Straßenverkehr gänzlich verschonte Wegstrecke am gewundenen *Simmerbach* über Panzweiler und Wallenbrück nach Ravengiersburg sehr beliebt. *Panzweiler* erhielt seinen Namen übrigens von einem längst erloschenen Rittergeschlecht, an dessen abgegangenen Burgsitz genauso wenig erinnert wie auch an noch erheblich ältere Niederlassungen aus der Römerzeit, von denen spärliche Reste am Talhang aufgefunden wurden.

## AUSBLICKE VOM BERG DES VERSUCHERS

Des weiteren empfiehlt sich vom selben Ort ein kurzer Abstecher nach *Womrath* (Kirche von 1774 mit markantem Dachreiter): Dort steht noch eine stattliche Zahl von Fachwerkhäusern (18./19. Jh.) mit den für die Region so charakteristischen Schieferfassaden. Ein rechtes Prachtstück dieser Architektur erblickt man im Haus Nr. 8 (um 1800), das unter seinem wuchtigen Mansarddach an der Giebelseite einen gleichfalls verschieferten Erker unter geschwungener Haube trägt.

Wie Womrath gehörten die benachbarten Orte Maitzborn, Rödern, Oppertshausen und Belgweiler – insgesamt 25 Dörfer – zum einstigen Besitz des Klosters Ravengiersburg, der neben Sponheim bedeutendsten Abtei im Hunsrück-Nahe-Raum.

Wer nicht über ausreichende Zeit und Muße für die mehrstündige Wanderung durchs Simmerbachtal von Gemünden oder Panzweiler herauf verfügt, kann **Ravengiersburg** auch in weniger als fünf Autominuten unmittelbar von der Nunkirche oder von Mengerschied aus ansteuern. Das ehemalige Augustinerchorherrenstift St. Christophorus mitsamt der dominierenden romanischen Doppelturm-Fassade des ›*Hunsrückdoms*‹ hebt sich auf steilem Felsklotz aus der grünen Talaue höchst wirkungsvoll hervor. Diesen malerischen Anblick ergänzt und verstärkt das kleine Dorf darunter; Schieferdächer und Fachwerkgemäuer schmiegen sich innerhalb einer weitgeschwungenen Bachschleife eng um den Klosterberg (Farbt. 9). Der Ort soll seinen Namen von Ravengar (oder Ravenger) erhalten haben, einem Edlen des Trechirgaues aus fränkischem Stamm, der auf dem Felsen über der Simmer um 930 eine Burg gründete. Diesen Besitz schenkten Graf Berthold von Trachgau und seine Frau Hadewig (Hedwig) 1074 dem Erzbistum Mainz.

Das von ihnen begründete und unter tatkräftiger Anteilnahme des Erzbischofs Siegfried von Mainz erbaute Chorherrenstift, von Anbeginn mit einträglichen Liegenschaften und Zuwendungen begabt, wuchs rasch und nahm vor allem vom 12. bis 14. Jahrhundert infolge ›Einverleibung‹ weiterer Kirchen und deren Besitz räumlich wie auch an Einkünften stetig zu. Auch ein etwas später am selben Ort eingerichtetes Frauenkloster, möglicherweise bereits von Gräfin Hedwig selbst veranlaßt, profitierte gewiß vom begüterten Wohlstand. Unbeschadet der dazumal üblichen ›kleineren‹ Probleme infolge von Mißernten, Bränden oder auch Übergriffen raubsüchtiger Nachbarn gedieh die klösterliche Blütezeit bis ins späte 15. Jahrhundert. Eine 1469 durchgeführte Visitation und Reform (die ›Windesheimer Kongregation‹) läßt indessen vermuten, daß es auch in Ravengiersburg mit klösterlicher Zucht nicht immer allzu streng genommen wurde.

Ein Jahrhundert später (1566) gab Pfalzgraf Georg von Simmern bei Durchführung der Reformation den Mönchen den Laufpaß und dem Kloster eine weltliche Verwaltung. Doch 1699, als den Simmerner Herzögen die Fürsten von Kurpfalz als Landesherren gefolgt waren, wurde im ›Hunsrückdom‹ wieder die katholische Messe gelesen. 1802 erfolgte die Säkularisation des klösterlichen Besitzes, der ehedem zur Blütezeit nicht weniger als 14 573 Hektar Land umfaßt hatte. 1920 übernahmen Missionare (von der Heiligen Familie) die Klostergebäude und erweiterten sie für ein bis 1970 fortbestehendes Scholastikat. Nach Schließung des Missionsseminars ›Maria Hilf‹ hielt ein Berufsbildungswerk in Ravengiersburg Einzug.

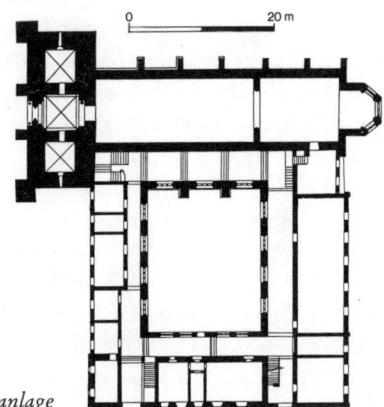

*Ravengiersburg, Grundriß der Klosteranlage*

Zwar fallen die seit 1921 der historischen Substanz angefügten modernen Stiftsgebäude aus der Fernsicht wenig auf, schieben sich aber beim Näherkommen kaum vorteilhaft ins Blickfeld; den spätgotischen Kreuzgang halten sie völlig umschlossen. Zeigen noch Fotos aus den fünfziger Jahren dieses Jahrhunderts das Gotteshaus und das 1706 an seiner Südseite erbaute ehemalige Pfarrhaus in geradezu einsamer Erhabenheit über den Dächern des Ortes thronend, so haben insbesondere die Neubauten nach 1964 dieses Bild versehrt. Lediglich der Westbau mit seinen 42 Meter hohen Türmen ragt wie zeitlos, gleichsam unnahbar, aus dem baulichen Konglomerat hervor.

Auf ihrem Unterbau aus dem ersten Viertel des 12. Jahrhunderts wurden die zwei Türme nicht lange nach 1200 fertiggestellt; derselben Zeitspanne ist auch die Krypta zuzurechnen. Von dem interessant gegliederten Westwerk mit seinen Gesimsen, Bogenblenden, durch Säulchen geteilten Schallarkaden und der Galerie heißt es (Dehio): »Auch nach der künstlerischen Seite ist diese Fassade sehr der Beachtung zu empfehlen; an ihrer großzügigen Naivität kann man lernen, was den modernen Nachahmern des romanischen Stils ewig unerreichbar war.«

Die eigentümliche Wucht dieser Baumassen unter den verschieferten Rautenhelmen dominiert trotz aller Zierformen, zu welchen auch das in ein Ädikulum unter der Galerie des Zwischenbaues eingefügte Relief Christi in der Mandorla gehört (Abb. 18). Symbole der vier Evangelisten umranden dieses Bildwerk des Erlösers, der die Rechte segnend empor- und mit der Linken die Heilige Schrift hält. Auf gleicher Höhe trägt der Südturm einen Gekreuzigten, dessen Füße ein Löwe stützt. Eine Säule rechts oberhalb dieser Plastik zeigt Adam und Eva nach dem Sündenfall.

Die gesamte Bauzier weist auf die Zugehörigkeit zu jener von der ottonischen Architektur maßgeblich beeinflußten trierisch-lothringischen Schule hin (als deren östlichstes Beispiel). Auch im Inneren der Türme setzt sich der merkwürdige Skulpturenschmuck fort, u. a. mit einer steinernen Löwenfamilie im romanischen Stil und mit der Kapitellplastik eines auf den Händen gehenden Mannes.

Hinter den so starken Türmen hat sich die ursprüngliche Kirche nicht bewahren lassen: Während jene jeglicher Gewalt widerstanden haben, fiel das ursprünglich dreischiffige romanische Langhaus bereits um 1440 einer Brandkatastrophe zum Opfer und wurde ausgangs desselben Jahrhunderts durch einen einschiffigen und offenbar erheblich schlichteren Bau der Gotik ersetzt. Daran erinnert auch die später in den Nordturm verbrachte Inschrift vom 1497 erneuerten Grabmal des Stifterpaares. Derselben Bauphase gehört im übrigen der Kreuzgang an.

Zwei Jahrhunderte später standen vom Kirchenschiff und den Klostergebäuden aber zum wiederholten Mal nur noch die Ruinen, so daß eine erneute Rekonstruktion erforderlich wurde. Dieser sich von 1718 bis 1752 hinziehende Neubau bezog von der spätgotischen Architektur lediglich das Mittelschiff ein und bestimmt das aktuelle Aussehen des Kircheninneren. So vereinen sich über der romanischen Krypta, deren Relikte an der nördlichen Außenseite des Chors noch sichtbar sind, die von später Gotik geprägten Bauformen mit den auch in der Ausstattung dominierenden Elementen des Barock. Unter den letzteren sind vor allem der ansehnliche Hochaltar (1722), zwei Seitenaltäre (1733) aus einheimischer Werkstatt (Stiftungen des Kurfürsten Karl Philipp von der Pfalz) sowie die aus der Bad Kreuznacher Nikolaikirche stammenden Prunkstücke der Orgel (Abb. 19) und der furnierten Kanzel (Mitte 18. Jh.) hervorzuheben.

Die *Kirche* drunten im Dorf, das zu durchwandern man wegen der erwähnten schönen Fachwerkhäuser nicht versäumen sollte, wurde 1907/08 als harmonisches Bauwerk der Neugotik errichtet und birgt ebenfalls eine barocke Orgel.

## Kirchberg

Die Bundesstraße 50 zwischen Simmern und Kirchberg zeigt bereits mit ihrem geraden Verlauf, daß sie auf dem Untergrund der alten Römerstraße ruht. In der Stadt Kirchberg selbst erinnert jedoch nichts mehr an ihren frühgeschichtlichen Ursprung, der allerdings anhand etlicher Ausgrabungsfunde (z. B. Münzen, Reste von Grabmälern) und eines 2,50 Meter tief unter der Michaelskirche entdeckten Steinpflasters faktisch beglaubigt wurde. Der sogenannte Römerbrunnen im Stadtteil Denzen, wenngleich mit weit jüngerer Einfassung umgeben, dürfte jedoch schon im einstigen ›Dumnissus‹ von den Legionären einer Militärstation genutzt worden sein.

Das 1259 zur Stadt erhobene Kirchberg wird aufgrund der Erwähnung durch Ausonius (371) als somit nachweislich älteste Siedlung auf dem Hunsrück angesehen. Jedenfalls erscheint die historische Kontinuität als Wohnort hier deutlicher als anderenorts: Der römische Ortsname übertrug sich auf ein fränkisches Königsgut, das 995 als ›praedium Domnissa‹ beglaubigt und erst nach Gründung einer Kirche unter den Karolingern zum 1129 erstmals erwähnten ›Chiriperg‹ wurde.

Analog dazu konnten durch Grabungen in der katholischen *Michaelskirche* über dem römerzeitlichen Niveau die Baureste von Gotteshäusern des 8., 10. und 11. Jahrhunderts festgestellt werden. Noch vom Anfang des 13. Jahrhunderts stammen fünf Geschosse des

*Kirchberg, Kupferstich aus Daniel Meisners ›Schatzkästlein‹, 1678*

Turms, der um 1500 aufgestockt und nach 1689 mit einem Schweifdach und darübergesetzter Laterne zur jetzigen Gestalt vollendet wurde. Die dreischiffige Hallenkirche zu vier Jochen (um 1490) mit ihrem einschiffigen Chor (zwei Joche mit ⅝-Schluß; ca. 1460) wirkt im Inneren eher schlicht; schlanke Rundpfeiler ohne Kapitelle stützen die Kreuzgewölbe. Während einer Restaurierung 1967–1969 fand man mehr als 70 Steinmetzzeichen. Die zur selben Zeit rekonstruierte Ausmalung bezog sich auf historische Vorbilder, darunter florale Ornamente aus spätgotischer Zeit, die noch in spärlichen Resten am Gewölbe des Langhauses angetroffen wurden.

Eine Sandsteinkanzel (um 1490) gefällt durch spätgotisches Blendmaßwerk ihrer Brüstung. Auf dem Hochaltar erblickt man ein Gemälde des hl. Michael (um 1720). In der Kirche und auch an ihren Außenmauern finden sich Epitaphien (15.–18. Jh.) für Angehörige der städtischen Oberschicht; herausragend ein Bildnisgrabstein (1491) und vor allem das qualitätvolle Denkmal für Katharina Hoising (gest. 1577) aus Johann von Trarbachs Simmerner Werkstatt. Bis zum Jahr 1965 diente die Michaelskirche beiden Konfessionen. Seither wird evangelischer Gottesdienst in der modernen *Friedenskirche* (am Stadtausgang in Richtung Simmern) gehalten. Auf der Rasenfläche vor diesem neuzeitlichen Bauwerk steht neben einem alten Ziehbrunnen ein um 1780 errichteter zierlicher Pavillon aus der badischen Herrschaftsperiode. Unter einem weit vorspringenden Schieferdach wirkt das achteckige Gebäude mit seinen ovalen Fensterchen wie ein kapriziöses Schmuckkästlein aus jener ›Zopfzeit‹ im Übergang zwischen Rokoko und Klassizismus.

An die ehemals starke Stadtwehr Kirchbergs, deren Grundzüge lediglich mittels Verfolgung von Baufluchten stellenweise noch erkenntlich sind, erinnert kein architektonischer

Rest. Aber im Zentrum um den Marktplatz findet man neben mehreren prächtigen Fachwerkhäusern (Abb. 22) noch zahlreiche Profanbauten aus dem 17./18. Jahrhundert, darunter auch am ehemaligen *Burghaus der Herren von Eich* (Hauptstraße 71–75) interessante Details in Gestalt eines Wappens und einer Wendeltreppe von 1578. Das katholische *Pfarr- und Gemeindehaus* (1765) stellt das bauliche Relikt eines längst aufgelösten Piaristenklosters dar; über seinem Portal erblickt man das markgräfliche Wappen von Baden (Kopie). Das frühere *badische Gendarmerie-Gebäude* lieferte barocke Bauteile für einen Neubau von 1978 (Hauptstraße 19, am Marktplatz). Diese fallen allerdings weniger auf als die in einer Nische desselben Hauses aufgestellte Nepomuk-Statue, die höchstwahrscheinlich vormals auf einer Brücke über dem Graben der alten Stadtwehr stand. Dem Brückenheiligen, dessen legendären Sturz in die Moldau übrigens auch das Ölbild eines Seitenaltars in der Michaelskirche zum Motiv hat, wurde sein ursprünglicher Standplatz sicher durch die Zerstörungen von 1689 entzogen. Die letzten Wasserflächen des Stadtgrabens sind dagegen erst Mitte dieses Jahrhunderts verschwunden.

## Unter dem Teufelsfels

Kirchberg, im einheimischen Dialekt als ›Kerbrich‹ und im weiteren Umkreis so einfach wie zutreffend als ›Stadt auf dem Berge‹ bekannt, ist wirklich ein nahezu von allen nur einigermaßen hochgelegenen Aussichtsstellen des Hunsrücks aus über Dutzende von Kilometern anzupeilender zentraler Knotenpunkt. Es bedarf nicht einmal besonderer Phantasie, sich vorzustellen, wie bedeutend diese heute nur noch durch die Michaelskirche und einen Wasserturm bestimmte Kulisse gewirkt haben muß, als sich noch die in Ansichten Merians und Meisners überlieferten Umrisse der mittelalterlichen Stadtbefestigung zeigten. Damals wie heute ist zweifellos die innerörtliche Straßenkreuzung wichtig: Aus vier Richtungen kommen hier mit der Bundesstraße 50 und der sie überquerenden Verbindung zwischen Mosel und Nahe (B 421) Verkehrswege von mehr als bloß regionaler Orientierung zusammen. Von dieser Vorzugslage hat Kirchberg seit je profitiert.

Die gegen Süden aus der Stadt weisende Strecke nach Kirn führt zunächst über die wellige Hochfläche bis *Dickenschied*. Zwei Kirchen krönen den Umriß dieses landschaftlich schön gelegenen Ortes (Farbt. 7). Den vierzehn Nothelfern ist der Bau für die katholische Gemeinde geweiht; 1842–1844 errichtet, ahmt er romanische Formen nach. Bemerkenswert sind eine spätgotische Pietà sowie die Ausstattung (18. Jh.), darunter zwei Heiligenfiguren. Die evangelische Pfarrkirche ist jüngeren Datums: Baumeister Hans Best aus Bad Kreuznach gestaltete 1914–1916 diesen Saalbau in barockisierenden Formen, die aber auch deutlich vom Jugendstil beeinflußt erscheinen (z. B. Ornamente an hölzernen Pfosten der Orgeltribüne).

Dickenschieds evangelisches Gotteshaus war seit 1934 Wirkungsstätte des Pfarrers Paul Schneider (1897–1939), der als ›Prediger von Buchenwald‹ zum Blutzeugen des christlichen Glaubens während der nationalsozialistischen Schreckensherrschaft geworden ist. Er liegt auf dem Gemeindefriedhof vor dem Ortseingang aus Richtung Kirchberg bestattet. Die

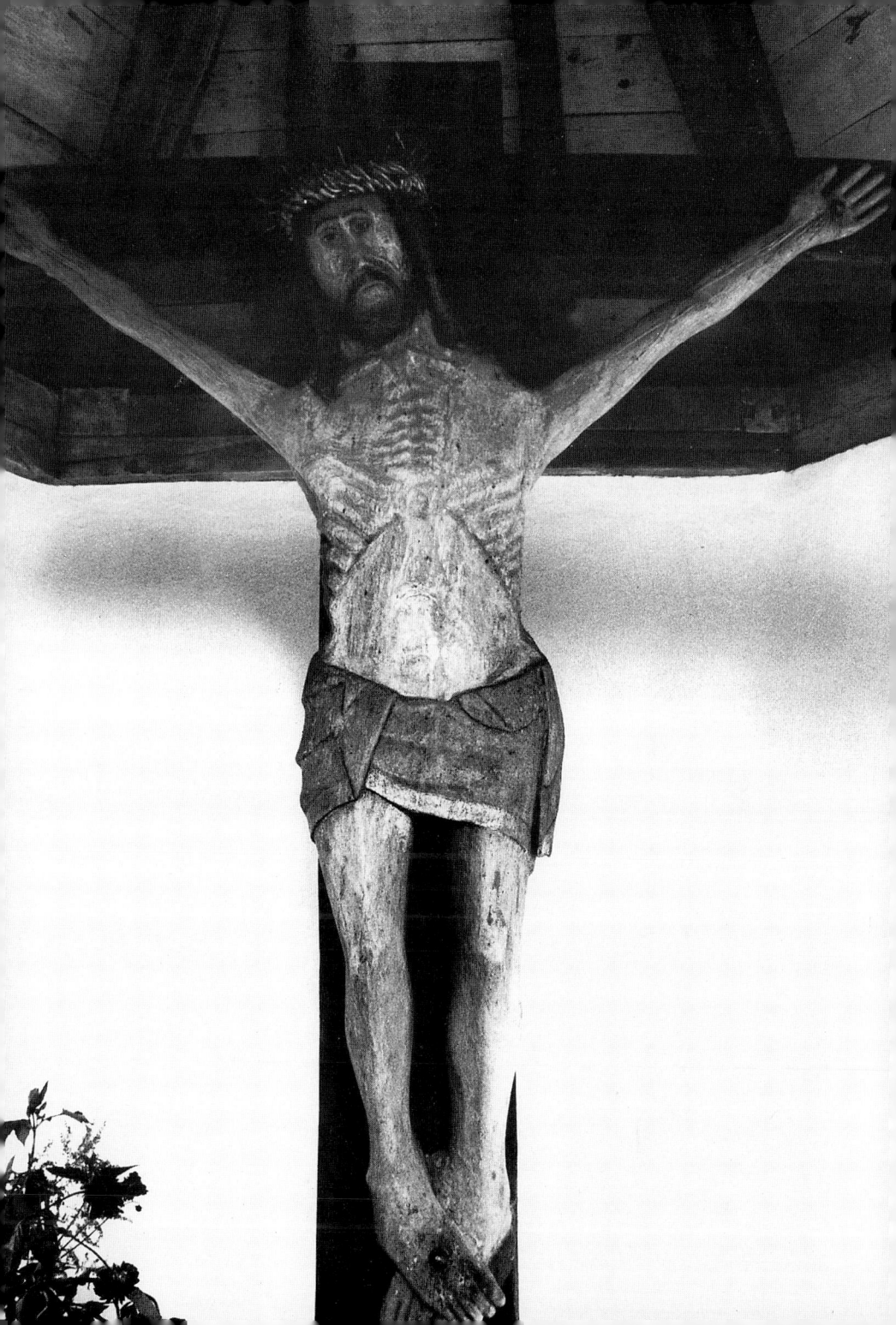

35  HUNOLSTEIN   Einsames Dhrontal unter der Felsenfeste
◁ 34  RAPPERATH   Hölzernes Kruzifix ›Großer Herrgott‹
36  MORBACH   Humoristische Schnitzereien der ›Bildhauerbude‹

37  ANDEL  Neuzeitlicher Goldwäscherinnen-Brunnen

38, 39  Reklame-Faßboden und Hausidyll mit Bacchus

40 ZELL-MERL   Glockenturm in den Weinbergen über der Mosel
42 BERNKASTEL   Des Moseltales berühmtester Marktplatz
41 PÜNDERICH   Der alte Fährort ist reich an Fachwerkwinkeln

43  FILZEN   Romanischer Turm am ehemaligen Kloster
44  ZELL   Barockfigur am Schloß
45  LÖSNICH   Altes Missionskreuz
46  ZELTINGEN   Barockes Kirchenportal

47  BRIEDEL   Moselländisches Fachwerk unter dem Hunsrückhang

49 TRABEN-TRARBACH   Historische Innenarchitektur im Mittelmosel-Museum

◁ 48   NEEF   Moderne Verkehrswege umschließen den alten Ort

50  BRUTTIG   Haus Schunck (1659) an der Moselstraße

51  RACHTIG   Neuromanische Dorfkirche

52  MARIA ENGELPORT   An der Mariengrotte

53 NIEDERWÖRRESBACH   Die ›Hunsrück-Safari‹ auf historischen Wegen
              55   BALDUINSECK   Malerischer Wohnturm (14. Jh.) über dem Wohnroter Bach
54 BOLLENBACH   Reiter-Rast im Waldtal am Idarwald

56  NEUMAGEN-DHRON  Besatzung auf dem römischen Weinschiff. Kopie im Ort, Original im Landesmuseum Trier
57  TRIER  Darstellung eines Treverers in Landestracht. Wandmalerei-Detail. Landesmuseum Trier

*Paul Schneider, der ›Prediger von Buchenwald‹*

evangelische Kirche im Rheinland ehrt den im KZ umgebrachten Märtyrer als Vorbild für kompromißlose Standhaftigkeit im Glauben.

Auch in anderer Hinsicht hat der Landschaftswinkel um Dickenschied, zwischen Kirchberg und dem Lützelsoon, zeitgeschichtliche Geltung erlangt. Fährt man nämlich durch das winzige Fachwerkdörfchen Rohrbach südwärts weiter, kommt man nach wenigen Minuten zu einer Straßenkreuzung im freien Feld, die rechterhand nach *Woppenroth* abzweigt, das als ›Schabbach‹ in der unterdessen weltweit bekannten Fernsehserie ›Heimat‹ hauptsächlicher Drehort war. Das filmische Epos schildert am Beispiel einer fiktiven Familie namens Simon den historischen Wandel in der ersten Hälfte dieses Jahrhunderts, wobei Regisseur Edgar Reitz und sein Drehbuchautor Peter Steinbach mit der so eindrucksstarken Chronik deutsche Geschichte aus der sozialkritisch akzentuierten Perspektive ›von unten‹, also aus der Sicht sogenannter einfacher Leute, zugleich auch viel Atmosphärisches und Charakteristisches aus dieser Hunsrückregion auf den Bildschirm brachten.

Und dann sind's von Woppenroth nicht einmal fünf Autominuten bis Schneppenbach, wo jene reale Hunsrückfigur, Johann Bückler alias ›Schinderhannes‹, bei seiner ›Butzliese‹ und ›Ami‹ sowohl einen erotischen Stützpunkt als auch geheimen Bandensammelplatz unterhielt. Drunten im verschwiegenen Tal hat er auf der Schmidtburgruine (s. S. 21) des weiteren seinen heimlichen Einstand gehalten, wenn ihm die Kirner oder die Mainzer Gendarmen mal wieder zu dicht auf den Fersen waren.

Wer einen mehrstündigen Spaziergang durch eine gänzlich unverbaute Landschaft voller Idyllen unternehmen möchte, findet zwischen Schneppenbach und Woppenroth im oder über dem Talgrund des Hahnenbaches auf grandiose Weise bestätigt, daß sich seit jenen Zeiten wenigstens hier so gut wie gar nichts verändert hat. Entweder von der Schmidtburg talaufwärts gehend oder von der Straße Woppenroth – Rhaunen (hinter einem Schieferfels links in einer Rechtskurve) aus kommt man irgendwann zu einem schlichten Holzschild, das zur ›Hellkirch'‹ weist. Die genaue Wegstrecke entlang der mäandernden Bachschlingen und

◁ 59 STUBEN Klosterruine in Weinbergen der Moselschleife unweit Neef
◁ 58 TRIER Posauneblasender Silen von einem römerzeitlichen Grabpfeiler. Landesmuseum Trier

über gewundene Waldwege ist schwer zu beschreiben (Wanderkarte sehr zu empfehlen); bei beharrlicher Suche wird man aber gewiß über kurz oder lang auf ihrer dichtbewaldeten Kuppe die einsame Ruine finden.

*Hellkirch'*, dies bedeutet die ›Kirche auf der Halde‹. Eng von Buchen und Birken umschlossen, erblickt man ihre klobigen Mauern; drei Seitenwände stehen noch und umschließen ein Geviert von etwa dreieinhalb mal fünf Meter Innenfläche. Ein massiger Schutthügel inmitten mag unter den Trümmern des eingestürzten Daches noch unausgegrabene Relikte bewahren. Dieser kleine Bau zeigt harmonische Proportionen, ist ganz aus Schieferbruchstein aufgeführt und ordnet sich zur Stirnwand hin mit einer gotischen Fensteröffnung, die in ihrem Ebenmaß überraschende Wirkung entfaltet – von allen Seiten schaut Grün herein. Kein Sims, kein Zierat, keine kostbaren Details – hingegen die Schönheit durch pure Form.

Hoch über diesem Tal, weithin sichtbar zwischen Rheinböllen, Simmern, Kirchberg und Idar-Oberstein, steigt der urwüchsige Buckel des *Lützelsoons* über der Hunsrücker Landschaft empor. Ein dunkler Waldsaum umrandet sein langgestrecktes Riff aus grauweißen Quarzitklippen. Wanderwege führen unter den Felsen entlang, und schmale Pfade zweigen ab zu den wuchtigen Rosseln und Brocken, zwischen denen hier und da noch Reste von Trockenmauern vorhanden sind, die zu unbestimmbarer Zeit und von unbekannter Hand aufgeschichtet worden sind. Da raunt man noch heute vom magischen ›Wählenstein‹ (Waldbeerenstein), spinnt die kuriosen Märchen vom Wilden Jäger, von Wald- oder Wildfrauen und auch jene von magisch glühenden Geldfeuerchen nach. Im gesamten Hunsrück kennt man des weiteren die mit dem *Teufelsfels* (568 m) verknüpfte Legende der Versuchung Jesu durch den Teufel. Dieser annähernd pyramidenförmige Quarzitklotz ragt in freier Lage über den Baumwipfeln empor. 1984 wurde gleich nebenan ein Aussichtsturm errichtet: Das Panorama ist grandios – 42 Orte im Blickfeld –, kein Wunder also, daß einst irgendein Missionar oder gewitzter Dorfgeistlicher den biederen Hunsrückern die Mär suggerierte, daß etwas so Schönes eigentlich doch nur ein rechtes Teufelswerk sein könne.

## Über die Ausonius-Straße

Stets, wenn von der Römerzeit im Hunsrück gesprochen wird, ist fast an erster Stelle von Decimus Magnus Ausonius die Rede, von jenem antiken Dichter, der im Jahr 371 n. Chr. die Region zwischen Bingen und Trier durchreiste. Er sollte am Hof der damaligen Kaiserresidenz zu ›Augusta Treverorum‹ das Amt eines Prinzenerziehers für den noch jugendlichen Gratian übernehmen. Mag sein, daß dem greisen Poeten die lange Fahrt in der Pferdekutsche zu ungemütlich und allzu anstrengend war, vielleicht ließ auch die Wetterlage einiges zu wünschen übrig – jedenfalls fiel sein Urteil, wie man es in den ersten Versen seines Gedichtes ›Mosella‹ bis heute nachlesen kann, für den Hunsrück ausgesprochen nachteilig aus. Und dies, obwohl doch die römischen Straßen auch in dieser Gegend wahre Muster an ingeniöser Planung und vortrefflichem Ausbau waren. Fast durchweg in schnurgeradem Verlauf zogen sie sich über die Bergrücken und durch Mulden hin, stiegen nur selten in die engeren Täler hinab und wiesen in ausreichenden Abständen Raststätten auf, in welchen Gelegenheit zum Pferdewechsel und zu Erfrischungen für die Reisenden geboten wurde. Andere Autoren haben das angenehme Fahren auf diesen dauerhaft angelegten Straßen und auch den stellenweise recht regen Verkehr lobend hervorgehoben. Die Römerstraßen waren etwa fünf Meter breit und beiderseits von tiefen Entwässerungsgräben flankiert. Über einem massiven Unterbau aus festgefügten Steinpackungen bildete eine dicke Schicht von gestampftem Lehm und feinen Sanden die gleichmäßige Fahrbahndecke. Innerorts und nicht selten auch über weitere Strecken wiesen sie sogar Pflasterungen mit ebenförmigen Steinplatten auf. Für die nach ihrem berühmten Passanten benannte ›Ausonius-Straße‹ über den Hunsrück konnte solch ein guter Ausbau nachgewiesen werden. Den Straßenabschnitt zwischen Kirchberg und Niederweiler, im Mosella-Gedicht als Dumnissus und die Felder sarmatischer Siedler bezeichnet, hat der Dichter jedoch als »ringsum dürstende Landschaft« im Gedächtnis behalten.

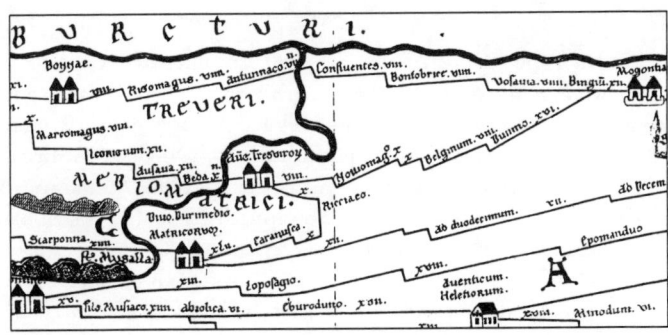

Ausschnitt der ›Tabula Peutingeriana‹ mit Dumno und Belginum zwischen Bingen und Trier nebst Entfernungsangaben in Leugen

Ein Teilstück der antiken Straße von 5,3 Kilometer Länge ist nicht nur über die seither vergangenen 16 Jahrhunderte völlig von später angelegten Verkehrswegen verschont geblieben, sondern neuerdings auch als eine Art ›frühgeschichtlicher Wanderweg‹ hergerichtet worden. Schon ein Blick auf die aktuelle Landkarte zeigt eindrucksvoll die kurvenlose Trasse, die abseits der jetzigen Wohnorte durch Wälder und offene Feldmark verläuft. Nebenbei bemerkt: Schon auf der antiken Straßenkarte ›Tabula Peutingeriana‹ (3./4. Jh.) sind derselbe Weg und Kirchberg (als ›Dumno‹) aufgezeichnet. Die Strecke Bingen – Kirchberg beträgt darauf XVI gallische Leugen (= 36 km) und die von Kirchberg zum Vicus Belginum (oberhalb Hinzeraths) VIII Leugen (= 18 km). Insgesamt hat Ausonius von Bingen (Vingum) nach Neumagen (Noviomagus) bei Trier 34 Leugen (= 76 km) zurücklegen müssen; diese Entfernung ist jedenfalls im spätrömischen Atlas ›Itinerarum Antonini‹ festgehalten worden.

Auf allen aktuellen Hunsrückwanderkarten sind Teilstücke der Ausonius-Straße und auch mehrerer Zubringerwege zu erkennen. So kann man z.B. bei Longkamp oder bei Elzerath den historischen Kurs über viele Kilometer weit, mitten durch prachtvolle Waldge-

## AUSBLICKE VOM BERG DES VERSUCHERS

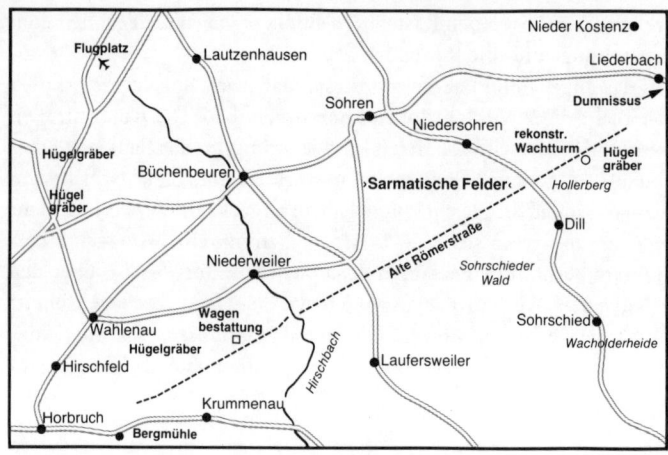

*Verlauf der Ausonius-Straße zwischen Horbruch und Liederbach*

biete, unter die Wanderschuhe nehmen. Am interessantesten ist der erwähnte Abschnitt zwischen Kirchberg und Horbruch, den man von beiden Orten aus oder auch von den ihn kreuzenden Autostraßen Sohren – Dill und Niederweiler – Krummenau her gut erreichen kann. Schon von weitem ist ein nordöstlich von Dill beim Anstieg des Hollerberges rekonstruierter *Wachtturm* unmittelbar neben der Ausonius-Straße zu erblicken (Abb. 25). Über eine hölzerne Stiege im Inneren des aus Bruchstein aufgeführten Bauwerks gelangt man auf seine umlaufende Plattform, die einen schönen Ausblick über die vom antiken Weg durchschnittene Naturlandschaft gewährt. Man überschaut auch das in westlicher Richtung durch Acker- und Weideland zwischen Sohren und Laufersweiler zu einer idyllischen Forstkulisse weiterführende Straßenstück, an dessen Rand eine Reihe von erläuternden Tafeln mit wissenswerten Einzelheiten über Römerstraßen im allgemeinen und eben auch über dieses bemerkenswerte Flächenmonument aufgestellt worden sind.

Mit informativen Schildern wurden auch einige weitere Objekte versehen, Grabhügel mit einer antiken Wagenbestattung sowie zwei nach römischen Überlieferungen eingerichtete Kinderspielplätze. Dabei handelt es sich um Nachbauten des alten Deltaspiels, der Rundmühle und des sogenannten Nüssekullerns: Art und Spielweise dieser aus Holz (Baumscheiben und ›Klicker‹) gefertigten Vorrichtungen werden jeweils auch durch Tafeln erläutert. Neben diesen gewiß nicht nur für Kinder lehrreichen Spielplätzen kann man bei schlechtem Wetter auch in der ›Ausoniushütte‹ bei Dillendorf oder in der ›Augustushütte‹ am Waldrand bei Laufersweiler Unterschlupf finden. Wer die gesamte solcherart hergerichtete Strecke der authentischen Römerstraße begehen möchte, findet am Hotel-Restaurant ›Historische Bergmühle‹ den besten Startpunkt.

Dieser gastronomische Betrieb, weit über die nähere Umgebung hinaus zur Spitzenklasse gehörend, ist übrigens in einem Gebäude eingerichtet worden, das eine rare Geschichte hinter sich hat: Ursprünglich stand diese Mühle fast 30 Kilometer vom heutigen Standort entfernt am Fuß der Kyrburg in Kirn an der Nahe. Mit vielem anderen Adelsbesitz im

Linksrheinischen ließ Napoleon sie 1804 konfiszieren. Wenig später konnte sie von einem Baumeister, Peter Lietzenburger, erworben werden, der den stattlichen Bau in Kirn abtragen, ihn mit Ochsenfuhrwerken Stein für Stein talaufwärts befördern und an der jetzigen Stelle, sehr romantisch unweit Horbruchs gelegen, wieder aufbauen ließ.

Zwischen Horbruch und Kirchberg, beiderseits der alten Römerstraße, sind vor- und frühgeschichtliche Funde in großer Zahl wieder ans Tageslicht gekommen. Weitere Schätze von Bedeutung, so darf mit einigem Grund vermutet werden, stecken aber wohl noch im schützenden Boden; Archäologen künftiger Generationen werden hier noch beste Forschungsgelegenheiten nutzen können. Ausgedehnte Gruppen und ganze Felder von Grabhügeln kann man vielerorts entdecken, und bei den teils unscheinbaren Dörfern konnten etliche Grabdenkmäler der Römerzeit in Resten ausgegraben werden, deren einstige Pracht noch zu ahnen war.

Nicht wenige der kleinen Orte wurden als Sitze von Ritterfamilien oder als Klostergüter bereits um die Jahrtausendwende erwähnt. Solch ein Hauch von ehrwürdigem Alter, verbunden auch mit einem noblen Eindruck von entschwundener Größe, läßt sich vielleicht am ehesten in Dill erkennen.

## Dill

Blickt man vom Talhang auf den zwischen einer weiten Schlinge des zur Simmer fließenden Sohrbaches (auch: Diller Bach) über den Häusern aufragenden *Burghügel*, dann läßt sich eine gewisse Ähnlichkeit mit der Gelände- und Siedlungsform von Ravengiersburg nicht verkennen. Aber diese vom natürlichen Relief vorgegebene Anordnung der Bauten findet sich im Hunsrück des öfteren, selten allerdings von derart geschlossener Wirkung wie hier in Dill (Abb. 23).

Mächtig lastet als grauer Klotz aus Schiefersteinen die Burgruine auf dem Berg. Der 1107 als Eigentum des Adalbertus de Dille erstmals erwähnte Sitz, später unter den Sponheimer Grafen als Stammburg bedeutend, von Kurfürst Balduin ein erstes Mal und dann 1697 durch die Franzosen endgültig zerstört, gibt noch immer manches Rätsel auf, obwohl seine Besitzer im 19./20. Jahrhundert, Jakob Röhrig (seit 1853) und Giselher Castendyck (seit 1960), bei umfangreicher Grabungstätigkeit eine Fülle interessanter Funde machen konnten. Vielleicht ist es nicht einmal abwegig, das an Bauresten der Oberburg noch erhaltene Mauerwerk im Fischgrätmuster ähnlich zu deuten, wie es z. B. für die Ehrenburg bei Brodenbach und mehrere Architekturen in Trier hervorgehoben wird: Demnach könnten römerzeitliche Christen als Bauhandwerker hier tätig gewesen sein und das religiöse Fischsymbol als Glaubenszeichen eingefügt haben. An derselben Stelle ausgegrabene Münzen erhärten diese Wahrscheinlichkeit. Es wäre sowieso kaum denkbar, daß die römischen Landesherren diesen keinen Kilometer von der Wachstation am antiken Straßenzug so günstig gelegenen Hügel nicht zumindest als kleinen Stützpunkt genutzt hätten.

Im Bereich der Niederburg erhebt sich die 1701 auf den Fundamenten der einstigen Schloßkapelle erbaute *evangelische Kirche*. Der kleine Barockbau birgt kostbare Gemälde des Kirner Künstlers Johann Georg Engisch an der Emporenbrüstung und das große Motiv der ›Verklärung Christi‹ an der Decke. Letzteres weist in einer Ecke die Signatur auf: »J. G. Engisch fecit 1714.«

Was Dill selbst für den flüchtigen Besucher aber als ungewöhnlich interessant erscheinen läßt, sind seine teils vortrefflich erhaltenen oder restaurierten Fachwerkhäuser, darunter auch etliche mit schön geschnitzten Eingangstüren. Und die ansonsten im Hunsrück nur noch gelegentlich anzutreffende Sonderform der sogenannten Trempelwand kann hier gleich an mehreren Bauwerken beobachtet werden: Dabei handelt es sich um etwa einen Meter hohe Fachwerkaufsätze, die zwischen Obergeschoß und Dachtraufe eingefügt wurden. Sinn dieser noch zu Anfang dieses Jahrhunderts ausgeführten Baumaßnahmen war die Vergrößerung des Schüttbodens im Dachspeicher. Denn dort wurde das Brotgetreide eingelagert, und zu seiner besseren Durchlüftung setzte man in die Trempelwand kleine (oft ovale) Fensteröffnungen ein, die diesen Häusern in der Außenansicht einen hübschen Gliederungsakzent verleihen (Abb. 24).

## Vom Sohrbach zu den Moselterrassen

Auch die Dill benachbarten Dörfer Sohrschied, Lindenschied, Schwerbach und Oberkirn verdienen Aufmerksamkeit bezüglich ihrer noch immer deutlich vom landwirtschaftlichen Leben geprägten Bauensembles, worin sich außer ansehnlichen Fachwerkobjekten und schönen Beispielen der landestypischen Schieferbeschläge auch kleine Backhäuser (›Backes‹) entdecken lassen, die hin und wieder noch in Benutzung sind. In *Oberkirn* verdient die an der Außenwand der Kirche angebrachte Grabplatte mit der lebensgroßen Relieffigur (1573) eines ausgesprochen bärbeißig dreinschauenden Ritters Frantz von Schmidtburg Beachtung. Epitaphien (16. Jh.) findet man weiter an und in dem evangelischen Kirchlein von *Lindenschied*. Die katholische Kapelle wurde 1794 an der Stelle errichtet, wo vorher ein Hof der Kratz von Scharfenstein stand. Überhaupt war Lindenschied, wie Urkunden von 1086 und 1345 nahelegen, als zur Wildgrafschaft und zum Hochgericht Rhaunen gehöriges Ingericht im Mittelalter ein keineswegs unbedeutender Ort. Römerzeitliche Grabhügel auf den Gemarkungen aller vorgenannten Dörfer weisen im übrigen auf die schon zur Antike florierende Besiedlung dieser Gegend hin. Auch beim nahen *Niederweiler* ist ein uralter Bestattungsplatz (Wagengrab an der Ausonius-Straße) gefunden worden; die darin angetroffenen Beigaben entstammen dem Latène. Der hier beerdigte Krieger gehörte dem keltischen Adelsstand an. Er ruhte schon beinahe ein Jahrtausend, als dicht neben seiner Totenstatt zur Römerzeit ein weiteres Grabmonument errichtet wurde, dessen Fragmente ins Landesmuseum nach Bonn verbracht worden sind.

Nur ein Sprung sozusagen ist es vom kleinen und trotzdem historisch bedeutsamen Niederweiler zum gleichfalls winzigen Dörfchen *Krummenau*, das heute wegen seiner (täglich für Gäste geöffneten) ›Hunsrücker Zinngießerei‹ zum touristischen Ziel geworden ist. Nach deren Besichtigung (Werkstatt und Ausstellungsräume) sollte man sich Zeit für einen kleinen Ortsbummel nehmen: Außer zwei alten Brücken über den Idarbach und dem Naturdenkmal einer Wacholderheide bildet die 1747 erbaute Kirche einen besonderen Anziehungspunkt. Dieser kleine Sakralbau ist das älteste und zugleich eines der charakteristischsten Beispiele einer ganzen ›Serie‹ barocker Dorfkirchen im weiten Umkreis des Hoch- und Idarwaldes, deren äußeres Merkmal jeweils ein verschieferter Dachreiter unter geschwungener Haube (vgl. Allenbach, Bruchweiler, Schauren, Stipshausen, Veitsrodt) und deren Innenausstattung von bemerkenswertem künstlerischen Rang sind. In Krummenau fällt unter den vermutlich von Johann Georg Engisch gemalten biblischen Szenen und Apostelmotiven die denkwürdige Darstellung des Gekreuzigten als ›lächelnder Christus‹ auf.

Auch für die Apostelbilder in der evangelischen Pfarrkirche des wenige Kilometer entfernten *Hirschfeld* kommt Engisch (s. S. 238) als Urheber in Betracht. Dieses früher dem hl. Wendelin geweihte Gotteshaus gilt mit seinem spätromanischen Chorturm als ein über die engere Region hinaus bedeutendes Bauwerk, das im übrigen auch ansehnliche Elemente der Gotik enthält (u. a. Maßwerkfenster, 14. Jh.).

Die Liste kunsthistorisch interessanter Dörfer rechts und links der Ausonius-Straße wird durch *Laufersweiler* um weitere inhaltsreiche Beispiele bereichert. Seine katholische Kirche St. Laurentius wurde anstelle eines 1839 ausgebrannten älteren Bauwerks 1842 in romanisierenden Formen errichtet. Das evangelische Gotteshaus entstand 1892/93, und die neuerdings gut restaurierte ehemalige Synagoge von 1911 weist in ihrer Bauform verhalten auf den Jugendstil hin. Unter den Profanbauten ist die einstige Thurn-und-Taxis-Poststation (Unterdorfstraße 3–5) zu erwähnen, laut Inschrift auf dem Türbalken 1786 errichtet. Dieser Bau unter seinem mächtigen verschieferten Mansarddach gehört in die typische Reihe der repräsentativen Bürgerbauten, wie man sie in den größeren Hunsrückdörfern (vgl. Womrath, Rhaunen, Birkenfelder Land) noch immer in eindrucksvollen Exemplaren vorfinden kann. Das Rathaus von Laufersweiler (1789), Fachwerkwände auf Bruchsteinsockel, erfuhr nach 1980 ebenfalls eine gelungene Restaurierung mit ›Backes‹, Gefängniszelle und Spritzenraum der Feuerwehr. Nach seiner Wiederherstellung darf dieser Dorfmittelpunkt als vorbildhaft für eine fachgerechte Ortsbildgestaltung gelten, wie sie jetzt vielerorts im Hunsrück mit Eifer vorangetrieben wird. Im sogenannten Unterdorf und in der Kirchgasse zeigt Laufersweiler noch eine größere Zahl historischer Bürgerhäuser, die zum Teil auch ihre alten geschnitzten Eingangstüren behalten haben.

Nördlich der Ausonius-Straße, wo nach dem Zeugnis des römischen Dichters auf den ›arva Sauromatum‹ Angehörige der 359 von Constantius und um 370 von Theodosius (unter Valentinian) besiegten Volksstämme der donauländischen Sarmaten als ›coloni‹ (Kleinbauern) angesiedelt worden waren, glaubt man noch heute in den Ortsnamen Sohren und Niedersohren am Sohrbach diese frühgeschichtlichen Ereignisse als gewissermaßen ›sprachlich gebannt‹ und also beglaubigt zu erkennen. Beim Niedersohrener Hof (östlich der Ortsgemeinde) wurden 1884 Bruchstücke eines römerzeitlichen Grabmals gefunden, und bei Sohren konnten Siedlungsspuren (Mauerreste) derselben Zeit nachgewiesen werden.

An *Sohrens* mittelalterliche Bedeutung als Reichslehen der Sponheimer Grafen erinnert heute nichts mehr. Seine evangelische Pfarrkirche, ein flachgedeckter Saalbau von 1762, bezieht einen 5/8-geschlossenen spätgotischen Chor unter einem schönen Sterngewölbe mit ein. Bei Restaurierungsarbeiten wurde hier Mauerwerk einer älteren Vorgängerkirche aufgedeckt; auch der achteckige Turm mit seinem hohen und spitzen Helm entstammt bereits dem späten 15. Jahrhundert. Die katholische Pfarrkirche St. Michael, ein für die Region ungewöhnlicher Backsteinbau, ist 1907 durch Eduard Endler aus Köln in neugotischen Formen errichtet worden.

Nördlich von Sohren, wo im Gelände ›Unterm Schwarzer Weg‹ die Ruinen aus der Römerzeit zutage kamen, liegt im Wald vor der *Birkenhöhe* (481 m) ein alter Friedhof der ehemaligen jüdischen Gemeinde.

Das benachbarte *Bärenbach,* 1301 mit Sohren unter Graf Eberhard von Sponheim zum erwähnten Reichslehen gehörig, zählt heute zu den Dörfern im unmittelbaren Rand- und Einzugsbereich des US-Flugplatzes Hahn (›Hahn-Airbase‹), in welchen die zum Teil noch in Gestalt alter Bauernhöfe erkennbare ländliche Tradition auf mitunter groteske Weise von den Emblemen des ›American way of life‹ überlagert worden ist. So auch in *Lautzenhausen,* dem ›Hunsrücker Las Vegas‹: Wo nun Leuchtreklame an Schieferfassaden flimmert und Militär die Straßen und den Luftraum dominiert, besaßen schon 1260 die Sponheimer Grafen ein befestigtes Hofgut. Und dort, wo man jetzt hinter Stacheldraht die hermetisch abgesicherten Atombunker beim Flurbezirk ›Käppchen‹ erblickt, sind 1935 die Grundmauern und der Brunnen einer römerzeitlichen (sarmatischen?) Siedlung ausgegraben worden.

Zwei Kilometer südlich liegt *Büchenbeuren,* im Jahr 1044 erstmals in einem Urkundentext genannt, dessen evangelisches Gotteshaus 1838–40 als klassizistischer Saalbau ›im Stile Schinkels‹ errichtet wurde. Der Orgelprospekt (1772) wird als Arbeit aus der Stummschen Werkstatt von Rhaunen-Sulzbach angesehen. In der ehemaligen Volksschule (Hauptstraße 73–75; Schlüssel beim Ortsbürgermeister) hat der aus Irmenach stammende Kunstmaler Friedrich Karl Ströher (1876–1925) zwei Wandgemälde gestaltet.

Zwischen Sohren und Kirchberg, knapp nördlich der B 50 gelegen, ist die katholische Friedhofskapelle (1752) von *Nieder-Kostenz* mit ihrer hölzernen Portalvorhalle und einer Ausstattung des 17./18. Jahrhunderts der sehenswerteste Bau, während die evangelische Pfarrkirche von *Ober-Kostenz* (1793) auf einem Boden gründet, der gleichfalls bereits zur Römerzeit besiedelt gewesen war.

Das wenig weiter talaufwärts gelegene Dorf *Metzenhausen* vermittelt schon als Umriß über den sanften Wiesenmulden der sich zum oberen Kyrbach vereinigenden Wasserläufe einen charakteristischen Aspekt dieser Region.

Im 13. Jahrhundert war es der Sitz eines gleichnamigen Rittergeschlechts, aus dem als bedeutendste Persönlichkeit der Trierer Erzbischof Johann III. von Metzenhausen (1531–1540) hervorgegangen ist. Die spätgotische Kapelle, inmitten hoher Bäume hübsch am südlichen Ortsrand gelegen, stand schon im Jahr 1493. Das feine Maßwerk ihrer Fenster (Fischblasen), der Chor mit seinem Netzgewölbe und einem Sakramentshäuschen sowie eine Muttergottes (14. Jh.) auf dem Hochaltar und eine ›bäuerliche Madonna‹ (18. Jh.) sind einer Besichtigung wert.

Von Metzenhausen über *Todenroth,* an dessen Ortsausgang unter römischen Relikten auch Münzen mit den Kaiserbildnissen des Hadrian (117–138 n. Chr.) und des Antoninus

Pius (138–161 n. Chr.) gefunden wurden (heute im Museum Simmern), gelangt man bald nach *Rödelhausen* an der Hunsrückhöhenstraße B 327 mit seiner Kapelle St. Bartholomäus (1747) und einer unter Geologen als Rarität bekannten Sandgrube am östlichen Ortsrand.

Auf der Gemarkung des Nachbarortes *Kappel* sind die Reste mehrerer Siedlungen aus römischer Zeit festgestellt worden; vermutlich hat sich der schon von weitem mit seinen beiden Kirchtürmen malerisch anmutende Ort an einer früher wie heute wichtigen Straßenkreuzung aus dem frühgeschichtlichen Zentrum entwickelt (1091 urkundlich erwähnt). Das Langhaus seiner evangelischen Kirche wurde 1747 als Saalbau einem Turm angefügt, dessen barocke Haube einem noch aus romanischer Zeit überkommenen Gemäuer aufgesetzt worden ist. Die katholische Pfarrkirche, 1898/99 durch Eduard Endler (Köln) im neugotischen Stil erbaut, birgt ein Sandsteinrelief mit dem Motiv der Grablegung Christi (17. Jh.). Auch in Kappel finden sich noch etliche schöne Bauernhäuser in der landestypischen Bauform sowie ein historisches Backhaus (19. Jh.).

Östlich der Dorfmitte, unweit der Straßenkreuzung B 327 – B 421, sollte man einem auf den ersten Blick kaum auffälligen Wegkreuz Beachtung schenken: Dieses an eine Hauswand gelehnte kleine Monument ist 1824 aus Holzbalken gefertigt worden, deren Vorderseiten mit Reliefschnitzereien verziert sind. Hammer, Zange, Heiliger Rock, eine Monstranz und auch der an Petri Verrat gemahnende Hahn wurden in rustikaler Manier herausgearbeitet. Weniger häufig als im Bereich der Moselhöhen oder im Naheland sind derartige Bildstöcke hier im Umfeld des Hohen Hunsrücks, und die ältesten unter ihnen entstammen lediglich dem 17. Jahrhundert. Dies rührt daher, daß während der Reformation in den sponheimischen Landen wohl nicht nur viele Kultbilder in den Kirchen, sondern auch die verstreuten Wegkreuze und Betkapellen entfernt wurden und neue erst wieder nach der in den Reunionskriegen um 1700 vorangetriebenen Rekatholisierung errichtet werden durften.

Von Kappel über die Hunsrückhöhenstraße, vorüber an den jeweils knapp unterhalb der Trasse inmitten ihrer Ackerfluren hübsch gelegenen Dörfern Rödelhausen, Belg und Würrich, gelangt man in südwestlicher Richtung nach rund fünf Kilometern wieder zum Flugplatz *Hahn*. Links der Straße erstreckt sich das weitläufige Militärgelände, während sich zur Rechten in einer Senke, etwas außerhalb der Ortsgemeinde, die dem hl. Antonius geweihte Hahner Simultankapelle unter breitkronigen Baumpatriarchen als höchst idyllischer Blickpunkt präsentiert. Ihr romanischer Westturm (13. Jh.) überragt ein gotisches Langhaus (15. Jh.) mit schönen Maßwerkfenstern und weiteren Details desselben Stils. Ein paar Kilometer weiter, westlich der B 327 und endlich abseits vom ›Bannkreis‹ der Militäranlagen, liegt Raversbeuren hinter dem Wald.

Hier senken sich die Hunsrückhöhen bereits deutlich zum Moseltal hinab; manche Ortschaften, so auch Raversbeuren, halten gewissermaßen geologische Terrassen- oder Logenplätze besetzt, mit weiten Ausblicken über die schluchtigen Bachtäler, verwinkelte Gebirgsausläufer, den ›rebenumkränzten‹ Flußlauf in der Tiefe und darüber hinweg bis zu den entfernteren Eifelhöhen. Im Sommer überdeckt das Wäldergrün in allen erdenklichen Schattierungen die übrigen Farben, und nach dem Blätterfall des Herbstes kleidet sich die Landschaft in jene hauchig einander durchdringenden und voneinander zehrenden Mischfarben

## AUSBLICKE VOM BERG DES VERSUCHERS

zwischen Violett, Erdgrau und Buchenbraun, oft verschleiert oder konturiert durch ein blasses Silber. Eingefleischte Lokalpatrioten behaupten, nirgendwo anders als eben im Hunsrück sei ein vergleichbares Farbenspiel zu beobachten. Skeptiker vergessen dabei allerdings auch nicht zu erwähnen, daß derlei Nuancen schwermütiger Stimmung förderlich seien.

Schiefer auf den Dächern und an den Wetterseiten der Häuser im Dorf, und daraus hervor lugt der kleine Kirchturm (13. Jh.) – dies ist der erste Eindruck von *Raversbeuren*. Drüben bei den ›Wackensteinen‹ am Leishügel kann man das ausgedehnte Areal eines einst riesigen Landgutes aus der Römerzeit abschreiten. Ob die jetzige Ortsgemeinde ihren noch hin und wieder gebrauchten Beinamen ›lateinisches Dorf‹ davon erhielt, ist zweifelhaft. Einer pfarramtlichen Notiz aus älterer Zeit zufolge soll sich unter den Bauern hier durch alle geschichtlichen Jahrhunderte erstaunlicherweise die Kenntnis von Grundzügen der lateinischen Sprache erhalten haben. Konkreter wirken demgegenüber die überlieferten Daten, so z. B. eine Urkunde aus dem Jahr 908 mit dem Hinweis, daß ein Königshof hier mit rund 120 Morgen Landbesitz durch Ludwig das Kind offenbar dem Trierer Erzbistum geschenkt worden ist. 1324 findet sich der Ort als ›Ravengisburen‹ in einer anderen Urkunde aufgeführt; diese Namensform weist als ›Brunnen des Ravengar‹ vielleicht auf eine Zugehörigkeit zum alten Ravengiersburg hin. Wahrscheinlich war die Bezeichnung sogar von dem noch erhaltenen Ziehbrunnen am nördlichen Ortsende abgeleitet worden.

Am spätgotischen Kirchenportal wie auch an der mit Bildern des Petrus und der vier Evangelisten bemalten Kanzel findet sich die Jahreszahl 1707 als eindeutiger Beleg für Erbauungszeit und Ausgestaltung des an den romanischen Westturm gefügten Langhauses. Auch die Brüstungsfelder an der hölzernen Männer-Empore des Raversbeurener Gotteshauses zeigen qualitätvolle Gemälde nach biblischen Szenen; 11 von diesen 18 Motiven sind dem Alten Testament entnommen. Als Schöpfer dieser Kunstwerke in barocker Manier kommt trotz fehlender Signatur mit größter Wahrscheinlichkeit Johann Georg Engisch in Frage.

*Albert Bauer, Dichter und Landwirt, Aquarell von Armin Peter Faust, 1984*

Raversbeurens bekanntester Bürger war Albert Bauer (1890–1960), der zeitlebens auch Bauer von Beruf und darüber hinaus einer der wichtigsten Hunsrückdichter gewesen ist. Für sein in den zwanziger und dreißiger Jahren dieses Jahrhunderts auch überregional bekanntes literarisches Werk erhielt er 1936 in Düsseldorf den Immermann-Preis. Die Romane ›Folkert der Schöffe‹ (1934) und ›Hagen von Troneck‹ (1943) sowie die gemeinsam mit Elly Kramb (1896–1964) geschriebene ›Raversbeurener Passion‹ (1952) und weitere dramatische Arbeiten erfuhren nach teils beeindruckenden Erstauflagen späterhin keine größere Verbreitung mehr. Bauers Gedichte findet man nur noch gelegentlich im heimatkundlichen Schrifttum.

Auch im Gotteshaus (1717/18) von *Lötzbeuren* hat der Maler Johann Georg Engisch mit mehr als zwanzig biblischen Bildern ein kunstvolles Œuvre hinterlassen, dessen Ensemble eine rundum barocke Ausstattung prägt, die zu den schönsten weit und breit gerechnet wird. Eine Stumm-Orgel von 1752 komplettiert dieses kostbare Interieur.

Bis *Irmenach* sind es jetzt nur noch wenige Kilometer. In dessen Kirche (Turm 17. Jh., Langhaus 1870–72) kann ebenfalls ein Orgelprospekt (1776) aus der Stummschen Werkstatt bewundert werden. Der Dichter Jakob Kneip (1881–1958) hat längere Zeit in Irmenach gelebt. Er war schon 1904 mit einem ersten Gedichtband hervorgetreten, gründete dann 1912 mit Josef Winkler und Wilhelm Vershofen gemeinsam den ›Bund der Werkleute auf Haus Nyland‹ und war – nach Berufsverbot während der nationalsozialistischen Periode – Präsident des ›Rheinischen Kulturinstituts‹ von 1946 bis 1953. In Kneips Romanen und sonstigen Schriften spielen Land und Leute des Hunsrücks häufig eine bedeutsame Rolle. Am bekanntesten war ›Hampit der Jäger‹ (1927), und der folgende melancholische Heimatvers wird bis heute in der Region sehr häufig zitiert:

> Ich komm aus einem düstern Land,
> wo meiner Väter harte Hand
> jahrhundertlang geführt den Pflug,
> und wo der Frauen stummer Zug
> allmorgendlich die Kirche füllt.
> Die Scholle liegt dort rauh und wild.

> Tief braust der Wald, scharf weht der Wind,
> und Bauer, Bäurin, Roß und Rind
> gehn voller Mühsal, dumpf und schwer,
> gebt mir die Hand!
> Wie ich bin,
> so arm und reich – so nehmt mich hin.

Ob es wohl an einem schwer auszulotenden ›genius loci‹ liegen mag, daß in dieser Gegend, auf diesem Hunsrücker ›Balkon‹ über der Mosel ein regelrechtes ›Dreigestirn‹ schöpferischer Menschen zur gleichen Zeit am Anfang dieses Jahrhunderts zu Werke gegangen ist? Kann Albert Bauer als Bauerndichter von echtestem Schrot und Korn bezeichnet werden, betrachtet man Jakob Kneip als Mentor der rheinischen Arbeiterdichtung, so wird Friedrich Karl Ströher (1876–1925) aus Irmenach als Maler und Graphiker in vergleichbarer Weise den Künstlern zuzurechnen sein, die von der kraftvollen Tradition ihrer Heimat erste Impulse empfingen, sich darauf an weltläufigeren Inhalten schulen konnten und letztlich in ihrem reifen Schaffen doch wieder zum Einklang mit dem Hunsrücker Kulturerbe gediehen sind.

Vom Dorf Irmenach aus kann man entweder über Starkenburg, wo einst die sponheimische Grenzfeste über dem Flußtal wachte, zur Mosel hinab- oder in umgekehrter Richtung wieder zur Hunsrück-›Magistrale‹ B 327 hinauffahren. Eine andere Möglichkeit ergibt sich aber auch zu kleinen Streifzügen hinüber nach Longkamp durch eine Anzahl sehr hübscher kleiner Dörfer und dann über die B 50 hinunter nach Bernkastel-Kues. Andererseits zweigt in Longkamp aber auch eine weitere Straße ab, die ins wildromantische Tal durch Kautenbach und Bad Wildstein nach Traben-Trarbach führt.

Wer hingegen auf den Hunsrückhöhen bleiben möchte, kann von Irmenach über Beuren den kurzen Abstecher nach *Kleinich* unternehmen, dessen klassizistische Kirche (1789/90) sowohl im Stil als auch durch ihre im behaglichen Ortsbild besonders auffallenden Ausmaße überrascht. Ihr Turm birgt noch die erheblich älteren Relikte eines Bauwerks aus frühromanischer Zeit.

## Von der kleinen Venus zum ›Großen Herrgott‹

> Wild- und Rheingrafs Hifthorn gellte
> einst zur Jagd auf Sau und Hirsch,
> und der Römer und der Kelte
> zog vorzeiten hier auf Pirsch.
>
> *Wilhelm Petri*

Kleinich, Wederath und Hinzerath, Hoxel, Herl und Heidenburg sind einige unter dem halben Hundert meist deutlich unter 500 Einwohnern zählender Orte zwischen Hunsrückhöhenstraße und Moseltal, deren Namen bereits etwas Unscheinbares zu suggerieren scheinen, obwohl diese so wenig bekannte Landschaft in Wahrheit voll Überraschungen steckt. Geologische Raritäten wie die aus Tonschiefern herausgewitterten und zu gewaltigen Felsriffen zerklüfteten Quarzitkämme (›Wacken‹) findet man über den tief eingekerbten Tälern der Großen und der Kleinen Dhron. Dazu die unberührten Vegetationszonen des Rockenburger Urwaldes oder der hochmoorartigen Brücher um den Erbeskopf, auch die im Frühjahr von gelber Blütenpracht der Wildnarzissen übersäten Wiesen: Solche Kostbarkeiten geben nicht nur einen von Industrie oder urbanen Wucherungen gänzlich verschonten Rahmen für intime Dorfidyllen, einsame Bachmühlen, Forsthäuser und Bauernhöfe ab, sondern tragen auch eine seltene Vielfalt historischer Spuren, denen nachzugehen sich lohnt. Auch in den Sammlungen des Rheinischen Landesmuseums Trier zeigt sich der außergewöhnliche vor- und frühgeschichtliche Reichtum dieser Region, die heute – dies sei nicht verschwiegen – zu den ärmsten im deutschen Westen zählt.

Obwohl nicht wenige Orte an der Dhron, um die einstige Mark Thalfang und auf den moselwärts ragenden Höhenrücken römerzeitlichen Ursprungs sind (wie z. B. Büdlich, das vormalige ›Budigalla‹), deuten die meisten auf fränkische und spätere Besiedlung hin. Dies kommt in der auf eine Siedlungsanlage mittels Waldrodung weisenden Namensendung mit

-rodt, -roth, – rath oder -rt zum Ausdruck, die hierzulande so häufig vorkommt, daß man sogar vom ›Hunsrücker Rathländchen‹ spricht. Recht belustigend klingt eine Anekdote, derzufolge ein Graf von Hunolstein, als er seinen Hintersassen Höfe zur Bewirtschaftung anvertrauen wollte, auf wenig Interesse gestoßen sei. Keiner der zur Vergabe herbeigekommenen Bauern habe sich jedenfalls um die kümmerlichen Ländereien mit erkennbarem Eifer bewerben wollen, so daß der Grundherr schließlich unwirsch ausrief: »Entweder mehr oder weniger!« Derjenige, dem die vier armseligsten Höfe zum guten Schluß noch aufgenötigt werden konnten, soll sie nach dem Appell benannt haben, und daraus wurden die Dörfer Wederath, Me(h)rscheid, Odert und Wenigerath.

Zwischen Wederath und Hinzerath erhebt sich am höchsten Punkt (562 m) der Hunsrückhöhenstraße neben einem Parkplatz der *Stumpfe Turm*. Dieser schmucklose Zylinder aus Bruchsteinmauerwerk, elf Meter hoch und sechs Meter im Durchmesser, steht zwar unmittelbar dort, wo die B 327 auf einem längeren Stück exakt über der Trasse der uralten Ausonius-Straße verläuft, aber er ist eindeutig späteren Ursprungs. Vermutlich diente er als Wacht- oder Zollturm für die vom kurtrierischen Erzbischof Balduin drunten am Dhronoberlauf errichtete Baldenau, der einzigen Wasserburg des Hunsrücks. Man erblickt sie als malerische Ruine unter diesem windumbrausten Höhenzug, vom Stumpfen Turm und der durch eine prächtige Birkenallee führenden Bundesstraße aus.

Hier ist der Boden Belginums, jener antiken Siedlung (vicus), welche Ausonius zwar in seinem Mosellagedicht zu erwähnen versäumte, die gleichwohl aber zu den hervorragendsten Fundplätzen im einstigen Trevererland gerechnet werden muß. Mehr noch: Dieser heute bloß noch vom Fahrzeugverkehr belebte Buckel trug zwischen den Kreuzungen Kleinich – Hochscheid und Wederath – Hinzerath vom frühen Latène bis zum spätrömischen Niedergang nicht nur ein kontinuierlich besiedeltes Straßendorf, nicht nur Wohnhäuser, Wirtschaftsgebäude und mehrere Tempel, sondern auch eine der größten und für die Forschung ergiebigsten Nekropolen im gesamten keltisch-römischen Raum. »So widersprüchlich es auf den ersten Blick erscheinen mag«, schrieb der in Belginum tätige Archäologe Alfred Haffner, »es sind die Gräber, die es uns ermöglichen, das Leben zu rekonstruieren.«

Der ›vicus‹, das eigentliche Wohngebiet, und das riesige Gräberfeld sind jeweils erst teilweise ausgegraben worden, doch schon jetzt ist klar, daß es wohl nirgends eine bessere und lückenlosere Möglichkeit gibt, anhand der Funde und ihrer wissenschaftlichen Auswertung die Geschichte der Treverer und den Prozeß ihrer Romanisierung bis in die anschaulichsten Einzelheiten aufzuklären. Es wird noch Jahrzehnte dauern, ehe das aus 2550 Gräbern des einst fünf Hektar umfassenden Friedhofs geborgene Fundmaterial zur Gänze bewältigt sein wird. Und bei solchen Zahlen mitsamt der in die Zehntausende reichenden Fülle an Einzelobjekten vom schlichten Gefäß bis zur kunstvollen Statuette, vom verzierten Dolch bis zum rekonstruierbaren Technikdetail einer eichenen Doppelkolbenwasserpumpe ist zu bedenken – wenn man auf dem so unscheinbar wirkenden geschichtssatten Boden steht –, daß bisher eben nur ein Teil der fundträchtigen Fläche archäologisch untersucht worden ist.

# VON DER KLEINEN VENUS ZUM ›GROSSEN HERRGOTT‹

›Venus von Hinzerath‹, 2. Jh. n. Chr., Bronzestatuette
einer Quellgöttin aus Belginum

Die Inschrift eines der Epona geweihten Altarsteins beweist, daß die Schutzgöttin der Reisenden, der Pferde und Handelsleute hier besonders verehrt worden ist. Das für den Kunstliebhaber wohl schönste Fundstück aus dem römischen Belginum dürfte sicher die erotisch wirkende Bronzestatuette einer Quellgöttin mit silbernem Büstenhalter sein, die auch als ›Venus von Hinzerath‹ bezeichnet und als kleines Prachtstück im Trierer Landesmuseum aufbewahrt wird. Gedanklich kann man sie sogleich verknüpfen mit einer anderen Göttin des lebenspendenden Wassers, die als lebensgroße Steinfigur beim nahen Ort Hochscheid in einem antiken Heiligtum ausgegraben wurde und gleichfalls eines der sehenswertesten Bildwerke im selben Museum darstellt. Es ist Sirona (Abb. 27), und sie kam zusammen mit einer qualitätvollen Statue des Apollo Grannus (Abb. 28) dort zutage, wo hart unter dem Gipfel des Idarkopfes, etwa 400 Meter vor Erreichen des Scheitelpunktes, 40 Meter links neben dem schmalen Waldsträßchen von Hochscheid nach Stipshausen ein mit kultischen Räumen erweitertes Römerbad vorhanden war. Von dieser schon in den dreißiger Jahren ergrabenen Anlage sind an Ort und Stelle noch Reste vom aufgehenden Mauerwerk und insgesamt ein Eindruck aufzuspüren, der mehr als viele beschreibende Worte den Hauch erhabener, einsamer Größe empfinden läßt. Denn hier, im tiefen Forst bei Hochscheid, wo man gar nicht selten Rothirsche und Schwarzwild beobachten kann, schlummern die über und über bemoosten Ruinen einer einst vielbesuchten Weihestätte fern aller heutigen Wohnorte. Und keine zehn Kilometer weiter, oberhalb des Dorfrandes von Stipshausen, liegen noch unerforscht die Mauerzüge eines anderen römischen Quellheiligtums im Waldboden verborgen. Fragmente einer Jupitersäule hat man dort per Zufall gefunden, wo in weit späteren Jahrhunderten das Geheimnisvolle der älteren Zeiten sowohl gebannt werden sollte als auch Bestätigung erfuhr, indem man dem Distrikt den denkwürdigen Namen ›Heilig Geist‹ verliehen hat.

Zwischen *Stipshausen, Hochscheid, Hinzerath* und *Wederath* – im nahen Umkreis Belginums – ermöglichen die aufschlußreichen Bodenfunde eine so wirklichkeitsnahe wie eindrucksvolle Rekonstruktion vom alltäglichen Leben während einer mehr als halbtausendjährigen Spanne vor und nach der Zeitenwende. Doch was wird man darüber hinaus herausfinden können über das Denken, Glauben und Hoffen der damals Lebenden? So wirkt die kleine Venus nach 2000 Jahren noch berückend wie ehedem, und auch die schöne Sirona behielt ihr ganz gewisses Lächeln...

Droben auf dem Wanderparkplatz starten sommers die Spaziergänger und Waldjogger, zur kalten Jahreszeit spuren Skilangläufer durch die Loipen, während am südwärtigen Abhang das große Wintersportzentrum Idarwald gern besucht wird (Skilifte und Abfahrtspisten) – von den Fundorten der bedeutsamen Relikte nimmt so gut wie niemand Notiz.

Als der streitbare Kurfürst-Erzbischof Balduin von Trier um 1315 die *Burg Baldenau* als Stützpunkt und Bollwerk am strategisch günstigen Punkt zwischen Bernkastel und Idar-Oberstein ins obere Dhrontal setzen ließ, konnten seine Bauleute (zumindest für den Stumpfen Turm) auf Mauersteine der römerzeitlichen Ruinen zurückgreifen. Ursprünglich war sogar daran gedacht, im Schutz der festen Burg eine Stadt mit Markt- und Gerichtsprivilegien entstehen zu lassen, was jedoch durch die siedlungsungünstige Lage vereitelt wurde. So blieb Baldenau für lange Zeit nur der isolierte Sitz eines kurtrierischen Amtmanns, der die Verwaltung eines guten Dutzends der Dörfer im ›Rathländchen‹ besorgte. Die Grenze zwischen Kurtrier und dem Gebiet der Wild- und Rheingrafen konnte dauerhaft gesichert werden, bis im Dreißigjährigen Krieg mit kaiserlichen, schwedischen und spanischen Truppen ernsthafte Berennungen größere Schäden verursachten. 1649 erfolgte der Wiederaufbau zerstörter Burgteile, doch genau 40 Jahre später fiel Baldenau der Brandschatzung durch die Franzosen unter Ludwig XIV. zum Opfer. Die seit jener Zeit zwar offene, doch immer noch

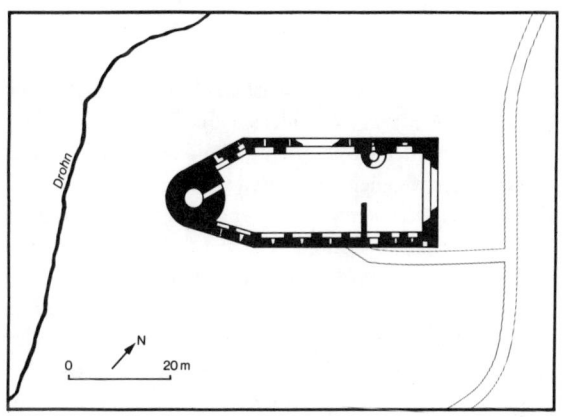

*Grundriß der Wasserburg Baldenau im oberen Dhrontal*

## VON DER KLEINEN VENUS ZUM ›GROSSEN HERRGOTT‹

wuchtige Ruine sollte erst nach 1982 eine bauliche Sicherung durch denkmalpflegerische Arbeiten erfahren.

Sie erhebt sich aus den saftigen Wiesen im Talgrund über Sumpf und Wassergräben wie ein steinernes Schiff (Abb. 33). Der 24 Meter hohe Rundbau des Bergfrieds erhält ein optisches Gegengewicht durch die ebenfalls noch zu beachtlicher Höhe aufsteigenden Reste der gegenüberliegenden Schildmauer und des Palas. Der ungefähr keilförmige Grundriß mißt 52 Meter in der Länge und ist an der Schildmauer rund 20 Meter breit, während der Bergfried die ›Keilspitze‹ abrundet. Abgesehen von einer vermutlich erfolglosen Beschießung durch Franz von Sickingen (1522) und den oben erwähnten Kriegshandlungen ist die Burggeschichte hauptsächlich durch langwierige Streitigkeiten um Weiderechte und Pachtverträge im 18. und 19. Jahrhundert gekennzeichnet. Spektakulär war hingegen ein höchstwahrscheinlich in der Ruine verübter Mord am 23. Dezember 1797: Zum Opfer fiel ihm Nikolaus Rauschenberger, genannt ›Plackenklos‹, der im Beisein des Schinderhannes von seinen eigenen Spießgesellen umgebracht wurde. Für den ›Schinderhannes‹-Spielfilm mit Maria Schell und Curd Jürgens gab das Gemäuer 1958 die malerische Kulisse ab und war auch 1982 Drehort für eine Episode des ›Heimat‹-Fernsehfilms.

Die Fahrstraße entlang der Dhron von Hinzerath nach Morbach wechselt knapp oberhalb der Baldenau auf die rechte Talseite und führt zunächst durch *Hundheim*, vor dessen neugotischer Dorfkirche ein monströses Kriegerdenkmal steht, das dem nostalgischen ›Heimat‹-Filmepos als Vorbild für ein zentrales Requisit gedient und auch den fiktiven Ortsnamen ›Schabbach‹ vermittelt hat.

Bald liegt weiter unterhalb, freundlich ins muldige Tal gebettet, der Ort **Bischofsdhron**, und auch hier ist es zuerst ein neuzeitliches Monument, das als Blickfang in einer Grünanlage das romantische Bauensemble um die Pfarrkirche noch zu verschönern sucht. Es erhebt sich nämlich hier auf runder Brunnensäule über drei mit modernen Reliefs geschmückten Sandsteinbecken die unterlebensgroße bemalte Skulptur des Kurfürst-Erzbischofs Balduin (Abb. 30). Dieses wohl um 1980 gefertigte Bildwerk ist eine ausgesprochen originelle, kurios-naive Arbeit: Der in seinen unteren Extremitäten deutlich zu kurz geratene Kirchenfürst hält den Krummstab in seiner Linken und droht mit einem Schwert in der anderen Hand sich selber die Füße zu verletzen. Die kunsthistorisch bemerkenswerte *Pfarrkirche St. Paulinus* wurde 1766–1769 nach einem Entwurf des kurtrierischen Hofbaumeisters Johannes Seiz von dessen Bruder Andreas (›Fähnderich‹ Seiz) auf den Fundamenten zweier Vorgängerbauten der Romanik und der Gotik erbaut. Der Saalbau mit seinen drei rechteckigen Kreuzgratgewölben auf eingezogenen Strebepfeilern birgt eine vollständige Barockausstattung. Zwei Seitenaltäre stehen vor dem eingezogenen Chor mit dem Hochaltar, dessen zentrales Motiv eine Figurengruppe mit Himmelfahrt und Krönung der Gottesmutter bildet, zur linken Seite flankiert vom Pfarrpatron Paulinus und rechts vom hl. Donatus, dem Schutzpatron gegen Wetterunbilden. Nach einer umfassenden Restaurierung (1968) vereinen sich Altäre, Kanzel und Beichtstühle zu einem stilreinen Gefüge, das durch weitere Heiligenfiguren auf Konsolen und einen Empire-Orgelprospekt noch zusätzliche schöne Akzente erhält. Das Instrument (1828) zählt übrigens zu den letzten sechs Werken aus der Stummschen Fabrikation.

Auf dem rechten Talhang gewahrt man unweit von Bischofsdhron die kleine *Fatima-Kapelle*. Ein ehemaliger deutscher Soldat hat sie als Vollzug eines Gelübdes eigenhändig und ohne fremde Hilfe errichtet. Für den Fall seiner glücklichen Heimkehr aus dem Zweiten Weltkrieg hatte er sich im Gebet zum Kapellenbau verpflichtet, den er dann nach 1945 unter kaum vorstellbarer Mühsal ausführte: Denn er kehrte zwar wieder heim, jedoch als doppelt Beinamputierter, und ging an die Arbeit mit einem Dreirad, das er sich zur Fortbewegung und zum Materialtransport konstruierte. Über 14 Kreuzwegstationen, aus rötlichem Sandstein gebildet, erreicht man das Altärchen in dieser Kapelle, dessen Holzrelief ländliche Berufe sowie verschiedene Kriegsversehrte wiedergibt.

Der Luftkurort **Morbach**, Verwaltungs-, Einkaufs- und Fremdenverkehrszentrum dieser Region, schmückt sich mit dem werblichen Attribut ›Sonnenstube des Hunsrücks‹. Im Ortsbild kann man noch ein paar Objekte aus dem Schaffen eines einheimischen Bildhauerateliers entdecken: So zieren vier Holzreliefs mit köstlichen Bildmotiven den Balkon eines Fachwerkhauses am Unteren Markt, darunter z. B. ein Automobilist aus der Frühzeit des Kraftfahrzeugverkehrs, wie er mit nonchalanter Miene soeben ein Ferkel und ein Hähnchen überrollt (Abb. 36).

Dieses große Gebäude, im Ort die ›*Bildhauerbude*‹ genannt, ist ein erster Hinweis auf die seit 1866 in Morbach tätigen Kunsthandwerker und Bildschnitzer, die nicht nur als Kirchenrestauratoren im weiten Umkreis wirkten, sondern auch eine Vielzahl neuzeitlicher Plastiken wie z. B. den Drachentöter St. Georg an der Pfarrkirche St. Anna, die Mariensäule von Rapperath und die Pietà am ›Kapellenweg‹ zur Schmausemühle geschaffen haben. Die Tradition der Morbacher Bildhauerei Mettler (›Kirchen-Mettler‹) wurde nach 1923 von dem an der Oberammergauer Schnitzkunst geschulten Rudolf Höfle und seinem Sohn Hans-Jürgen bis in die Gegenwart weitergeführt. Letzterem sind die Brunnen an der Realschule und an der Kreissparkasse, ein Reiterstandbild in der örtlichen ›Kurfürst-Balduin-Hauptschule‹ sowie der hl. Johannes im nahen Hinzerath zu verdanken.

Aus früheren Zeiten erhielt sich noch ein kunsthistorisch wichtiges Werk: in der *katholischen Pfarrkirche* (19./20. Jh.) das aus Sandstein 1571 gefertigte Wandgrabmal für Hans von Raischeit. Der Stifter kniet betend unter dem gekreuzigten Heiland, in gemeinsamer Klage mit Maria und Johannes. Das Epitaph wird als großartiges Beispiel der Renaissanceplastik angesehen und entstammt höchstwahrscheinlich (als Frühwerk des Meisters) der Werkstatt des Hans Ruprecht Hoffmann (um 1540–1616), des bekanntesten Künstlers jener schon seit Mitte des 15. Jahrhunderts bedeutenden Trierer Bildhauerschule.

Im Dhrontal unterhalb Morbachs erreicht man (1 km seitlich der B 327) das brückenreiche Dörfchen **Rapperath**. Seine dem hl. Wendelin geweihten *Pfarrkirche*, ein hübscher kleiner Saalbau von 1765, bildet mit ihrem verschieferten Dachreiter unter barocker Haube, rings umgeben von alten Häusern und Bauerngärten, einen recht stimmungsvollen Anblick.

Am unteren Ortsausgang ragt hinter zwei Wohngebäuden das klobige Massiv der ›*Rapperather Wacken*‹ wie der liegengebliebene Überrest eines von Riesenhand geworfenen Würfelspiels empor. In seinem Schatten, unmittelbar links einer scharfen Rechtskurve der Dhrontalstraße, stehen unter hohen Nadelbäumen bei einem von Efeu überwucherten Krie-

## VON DER KLEINEN VENUS ZUM ›GROSSEN HERRGOTT‹

gerdenkmal zwei niedrige Kapellen nebeneinander. Über dem Eingang der etwas größeren ist die Jahreszahl 1735 in einen Balken gekerbt worden. Schnell gewöhnt sich das Auge an das meist von ein paar Kerzen matt aufgehellte Dämmerlicht im Innenraum und erkennt die Umrisse eines erstaunlichen Kruzifixes, das weit im mittleren Hunsrück als der ›Große Herrgott von Rapperath‹ bekannt ist (Abb. 34).

Kreuz und Christus sind aus einem einzigen Eichenstamm gearbeitet worden, nur die Arme wurden gesondert gefertigt und angefügt. Auf den ersten Blick wirken Wucht und Größe dieser über drei Meter hohen Schnitzerei (17. Jh.) beinahe angsterregend. Dann aber zieht wie magisch das Gesicht die Aufmerksamkeit an. Grob ist es und breit geformt, die Züge leidensvoll erstarrt. Es ist ein Kunstwerk, das man ›rustikal‹ nennen könnte, jedoch überaus expressiv gestaltet und geprägt von einer gewissen Derbheit in Form und Ausdruck. Darin verrät sich das Empfinden eines Künstlers ›vom Lande‹, der wohl eher mit andächtigem Herzen als unter dem Vorsatz feinsinniger Stiltreue zu Werke gegangen ist.

Beim Blick auf die Landkarte dieser Region zwischen Morbach an der Hunsrückhöhenstraße und dem Moseltal fällt sofort als deutlicher Kontrast zum abenteuerlich geschlungenen Lauf der Großen Dhron die schnurgerade knapp hinter dem Waldrand der Staatsforsten Morbach und Bernkastel verlaufende Römerstraße ins Auge. Als breiter Forstweg markiert sie hier über rund 10 Kilometer den Kurs der schon bei Belginum am Stumpfen Turm beobachteten antiken Strecke als deren Fortsetzung auf Niederemmel und Neumagen zu. Einige hundert Meter talabwärts von Rapperath mündet beim Straßenabzweig nach Heinzerath und Elzerath der kurze Lauf des Heinzer-Baches in die Dhron, in dessen mit ›Heidenpütz‹ bezeichnetem Quellgebiet römische Ruinen reiches Fundgut (4. Jh.) freigegeben haben. Bei der archäologischen Untersuchung konnte jedoch nicht geklärt werden, ob es sich tatsächlich um die hier vermuteten ›Tabernae‹ des Ausonius-Gedichts handelt. Noch eine erhebliche Zahl anderer Relikte wird von dem großen Wald nördlich der Dhron beschirmt: Hügelgräber und, dicht beim Heidenpütz, eine annähernd viereckige Steinsetzung von etwa 80 Meter Länge und 35 Meter Breite. Der Volksmund hat für diese Anlage den Namen *Judenkirchhof* überliefert; ein quadratischer Gebäuderest an ihrem südlichen Ende könnte einst ein Felsheiligtum gewesen sein.

Das geheimnisvolle Monument nahe beim neuzeitlichen Straßenabzweig ins unmittelbar vor dem Waldrand gelegene Dorf Elzerath eignet sich bestens als Ausgangspunkt für zwei kurze Wanderungen auf historischem Untergrund: Von hier bis zum fünf Kilometer weiter westlich aufzusuchenden *Weinplatz* (auch dort Hügelgräber und römerzeitliche Ruinen) geht es nämlich über den mit seinen beiderseitigen Wassergräben völlig unversehrt erhaltenen Damm der originalen Römerstraße. Wo in entgegengesetzter Richtung der für Kraftfahrzeuge gesperrte frühgeschichtliche Verkehrsweg in die moderne Straße von Morbach nach Veldenz mündet, steht ein Wegweiser mit der Aufschrift *Graue Lei*. Nach wenigen Gehminuten erblickt man nun zwischen Buchenstämmen, die wie turmhohe Säulen ihr Laubdach tragen, ein gigantisches Quarzitriff.

Im nahen Umfeld dieses 20 Meter über dem ebenen Waldboden aufragenden erratischen Blocks finden sich noch zahlreiche kleinere Felsbrocken, teils wie in Linien und halben

Zirkeln angeordnet. Aufgrund dieser Formen hält sich im Hunsrücker Schrifttum seit langem hartnäckig die Ansicht, es handele sich um Menhire und Dolmen. Dies konnte aber bisher durch keinen einzigen Fund bewiesen werden, wenngleich in Anbetracht der nahen Hügelgräber und anderen Kultstätten eine vormalige Bedeutung der Grauen Lei im Zusammenhang mit religiösen Dingen keineswegs auszuschließen ist.

Zurück wieder zu den Sehenswürdigkeiten aus jüngerer und kunsthistorisch relevanter Vergangenheit: Die Dörfer der Umgebung, fast alle seit dem Mittelalter zur Vogtei Hunolstein und nunmehr zur 19 Ortsbezirke umfassenden Großgemeinde Morbach gehörig, bergen in ihren baukünstlerisch interessanten Kirchen oft überraschende Glanzstücke der Bildhauerei und Malerei. Zugleich setzen sie damit die schon zur Latènezeit begründete und unter der Römerherrschaft weitergeführte Tradition der Künste in diesem Landstrich fort, dessen Dorfgemarkungen samt und sonders von den Relikten frühgeschichtlicher Profanbauten (villae rusticae), antiker Tempelbezirke und der nach vielen Hunderten zählenden Grabanlagen geradezu übersät erscheinen.

Mit ihren vier verschieden hohen Dachfirsten und dem spitzen Turmhelm bietet die altehrwürdige Kirche in *Heinzerath,* 1315 erstmals in einer Urkunde bezeichnet, einen malerischen Anblick. Der wuchtige Turm entstand bereits zur romanischen Stilepoche (13. Jh.), dem spätgotischen Chor (14. Jh.) wurde 1670 eine Sakristei angefügt, und das einschiffige Langhaus entstammt dem 16. Jahrhundert. Schließlich erhielt das Bauwerk 1722 eine südlich an den Turm gelehnte Vorhalle; im selben Jahr wurde auch die Westempore eingebaut. Der nach Osten orientierte fünfseitige Chorraum gipfelt in einem sechsteiligen Rippengewölbe mit einer Rosette als Schlußstein. Zwei der hohlkehlig geformten Rippen fußen auf mit grotesken Masken verzierten Konsolen, die übrigen stützen sich auf Ecksäulen, deren Kelchkapitelle stilistisch noch ins 13. Jahrhundert zurückweisen. Ein interessantes Detail derselben Bauphase ist auch als Spolie in der Turmvorhalle zu betrachten: die einstige Bekrönung einer Sakramentsnische mit schön geformtem Kleeblattbogen und zwei Vierpässen in den Bogenzwickeln. Obwohl die Ausstattung (18. Jh.) in dieser Kirche keinen bedeutenden Kunstwert repräsentiert, vereint sie sich doch mit Hochaltar, Kanzel, Heiligenfiguren und Bildern zu einem recht stimmungsvollen, behaglichen Ensemble.

Übrigens sind in der Nachbarschaft zwei verschiedene Pendants anzutreffen: Die kleine Kirche in Wenigerath, ein Saalbau von 1747, verfügt über eine ganz ähnliche Westempore wie diejenige in Heinzerath, und die Morscheider Kunokapelle stellt geradezu ein Gegenstück zum Heinzerather Chorraum dar.

# An Dhron und Dhrönchen

Unterhalb von Heinzerath und Rapperath verläßt die gut ausgebaute Straße in Richtung Merscheid für einige Kilometer den Talgrund der Dhron. Bald sieht man auf einer Bergkante den von einer schönen Baumgruppe beschatteten Umriß eines großen Grabhügels der Römerzeit. *Merscheid*, etwas unterhalb dieser Kulisse gelegen, besitzt eine schmucklose Kirche (1826/27), in welcher das Retabel des Hochaltars (Ende 18. Jh.) als gute Arbeit im barocken Stil zu betrachten ist; es wurde der Kirche 1828 geschenkt und stammt vermutlich aus einer in den französischen Revolutions- und Besatzungsjahren aufgelösten Abteikirche. An der Kapelle oberhalb des Ortes (gleich daneben ein gußeisernes Kreuz auf Sandsteinsockel) genießt man bei klarer Sicht vom Straßenrand aus ein herrliches Panorama über das bucklige Land unter der Erbeskopf-Höhenlinie. Hier zweigt auch der Weg zum Römergrab ab, während nur einige hundert Meter weiter zur anderen Straßenseite ein Wegkreuz auf Keltengräber hinweist.

Der weitere Straßenverlauf in Richtung Horath (15 km von Morbach entfernt) führt noch zu zahlreichen Aussichtspunkten, so auch oberhalb von Haag, das drunten mit dem weithin sichtbaren massigen Baukörper seiner Pfarrkirche St. Kunibert (1925/26) an der Hangkante über dem Dhrontal liegt; gegenüber lasten auf ihrem felsigen Klotz Burgruine und Dorf Hunolstein (Abb. 35). Die weite Umgebung zeigt sich als siedlungsarm; zwischen Acker- und Wiesenflächen breiten sich große Waldgebiete aus. Stellenweise sind die Hangweiden noch mit Heckenzeilen gegeneinander abgegrenzt. Ginster und vereinzelt frei stehende Baumgruppen deuten auf landwirtschaftlich nicht nutzbaren Untergrund hin, wobei sich unter manchen solcher ›Laubinseln‹ noch unerforschte Bodendenkmäler verbergen könnten. Tief schneiden die Dhron und ihre Seitenbäche ins geologische Relief; insbesondere am Straßenabzweig nach Piesport und Wintrich (beide Orte 12 km entfernt) wirken die verzweigten Täler wie eine einzige gewaltige Schüssel, die im Inneren und bis hoch an ihre Ränder geschlossenen Waldbewuchs enthält.

Den schönen Naturbildern entspricht die Ortseinfahrt nach *Horath* freilich nicht im geringsten: Der Blick auf die unterhalb gelegene Kirche und das Ortszentrum ist völlig verstellt von den grauen Hallendächern eines Drahtwerkes. Nichts erinnert daran, daß es sich hier um eine Gemarkung handelt, die lange vor der mittelalterlichen Gründung schon einmal von ca. 700 v. Chr. bis weit ins 4. Jahrhundert n. Chr. Zentrum einer kontinuierlich fortgesetzten Besiedlung war. Unter den zahlreichen Fundregionen der Kelten- und Römerzeit im Trierer Land kommt Horath eine herausragende Bedeutung zu. Viele Dutzend frühgeschichtlicher Grabstätten konnten in mehreren Gruppen von Bestattungshügeln untersucht werden und haben eine Fülle an Fundgut von der Hunsrück-Eifel-Kultur bis zur späten Römerzeit geliefert. Allein der gewaltige Grabhügel des ›Tönnchens‹ (östlich der jetzigen Ortslage), der teils auf Siedlungsresten des Spätlatène aufgehäuft worden war, enthielt mehr als 140 Beigaben für ein um 100 n. Chr. angelegtes Brandgrab. Deren größter Teil besteht aus Keramikgefäßen, doch fanden sich auch eisernes Gerät, die völlig intakte Aschenurne aus Glas und eine bronzene Öllampe, in welcher noch der Dochtfaden vorhanden war. Der so Bestattete gehörte mit Sicherheit zur Oberschicht der reichen Treverer, und höchstwahrscheinlich ist eine wenig unterhalb ausgegrabene Villa sein Eigentum gewesen. Dieses Landhaus zeugte seinerseits von erheblichem Reichtum: Den 22 Räumen des Hauptgebäudes war ein 32,50 × 18 Meter großes rechteckiges Wasserbecken vorgelagert. Es ist anzunehmen, daß es zur Fischzucht diente, woraus sich schließen läßt, daß die Inhaber dieses gallo-römischen Hofgutes ihren Wohlstand gewiß als Nahrungslieferanten für die Römersiedlungen Neumagen und Trier an der nahen Mosel erwarben.

Weitere Höfe derselben Zeit erweitern die archäologische Fundkarte um Horath. Wenn auch die meisten Ruinenplätze an der Erdoberfläche kaum noch auszumachen und die Grabhügel zum großen Teil durch Beackern oder Verwitterung abgetragen sind, wird man beim Spaziergang in Ortsnähe mit etwas Aufmerksamkeit doch noch etliche dieser Stätten beobachten und identifizieren können. Westlich des Dorfes liegt unter dem *Harpelstein*, einem prächtigen Aussichtsfelsen über der Dhron, unweit einer Gruppe von elf Grabhügeln ein kleiner Abschnittswall (s. S. 68).

Unterhalb Horaths schlängelt sich die moderne Straße stark abschüssig in die ›Talschüssel‹ hinein; mächtige Schieferaufschlüsse klaffen an der Böschung. Niederwald bekleidet hier alle Hänge mit Eichen, Buchen, Erlen, Ebereschen, Fichten, Buschwerk, Ginsterschöpfen und verwilderten Obstbäumen. Bei der Krackes-Mühle wird der Talboden erreicht: Von schmalem Wiesenstreifen flankiert, schäumt die rasch fließende Große Dhron über Quarzitbrocken und Felsriegel aus Schiefergestein, braust dann gänzlich in den dichten Wald, während die Straße wieder aufwärts über die Hänge verläuft und den Blick in die Schlucht ermöglicht, wo sich felsige Barrieren dem Wasserlauf entgegenstemmen und ihn zu wirren Mäandern zwingen.

Mitten im Wald erreicht man jetzt die wieder zur Hunsrückhöhe hinaufführende Straße nach Thalfang (9 km); zur anderen Seite (rechterhand abwärts) sind es noch acht Kilometer bis Neumagen-Dhron. Etwas unterhalb dieser Abzweigung münden bei Papiermühle Große und Kleine Dhron ineinander; letztere wird meist ›das Dhrönchen‹ genannt. Zum Zurechtfinden in den tief eingekerbten Tälern empfiehlt sich eine Straßen- oder Wanderkarte sehr, denn nahezu überall wird eine Orientierung durch wahre Schlängelstrecken verhindert, und auch von den Höhen aus entziehen sich die Orte in tieferen Lagen zwischen den geologischen Falten dem Blick. Papiermühle also am Zusammenfluß der beiden verschwisterten Bäche – ein geeigneter Ort, um deren ›Steckbrief‹ kurz zu beschreiben: Von ihrer Quelle an den ›Zwei Steinen‹ im Idarwald (unweit von Hinzerath und Burg Baldenau)

## AN DHRON UND DHRÖNCHEN

legt die Große Dhron bis zu ihrer Mündung in die Mosel bei Neumagen rund 40 Kilometer zurück und überwindet dabei einen Höhenunterschied von 600 Metern (Quelle 710 m ü. NN; Mündung 100 m). Das Dhrönchen ist hingegen ein ›Kind‹ des Erbeskopfes und bringt es bis zur Einmündung von Papiermühle auf 28 Kilometer Länge (Quelle 680 m ü. NN; Mündung 155 m). Insgesamt umgreift dieses Bachsystem ein Einzugsgebiet von 319 Quadratkilometern (darin 138 qkm für die Kleine Dhron).

Was beide Tallandschaften kennzeichnet und für Exkursionen so anziehend macht, ist ihre für größere Siedlungen ungünstige Enge und Gewundenheit, worauf sich die über weite Strecken erhaltene völlige Abgeschiedenheit gründet. Zahlreiche Wassermühlen klapperten früher hier unten am hurtigen Bach und verarbeiteten das auf der Hochfläche geerntete Getreide. Diese einzeln stehenden Gebäude prägten vormals das Bild; etliche sind unterdessen längst als gastronomische Betriebe zu Ausflugszielen geworden, andere wurden zu Wochenendhäusern umgestaltet, und eine versank im kleinen Dhrönchen-Stausee zwischen Papiermühle und Büdlicherbrück. Auch die *Breitwies-Mühle* mußte damals aufgegeben werden, in der Stefan Andres (1906–1970) als neuntes Kind eines Müllers und Kleinbauern geboren wurde. In seinem 1934 erschienenen Roman ›Die unsichtbare Mauer‹ hat der berühmte Schriftsteller sein nachhaltiges Kindheitserlebnis aufgegriffen, als durch den Staudammbau das ›Zeitalter der Technik‹ dem naturnahen Leben im Mühlental ein brutales Ende versetzte.

Bekannter noch und zudem ein die eigentümliche Atmosphäre dieser Gegend großartig widerspiegelndes Werk ist Andres' autobiographischer Roman ›Der Knabe im Brunnen‹, mit dem er seiner Heimat ihr kostbarstes Literaturdenkmal geschenkt hat: »Eine sehr ernste Weise nahm das Wasser an, wenn ich abends mit den Frauen an der Dhron entlang zum ›Bildchen‹ ging. Das war ein bleiches Kapellchen im Wald nahe am Bach, wo er unter dunklen Fichten in einer Schlucht fließt und sich in der Tiefe am Gestein reibt und tosend

*Stefan-Andres-Brunnen im Dhrönchen, Zeichnung von Armin Peter Faust, 1987*

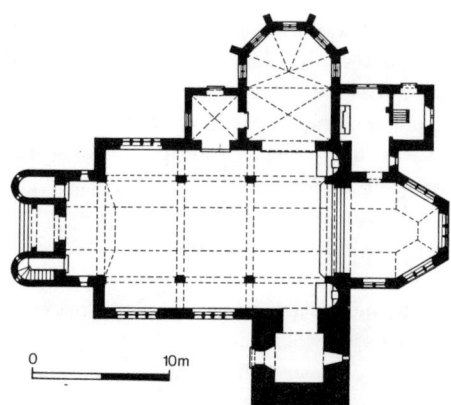

*Berglicht, katholische Pfarrkirche Mariä Geburt, Grundriß*

von einer Stufe zur andern herabfällt. Die Frauen beteten stets den Rosenkranz. Immer kehrten dieselben Worte wieder, und manchmal vernahm ich zwischen den Aves seltsame Sätze, etwa: ›deines Leibes, Jesus, den du, o Jungfrau, im Tempel aufgeopfert hast‹ – ›den du, o Jungfrau, im Tempel wiedergefunden hast.‹ Oder: ›Herr, gib den Seelen im Fegfeuer die ewige Ruh!‹ Die Stimmen der Frauen klangen eintönig, traurig, inständig. Mir fielen ihre Gebete ins Herz, und ohne daß ich ein Wort begriffen hätte, wurde ich ebenfalls traurig. Ich drückte mich in die Falten von Mutters Röcken und lauschte.«

Das von Stefan Andres beschriebene ›Bildchen‹ steht noch (inzwischen restauriert): Man findet es gleich am Straßenrand (neben einer Brücke) beim zweiten Gehöft im Dhrönchen drunten. Desgleichen blieb die Breitwies-Mühle erhalten (Privatbesitz), bei welcher man des Dichters ›Kindheitsbrunnen‹, gleichfalls im originalen Zustand, sich noch zeigen lassen kann. Während drüben in Schweich, jenseits der Mosel, ein moderner Stefan-Andres-Brunnen und eine Archivsammlung die Erinnerung an den Mann beschwören, der hier aufwuchs und jetzt im Campo Santo Teutonico des Vatikans bestattet liegt, blieb an seinem einsamen Geburtsort die Idylle unverändert erhalten. Vom regeren Leben im Moseltal durch die Zummethöhe (›summus mons‹ der Römerzeit) abgeschirmt, ist der Landschaftswinkel im Dhrönchen ein köstlicher Ort für eine literarische Wanderung auf den Spuren des ›Knaben im Brunnen‹.

Kapellen und Bildstöcke im Tal und auf den Höhen: Eine Muttergottesskulptur von 1450 birgt auch *Büdlichs* neugotische Pfarrkirche. Das 1894/95 vom Trierer Dombaumeister Reinhold Wirtz ausgeführte Gotteshaus ließ den Chor einer älteren Architektur (15. Jh.) unversehrt. Die Steinkanzel (1617) mit einem Kreuzigungsrelief signierte Heinrich Hoffmann. Weiter talauf kommt man nach *Bescheid* mit seiner Dreifaltigkeitskirche, einem einfachen Saalbau (1746) mit gleichfalls erhaltenem spätgotischem Chor (1473). Markant erhebt sich ihr mittelalterlicher Rundturm unter hohem Helm.

Einen sehr schönen Anblick gewährt auch das über dem Tal gelegene *Berglicht*. Seine katholische Pfarrkirche Mariä Geburt ist auf den teils noch erkennbaren Resten eines romanischen Bauwerks (12./13. Jh.) im Jahr 1913 durch den Trierer Baumeister Ernst Brand errichtet worden. Es ist eine durchaus interessante, für diese Gegend sogar recht ungewöhnliche Architektur: Zu beiden Seiten der Chorstufenhalle erheben sich zwei kleine Rundtürmchen. Im Inneren gewahrt man interessanten Bildhauerschmuck in ornamentalen Formen, insbesondere am Eingang zum östlichen Chor; ein steinerner Frauenkopf, eine Engelsbüste sowie Schlußsteine mit Wappen fallen auf. Die Seitenkapellen (dies wird vor allem in der Kirchenrückansicht deutlich) bestehen aus Sakristei und Chor einer gotischen Bauphase (1470). Und in der Chorkapelle findet sich auch ein mit schmiedeeisernem Türchen verschlossenes gotisches Sakramentshäuschen als ganz vorzügliche Arbeit aus Sandstein mit dem feinen Relief einer Mondsichelmadonna im Strahlenkranz. Die Taufkapelle (einstige Sakristei) bewahrt eine weitere Skulptur von Rang: ein gegen Ende des 15. Jahrhunderts gefertigtes Büstenreliquiar des hl. Alexius. Der Schlußstein im selben Raum zeigt das Motiv eines von Pfeilen durchbohrten Herzens.

Vor der Kirche in westlicher Richtung (nach rechts in Richtung Heidenburg) senkt sich die Dorfstraße steil hinab (13,8% Gefälle!); drunten im Ort sind noch ein paar alte Bauernhöfe in der landestypischen Bauweise zu erblicken. Einige Bürger haben in ihren Vorgärten große Quarzitbrocken wie alte Menhire aufgerichtet, ganz so, als wollten sie den prähistorischen Brauch wieder aufleben lassen. Denn bald erreicht man nun die Straße Thalfang–Heidenburg, neben der vor Talling, wenig rechts an der Abzweigung nach Schönberg, sich ein mächtiger ›Hinkelstein‹ erhebt (Abb. 6). Unter etlichen Menhiren der nahen Umgebung ist er sicher der eindrucksvollste.

Von Berglicht, Talling und Schönberg führen mehrere Straßen zu den Tälern von Dhron und Dhrönchen hinab, während diejenige nach *Heidenburg* über den Höhenrücken moselwärts verläuft. Diesen Abstecher sollte man nicht versäumen, denn es wird sich wiederum Merkwürdiges zeigen: Ein wenig abseits der 1867 im neugotischen Stil erbauten Pfarrkirche St. Michael ist nämlich als Rest aus älterer Zeit ein Chorraum der Spätgotik (um 1500) auf dem Friedhof stehengeblieben, eine Architektur, die ganz auffällig derjenigen von Berglicht ähnelt. Über dem Spitzbogenportal unter dem einstigen Triumphbogen erblickt man ein kleines Relief mit dem Motiv der Ölbergszene, und das Innere bewahrt noch eine Sakramentsnische, bekrönt von einem in steinernes Astwerk gerahmten Kruzifix zwischen den trauernden Figuren der Maria und des Johannes.

Zurück wieder nach *Schönberg* (vorbei am ›Hinkelstein‹): In dessen Pfarrkirche St. Vitus (hl. Veit), deren Langhaus hinter romanischem Westturm 1821/22 erbaut worden ist, findet sich gleichfalls ein vom Vorgängerkirchlein übernommener Sakramentsschrein der späten Gotik mit plastischer Zier. Eine mit Krummstab versehene Figur und ein Gottesmann mit Heiligenschein werden als Matthias und Valentinus (?) gedeutet, während Petrus darunter durch einen riesengroßen Schlüssel zweifelsfrei zu bestimmen ist. Diesen drei sehr schön gestalteten Kleinplastiken ist als vierte eine winzige Pietà beigegeben; ein qualitätvolles Werk, das im ansonsten eher unscheinbaren Schönberg anzuschauen sich lohnt.

Noch vieles mehr läßt sich entdecken in dieser verschwiegenen Gegend. Drunten bei Büdlicherbrück gibt es den *Rockenburger Urwald* als grandioses Naturreservat, das man auf stillen Wanderwegen erkunden sollte, und droben präsentieren sich die Quarzitriffe der *Berger* und der *Prosterather Wacken* als erdgeschichtliche Raritäten so urwüchsig wie gleicherweise pittoresk. Schön liegt auch Naurath am westlichen Hang über der Kleinen Dhron. Nahebei führt die Autobahn nach Trier, und von der streckenweise parallel zu ihr verlaufenden Straße Hermeskeil–Mehring weiten sich prachtvolle Ausblicke ins hübsche Moseltal.

Abstecher nach Trier mit seinen römerzeitlichen Monumenten und den im Rheinischen Landesmuseum gesammelten Funden der Hunsrücker Ausgrabungsstätten benötigen ab hier keinen großen Zeitaufwand: In kaum 20 Minuten erreicht man die uralte Moselmetropole. Oder man fährt nur bis Fell über eine Route, die von den Hangwäldern hinab in die Weinberge verläuft und dann gleich wieder hinauf, vorüber an Schieferklüften, zur Hochfläche bei Thomm, wo unmittelbar neben einem großen Parkplatz an der Bundesstraße (B 52) fast schneeweiß ein weiterer Menhir die Ackerfläche überragt.

Und dann geht es weiter in Richtung Hermeskeil: Die Schnellstraße überquert ein schon zur Römerzeit bedeutendes Siedlungsgebiet (heute: Straßenraststätte) und erreicht dort, wo vor ausgedehnten Forsten ein riesiges Grabhügelfeld kaum noch oberirdisch erkennbar blieb, das alte Forsthaus Sternfeld. Hier steht jetzt am Abzweig zum schön gelegenen Restaurant Misselbach neben einer anschaulichen Orientierungstafel und bei einem Abenteuerspielplatz die ›Starfield-Discothek‹.

Bevor man aber dermaßen rasch von Fell über Thomm auf Hermeskeil zufährt, wäre vielleicht ein abermaliger Rückblick auf die moselwärts geneigten Hunsrückausläufer noch angebracht. Denn dort unten hat sich ja nicht nur in Trier bemerkenswerte antike und mittelalterliche Geschichte abgespielt, hat nicht nur Neumagen als wahres ›Pergamon Deutschlands‹ eine unvergleichliche Bildhauergalerie der Römerzeit bewahren können, haben Balduin von Trier und Franz von Sickingen ihre kriegerischen Fährten gezogen – dort unten fand außer alledem am Moselfuß des Hunsrücks eine historische Auseinandersetzung statt, die für das Abendland von höchster Bedeutung gewesen ist. Die Rede ist von dem kleinen Ort Riol, wo zwischen den Tälern von Dhron und Ruwer im Jahr 70 n. Chr. die letzte Hoffnung der keltischen Treverer auf politische Unabhängigkeit buchstäblich zerschlagen wurde.

Es war jene Schlacht, durch welche der Bataveraufstand, dem sich die Treverer angeschlossen hatten und der für Roms Vorherrschaft in Mitteleuropa einen sehr gefährlichen Verlauf genommen hatte, niedergeschlagen wurde. Nachdem Feldherr Petilius Cerialis den Aufrührern bei Bingen eine erste Schlappe zugefügt hatte, flohen sie quer über den Hunsrück und verschanzten sich bei Riol (Rigodulum).

Tacitus berichtete: »In vier Tagesmärschen gelangte er (Cerialis) bis Rigodulum. Diesen von Bergen und der Mosel eingeschlossenen Platz hatte Valentinus mit einer starken Mannschaft der Treverer besetzt und auch noch mit Gräben und Barrikaden aus Stein verstärkt. Dennoch schreckten diese Befestigungswerke den römischen Feldherrn nicht ab, das Fußvolk durchbrechen und die Reiter einen Hügel hinaufziehen zu lassen, einen Feind verachtend, welcher, planlos zusammengerafft, nicht eine so bedeutende Stütze an der Örtlichkeit hätte, daß die Seinigen nicht noch eine größere in ihrer Tapferkeit besäßen.

## AN DHRON UND DHRÖNCHEN

Einen kleinen Aufenthalt verursachte das Hinansteigen, solange man die Geschosse der Feinde zu passieren hatte. Als man erst handgemein mit ihnen geworden, wurden die Feinde fortgedrängt und wie im Sturze hinabgeworfen. Ein Teil der Reiter, welcher auf den ebeneren Höhen herumgezogen, nahm die Vornehmsten der Belger, unter ihnen auch den Heerführer Valentinus, gefangen. Nach diesem großen Sieg lag den Römern der Zugang nach Trier offen, und am nächsten Tag rückte Cerialis in die Koloniestadt der Treverer ein.«

Mit dieser entscheidenden Schlacht vor den Toren Triers, zwischen den Mündungen von Ruwer und Dhron in die Mosel, war dem bedrohlichen Bataveraufstand gewissermaßen die Speerspitze abgeknickt und das Linksrheinische für Rom wieder zur Botmäßigkeit verpflichtet worden.

## Der Moselhunsrück

Das vielfach gewundene Moseltal zwischen Trier und Koblenz zählt zweifellos zu den von Natur gesegnetesten Landstrichen in ganz Mitteleuropa. Seine Weinberge und Winzerorte locken allsommerlich große Besucherscharen herbei, und dann blüht das touristische Geschäft unter den romantischen Kulissen der Fachwerkhäuser und Burgruinen. Die Hälfte der Sehenswürdigkeiten, nämlich alle Orte und historischen Stätten auf dem rechten Moselufer, gehören geographisch zum Hunsrück. Doch nicht etwa um einer womöglich zentimetergenauen Gebietseingrenzung willen sei in diesem Kapitel eine gewisse Auswahl von Landschaften, Dörfern und Monumenten am Fluß und an seinem Saum beschrieben, sondern vielmehr wegen der mannigfachen historischen Zusammenhänge.

Bereits die antiken Dichter Ausonius und Venantius Fortunatus (letzterer im 6. Jh.) haben auf die bemerkenswerten Landschaften der kleinen Nebenflüsse wie Drahonus (Dhron) und Erubrus (Ruwer) beredt hingewiesen. »Berge siehet man«, schrieb Venantius, »steil und in mächtiger Masse gelagert, nahe dem Ufer erhebt hoch sich ein felsiger Kopf. Steine bilden den Gipfel und niemals geschorenes Dickicht, trotzig hebt er das Haupt, denn er beherrschet das Land. Ringsum senkt sich ein Tal und tritt zur Seite bescheiden; weil er dem Grund entsteigt, scheint um so höher der Berg. Unten die schwellende Mosel und – Rhone (Dhron) heißt es – ein Bächlein, emsig beide bemüht, Fische zu spenden dem Ort.«

Und in gleichfalls elegischen Versen preist Fortunatus des weiteren diesen Erdenfleck, wo der Legende nach Kaiser Konstantin das Zeichen des Kreuzes mit der Inschrift »In hoc signo vinces« (In diesem Zeichen wirst du siegen) erblickt haben soll, und wo später unweit der römischen Umwallungen der Trierer Erzbischof Nicetius »hier als Apostel gewandelt, erwählt' er diesen Ort, um als Hirt sich eine Hürde zu bau'n..., umschloß mit dreißig Türmen den Hügel, da, wo ein Wald bisher, hob sich ein stattlicher Bau«.

# Rechts der Mosel von Neumagen bis Brodenbach

Kann man's noch ähnlich nachempfinden, was Venantius Fortunatus sah und sang vom glanzvollen Frieden im uralten Noviomagus (Neumagen), das sich als ›Wiege des Weinbaues in Deutschland‹ gefällt? Das dreißigtürmige Marmorschloß ist nicht mehr zu erblicken, und die 1877–1884 freigelegten Fundamente der Römerfestung und Sommerresidenz Konstantins haben mit mehr als 1000 Fundstücken dem Landesmuseum in Trier einen unvergleichlichen Schatz antiker Bildwerke geliefert. Im heutigen Ortsbild von Neumagen erinnert eine Nachbildung des mit großen Fässern beladenen und von einem sympathisch ausschauenden Trunkenbold gesteuerten Weinschiffes an die kunsthistorische Bedeutung dieser Stätte im Mündungsgebiet der Dhron. Die Reliefs von Pachtzahlungen eines gallischen Bauern und einer aus vielen Geschichts- und Lateinlehrbüchern bekannten Frisierszene (am Rathaus und im Park unterhalb der Peterskapelle) weisen gleicherweise auf die als Originale in Trier zu bewundernden Neumagener Römerfunde hin, wie auch das feine Ausonius-Denkmal die Geschichte eindringlich beschwört.

Die *Peterskapelle* ist Baurest einer durch Erzbischof Boemund von Warsberg (1286–1299) nahe der Mosel errichteten Burg am Fuß des Hügels, auf dem sich noch früher das erwähnte Marmorschloß erhoben hatte. Möglicherweise siedelten auch die Vorfahren jener mit Balduin von Trier nach Rom gereisten Neumagener Ritter einst an derselben Stelle, die bereits

*Neumagen, Reste der konstantinischen Festung und Sommerresidenz, nach Brower-Masen, um 1670*

# DER MOSELHUNSRÜCK

753 in einer Urkunde Pippins des Kurzen als ›Castrum Noviacum‹ und später als ›Numaga‹ bekannt gewesen ist. Von bedeutendem Alter zeugt auch der Turm einer am 19. Oktober 1190 geweihten Kirche, an welchen 1792/93 die jetzige *Pfarrkirche St. Maria* mit ihrer ansehnlichen Barockausstattung gefügt wurde. Zahlreich sind im Inneren gute Bildwerke des 17. und 18. Jahrhunderts, doch besondere Aufmerksamkeit verdienen die Grabmäler des Vogtes Heinrich von Hunolstein (gest. 1485) in der Vorhalle und (außen) Heinrichs von Isenburg (gest. 1553). – Im Straßenbild fallen außerdem die Adelshöfe derer von Sayn-Wittgenstein (1790/91) und der Warsberger (um 1730) sowie sehr gediegene Bürgerhäuser (17./18. Jh.) auf.

Gut einen Kilometer oberhalb der Ortslage (auf Leiwen zu) gewahrt man die 1506 begründete und 1764 neugestaltete *Märtyrerkapelle*. Graf Salentin von Isenburg und seine Gattin Elisabeth von Hunolstein waren ihre Stifter, und sie weihten den Bau dem Andenken der thebäischen Legion: jener Trierer Märtyrer, die mit ihrem Anführer Thyrsus zum Christentum übergetreten und dafür 286 auf dem Marsfeld vor der Porta Nigra hingerichtet worden waren. Der Legende zufolge soll ihr Blut bis zum Standort dieser Kapelle das Moselwasser rot gefärbt haben – ein Wunderanblick übrigens, der auch Motiv eines Deckengemäldes in der Trierer Paulinskirche ist.

Im Moselbogen unterhalb Neumagens und der Dhronmündung liegt **Emmel** (früher: Niederemmel), das heute als Ortsteil der Gemeinde Piesport zugehört. Beider Namen deuten tief ins Vergangene zurück: Das ›Pigontii portus‹ des Jahres 776 (Furt des Pigontius) könnte vielleicht, anderer Lesart bzw. Wahrscheinlichkeit zufolge, auch eine sprachliche Erinnerung an den keltischen Händlergott Bigentius sein, während Emmel einst Wohnsitz eines gewissen Aemilius gewesen sein dürfte. Römerland ohnehin: Berühmt wurde das im Landesmuseum Trier zu bewundernde Diatretglas von Niederemmel, eine der großartigsten Schöpfungen antiken Kunsthandwerks, das neben einer Vielzahl weiterer Kleinfunde hier als Grabfund unversehrt geborgen wurde, wo sich neben der in Ufernähe von den Bergen herabkommenden Ausonius-Straße mehrere reichgewordene Treverer ihre Prunkvillen hatten erbauen lassen. Römerzeitliche Fundamente tragen auch die dicht an der Mosel stehende Emmeler Barockkirche *St. Martin* (1723), ein Saalbau mit Kreuzgewölben; der westlich anschließende Turm birgt Steinfragmente der Antike, der Romanik und der gotischen Epoche. Unweit des Sakralgebäudes finden sich im alten Ortskern noch mehrere Wohnbauten und Höfe (16. und 17. Jh.) mit schönen Torbögen und Treppentürmchen.

Knapp einen Kilometer nach dem Ortsausgang (auf Wintrich zu) beginnt gleich neben der Autostraße ein Kreuz- bzw. Stationsweg hinauf zum empfehlenswerten Aussichtspunkt des sogenannten *Heiligenhäuschens*. Keine hundert Schritte vom unteren Ende dieses Fußpfades entfernt kann man mit etwas Aufmerksamkeit die Stelle ausmachen, an welcher die Ausonius-Straße (›Steinstraße‹) die Talsenke erreichte.

Moselabwärts folgt bald *Wintrich*, dessen Name wohl aus ›Vinitoriacum‹ entstanden ist und somit auf die hierzulande schon fast zwei Jahrtausende blühende Weinbautradition hinweist. Wegkreuze (meist 17. und 18. Jh.) vervollständigen hier wie in den meisten anderen Weindörfern das architektonische Inventar dieser Gegend und wollen daran erinnern, daß man seit alters das Wachstum der Reben und Heranreifen des köstlichen Getränks, dieser im wirtschaftlichen wie auch im geistigen Sinn wesentlichen Lebensgrundlage, als Gottesgeschenk und mit beziehungsvoller Frömmigkeit verstanden hat. Entsprechende Sorgfalt wurde folglich auch auf den Bau und die Ausstattung der Pfarrkirchen verwendet, wovon beispielsweise St. Kornelius in Wintrich (Turm 1462, Chor und Sakristei 1702) mit schlichten Barockelementen im Inneren einen angenehmen Eindruck vermittelt.

Weinbau und frommer Geist trugen des weiteren in vielen Moseldörfern zu einer anderen Eigenart bei, an welcher der Kunstfreund heute noch seine Freude haben darf: Die Rede ist von den alten Klosterhöfen, die Abteien der weiteren Umgebung in den Winzerdörfern erbauen ließen. Dort nahmen die Hüter der Frömmigkeit nicht bloß die Gelegenheit zur volksnahen Seelsorge wahr, sondern bestellten im milden Klima auf den fruchtbaren Talböden ihre Gemüse- und Gewürzgärten – vor allem aber widmeten sie sich auch dem Weinbau, wovon ihre Brüder in den unwirtlicher gelegenen Stammhäusern profitieren sollten. Das gemütvolle Bild vom rotnäsigen und verschmitzten ›Bruder Kellermeister‹, jene Klischeefigur des weinseligen Gottesmannes, hat gewiß in solchen Klosterhöfen einen Ursprung und blutvolle Vor-Bilder gefunden.

Nach Wintrich sollte man die Bundesstraße 53, die großzügig die meisten der nächstfolgenden Orte moselseitig umgeht, verlassen und möglichst beschaulich über die weiter hangauf verlaufende alte Fahrstraße bummeln. Das Ortsschild Brauneberg leitet zunächst in das alte (nun eingemeindete) *Filzen*. Das Dorf bewahrt die grandiose Baugruppe (Abb. 43) eines von Kurfürst Jakob I. (1439–1456) gestifteten Frauenklosters des Minoritenordens (Franziskanerinnen). Die ehemalige Klosterkirche (1712–20) und den vorzüglich erhaltenen und gut restaurierten Andreasturm (11./12. Jh.) erreicht man links unterhalb der Hauptstraße hinter dem Restaurant Lindenhof oder beim Abzweig an der Klosterschenke. Beachtung verdienen auch zwei neben dem Friedhofseingang eingemauerte Grabplatten mit Kruzifixen (1786).

Das gleich benachbarte *Brauneberg* war früher als ›Dusemond‹ bekannt; ein Name, der sich auf die Qualität seiner Weinlagen bezog: ›Dulcis mons‹ heißt ›süßer Berg‹. Der heute geschätzte Spitzenwein ist hingegen der ›Brauneberger Juffer‹, und dieser weist mit seinem Namen auf die Filzener Klosterfrauen zurück: Jungfer wird nämlich im moselfränkischen Dialekt ›Juffer‹ ausgesprochen. Braunebergs Gotteshaus St. Remigius, 1776/77 durch den kurpfälzischen Hofbaumeister Franz Wilhelm Rabaliatti (Heidelberg) erbaut, ist merkwürdigerweise eine Simultankirche, in der die Räume der Katholiken und der Protestanten durch eine Quermauer getrennt worden sind. Dies beruht auf einer historisch interessanten Sonderentwicklung, für welche die rund vier Kilometer von Brauneberg entfernte Burg Veldenz maßgeblich war.

Inmitten der Wingerte öffnet sich das anmutige *Veldenzertal* und schiebt sich, von der Mosel aus gesehen, unter die bewaldeten Steilausläufer der Hunsrückberge. Zwischen dem Veldenzertal und dem das Hinterland der Dörfer Neumagen-Dhron, Horath, Merscheid und Veldenz umschließenden Talbogen der Großen Dhron erstreckt sich ein fast siedlungsleeres Waldgebiet: eine der stillsten und für Wanderfeunde empfehlenswertesten Gegenden des Moselhunsrücks.

## DER MOSELHUNSRÜCK

Von Brauneberg her erreicht man zunächst den Ort *Burgen* mit seiner evangelischen Kirche, die als schlichter Saalbau (18. Jh.) einem romanischen Turm angefügt wurde. Im Inneren befindet sich eine steinerne Kanzel (1682) mit bemerkenswerten Reliefverzierungen. Der obere Ortsteil (auf Hirzlei zu) heißt Fahls und leitet sich höchstwahrscheinlich vom Standort einer römerzeitlichen Villa her.

Ab hier verengt und verästelt sich das Tal zunehmend; Wanderwege führen hinauf nach Gornhausen und weiter zur alten Römerstraße. Wer gut zu Fuß ist, kann auch, stundenweit durch tiefe Forsten, das nordöstlich gelegene *Monzelfeld* erreichen, einen Ort, der schon in einer Schenkung König Dagoberts an das Trierer Irminenkloster erwähnt wurde (erste urkundliche Nennung 1037). Seine 1788 errichtete Kirche steht am Platz eines für 1569 bezeugten Vorgängerbaues. Ein altes Friedhofskreuz zeigt die Reliefs eines Vesperbildes und zweier Hausmarken, darunter ein Emblem der Bäckerzunft; seine Inschrift lautet: »1655. den 20. April hat Jacob Liel und Madellana Bohn beide Eheleudt zu Berncastel dies Bildtnus zu Ehren Gottes aufrichten lassen.« Heute weist allerdings nichts mehr in Monzelfeld darauf hin, daß der Ort einstmals befestigt und mit immerhin vier Toren versehen war.

*Burg Veldenz?* Fast könnte man sie, obwohl sie doch im Zentrum der vorhin beschriebenen Gemeinden und der Waldwanderwege liegt, übersehen und vorüberfahren. Der die nahen Moselorte belebende Fremdenverkehr nimmt diese abseits gelegenen historischen Stätten ohnehin kaum wahr. Dabei reichte Veldenz' einstige Bedeutung quer über den Hunsrück bis nach Lauterecken im Glantal und sogar noch weiter bis zum Lützelstein in den Vogesen (La Petite-Pierre, Elsaß). Denn dieser Landstrich im Moselseitental gehörte mit zum ›Kleinen Reich des Jerrihans‹, jenes Schwiegersohns des Schwedenkönigs Gustav Wasa.

*Wappen der Grafen von Veldenz*

Schon als der austrasische König Childebert um 580 Veldenz und seine nächsten Nachbarorte (Dusemond-Brauneberg, Borga-Burgen, Molina-Mülheim, Andel und Gornhausen) als Schenkung dem Bistum Verdun (Lothringen) zukommen ließ, soll der Wein eine wichtige Rolle gespielt haben: Mangels eigener Wingerte an der Maas konnten sich seitdem die Bischöfe jahrhundertelang des köstlichen Tropfens vom ›süßen Berg‹ erfreuen. Im Jahr 1085 ist dann als Lehensmann des Bistums ein Emicho genannt worden, dem bzw. dessen Nachkommen aus dem Geschlecht der Nahegaugrafen (Untergrafen der Salier) die Burggründung von ›Valdentia‹ zugeschrieben wird. Anfang des 12. Jahrhunderts ging das Lehen an Gerlach

*Ruine der Burg Veldenz, Stahlstich von C. Bodmer, 1841*

über, einen Grafen von Kyrburg und Schmidtburg (dessen Bruder hingegen Stammvater der naheländischen Wild- und Raugrafen wurde). Gerlach und seine Erben nannten sich (seit 1115) Grafen von Veldenz, deren Linie 1444 erlosch. Danach fiel die Grafschaft an Heinrich von Gerolseck (Baden) und wurde damit zur ›Secundogenitur‹ von Pfalz-Zweibrücken. Die im Lauf der Jahrhunderte gelockerte Abhängigkeit vom Hochstift Verdun spielte für die Folgezeit keine besondere Rolle mehr, diente aber im 17. Jahrhundert als Argument für Besitzansprüche des französischen Königs, die 1680 mittels Zerstörung der mächtigen Burganlage durchgesetzt wurden. Obwohl sie danach nicht wieder aufgebaut wurde, sind ihre Reste noch durchaus gewaltig. Erst in diesem Jahrhundert erfolgten Teilrekonstruktionen, u. a. die Neuerrichtung eines ›Rittersaals‹ (Burggaststätte).

Bemerkenswerte Dinge ereigneten sich zwischen 1543 und 1694, als zum einen Pfalzgraf Georg Johannes (›Jerrihans‹) zwischen Lützelstein, Lauterecken und Veldenz vergeblich eine für seine Zeit erstaunlich vorausschauende Politik von europaweit orientiertem Zuschnitt voranzutreiben suchte und als zum anderen in der Grafschaft die Reformation eingeführt und später durch angestrengte Rekatholisierung nur teilweise wieder rückgängig gemacht wurde. Die seit 1523 bestehende protestantische Enklave im Gebiet des übermächtigen Erzbistums Trier dauert gleichsam bis heute fort, wie an den wenigen evangelischen Kirchen um Veldenz ersichtlich und wie es durch das Simultaneum im Brauneberger Gotteshaus als religionsgeschichtliches Kuriosum noch faßbar ist. Die Trennung der beiden Konfessionen unter ein und demselben Dach ist übrigens 1957 (!) buchstäblich zementiert worden: Erst damals zog man die erwähnte Quermauer ein.

Daß der Ort *Veldenz*, tief im Tal unter der alles überragenden Burgruine gelegen, in alten Berichten mitunter eine Stadt genannt wird, kann angesichts einer Anzahl gediegener Hausarchitekturen, die sich um die beiden 1884/85 erbauten neugotischen Kirchen (ev. und kath.) gruppieren, durchaus gedanklich nachvollzogen werden. Unweit der Ende des 19. Jahrhunderts abgerissenen Münze ist die Sparkasse in einem recht ansehnlichen Bauwerk untergebracht.

# DER MOSELHUNSRÜCK

Fährt man aus dem Veldenzer Tal nun wieder zur Mosel zurück, ist bald **Mülheim** erreicht (1156 in einer Urkunde Kaiser Friedrichs I. als ›Molne‹ und beim Domstift Verdun als ›Moulin‹ bezeichnet). Der Ortskern liegt günstig am drei Kilometer langen Bitscher Kopf, einem einstigen Umlaufberg der Mosel, den jetzt Veldenzer- und Frohnbach umfließen. Unter Mülheims Profanbauten ragen das einstige *kurpfälzische Oberamt* (1785) und das *Haus Richter* (1774; Hauptstraße 37) hervor. Derselben Entstehungszeit gehört auch die katholische *Kapelle St. Maria* (1772/73) an, die einen Rokokoaltar birgt. Das *evangelische Gotteshaus* (Turm 13. Jh.) ist 1669–1675 errichtet worden. Sein sehenswerter Schatz besteht aus 26 Ölgemälden an der Emporenbrüstung, deren Schöpfer mit ziemlicher Wahrscheinlichkeit Johann Georg Engisch aus Kirn gewesen ist. Ein Doppelgrabmal mit Halbfiguren des Pfarrers Happel und seiner Gemahlin (1680) verdient gleichfalls Beachtung.

Von Mülheim bis Monzelfeld schwingt sich eine Autostraße zu den Hunsrückhöhen hinauf, von deren Kehren aus man schöne Blicke auf das Moseltal genießt. Die Strecke folgt dem Verlauf eines uralten Handelsweges, der als sogenannte ›Kaffeestraße‹ von den Hafenstädten Flanderns ins historische Wirtschaftszentrum nach Augsburg führte. Oberhalb Longkamps mündet diese Straße in die Querverbindung zwischen der Hunsrückhöhenstraße (Abzweig Hinzerath-Belginum) und den Städten Bernkastel-Kues und Traben-Trarbach. Zugleich erschließt sich nordöstlich ihrer Trasse mit zahlreichen kleineren Landstraßen die etwas dichter besiedelte Kleinregion auf den zur Mosel hin abflachenden geologischen Terrassen zwischen Wederath und Irmenach mit einer Anzahl behaglicher Dörfer (Götzeroth, Emmeroth, Pilmeroth u. a.), die zwar nicht über bedeutende Bauwerke, aber über noch manches Prachtexemplar des landesüblichen Bauernhaustypus verfügen.

Zurück zu den Orten am ›Moselfuß‹ des Hunsrücks: Nahe bei Mülheim liegt das kleine *Andel*, das in spezieller Weise vom Mittelgebirge begünstigt worden war, woran auch ein in der Ortsmitte (gleich neben der kleinen Kirche) errichteter Brunnen erinnern soll: Die drei lebensgroßen Sandsteinfiguren des hübschen Kunstensembles stellen Goldsucherinnen dar, die aus den Quarzitgeröllen an der Goldbachmündung das kostbare Edelmetall wuschen (Abb. 37). Zur anderen Seite der Kirche steht ein altes Gehöft, das als unverändert erhaltenes charakteristisches Winzeranwesen einen interessanten Kontrast zu den teils hübsch restaurierten Gebäuden an dem noch im Originalzustand gepflasterten Dorfsträßchen bildet.

## Bernkastel

Kurz hinter Andels Ortsausgang rückt bald die Ruine Landshut über Bernkastel und seinen Weinbergen ins Blickfeld. Das Fremdenverkehrszentrum der mittleren Mosel verdient einen Besuch vor allem wegen seines von herrlichen Fachwerkfassaden umringten *Marktplatzes* (Abb. 42), der als historisches Bauensemble wohl weltweit nicht seinesgleichen findet. Prächtig wirkt hier hinter dem schönen Michaelsbrunnen (1606) das Renaissancerathaus (1608). Ein kurzes Gäßchen führt vom Markt zur *Michaelskirche* (14./15. Jh.) mit ihrem an der Nordostecke versetzten Turm (13. Jh., einstiger Wehrturm, spitzer Turmhelm mit acht erkerartigen Türmchen), die eine kunsthistorisch höchst wertvolle Ausstattung birgt: Über

2 Feldflur bei Niederwörresbach
◁ 1 Frauenburg an der Nahe
3 Zwischen Nahe und Glan
4 Der Rheingrafenstein

6 Dorf Ebernburg vor dem Rotenfels
◁ 5 Die Ehrenburg über dem Ehrbachtal unweit der Mosel
7 Blick auf Dickenschied

8  Offenbach am Glan mit der ehemaligen Klosterkirche

9   Sien

11   Meisenheim am Glan

10   Rodesplatz in Herrstein

12 Dorf und Schloß Dhaun

13 Schlößchen in Allenbach

14 Altsches Haus in Monzingen ▷

16 Ravengiersburg mit dem ›Hunsrückdom‹

17 Gemünden am Simmerbach

15 Brückenhäuser und Paulinuskirche in Bad Kreuznach

18 Dorfkirche in Stipshausen

20  Altarbild in Idar-Obersteins Felsenkirche

23 Die Klause bei Kastel über der Saar
◁ 22 Dom und Liebfrauenkirche in Trier

24  Marienkrönung, Fresko in der Hirsauer Kirche am Glan

25  Urwüchsiger Hunsrückwald am Erbeskopf ▷

dem Hochaltar ist eine lebensgroße Kreuzigungsgruppe (um 1440) zu gewahren, der Sebastiansaltar (1631) in der Kneipschen Grabkapelle ist ein Werk Hans Ruprecht Hoffmanns d. J., und ein Heiliges Grab (1606) wurde von Heinrich Hoffmann aus Alabaster gefertigt. Weitere Altäre (18. Jh.), ein gotisches Sakramentshäuschen, eine Pietà (15. Jh.) und das Grabmal des Burggrafen Reiner (1372) ragen unter der noch weit größeren Zahl ansehnlicher Kunstobjekte hervor; zu alledem liefert der 1744 von Nikolaus Günster in voller Breite dem Mittelschiff eingefügte Orgelprospekt einen großartigen Akzent und Hintergrund.

Unter Bernkastels Baudenkmälern verdient außer dem Rathaus und den Fachwerkarchitekturen auch das ehemalige *kurfürstliche Amts- und Kellnereigebäude* (1656–61) zwischen Moselufer und Burgberg Erwähnung, das zu Recht als »einer der schönsten und stolzesten Profanbauten des Moseltals« gerühmt wird. Als bedeutendstem Rest der einst aufwendigen Stadtbefestigung sollte man des weiteren dem *Graacher Tor* (um 1300, Umbau Anfang 18. Jh.) Beachtung schenken. Von seinem Durchgang führt eine Gasse zum neuzeitlichen *Bärenbrunnen*, der in Erinnerung an eine legendäre Variante der Stadtgründung errichtet wurde: Diese zielt auf die Dialektform ›Bärekessel‹ (für Bernkastel) und stützt sich zudem auf den im Wappen enthaltenen Bären. In Wahrheit beziehen sich Name und Wappen auf Adalbero von Luxemburg, einen Propst der Abtei St. Paulin in Trier. Dieser erlebte hier auf Burg Landshut schlimme Tage, als Erzbischof Poppo die Feste im Jahr 1017 einnehmen und zerstören ließ. Ein Wiederaufbau erfolgte erst 1277 unter Erzbischof Heinrich II. von Vinstingen; zugleich wurde die Stadtwehr errichtet, womit spätestens die fortdauernde Zentrumsfunktion Bernkastels begründet war. Folglich erteilte Kaiser Rudolf von Habsburg dem »lustigen und vermöglichen Ort« am 29. Mai 1291 die Stadtrechte.

Seither und bis zur Französischen Revolution blieb Bernkastel unter dem Schutz der zunehmend stärker ausgebauten Burg Landshut ein bevorzugter Stützpunkt des Erzbistums Trier, aufblühend zudem in seinem wachsenden Wohlstand, der sich nicht allein auf den Wein, sondern stark auf die Ausbeutung von Blei- und Eisenerz in vielen umliegenden Bergwerken gründete. Als befestigter Ort hatte Bernkastel aber manches Mal schwer an den Fehden des Erzbistums mit seinen Nachbarherrschaften mitzutragen. So versuchte auch Franz von Sickingen, nachdem er Trier vergeblich belagert hatte, auf seinem Rückzug entlang der Mosel und in den Hunsrück hinauf wenigstens diesen Eckpfeiler der trierischen Besitzungen mit Waffengewalt einzunehmen, jedoch gleichfalls ohne Erfolg. 1627 wütete die Pest in der Stadt und raffte die Einwohnerschaft ganzer Straßenzüge dahin. Zwölf Jahre später drangen Schweden ein, dann besetzten französische Truppen mehrmals (1650, 1673) die Stadt, mußten aber nach einer Schlacht an der Konzer Brücke (1675) »mit blutigen Köpfen gar eilfertig« das Weite suchen. Doch schon 1688 waren sie wieder in voller Stärke zugegen.

Bei den solcherart wechselhaften Schicksalsschlägen, von denen Bernkastel und seine Einwohner über Generationen heimgesucht wurden, nimmt es fast wunder, daß die *Burg Landshut* 1693 nicht etwa durch Kampfhandlungen, sondern infolge »eines zufälligen Feuers« zerstört worden ist, wobei »an Seltenheiten, schönen Schildereien und anderen Kostbarkeiten über 70000 Taler Wert Schaden geschah«. Die seitdem offene Ruine wurde 1839

DER MOSELHUNSRÜCK

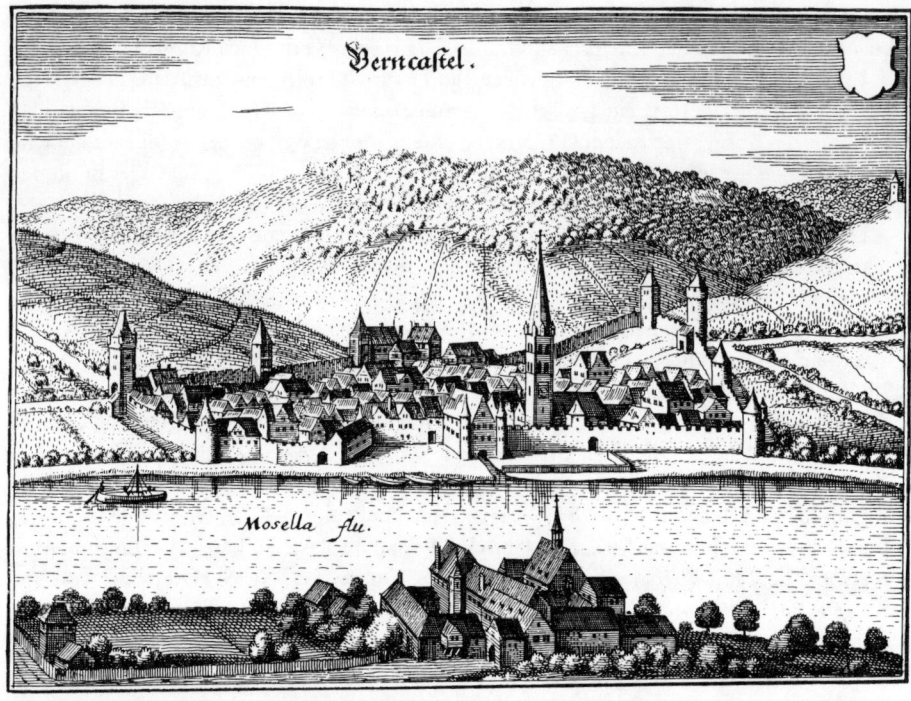

*Bernkastel, Kupferstich von Merian, 1646*

dem preußischen Kronprinzen Friedrich Wilhelm geschenkt; 1920 kam sie in städtischen Besitz (Burgrestaurant).

Der Bernkasteler Stadtteil **Kues** auf dem linken Ufer der Mosel zehrt rühmlich und mit wichtigen Baudenkmälern noch vom Andenken des Nikolaus Cusanus (1401–1464), der als Sohn des Schiffers Johannes Krebs (Criffts) dort geboren wurde. Der Kardinal und Philosoph, häufig als ›größter Sohn des Mosellandes‹ hervorgehoben, stiftete seiner Heimat das noch erhaltene *Hospital* (1465 geweiht), in welchem nicht nur reiche Kunstschätze, sondern auch seine Bibliothek und astronomischen Instrumente aufbewahrt werden. Die Remise des Hospitals beherbergt das sehenswerte Moselweinmuseum, während das Geburtshaus des Kardinals (1570 umgestaltet, 1977–80 restauriert) eine Dokumentationssammlung seines Lebens und Wirkens zeigt. Die Stadt Bernkastel-Kues und die Cusanus-Gesellschaft sind gemeinschaftlich Träger dieser Erinnerungsstätte, deren erklärtes Programm der »geistigen Begegnung und dem Gespräch zwischen den Religionen« gewidmet ist.

## Wegkreuze und Klosterhöfe

Nach diesem kurzen Besuch des gegenüberliegenden Moselufers empfiehlt sich eine Weiterfahrt rechts des Flusses durch die Orte innerhalb einer weit ausholenden Talschleife: Unter den steilen Weinbergen erreicht man als erstes das langgestreckte **Graach**. Im Ort überrascht eine Anzahl alter Wohnhäuser in Stein- und Fachwerkbauweise, darunter noch solche mit gotischen Formendetails (Datierungen 1578 und 1585). An der Haupt- und Durchgangsstraße erhebt sich die *Andreaskirche* (14.–17. Jh.), deren vorgelagerte hölzerne Laube unter der Turmfassade sofort die Blicke auf sich zieht: Ihre Brüstung ziert eine Statue des hl. Nepomuk, und an der Turmwand steht dahinter ein pastellfarben gefaßtes Vesperbild (1648). Als interessanter Profanbau erhebt sich an der Moselfront der alte *Mattheiserhof* (18. Jh.), Klostergut der Trierer Abtei St. Matthias, während rund 250 Meter außerhalb des Ortes der *Josephshof* (18. Jh.; 1882 stark erweitert) unterhalb der Straße nach Zeltingen steht. Seine Kapelle ist mit einem Hochaltar (um 1670; Gemälde mit dem hl. Martin) sowie mit zwei wertvollen Madonnen (16. und 18. Jh.) ausgestattet.

Auch **Zeltingen** gefällt mit einer stattlichen Zahl imposanter Wohnbauten und mehrerer Klosterhöfe, darunter ganz vorzügliche Beispiele des mosélländischen Barock. Seine dem hl. Stephan geweihte *Pfarrkirche* (17./18. Jh.) betritt man durch ein stilvolles Rokokoportal (Abb. 46) und erblickt dann im Inneren eine recht qualitätvolle Ausstattung, unter welcher der steinerne Hochaltar (1627) mit seinem Figurenschmuck dem Trierer Bildhauer Johann Ruprecht Hoffmann d. J. zugeschrieben wird. Neben der Kirche schützt ein dreiseitig geschlossener Bau mit geschwungenem Holzgiebel ein lebensgroßes Kruzifix (1777). Am Hang oberhalb der Kirche und der Ortslage überdecken Weinstöcke die spärlichen Überreste der einstigen Rosen- oder Kunibertsburg (12./13. Jh.).

Besser als in manchen anderen Moseldörfern hat sich in Zeltingen übrigens das charakteristische Straßenbild der traditionsreichen Winzergemeinde erhalten. Und offenbar werden trotz aller Hinwendung zum neuzeitlichen Fremdenverkehr auch die alten Bräuche noch ausgeübt. So ist es hier z. B. bis heute üblich, den Eingang eines Hochzeitshauses zu beiden Seiten mit einem frisch gehauenen und durch farbige Bänder und Papierblumen behangenen Nadelbaum zu schmücken.

Das mit Zeltingen zum Doppelort verschwisterte **Rachtig** ist Standort einer eigentümlichen *Kirche:* eines romanisierenden Neubaus (1906), der in durchaus geglückter Weise den mächtigen Turm (1723–25) eines früheren Gotteshauses einbezieht (Abb. 51). Links hinter dieser Turmfassade stehen beim Friedhofsweg einige betrachtenswerte Grabmäler (19. Jh.) über den Ruhestätten einstiger Ortsgeistlicher.

In Rachtig ließen sich 1247 Deutschordensritter nieder, denen der Ort das prachtvolle *Deutschherrenhaus* als ein hervorragendes Beispiel spätgotischer Profanbauten (1737/38 mit barocken Flügeln erweitert) und damit eine außergewöhnliche Sehenswürdigkeit verdankt. Die Französische Revolution und ihre ins Rheinland vordringenden Heerscharen sorgten für einen weiteren geschichtlichen Einschnitt (1794): Es kam zur Errichtung der ›Mairie Zeltingen‹, die später, zur preußischen Herrschaftszeit, als ›Amt Zeltingen‹ (eingeschlossen Rachtig, Erden, Lösnich und Wolf) und sogar noch bis zur Verwaltungsreform 1971 fortbestehen sollte.

Auch das benachbarte Dörfchen *Erden* schmückt sich mit wertvollen alten Wohnhäusern. Seine Pfarrkirche (1718–20) verfügt über zwei Rokokoseitenaltäre; der figurenreiche steinerne Aufsatz des Hochaltars (1654) entstammt der Trierer Bildhauerschule. An bescheideneren und gleichwohl kostbaren Werken der plastischen Kunst sind im Ort etliche Wegekreuze (17. Jh.) zu entdecken.

Fährt man über die alte Verbindungsstraße von Erden nach Lösnich, so läßt die Struktur des sanft ansteigenden Geländes die keltische Grundform des Ortsnamens unvermittelt als plausibel erscheinen: Erden entstand nämlich aus ›Arduenna‹, was soviel wie ›Berglehne‹ bedeutet. Neben dieser Straße erheben sich gleich urigen Monolithen zwei betagte Bildstöcke mit den Motiven eines Schmerzensmannes und einer Pietà.

**Lösnich**, abseits der auf dem anderen Moselufer vorübergeführten Hauptader des Fremdenverkehrs gelegen (1056: ›Luciniacum‹), besaß vormals eine Burg, deren geringe Reste noch im Garten des barocken Schlößchens der Grafen von Kesselstatt (1683; heute Pfarrhaus) zu beobachten sind. Eine architektonische Kostbarkeit, überdies vortrefflich restauriert, stellt dagegen der auf dem Friedhof stehengebliebene Chor der 1880 abgerissenen *Annakirche* dar. Der spätgotische Bau, in dem die beiden Ehrenmäler für die Gefallenen der Weltkriege untergebracht sind, erhielt im zugemauerten Triumphbogen das Portal (1638) des einstigen Langhauses. Über diesem Eingang erblickt man das Wappen des Deutschen Ritterordens; nebenan sind mehrere alte Grabmäler eingelassen worden. Hinter zwei Berberitzen, rund 20 Meter oberhalb dieser Kapelle, steht ein altes Missionskreuz, aus dessen Schaft das farbig gefaßte Relief zweier Männer inmitten hoch aufzüngelnder Flammen herausgearbeitet worden ist (Abb. 45).

Kreuze als allgegenwärtiger Ausdruck moselländischer Frömmigkeit finden sich auch an der Hauptstraße drunten im Ort. Wenig entfernt ist auf einem anderen Bildstock ein von sieben Schwertern umgebenes Vesperbild zu schauen; darunter sitzt in großem Kochtopf der hl. Vitus (welcher der Legende zufolge unbeschadet die Marter in siedendem Öl überstand): »Dieses Kreuz seet af Erden, das Gott soll gelobet und geprisen werden.« Knapp unterhalb dieses kleinen Monuments (beim Straßenschild ›Zum Sperrgarten‹) steht ein bemerkenswertes Wohnhaus in einer Straßengabelung: Sein trapezförmiger Grundriß verengt sich zur verschieferten Stirnseite hin auf kaum drei Meter Breite; die drei verputzten Stockwerke verbergen offensichtlich eine interessante Fachwerkkonstruktion.

Etwa 200 Meter moselabwärts von Lösnich folgt *Kindel*, hinter dessen Ortsausgang die rechtsufrige Straße endet und die Strecke über eine Brücke zur anderen Moselseite geführt wird. Drüben liegt *Kinheim;* man folge dem Hinweisschild nach Traben-Trarbach (9 km) bis zur nächsten Brücke, die sich über den Fluß bis unmittelbar vor die Häuser des Dörfchens **Wolf** spannt. Zuvor, unmittelbar gegenüber von Kröv, war schon auf steilem Fels eine burgähnliche Ruine zu sehen, die nunmehr, nach sanftem Berganstieg oberhalb Wolfs, aus einem Waldschopf hervorragt. Dabei handelt es sich jedoch, entgegen dem ersten Augenschein, nicht um eine zerstörte Burg, sondern um eine Kirchenruine: Dies war die einstige *Liebfrauenkirche* auf dem *Göckelsberg*, die 1478–1560 von den sogenannten ›Kogelherren‹ zum Mittelpunkt einer klösterlichen Ansiedlung erwählt worden war. Diese ›Brüder vom gemeinsamen Leben‹ trugen eine voluminöse Kopfbedeckung (›Kogel‹) und eiferten der ›Windesheimer Kongregation‹ nach (vgl. Ravengiersburg, S. 92).

Der Chronist von Stramberg hat 1837 eine plastische Schilderung des Lebens und Treibens auf dem Göckelsberg überliefert: »Bereits 1507 waren vielfältige Streitigkeiten unter den Klosterherren in Wolf, die nicht auf rechten Wegen wandelten, ausgebrochen. Als die Jesuiten auftraten mit den gleichen Zwecken wie die Kogelherren, aber in einer großartigen Einheit, da wurden diese überflüssig. Ohne Gewalt zu üben, konnten die Regenten der Grafschaft Sponheim ihre neue (ev.) Kirchenordnung in Wolf einführen. Indessen sollen die vormaligen Bewohner ihren Besitz noch nicht vollständig aufgegeben haben. Noch um die Mitte des vorigen Jahrhunderts wurden die Nachbarn in Kröv und Traben oft beunruhigt durch wunderliches Getreibe in dem Abhange des Gückelberges. Man sah, vorzüglich in guten Nächten, leuchtende Gestalten, die sich bald einzeln, bald in langen Zügen unter dem Schatten der hohen Nußbäume bewegten, Leichenzüge, die in dem Strombette verschwanden, und sogar Bankette. Auch will man in Traben nicht selten Chorgesang gehört haben.«

Aus der seit Mitte des 18. Jahrhunderts als Steinbruch benutzten Liebfrauenkirche sind zwei gotische Kapitelle mit figürlichen Motiven (Adler, Wölfe und Drachen) im Schaffnereigebäude (1782) neben Wolfs Pfarrkirche eingemauert worden und verdienen Bewunderung als Beweisstücke künstlerisch hochstehender Bildhauerei, von der ansonsten am selben Ort keine Spur mehr übriggeblieben ist. So sind es außer diesen beiden Relikten lediglich mürbe Mauern, die droben auf der Kuppe an ›Unsere Liebe Frau von Wolve‹ erinnern und möglicherweise auch jene noch tieferen Geheimnisse schirmen, die aus dem regionalen Sagenschatz hervorzulugen scheinen: Demzufolge soll sich vor dem christlichen Sakralbau auf dem Gockelsberg ein keltischer Kultort befunden haben. Angeblich sei dieser Tempel einer Muttergottheit geweiht gewesen, heißt es, doch der Name des Berges (auch ›Göckelsberg‹ oder ›Kockelsberg‹) deutet andererseits auf das von den Galliern verehrte Wappentier hin: den Gockelhahn (französisch: ›coq‹)...

Das Dorf *Wolf* verfügt über eine bedeutende Zahl an Fachwerkhäusern (16./17. Jh.) und über eine *Pfarrkirche* (1685), deren wertvollster Schmuck eine Stumm-Orgel (1766) ist. Die Gemälde an der Empore (Aposteldarstellungen) datieren vom Beginn des 19. Jahrhunderts. Die kirchliche Tradition ist hier seit der von den Sponheimern eingeführten Reformation (1560) der protestantischen Konfession stark verpflichtet, wovon nicht nur der in Ortsnähe etablierte evangelische ›Jugendhof Martin Luther King‹ kündet, sondern auch ein ganz besonderer Umstand, den der Ortsgeistliche Ebertshäuser 1982 folgendermaßen beschrieb: »Die heutige Kirche wurde 1685 im Ort auf dem Weinkeller der früheren St.-Servatius-Kapelle von 1491 erbaut, der heute noch dem Kirchengut als Faßkeller dient. Das Kirchengut Wolf liefert seine bekannten Weine hauptsächlich an Kirchengemeinden, aber auch an Privatkunden. Leider findet dieses letzte Weingut der Rheinischen Kirche nicht die Beachtung der Schwestergemeinden, die es verdient hätte schon um der Tatsache willen, daß es ein Jahrtausend hindurch ungezählte kirchliche Werke finanziert oder unterstützt hat.« Nicht zuletzt waren es diese Erträge aus ›geistlichen Reben‹, die Aktivitäten weit über den dörflichen Rahmen hinaus ermöglichten: »Die Wolfer ›Schulbrüder‹, mit denen auch Martin Luther korrespondierte, unterhielten eine Schule in Trier, deren bekanntester Schüler Caspar Olevian (›aus Olewig‹) war, der Mitverfasser des Heidelberger Katechismus.«

# DER MOSELHUNSRÜCK

Die seit 1904 zur Doppelstadt **Traben-Trarbach** vereinten Orte Traben links und Trarbach rechts der Mosel markieren als nordwestlicher Endpunkt die kürzeste Verbindung quer über den Hunsrücker Gebirgsrumpf, an deren anderem Ende das Nahestädtchen Kirn liegt. Ohne besondere Eile kann man mit dem Auto binnen weniger als einer Dreiviertelstunde ab hier von der Mosel zur Nahe gelangen.

*Trarbach*, 1143 erstmals urkundlich als ›Travendrebach‹ erwähnt, ist jünger als das schon für 820 bezeugte Traben und vermutlich aus einem Königsgut der fränkischen Zeit hervorgegangen. Zum historisch bedeutsamen Ort wurde es nach der sponheimischen Teilung von 1220 als stark befestigter Eckpfeiler der ›Hinteren Grafschaft Sponheim‹. Nach dem Erlöschen des Sponheimer Geschlechts (1437) kam Trarbach an Pfalz-Simmern und 1560 an Pfalz-Zweibrücken. Das um 1580 erheblich erweiterte Stadtgebiet erhielt danach nochmals verstärkte Umwallungen, was freilich die Feinde in gleichfalls wachsenden Maßen heranzog. So währte eine vehemente Phase kriegerischer Unruhen beispielsweise länger als ein Jahrhundert, als im Dreißigjährigen Krieg und noch lange danach Unionstruppen, Spanier, Schweden und Kaiserliche in häufigem Wechsel vor die Tore rückten und der Grevenburg droben hart zusetzten. Besonders arg war es um Ostern 1734, als während des sogenannten Polnischen Erbfolgekrieges die Franzosen Trarbach beschossen: »Von Karsamstag an wurde das Schloß neun Tage und neun Nächte bombardiert, und als alle Gebäude zertrümmert waren, kapitulierte der Kommandant, der kurtrierische Oberstleutnant Freiherr von Hohenfeld, und erhielt für den Rest der Besatzung (243 Mann) freien Abzug mit allen militärischen Ehren. Im Juli wurde die Burg gesprengt.«

Kriegsgeschichte in und um Traben-Trarbach: Hunsrückseitig legten die Preußen über dem nahen Graach, am Flußhang hinter dem Wolfer Berg, 1794 die sogenannten ›Graacher Schanzen‹ an, ein aus dem Boden gestampftes Festungswerk, das dem durch Vauban jenseits des Flusses über Traben errichteten ›Montroyal‹ Paroli bieten sollte, letztlich aber doch in die feindlichen Hände fiel, den Franzosen recht zupaß und mit der Bezeichnung ›Mont National‹ bereits 1795 als wichtiges Glied in deren Stellungslinie kam. Die Erdwälle dieser Anlagen, längst vom Pflanzengrün überzogen, können noch besichtigt werden.

Um welche Ziele und Werte so oft und so aufwendig in dieser Region gerungen wurden blieb den einfachen Leuten, die unentwegt schwer darunter zu leiden hatten, fast in der Regel verborgen. Davon berichtet der Hunsrücker Historiker Klaus Eberhard Wild so kurz wie treffend mit dem zusammenfassenden Satz: »Als in Münster und Osnabrück 1648 der Westfälische Friede verkündet wurde, erfuhr das der Müller im Ahringstal (unterhalb Starkenburgs bei Trarbach) Monate später von einem durchziehenden Krämer.«

Unter den markanten Mauerresten der ehemals sponheimischen *Grevenburg* (um 1350 errichtet) blieben im Weichbild des Städtchens zum Glück noch sehenswerte Baumonumente erhalten, zuvorderst die *evangelische Pfarrkirche* (14.–16. Jh.), deren spätgotische Architektur sich wirkungsvoll ›auf dem Kaestel‹ erhebt (möglicherweise am Ort römerzeitlicher Relikte). Das Gotteshaus blieb von einer für die Wohngebiete darunter verheerenden Feuersbrunst 1857 weitgehend verschont und birgt noch eine spätgotische Kanzel (1514) und das Wappengrabmal des letzten Herrn von Koppenstein (gest. 1733). Die Orgel (1748)

*Die Grevenburg, sponheimische Grenzfeste über der Mosel*

entstammt der Stummschen Werkstatt. Gemeinsam mit dieser Kirche formt die benachbarte einstige *Lateinschule* (1537) ein sehr harmonisches Bauensemble; auch der nahe (außerhalb der Stadtbefestigung) gelegene Friedhof (seit 1575) verdient Beachtung mit seinen alten Grabsteinen und der Böckingschen Begräbnisstätte.

Die Trarbacher Kaufmannsfamilie Böcking hat sich im November 1792 um die deutsche Literatur verdient gemacht: Damals fand in ihrem Haus kein Geringerer als Johann Wolfgang von Goethe gastfreundliche Aufnahme. Der Dichterfürst war ums Haar einem lebensbedrohlichen Schiffsunglück auf der von Sturmböen aufgewühlten Mosel entgangen und kam hier (in seiner ›Campagne in Frankreich‹ nachzulesen) mit durchnäßten Hosen und in bedenklichem Zustand an. Heute ist im barocken *Haus Böcking* (um 1760) das sehenswerte *Mittelmosel-Museum* eingerichtet, das in 20 Räumen die traditionelle moselländische Wohnkultur des 18. und 19. Jahrhunderts präsentiert (Abb. 49). Überdies kann der Besucher in diesem Haus eine vorzügliche Sammlung alter Gemälde und Stiche sowie eine geschichtliche Abteilung mit Karten und Dokumenten betrachten – insgesamt ein hochinteressanter Überblick historischer Wechselfälle für Land und Leute. Über alledem sollte man nicht versäumen, auch einen Blick in den Gewölbekeller zu werfen, der alles zum Thema Wein enthält.

Außer dem Mittelmosel-Museum im Haus Böcking gefallen in Trarbach noch zahlreiche Bürgerhäuser, darunter vor allem das *Kaysersche Haus* (1762), das zu den großartigsten Rokokoarchitekturen im Moseltal gerechnet wird. Die *Kellerei Julius Kayser & Co.* am Wolfer Weg wurde 1906/07 als neuklassizistisches Bauwerk unter Einbeziehung von Jugendstilformen errichtet. Zugleich macht dieser repräsentative Profanbau anschaulich, daß Trarbachs (und Trabens) Wohlstand nach den durchlittenen Kriegszeiten früherer Jahrhunderte sich in den letzten 250 Jahren zunehmend auf Weinbau und -handel gegründet hat, was trotz der aktuellen Probleme im Rahmen der EG-Entwicklungen auch derzeit und für die Zukunft wirtschaftlich noch von erheblicher Bedeutung ist.

# DER MOSELHUNSRÜCK

Ähnliches kann vom beschaulichen *Bad Wildstein* leider nicht behauptet werden, das wenig oberhalb Trabachs im engen Kautenbachtal noch um die Jahrhundertwende eine gewisse Blütezeit erfuhr, jetzt aber vergessen ist. Schon um 1750 hatte der Bergbau die 33,2° Celsius heißen radioaktiven Quellen geöffnet, die seit 1883 gefaßt und zu Heilzwecken gebraucht wurden. Heute stehen das Badehaus und mehrere Hotels als nostalgische Kulissen am Waldrand.

Die Straße führt eng durchs Dörfchen Kautenbach und gewinnt dann in Serpentinen rasch an Höhe. Bei Longkamp hat sie die Hunsrückhochfläche erreicht und mündet ein paar Kilometer weiter am Stumpfen Turm in die B 327 ein. Anders als diese Strecke, die vor Aufkommen des Kraftverkehrs äußerst beschwerlich und mühsam gewesen ist, verhält es sich mit der Verbindung, die von der B 327 beim nahen Hirschfeld über Irmenach und Starkenburg ihrerseits wieder hinabführt und in Enkirch auf die B 53 des Moseltals stößt. Meist geradlinig läuft sie durch offenes Acker- und Wiesenland, seltener durch Wald, die Hochebene und dann die Berglehnen hinab. Zu beiden Seiten weiten sich prächtige Fernblicke, bei dunstfreier Sicht sogar bis hinüber zu den vulkanischen Kegeln der Eifelregion. Schon zur Römerzeit war dies ein oft frequentierter Verbindungsweg, wie die bei den ›Kampsteinen‹ zwischen Irmenach und Starkenburg gefundenen Reste einer antiken Befestigung beweisen. Stärker verengt sich jetzt der Höhenzug und gerät beinahe zum schmalen Grat, auf dem das nun ins Gesichtsfeld rückende Dörfchen *Starkenburg* gewissermaßen zu reiten scheint. Eine Tafel verkündet neben dem Ortseingang: »Einmalig schöner Blick ins Moseltal!«

In der Tat fühlt man sich als Durchreisender hier zur Rast animiert: Tief drunten sieht man Traben-Trarbach liegen und darüber auf ihrem zum Moselbogen vorspringenden Sporn die Grevenburg. Aufgrund ihrer strategisch günstigeren Lage ließ diese Wehranlage nach 1350 die alte Starkenburg bedeutungslos und schon früh zur Ruine werden, von welcher nur noch ganz geringe Mauerreste übriggeblieben sind. An die Historie der Sponheimer Gräfin Loretta, die auf dieser Feste den Erzbischof Balduin von Trier festgesetzt hatte (s. S. 35), erinnert eine Wandinschrift. Die an den Burgfelsen gebauten Häuser des Ortes gewähren einen hübschen Anblick vor dem gewaltigen Berg- und Talpanorama, und einen schönen Akzent bringt auch die kleine Kirche in dieses Bild, die sich seit 1764 als drittes Gotteshaus auf derselben Stelle hier, 250 Meter über dem Fluß, erhebt. In ihrem Inneren fallen der Orgelprospekt (1777) und barocke Gemälde mit den Darstellungen von Propheten und Aposteln auf, zu welchen sich der Heiland als ›Salvator Munty‹ gesellt.

Aus Starkenburg senkt sich die Straße hart unter dem noch immer schmaler zulaufenden Bergrücken und hoch über dem gänzlich von Wald umkleideten Ahringstal nach Enkirch hinunter. Dieser ›Ankerplatz der Weinkultur‹, 690 ›Anchiriacus‹ und 908 ›Ankaracha‹ genannt, war bereits zur keltischen Zeit besiedelt. Außer dem Ahringsbach sind es noch zwei weitere mühlenreiche Täler, die hier ihre Wasserläufe vereinen und der Mosel zuführen. Mangels Autostraßen ergibt sich in dieser von dichten Forsten über bewegtem Geländerelief beherrschten Kleinregion für Wanderfreunde eine Vielzahl an Möglichkeiten zu Exkursionen ins Einsame.

Enkirch als Fußpunkt und Orientierungszentrum erhebt sich auf römerzeitlichen Fundamenten. 908 übertrug König Ludwig das Kind Besitztümer und Kirche dem Trierer Bischof teils zum Geschenk und teils zu Lehen. 1125 traten die Sponheimer Grafen als Herren auf (die kirchliche Hoheit verblieb bei Trier); 1557 wurde die Reformation eingeführt. Spätestens seit 1499 war Enkirch befestigt, später Sitz eines Hochgerichts und während vieler Jahrhunderte ein Ort, in dem vor allem das Handwerk blühte.

Das an außergewöhnlich gediegenen Massivbauten und (vor allem) Fachwerkhäusern sehr reiche Ortsbild am sanften Hang zeugt bis heute beredt von der ›sponheimischen Gunst‹ zum einen und andererseits eben auch von der hochentwickelten Handwerkskultur. Dutzende von Wohnbauten, teils mit interessanten gotischen Formdetails, mehrere Adelshöfe und sehenswerte Relikte der historischen Stadtwehr lassen Enkirch wie ein Bilderbuch des Lebens und der Moselaner Bautradition vom 15. bis zum 17. Jahrhundert erscheinen. Der ›Drilles‹, ein drehbarer Menschenkäfig als Pranger, ist gleichfalls erhalten und somit Zeugnis dafür, daß ein derart mustergültiges Gemeinwesen freilich ohne reglementierende Justiz nicht auskam. Die *Heimatstuben* (mit ›Ratsweinschenke‹) zeigen weitere Objekte altertümlichen Strafvollzugs und bewahren außerdem wertvolle andere Sammlungen aus allen Epochen der Ortsgeschichte.

Der *Ravengiersburger* Hof könnte stellvertretend für ganz Enkirch als historischer Spiegel gelten: Heute ein Weingut, wurde er 1074 von Graf Berthold einem Kloster geschenkt, dann 1566 ›der Klause entzogen‹ und als ›Kurpfälzischer geistlicher Administrationshof‹ von Heidelberg verwaltet, 1803 zur Franzosenzeit versteigert und mit 41 000 Weinstöcken in Privatbesitz übernommen. Die erwähnte ›Klause‹ war ein Franziskanerkloster im Großbachtal, zu Ravengiersburg gehörig, aus dessen Kapelle (1475–80) die spätere Wallfahrts- und heutige *Pfarrkirche St. Franziskus* entstand.

Außer diesem mit ganz vorzüglichen Kunstwerken ausgestatteten Sakralbau verdient die *evangelische Pfarrkirche* besondere Beachtung: Dem Saalbau (1719) sind noch drei gotische Chöre einbezogen (13.–16. Jh.). Zwei alte Bildnisgrabsteine (16. Jh.) und die Orgel der Gebrüder Stumm aus Sulzbach bilden im Inneren die wichtigsten Blickpunkte.

## Um den Zeller Hamm

Die von Enkirch am Moselufer nach Zell führende Straße, gut ausgebaut, führt geradewegs nach *Burg*, das den Reisenden mit einer hölzernen Wappentafel am Ortseingang grüßt; unter dem geschnitzten Bild eines Gockels steht darauf zu lesen: »Hahnenschrittchen, unser Wein, lädt Dich zur Probe ein! Besuchen Sie unseren Weinlehrpfad!«

Weiter zielt die B 53 in eine Moselschleife hinein, deren innere Wende von **Pünderich** eingenommen wird. Gleich hinter dem Abzweig in dieses Dorf steht zur Rechten eine Kapelle mit der Letternaufschrift: »Königin des Friedens, bitte für uns!« Das spätgotische Bauwerk (15. Jh.), vorteilhaft restauriert, reiht sich in die erstaunliche Zahl jener Chöre dieses Stils, fast alle einjochig mit 5/8-Schluß, Rippengewölbe und Steilgiebel, die im Hunsrück und an der Mosel, zwischen Heidenburg, Neumagen-Dhron und Pünderich von älteren Gotteshäusern stehengeblieben und häufig als Friedhofskapellen noch dienlich sind. Ebenfalls als beispielhaft und typisch sind jene archaisch anmutenden Bildstöcke anzusehen, die wie eine monolithische Ädikula aus Bruchsteinmauerwerk winzige Kreuzigungsreliefs beschirmen: Zwanzig Meter links neben der Pündericher Kapelle steht ein charakteristisches Andachtsbild dieser so schlichten wie eindrucksvollen Prägung unmittelbar am Straßenrand.

Zu den bekanntesten Fotomotiven aus dem Moseltal gehört das alte Pündericher *Fährhaus* (1621). Zusammen mit den benachbarten Fachwerkbauten bildet es ein stimmungsvolles Ensemble; darunter auch das Rathaus mit seiner alten Inschrift: »Fred in disem Huis, Ders nit helt bleib drus.« Selten wird man ein ähnlich eindringliches Exempel für die Fortdauer geschichtlicher Dinge vorfinden können: Vor diesem Fährhaus an dem seit vielen Jahrhunderten unverzichtbaren Flußübergang versieht noch heute die ›Ponte‹ ihren alltäglichen Dienst. Je nach Bedarf quert das Fährboot den Lauf und befördert Mensch und Wagen hin- und herüber zwischen dem Dorf und der Anlegestelle beim Weg zur Marienburg, die über Rebhängen den schmalen Rist der nächstfolgenden Moselschlinge bekrönt.

Bereits im ersten vorchristlichen Jahrhundert waren Pünderich und seine nächste Umgebung besiedelt. Die früheste urkundliche Erwähnung geschah jedoch erst zur Stauferzeit, als am 22. Februar 1143 Papst Innozenz II. dem Kloster Sprenkersbach (Springiersbach) die von Erzbischof Albero geschenkte Pfarrkirche ›Auf dem Petersberge‹ (Marienburg) als Mutterkirche fünf zugehöriger Gotteshäuser (darunter auch ›Punderacha‹) bestätigt hat. Kaiser Konrad III. bezog sich nur ein paar Monate später auf denselben Akt, wobei aber in der entsprechenden Urkunde die Schreibweise bzw. Namensform auf ›Pondreka‹ lautet. Die ›Ponte‹ (= Fähre) stand somit gleichsam Pate ...

In diesem also derart geschichtsträchtigen Dorf sollte man sich etwas Muße zum Bummeln nehmen. An Reichtum der Fachwerkarchitekturen ist es durchaus mit Enkirch zu vergleichen und darf deshalb als ein weiteres ›Schatzkästlein der moselländischen Baukunst‹ (16.–18. Jh.) gelten. Auch hier lebt und entfaltet sich das Atmosphärische besonders intensiv durch die abwechslungsreich gestalteten Häusergruppen und Gassenensembles (Abb. 41). Bildstöcke und Gedenktafeln ergänzen das anheimelnde Bild.

Pünderich und Briedel, der nächstfolgende Moselort, werden von der B 53 umgangen, indes die alte Verbindungsstraße ein beschaulicheres und also aufmerksameres Er-Fahren ermöglicht. Aber als erstes, wie in vielen Winzerdörfern, gelangt man durch Neubaugebiete zum historischen Kern: An der Peripherie ließen sich solche Weingüter nieder, die mangels Erweiterungsmöglichkeiten aus der innerörtlichen Enge ›aussiedeln‹ mußten. Um so geschlossener und unversehrter blieben deshalb die historischen Zentren bewahrt, und **Briedel** gibt dafür ein bemerkenswertes Beispiel (Abb. 47). Mauerreste der einstigen Ortsbefestigung, der Himmeroder Hof (17.–19. Jh.), eine größere Anzahl von Fachwerkhäusern (16.–18. Jh.) und schließlich die Pfarrkirche St. Martin (1772–76) vereinen sich zu einem Gesamtbild, das auch die weniger vordringenden schlichten Profanbauten als harmonisch ausgleichenden Rahmen einbezieht. Die *Kirche* birgt eine qualitätvolle Ausstattung, hauptsächlich mit Rokokokunstwerken, worunter der Stummsche Orgelprospekt und das vom

Bernkasteler Künstler Franziskus Freund geschaffene Deckengemälde (Ende 18. Jh.) hervorragen.

Ein kurzer Abstecher in die Weinberge oberhalb der Ortslage empfiehlt sich zum besseren (und stimmungsvollen) Überblick. Die Talhänge reichen steil an Briedel heran, wobei die größeren Ertragsflächen (Lage ›Briedeler Herzchen‹) jenseits des Flusses liegen, während diesseits die Hunsrückforsten bis zur Durchgangsstraße hinabführen. Ein Straßenabzweig aus der Ortsmitte (unterhalb der Kirche) weist zur Hochfläche hinauf: Über Briedeler Heck (12 km) ist die B 327 beim Flugplatz Hahn nach 15 Kilometern zu erreichen.

Von Briedel bis Zell (3 km) führt die Fahrstraße folglich im Schatten der überhängenden Bergwälder und hart am Ufer der Mosel entlang. Abermals eine Abzweigung, zugleich ein Zeichen für die vielfachen Verbindungswege zwischen Hochfläche und Tal: Mit der B 421 kann das ziemlich zentral auf dem Hunsrück gelegene Kirchberg binnen einer halben Stunde (27 km) angesteuert werden. Zugleich bietet diese Route eine gute Gelegenheit, die oberhalb des Moseltals in einem sehr offenen Landschaftsraum gelegenen Ortschaften auf den Terrassen und Plateaus ein wenig zu erkunden.

Nach relativ kurzem Anstieg kommt als erstes einer Reihe nahe beiderseits der Bundesstraße gelegener Dörfer das kleine *Tellig* mit seiner dreischiffigen Hallenkirche (1862–65) in Sicht. In ähnlicher Weise zeigen sich auch *Peterswald* (Kirche von 1765/66) und *Löffelscheid* als angenehme Ortsansichten, die recht harmonisch ins bäuerlich geprägte Landschaftsgefüge eingebettet sind, zugleich aber auch an Jakob Kneips Dichterwort von der »rauhen und wilden Scholle« denken lassen. *Schauren* (Marienkapelle von 1796) und *Walhausen* im schmalen Seitental, *Altlay* (Pfarrkirche von 1771) und das idyllische *Hesweiler* über der verkehrsfernen Quellmulde und dem für Wanderer sehr empfehlenswerten Einschnitt des Flaumbaches kann man auf jeweils kurzen Abstechern besuchen.

Während die B 421 nach wenigen Kilometern beim Blümlingshof in die Hunsrückhöhenstraße B 327 einmündet, zweigt in nördlicher Richtung die Route nach *Blankenrath* ab, einem der größeren Dörfer, dessen Häuser in malerischer Senke die an einen noch aus der Romanik stammenden Turm angebaute Pfarrkirche umringen. Über Haserich gelangt man jetzt rasch nach *Mastershausen*, in dessen Gotteshaus St. Lucia die barocke Ausstattung (1774–76) nahezu vollständig erhalten geblieben ist.

Die Straße nach Buch taucht hinter dem Ort in den Wald und senkt sich zum romantischen Mörsdorfer Bach hinab. Dort steht auf einsamen Schieferfelsen die Ruine von *Burg Balduinseck* (Baldeneck), deren viergeschossiger und mit Ecktürmchen versehener Donjon noch in voller Höhe emporragt (Abb. 55). Das unter Erzbischof Balduin 1325–30 als Grenzfeste gegen die sponheimischen Lande und Widerpart der nahen Burg Kastellaun errichtete Bollwerk gilt als vorzügliches Beispiel einer stark von französischen Vorbildern beeinflußten Wehrarchitektur. Die in mittelalterlichen Burgen vorherrschende drangvolle Enge wich bei derartigen Anlagen des 14. Jahrhunderts, wie man es hier anschaulich erkennen kann, einer bewußt auf großzügigere Raumplanung angelegten Konzeption. Trotz solchen Fortschritts zur bequemeren Wohnlichkeit wurde den militärischen bzw. verteidigungstechnischen Erfordernissen kein Abbruch getan. Der 23 Meter lange und 14,5 Meter breite Wohnturm hinter seinem in etwa keilförmig der Felsenform folgenden Burghof ist nie zerstört worden, sondern fiel, nachdem seine strategisch ohnehin mindere Bedeutung gänzlich erloschen war, im 17./18. Jahrhundert im Inneren zusammen. So umschließen die wuchtigen Außenmauern jetzt einen leeren, gleichsam ›ausgebeinten‹ Raum, der allerdings die einstige Etagenaufteilung und die alten Kaminanlagen noch gut beobachten läßt. Interessant ist des weiteren eine aus großen Schieferplatten gefügte Wendeltreppe, die der nordwestlichen Donjonecke derart eingefügt wurde, daß sie von außen nicht zu entdecken war und somit auch die dort geringere Mauerstärke verborgen blieb.

Aus dem Talgrund windet sich die Straße nach *Buch* hinauf (in Richtung Kastellaun), dessen neuromanische Kirche (1901/02) einen im Unterbau noch mittelalterlichen Turm einbezieht. Im Ortsbild sind etliche Wohnbauten (18. und 19. Jh.), teils aus Fachwerk, im traditionellen Hunsrücker Stil zu betrachten. Von hier kann man über *Mörsdorf* (Kirche von 1768 mit schöner Rokokoausstattung und Stumm-Orgel) wieder ins Moseltal (nach Bruttig) hinabfahren. Aber empfehlenswert ist auch ein weiterer Streifzug über die Hochfläche entlang der Straße nach Beilstein/Mosel, der über Mastershausen kurz zurück- und dann zu den Dörfern oberhalb des Flaumbaches führt.

Wieder das schon gewohnte Bild: Wald bedeckt die Talhänge, während die Ortschaften jeweils inmitten ihrer Feldfluren liegen. So auch *Sosberg* mit der vielgliedrigen Baugruppe seiner alten Kapelle, an der sichtlich Jahrhundert um Jahrhundert angebaut und umgestaltet wurde. So auch *Forst*, dessen Gotteshaus (1747) ein üppiges Retabel derselben Entstehungszeit bewahrt, und ebenso das nahe *Liesenich,* das als Erholungsort sogar über einen ›Dorfpark‹ mit Gartenschach, kleinem See und etlichen Freizeiteinrichtungen verfügt. Seine Kapelle (um 1500) wird von einer hohen verschieferten Barockhaube gekrönt und vereint sich mit benachbartem Fachwerk und viel Grün zu einem sehr hübschen Ensemble. Auch ihr Inneres ist sehenswert mit Netzgewölbe und Maßwerkfenstern. In Liesenich und den Dörfern der Umgebung erkennt man auf den ersten Blick, daß weniger das Schielen auf einen etwa zunehmenden Fremdenverkehr als vielmehr ganz selbstverständlicher Bürgerfleiß und sicher auch der soziale Zusammenhalt in aktivem Gemeindeleben das Ortsbild so adrett wie stimmungsvoll gestalterisch geprägt haben.

*Mittelstrimmig* ist dafür ein weiteres Beispiel, wo im alten Mühlengebäude nicht allein das historische Mahlwerk samt allem Zubehör erhalten, sondern auch zum Rahmen für ein kleines Heimatmuseum geworden ist. Neben Gebrauchsgegenständen aus der Landwirtschaft werden auch Gerätschaften des früher auf dem Strimmiger Berg betriebenen Anbaues von Flachs und dessen Verarbeitung zu Leinen präsentiert. Eine bäuerliche ›Hunsrückküche‹ gewährt weiteren Einblick in die Lebens- und Arbeitsbedingungen von einst. Schließlich gehören auch Fundgegenstände aus einer römerzeitlichen Siedlung dazu, deren Spuren in Dorfnähe aufgedeckt wurden. Nicht versäumen sollte man nun einen Besuch in der Mittelstrimmiger Kirche (1766–69), die nicht nur überraschend geräumig (drei Schiffe zu fünf Jochen), sondern auch ein rechtes Schatzkästchen ist: Unter der reichhaltigen barocken Ausstattung verdienen vor allem die Altargemälde (Kreuzigung und Anbetung der Hirten) Aufmerksamkeit, die kein Geringerer als Januarius Zick (1730–1797), kurtrierischer Hofmaler und einer der bedeutendsten Künstler des reifen Rokoko, geschaffen hat. – Idyllische Aspekte sind auch in *Altstrimmig* wahrzunehmen, das um seine hübsche kleine Kirche (18. Jh.) gleichfalls dörfliche Intaktheit mit bodenständigem Fachwerk repräsentiert.

Nicht zuletzt eignen sich diese Orte auf dem Strimmiger Berg, um 400 Meter ü. NN das Moseltal überragend, vorzüglich zu Exkursionen in die flankierenden Seitentäler, worin außer der reizvoll gelegenen *Hanosiusmühle* (Gasthaus, Pension) noch etliche historische Gehöfte in einsamer Waldgegend zu entdecken sind. Beim Hinabfahren zur Mosel erfreut die schöne neugotische Pfarrkirche (1870–72) und das 1831 erbaute Pfarrhaus in *Grenderich*. Oberhalb des Dorfes wurde allerdings eine Raketenstellung brutal in die Landschaft gesetzt.

Bald taucht nun am Straßenrand die ›Schwarze Katz‹ auf: unübersehbar als plakativer Hinweis auf die berühmteste Weinlage von **Zell**. Der Hauptort des von der engen Moselschleife unter der Marienburg zwischen Pünderich und Bullay umflossenen ›Zeller Hamm‹ blickt allerdings auf eine von Kriegslärm oft erfüllte Vergangenheit zurück. Einstige Tapferkeit seiner Bewohner zitiert der Franz von Sickingen zugeschriebene Lobesspruch: »He steiht ferme wie 'n Celler us 'm Hamm!« (Er steht fest wie ein Zeller aus dem Hamm!). Aber historisches Kriegsglück gleicht bekanntlich allzuoft dem sprichwörtlichen zweischneidigen Schwert, und so vermochten weder heldischer Mut noch geschicktes Taktieren das altehrwürdige Zell vor Zerstörungen zu bewahren. Fatal wirkte sich schließlich ein Großbrand aus, der 1848 die von Kampfhandlungen verschont gebliebene Bausubstanz dezimierte.

Was trotzdem aus früheren Zeiten übriggeblieben ist, erzählt gleichwohl noch eindrucksvoll von vormaligem Wohlstand und Ansehen des Ortes, der als kurtrierische Stadt insbesondere von Erzbischof Balduin besondere Gunst erfuhr und Sitz eines Amtmannes war. Repräsentatives Zeichen dafür ist das gediegene *Kurfürstliche Schloß* (1542/43), ein zweiflügeliges Bauwerk mit fünf Türmen, an dem außer bemerkenswerten Formen des spätgotischen Stils auch die Renaissance qualitätvolle Spuren hinterlassen hat (heute Schloßhotel). Charakteristisch sind seine Kleeblattbogenfriese und die Fensterpaare mit spätgotischen Stützen. Umbauten des 18. Jahrhunderts brachten ebenfalls markante Details ins stilistische

*Zell an der Mosel,*
*Zeichnung von 1922*

## DER MOSELHUNSRÜCK

Gefüge, so das Portal neben dem Treppenturm, den Verbindungsbau zwischen beiden Flügeln und die Skulpturen auf der Einfriedung (Abb. 44). Ein schmiedeeisernes Fenstergitter (16. Jh.) ziert die Straßenfront, und die barocken Turmhauben korrespondieren wirkungskräftig mit dem von der ansonsten verschwundenen Stadtwehr übriggebliebenen Turm im Weinberg oberhalb der Häuser.

Nahe beim Schloß erhebt sich die *Kirche* (1792), deren Sehenswürdigkeiten ein spätromanischer Reliquienschrein (13. Jh.) mit Emailverzierung aus Limoges und eine spätgotische Madonna (15. Jh.) sind. Zells *Rathaus* (1881) greift architektonische Züge der Spätgotik und der Renaissance auf, während in der Balduinstraße noch etliche Bürgerhäuser stilistische Details von der Gotik bis zum Rokoko präsentieren. Darunter gilt das 1532 errichtete *Haus der kurtrierischen Amtsverwalter* (Hausnummer 379) mit Bogenfriesen und Maßwerkblenden, Treppenturm und Fachwerkflächen als einer der vorzüglichsten Profanbauten im ganzen Moselland. Betrachtet man dieses und die benachbarten Häuser von der Uferfront her etwas genauer, dann entdeckt man leicht, daß sie in ihren Fassaden noch Reste der Stadtmauer einbezogen haben.

Zum Stadtteil **Merl** folgt die Straße weiter dem engen Flußbogen um den Zeller Hamm. Wieder fährt man auf die links über dem Lauf sichtbare Marienburg zu, diesmal freilich genau in entgegengesetzter Richtung wie vorher von Pünderich über Briedel nach Zell. Wohl nirgends läßt sich deutlicher das von den Moselwindungen geprägte Geländerelief er-fahren. Übrigens bedeutet ›Hamm‹ soviel wie Krümmung (althochdeutsch ›hamo‹), ein Wort, das auch in dem landläufigen Begriff ›Hamen‹ steckt: So nannte man früher die Kummete (Halsgeschirre) von Zugpferden, und in der Tat sieht der Zeller Hamm aus der Vogelschau einem solchen frappierend ähnlich.

Merls weithin sichtbares Wahrzeichen ist der romanische *Turm* (12. Jh.) seiner ehemaligen Michaelskirche, der isoliert im Friedhof oberhalb der Ortslage vor den Wingerten steht (Abb. 40). Die Wohnbauten darunter zeigen viel schmuckes Fachwerk. Alte Winzerhöfe, darunter die *Klapperburg* als Stammhaus der kurtrierischen Ministerialen Zandt von Merl (14.–16. Jh.) und der *Springiersbacher Hof* (18. Jh.), sind Prachtstücke der weltlichen Architektur, während die von Franziskanern 1280 errichtete *ehemalige Klosterkirche* (heute katholische Pfarrkirche) ein ganz besonderes Kleinod der sakralen Baukunst darstellt. Sie erhebt sich am Straßenabzweig nach Grenderich (8 km) und wurde jüngst gut restauriert. Das mit einem Dachreiter gekrönte und von markanten Strebepfeilern umgebene Gotteshaus bewahrt einen großartigen Schnitzaltar (16. Jh.) aus Antwerpen. Eine Mondsichelmadonna (um 1500) mit vier leuchtertragenden Engelsgestalten gilt hingegen als gute Arbeit aus einem einheimischen Atelier.

Die an diese Minoritenkirche gefügten ehemaligen Abteigebäude, heute größtenteils Bürgerwohnungen enthaltend, weisen vereinzelt recht interessante Barockdetails auf, so auch eine repräsentativ wirkende Tür im nordwestlichen Flügelbau. Während Autofahrer am Ufer entlang rasch moselabwärts nach Bullay gelangen, empfiehlt sich für Wanderer oder Radfahrer der aussichtsreiche Weg durch die Weinberge.

# Schatzkästchen im übergrünten Mauerwerk

*Bullay*, das einstige Boletum (= Birkenwald), wirbt als ›Tor zur Mittelmosel‹ um Urlaubsgäste. Seine Pfarrkirche (19. Jh.) enthält einige Bildwerke aus älterer Zeit (15. und 16. Jh.), und auch im Ortsbild kann noch einiges an historischer Substanz (Fachwerk) bewundert werden.

Vier Kilometer sind es nun nach **Neef** (Abb. 48), dessen *Peterskapelle* droben in herrlicher Lage auf einem Berggrat steht. Der Bau entstammt dem 12. Jahrhundert und ist mit einer schönen Ausstattung (Steinretabel 17. Jh., Pietà 16. Jh.) geschmückt. Es wird vermutet, daß sich am selben Ort schon die keltischen Treverer zu religiösen Kulten versammelt haben. Drunten der Ort, gleich unterhalb einer großen Mosel-Staustufe gelegen, gefällt mit mehreren hübschen Fachwerkhäusern und dem massigen Bau des einst von Wall und Graben umringten *Burghauses*. Es befand sich schon 1246 im Besitz der Sponheimer Grafen, wurde 1325 von Erzbischof Balduin übernommen und ist um 1540 unter dem Zeller Amtmann Konrad von Metzenhausen baulich verändert worden. Seine Fenster sind noch in romanischem Maßwerk gestaltet, ein Erker zeigt spätgotischen Stil, und das schöne Portal (mit Tür des 18. Jh.) gehört der Renaissance an. Unweit dieses Burghauses kann das *Ofenmuseum* besichtigt werden mit seiner Sammlung an gußeisernen Exponaten (vom Kanonen- zum Schrankofen) aus drei Jahrhunderten.

Nicht versäumen sollte man auch einen Abstecher zur *Klosterruine Stuben* (Abb. 59), zu der unter der Straßenbrücke hindurch und am Sportplatz vorüber eine kleine Asphaltstraße führt. Dieser abseits in einer Flußschleife gelegene Kirchenrest blieb übrig von einem 1136 gegründeten und nach wechselhafter Geschichte 1794 aufgehobenen Augustinerinnenkloster (später Damenstift). Es war bis 1794 Aufbewahrungsort einer Reliquie vom Heiligen Kreuz, die Ritter Heinrich von Ulmen 1204 in Byzanz stahl und die heute im Limburger Domschatz (als ›Staurothek‹) zu betrachten ist. Wer gut zu Fuß ist, sollte den Weg von Neef zur Klosterruine möglichst hoch am Hang, über den steilen Rebhängen und unter dem Hochkessel (421 m) nehmen: er führt zu wunderschönen Panoramen.

Über die erwähnte Straßenbrücke muß man, da rechtsufrig keine Straße weiterführt, auf die linke Moselseite wechseln, durchfährt zunächst das anmutige *Bremm* unter dem *Calmond* (mit 65 % Steigung steilster deutscher Weinberg), dann *Eller* und *Ediger* (als Doppelort Ediger-Eller) und erreicht schließlich *Nehren*, hinter dessen Ortslage eine andere Brücke die Rückkehr aufs Hunsrücker Ufer ermöglicht. Dort liegt *Senheim* (gegenüber Senhals) an dem bereits zur Römerzeit frequentierten Flußübergang. Senheims Kirche (1766) verfügt über einen romanischen Turm, während derjenige im benachbarten *Mesenich* zwar gleichfalls spätromanisch wirkt, jedoch erst zur gotischen Zeit entstanden ist. *Briedern*, zwei Kilometer weiter, ziert sich ebenfalls mit einem spätromanischen Glockenturm, den ein spätgotisches Dach mit Eckpyramiden ganz ähnlich wie die vorgenannten Bauwerke krönt. Aber nicht nur ihre Kirchtürme lassen Senheim, Mesenich und Briedern wie dörfliche Geschwister erscheinen: Allen drei Orten ist überdies eine jeweils beachtliche Zahl schöner Ensembles von Bürgerhäusern und darunter mancher Bau zu eigen, der als Paradebeispiel

## DER MOSELHUNSRÜCK

das Typische und unverwechselbar Markante moselländischer Dorfarchitektur nach außen kehrt. Und auch hier verdient abermals Erwähnung, daß gerade in den Jahren nach 1980 erstaunlich viel an vorbildlichen Restaurierungsmaßnahmen unternommen worden ist.

Bereits an Briederns Ortsausgang gewinnt man einen ersten Blick auf die *Burgruine Metternich*, die **Beilstein**, das ›Rothenburg der Mosel‹, wie ein steinernes Ausrufezeichen überragt. Vor 1310 haben die Hunsrücker Ritter von Braunshorn (s. S. 78) den Ort über einer Talmündung am ›Beyhelstein‹ gegründet. Aber auch hier weist der Name in weit tiefere Vergangenheiten zurück: Eine der ältesten und schon zur Vorgeschichte gebräuchlichen Formen der Wildhatz war das sogenannte ›Beieln‹. Man trieb die Jagdtiere mittels Lärm und/oder Feuer in einen von Jagdhelfern gebildeten Trichter, der letztlich an einem Felsabhang endete, welcher den abgehetzten Kreaturen zur Todesfalle wurde. Das in kopfloser Flucht hinabgestürzte Wild wurde drunten geschlachtet und also ›gebeielt‹.

1268 wurde die Burg zum erstenmal genannt, und danach konnte sich in ihrem Schutz der Wohnort drunten entwickeln. 1637 kam die Wehranlage an die Reichsfreiherrn von Metternich und wurde 1689, im Gefolge des ›Großen Hunsrücker Zerstörungs- und Jammertags‹ von den Franzosen verwüstet (heute Burggaststätte). Gleichzeitig wurde damals die Stadtwehr (14. Jh.) ›erledigt‹, von welcher bloß zwei Türme und zwei Torbauten am Bach erhalten blieben. Das an beschaulichen Winkeln außergewöhnlich reiche Dorf ist mit seiner ausschließlich historischen Bebauung ein wahrhaftes ›lebendes Museum‹ voller architektonischer und künstlerischer Baudetails. Das *Zehnthaus* (1537) gilt als schönstes an der Mosel, indes die *ehemalige Christophoruskirche* (16.–18. Jh.) nur noch als Schatten ihrer einstigen Schönheit bestehen blieb. Das 1636 gegründete *Karmeliterkloster* mit seiner dreischiffigen lichtdurchströmten Kirche (1691–1738) ist hingegen als architektonisches Meisterwerk und köstlicher Tresor für viele Werke der Sakralkunst ein ganz besonderer Hort. Noch heute wird zur ›Schwarzen Madonna von Beilstein‹ (16. Jh.) gewallfahrt, die im Dreißigjährigen Krieg von schwedischen Truppen hereingebracht worden ist. Dem kunstvollen Gittertor über der 107-Stufen-Treppe von Beilstein sieht man nicht mehr an, daß es als ›Schrottgut‹ nach dem Zweiten Weltkrieg erworben und hier eingebaut wurde. Vorher war es Bestandteil des Lettners in der Kirchberger Michaelskirche, aus welcher es als überflüssig damals herausgeworfen worden war.

Auch in Beilstein zweigt eine Straße hinauf zu den Hunsrückhöhen ab (Grenderich 8 km, Liesenich 9 km). Nach *Fankel* (3 km) geht es jedoch an der Mosel entlang, zu einem Dorf, das erst im inneren Kern seine Kostbarkeiten preisgibt: die Kirche aus dem 15. Jahrhundert unter ihrem romanischen Turm und das von einem Pflastergäßchen unterquerte Rathaus. Zur Kreuzkapelle (18. Jh.) droben in den Weinbergen (am Waldrand neben der Serpentinenstraße) führen sieben Stationen. Keinen Steinwurf weit von diesem Weg stehen die ersten Häuser von Bruttig.

**Bruttig** birgt ein einzigartiges Kuriosum. In ganzer Länge durchschneidet diesen von historischen Bürgerhäusern (darunter viel Fachwerk) schier angefüllten Ort ein vielbogiger Eisenbahnviadukt. Als strategisch geplanter Schienenweg gegen den vermeintlichen ›Erbfeind‹ Frankreich war damals (1917) eine Gleisstrecke rechts der Mosel in Angriff genommen und das schöne Bruttig bereits brutal durchschnitten worden, aber nie wurde dieses Projekt beendet, nie fuhr ein Zug durch den Ort. Abrißvorhaben zeigten sich als zu teuer, und so nutzt ein Winzer diesen in Firsthöhe der Häuser Hunderte von Metern durch den Ort führenden Bahndamm aus und zieht dort seinen in schattenloser Lage heranreifenden Wein. Wo der Viadukt an seinem südlichen Ende zwischen modernen Häusern verschwindet, stehen verschiedene schlichte Bauten, von welchen noch zu berichten sein wird.

Zunächst aber zu Bruttigs Sehenswürdigkeiten aus der alten Vergangenheit: Das *Schunksche Haus* (1659) an der Moselstraße 45 gilt unbestritten als der stilreinste Renaissancebau im weiten Umkreis (Abb. 50). Die Inneneinrichtung aus der Entstehungszeit ist vollständig erhalten geblieben, und auch an der Fassade ist sogleich zu sehen, daß dieses bauliche Monument zu den bemerkenswertesten Raritäten im gesamten Moseltal gehört. Wenig entfernt kann das *alte Rathaus* (1619) mit seinem Treppenturm als vorzügliches Bauwerk bewundert werden. Und droben die *Pfarrkirche St. Margaretha* (1507) enthält eine Vielzahl kostbarer Skulpturen (16.–18. Jh.) und eine 1836 gefertigte Orgel aus der Stummschen Werkstatt.

Unter dem Kirchturm gewahrt man einige Gräber mit fremdartigen Namen auf den Steinkreuzen und ein 1987 errichtetes Mahnmal zum Gedenken an die Opfer des ›AL Bruttig‹. Dabei handelt es sich um die zu Tode geschundenen Häftlinge eines Außenkommandos des Konzentrationslagers Natzweiler-Struthof (Vogesen). Sie waren inhaftiert in Baracken auf dem erwähnten Bahndamm, von denen etliche noch immer (teils zu Wohnhäusern umgebaut) am Südende des Viadukts zu erkennen sind. Ihre Arbeitsstätte, wo sie unter unmenschlichen Bedingungen ›eingesetzt‹ wurden, war ein vier Kilometer langer Tunnel, der als Teil der nie fertiggewordenen Bahnstrecke zwischen Bruttig und Treis ein Schiefermassiv durchquert. Die Eingänge sind beiderseits gesprengt; Betonkolosse markieren auf der Bruttiger Seite weithin sichtbar den Stollenmund. Drinnen im Berg wurden die sogenannten ›Vergeltungswaffen‹ V 1 und V 2 zusammengebaut. Das ›Arbeitslager‹ Bruttig und das am anderen Ende des Tunnels gelegene einstige Konzentrationslager Treis waren Stätten des Grauens, an die man nur noch erinnert wird, sofern man ihren schwachen Relikten per Landkarte und durch Befragen der Einwohner etwas intensiver nachzuspüren beginnt. In Treis, dessen Lagergelände noch wesentlich ausgedehnter war, ist nichts mehr davon zu erkennen: Ein Supermarkt, ein Parkplatz und eine Baustoffhandlung stehen heute auf diesem Boden.

Auf dem *Valwigerberg*, hoch über dem zugesprengten Tunnel, steht die im 13. Jh. erbaute und im 16. Jahrhundert umgestaltete *Kirche St. Maria*, die interessante Steinbildwerke (16. Jh.) beschirmt, darunter einen Schmerzensmann, einen Christus am Ölberg und eine Kreuztragung. Die gekrönte Muttergottes (14. oder 15. Jh.) ist seit langer Zeit ein Pilgerziel.

Die Straße von Bruttig nach *Treis,* wo sie sich vom Valwigerberg den Hang ins Flaumbachtal hinunterfädelt, gibt bald zur Rechten herrliche Ausblicke preis, deren bedeutendste Akzente das *Treiser Siebengebirge* und, als dessen krönende Punkte, der Turmrest der *Treiser Burg* (›Trihis‹, vor 1100) und die vor 1122 errichtete *Wildburg* bilden, letztere mit einem zweigschossigen romanischen Palas, der zu den großartigsten Monumenten dieses Stils in der historischen Festungsbaukunst gerechnet wird.

## DER MOSELHUNSRÜCK

Einen schönen Anblick bieten die einander dicht benachbarten Burgen, wenn man eine kleine Rundfahrt durch das Hunsrückhinterland von Treis unternimmt und zu diesem Zweck die Straße ins Flaumbachtal zum *Kloster Maria Engelport* einschlägt. Das Asphaltband kürzt die vielfach verschlungenen Windungen des Wasserlaufes ein wenig ab, folgt aber um schiefrige Vorsprünge zwischen Waldhang und schmalem Wiesenstreifen den geologisch vorgeprägten Geländeformen und nähert sich schließlich dem von hohen Bäumen überschatteten Bautenkomplex des klösterlichen Anwesens. Maria Engelport, wie man es heute sieht, ist freilich eine neuzeitliche Anlage, die 1903–05 auf den Ruinen der 1262 gegründeten und 1802 säkularisierten Abtei wiedererrichtet worden ist (Abb. 52). Baureste des 13. Jahrhunderts und einige Skulpturen aus älterer Zeit haben sich erhalten.

Kloster Engelports Ursprünge sind legendär; es war anfänglich eine Niederlassung der Zisterzienserinnen aus dem einstigen Kloster Cumbd (nahe Simmern) und wurde seit 1265 von Prämonstratenserinnen aus Sayn und Steinfeld weitergeführt. Der Dreißigjährige Krieg zeitigte entsetzliche Ereignisse und Verwüstungen, die bei einem Neubau 1648 wieder auszubügeln waren. Französische Revolutionstruppen brachten 1794 erneutes Unheil und schlugen die Ordensfrauen in die Flucht. 1808 wurden die Überreste der Abtei versteigert, wonach die Auflage zur völligen Niederreißung aller Gebäude von den Erwerbern alsdann in gründliche Tat umgesetzt wurde.

Und schließlich doch ein neuer Beginn: »Am 4. April 1903 zogen die ersten Oblaten-Patres in Maria Engelport ein. Ein kalter, regnerischer Tag. Der Anblick der neuen Wohnstätte war für die Ankömmlinge wenig trostvoll: Ruinen, Schutt, Gestrüpp und an der Landstraße ein armseliges Wohnhaus. Einige Fahnen und Tannenschmuck deuteten den geschichtlichen Augenblick an. Nach hundert Jahren wurde wieder zum ersten Male das hl. Opfer auf diesem ehrwürdigen Boden gefeiert. Es begann eine harte, arbeitsreiche Zeit. Pläne wurden gemacht und wieder verworfen. Am 24.1.1904 erfolgte der erste Spatenstich. Am 2.8.1905 war die feierliche Grundsteinlegung und am 8.12.1906 die feierliche Einweihung des Klosters und der Kirche.«

### Behagliche Orte über einsamen Tälern

An der Pulgersmühle, einige hundert Meter talaufwärts, verzweigen sich die Straßen: Nach Kappel, Kastellaun und nach Bruttig-Fankel weisen die Schilder. Zur linken Hand geht es ab hier hinauf und hinüber nach Mörsdorf. Kastellaun und Emmelshausen sind Orientierungspunkte an diesem Kurs, der in der Region zwischen Mosel und Hunsrückhöhenstraße, zahlreiche Verästelungen inbegriffen, zu vielen der kleineren und häufig intimen Orte mit ihren ländlichen Gotteshäusern und deren Umringung von alten Wohnbauten und Gehöften führt. *Zilshausen* über dem Dünnbachtal verfügt über eine rustikale Muttergottes (15. Jh.) in seiner katholischen Kapelle (1847), während das benachbarte *Sabershausen* mit seiner 1867/68 errichteten Pfarrkirche einen harmonischen Zusammenklang von neugotischer Architektur mit älteren Bildwerken im Inneren präsentiert.

Auf dem Höhenrücken zwischen den jeweils bewaldeten Taleinschnitten von Dünnbach und Lützbach gelangt man nach *Lahr,* in dessen kleiner Kirche (1784) die aus Sandstein gefertigte Figur der hl. Oranna als wundertätig bei Ohrenleiden gilt. *Lieg,* das moselwärts nächstfolgende Dorf, ist aus einem 1275 dem Kloster Engelport zugehörigen Hofgut hervorgegangen. Seine Kirche (1764, Turm 1790) birgt im Gewand ihrer schweren Bruchsteinmauern einen schmucken Innenraum mit kunstvollen Barockaltären und Gestühl im gleichen Stil.

Das nahe *Lütz* liegt fast versteckt im bewaldeten Lützbachtal. Der Name sagt's schon: Das niederdeutsche ›lütt‹ (engl. ›little‹) markiert als Bezeichnung für etwas Kleines die Wortspur, und auch im Hunsrück bedeutet ja z. B. Lützelsoon den ›Kleinen Soon‹. Aber altehrwürdig ist dieses kleine Lütz, wie sichtlich der romanische Kirchturm westlich des 1752/53 konstruierten Saalbaues (mit bedeutender Ausstattung derselben Zeit) anzeigt. Lütz gehörte vormals zur Grafschaft Katzenelnbogen (Hessen) und war 1520 bis 1698 ein Lehen der Ritter von Eltz, die es anschließend den Wiltbergern weiterreichten. Heute hat es sich zu einem beliebten Luftkurort entwickelt und ist im weiten Umkreis von schönen Wanderwegen umgeben. Schroffe Schieferfelsen an den Talhängen bilden die naturschöne Kulisse der (gleichfalls kleinen) *Lützer Schweiz.*

Während man von Lütz binnen weniger Fahrtminuten wieder zur Mosel und in den Ausgangsort Treis zurückkehren kann, setzt sich droben bei Sabershausen die Reihe der behaglichen Orte über einsamen Tälern noch weiter fort. In Richtung Kastellaun finden sich *Korweiler* und *Mannebach* (Kapelle von 1772) sowie *Uhler* mit seiner um 1700 einem romanischen Turm angebauten Dorfkirche. *Beltheim* zeigt sich mit einer ansehnlichen Zahl typischer Hunsrückfachwerkhäuser, desgleichen auch das benachbarte *Roth,* in dessen Kirche (1661/62) noch eine Stumm-Orgel (18. Jh.) vorhanden ist.

Über die nahe vorbeiführende Hunsrückhöhenstraße (B 327) kommt man rasch nach Kastellaun oder steuert (Richtung Koblenz) *Gödenroth* an. Dieses Dorf, wenngleich von der lärmenden Bundesstraße mitten durchschnitten, verfügt über recht hübsche Baugruppen altertümlicher Wohnhäuser und bäuerlicher Anwesen. Sein Gotteshaus (17./18. Jh.) ist ebenfalls ein Bauwerk nach charakteristischer Hunsrücktradition.

*Braunshorn* (s. S. 78), *Lingerhahn* und *Pfalzfeld* östlich der Bundesstraße orientieren sich geographisch bereits zur Simmerner Mulde und zu den Rheinhöhen hin, indes *Frankweiler* mit seiner barock-klassizistischen Pfarrkirche und stattlichen Gehöften wie auch das malerische *Sevenich* in landschaftlich vorzüglicher Lage den Oberlauf des zur Mosel hinfließenden Baybaches säumen. Zwischen recht stilvollen Bauernhäusern steht Sevenichs Nikolauskirche (1723–25) als Hort einiger betrachtenswerter Kunstwerke: Das Vesperbild des Hochaltars ist eine gute Arbeit des 15. Jahrhunderts, der schöne Taufstein (1725) wurde aus schwarzem Marmor gefertigt, und das mit floralem Dekor reich verzierte Weihwasserbecken entstammt noch der Romanik (12. Jh.).

Auch im nahen *Bickenbach* erblickt man in der spätbarocken Stephanskirche (1771/72) eine erstaunliche Zahl kostbarer Sakralobjekte. 1147 kam der berühmte Kirchenlehrer und gewaltige Prediger Bernhard von Clairvaux (um 1090–1153) auf einer seiner Kreuzzugs-

Werbereisen durchs Rheinland auch in dieses bescheidene Bickenbach, wo man sich seither die fromme Legende erzählt, wie Bernhard einen Gelähmten, der sich von Boppard hatte herauftragen lassen, durch Gebet und Handauflegung heilte.

*Dommershausen* (Kirche von 1759), *Eveshausen* (Veitskapelle von 1763) und *Macken* (barocke Bildwerke in der Kastorkirche von 1927) reihen sich an der nach Burgen/Mosel hinabführenden Straße. *Burgen* selbst liegt an der Mündung des *Baybaches,* dessen Tal als eine der schönsten Einzellandschaften im gesamten Hunsrückraum und ein wahres Eldorado für Wanderfeunde gilt.

Viele Wassermühlen hat der Baybach einst angetrieben, in deren teils stattlichen Gebäuden nunmehr Wochenendwohnungen oder gastronomische Betriebe (z. B. Schmausenmühle) eingerichtet worden sind. Die hier und da sich noch drehenden Mühlräder erfüllen somit nur noch die Aufgabe nostalgischer Dekoration.

In älterer Vergangenheit kam dem Baybach immer die Bedeutung einer politischen Grenze zu; vor allem trennte er die Gebiete der Hinteren Grafschaft Sponheim von den zu Kurtrier gehörigen Landen. Der Schriftsteller und profunde Hunsrückkenner Hajo Knebel hat mit Recht darauf hingewiesen, daß es sich hier des weiteren um ein ausgesprochen ›literarisches Tal‹ handelt: Insbesondere Jakob Kneip, Käte Elges, Karl Röhrig und Werner Helwig haben Namen und Ruf des Baybaches in Romanen, Erzählungen oder Gedichten bekannt gemacht. Romain Rolland ist hier über die Wanderwege geschritten, und Rabindranath Tagore hat bekannt: »Wäre nicht Bengalen meine Heimat, so möchte ich wohl hier wohnen!« Die Anwesenheit solch bedeutender Gäste hat freilich mit der Hauptsehenswürdigkeit dieser Landschaft zu tun: der *Burgruine Waldeck,* die von der Gemeinde Dorweiler aus am leichtesten zu erreichen ist.

Waldeck, auf einer felsigen Platte über dem Talgrund gelegen, wurde 1242 urkundlich dem Kölner Erzstift zu Lehen übertragen. Dies bezog sich auf die am Drachenkopf gelegene Oberburg, der um 1250 die größere Unterburg hinzugefügt wurde. In einer Gemeinschaft von Ganerben waren bis zu dreizehn ritterliche Familien hier ansässig, die sich alle ›von Waldeck‹ benannten. Am bekanntesten wurden von ihnen die Boos von Waldeck, deren ›weiße Linie‹ seit Ende des 14. Jahrhunderts auf dem Heiratsweg große Gebiete im Naheland hinzugewann (die Herrschaft Montfort) und zu den einflußreichsten Familien im Kanton Niederrhein der Reichsritterschaft zu rechnen war. Ihr Stammsitz stand noch im 17. Jahrhundert an Größe und Schönheit den prächtigsten Burgen Deutschlands nicht nach und soll selbst die Burg Eltz jenseits der Mosel noch übertroffen haben. Im Pfälzischen Erbfolgekrieg (1684) sank die ganze Herrlichkeit in Schutt und Asche. Ab 1720 ließ Wilhelm Lothar Freiherr Boos von Waldeck auf der Ruinenfläche ein barockes Schloß als Sommersitz errichten, das aber in den Wirren der Französischen Revolution und nach Besetzung des Linksrheinischen zuschanden und nach 1813 auf Abbruch verkauft wurde. 1922 erwarb der Bund der Nerother Wandervögel unter Robert und Karl Oelbermann den Drachenkopf mit der Oberburg und richtete dort seinen Hauptsitz als ›rheinische Jugendburg‹ ein. Die Niederburg bietet den Anblick einer ausgesprochen malerischen Ruine mit ihrem Rundturm und den Resten des einstigen Lustschlößchens.

Daß diese historische Stätte im 20. Jahrhundert eine ›Nachblüte‹ erfahren sollte, ist den Nerother Wandervögeln und der Arbeitsgemeinschaft Burg Waldeck zu verdanken. In den sechziger Jahren erregte sie internationale Aufmerksamkeit, als ebendort große Musikfestivals veranstaltet wurden, deren Teilnehmerlisten die bekanntesten Namen der ›Liedermacherszene‹ wiedergaben. Bereits beim vierten ›Chanson Folklore International‹ auf Waldeck (Mai 1967) blickte man auf den Beginn (1963) mit offenkundiger Wehmut zurück: »In jenen Tagen waren Namen wie Dylan, Degenhardt und Biermann noch wirkliche Geheimtips, und mancher Besucher des ersten Festivals sehnt sich mittlerweile schon nach der Zeit zurück, da er um seine esoterischen Folksong-Kenntnisse oder um den Besitz von Pete-Seeger-Platten beneidet wurde. Nun, das hat sich geändert, Chanson und Folklore sind auch in Deutschland populär geworden, und man bildet sich auf der Waldeck natürlich ein (oder leidet darunter), an dieser Entwicklung nicht ganz unschuldig zu sein.« Nachmals berühmte Stars wie Franz-Josef Degenhardt, Hanns-Dieter Hüsch, Reinhard Mey, Dieter Süverkrüp, Hannes Wader und Colin Wilkie, um nur einige zu nennen, gaben sich damals auf der Waldeck ihr vielbeachtetes Stelldichein.

Größter Ort und aktuelles Zentrum der Hunsrückgegend um das Baybachtal ist nunmehr **Emmelshausen,** das sich als Knotenpunkt neben der Autobahn A 61 und an der Hunsrückhöhenstraße B 327 ohnehin zu einer Art ›Tor des Moselhunsrücks‹ entwickeln konnte. Ein rühriger Verkehrs- und Verschönerungsverein müht sich hier um die touristische Erschließung und Belebung einer Region, die mit kaum bekannten und gleichwohl großartigen Attraktionen aufwarten kann. Eine ›Spinnwebsammlung‹ im Ortsteil Halsenbach versteht sich als *Museum für ländliche Textilverarbeitung,* und das *Agrarhistorische Museum Emmelshausen* will die Hunsrücker Landwirtschaft aus Vorväter Zeiten anhand umfassender Materialsammlungen und Dokumentationen im Gedächtnis erhalten.

Rhein- und Moseltal sind etwa gleich weit (15 km) von diesem Mittelpunkt entfernt, und ins letztere gelangt man von hier auf der Straße nach *Gondershausen* (Kirche 18.–19. Jh. mit romanischem Turm) über *Beulich* (Kirche 18. Jh. mit romanischem Turm, schöne Fachwerkhäuser) und *Morshausen* (Kirche 18. Jh.). Diese Strecke steigt auf ihrem letzten Abschnitt bei Brodenbach ins Ehrbachtal und schließlich zur Mosel hinab.

Um den Oberlauf des *Ehrbaches,* der von Buchholz bis Brodenbach ein wildromantisches Tal von rund 17 Kilometern Länge (Wanderweg: ca. 4 Stunden) bildet, liegen die Dörfer *Herschwiesen* (kostbar ausgestattete Kirche von 1744–46, hübsche Fachwerkbauten) und *Windhausen* (Kapelle 18. Jh. mit schönen Ölgemälden 17./18. Jh.). Drunten im Tal finden sich noch zahlreiche alte Mühlen und mit Schloß Schöneck, der Rauschenburg und der Ehrenburg drei jeweils außergewöhnliche Baudenkmäler aus geschichtlich bewegten Zeiten.

*Schloß Schöneck* kann mit dem Auto von Windhausen her angesteuert werden (Privatbesitz). Als Burg 1222 erstmals erwähnt, spielte es in der sogenannten ›Eltzer Fehde‹ (1331–36) eine Rolle. Den damals miteinander verbündeten Rittern von Eltz, Ehrenburg, Waldeck und Schöneck setzte Kurfürst Balduin von Trier die Rauschenburg (Baldenruise oder Ruszimburg) als Trutzfeste entgegen. Die Herren der vorgenannten Burgen hatten sich beim Erzstift Trier durch allzu weitläufige Streifzüge und ›gewisse Räubereien‹ unbeliebt gemacht.

## DER MOSELHUNSRÜCK

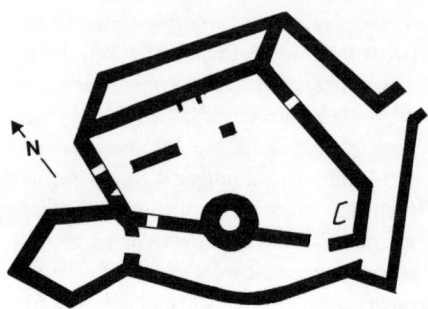

*Rauschenburg, Grundriß*

Als sie sich dann am 15. Juni 1331 noch zu einem Schutz- und Trutzbündnis nebst Aufstellung einer Streitmacht von 50 schwerbewaffneten Reitern verpflichteten, sah sich Balduin zu Gegenmaßnahmen gezwungen. Er bezwang die Aufmüpfigen jedoch weniger mittels harscher Waffengänge als vielmehr durch die systematische Anlage mehrerer Trutzburgen.

Schöneck, ursprünglich Reichsgut, fiel 1354 schließlich gänzlich als Lehen an Kurtrier. Seitdem kam ihm keine größere Bedeutung mehr zu; 1805 war es schon arg ruiniert und wurde von einem Koblenzer Gerichtsschöffen ersteigert. Spätere Besitzer fügten neue Gebäude hinzu. 1910 erwarb der Frankfurter Maler Wilhelm Steinhausen die Anlage. Er und seine Erben haben viel zur Erhaltung und sensiblen Restaurierung der historischen Architektur geleistet, so daß Schöneck heute als ungemein stimmungsvoller Blickfang eine Zierde des Ehrbachtales darstellt.

Oberhalb einer Stelle, an der sich die *Ehr* durch eine bizarre Felsenklamm ergießt, steht die Ruine der *Rauschenburg* als eine der einsamsten und architektonisch interessantesten mittelalterlichen Festungsanlagen der gesamten Region. Seit ihrer Errichtung 1332 war sie Sitz eines kurtrierischen Amtmannes, begann jedoch mangels strategisch fortdauernder Funktion bereits gegen Ende des 15. Jahrhunderts zu verfallen. Dieser Umstand bewahrte sie während der Franzosenkriege vor gründlicheren Kriegszerstörungen, so daß sie sich jetzt als unverfälschtes Relikt gotischer Burgenbaukunst präsentiert. Auf fünfeckigem Grundriß stößt ihre Schildmauer keilförmig vor. Die Überreste des Palas, des Zwingers und des runden Bergfrieds bilden mit ihrem mächtigen Mauerwerk aus Schieferbruchsteinen ein so geschlossenes wie harmonisch anmutendes Ensemble. Wer die längere Wanderung durch das Ehrbachtal nicht unternimmt, kann die Rauschenburg auch von der Gemeinde Mermuth aus in etwa zehn Wegminuten zu Fuß erreichen.

Die nach 1160 errichtete *Ehrenburg* am Unterlauf des Ehrbaches gefällt dem heutigen Betrachter ebenfalls aufgrund ihrer außergewöhnlich schönen Lage auf steiler Waldhöhe über dem Tal (Farbt. 5). Ihr Umriß entspricht der Ideal- bzw. Klischeevorstellung von einer ›zünftigen Ritterburg‹. Sie erhebt sich dort, wo schon die Römerzeit (noch erkennbare) bauliche Reste hinterließ, und erlebte noch bis ins 16. Jahrhundert fortlaufende Verbesserungen und Verstärkungen. Im 14. Jahrhundert wurde der ›Hengst‹ genannte Doppelrundturm konstruiert, der Bergfried und Schildmauer in einem ist. Er überragt den Rampenturm, der als »hervorragende wehrtechnische Leistung und einer der frühesten Bastionstürme in Deutschland« gilt. Über seine spiralförmige Auffahrt konnten selbst schwere Geschütze hinaufgerollt werden. Trotz Sprengungen im Pfälzischen Erbfolgekrieg (1689) blieben die baulich bemerkenswertesten Teile vorzüglich erhalten, so daß die wesentlichen Bauperioden der Romanik, der Gotik und der Renaissance wie ein burgenkundliches Lehrbeispiel hier zu verfolgen sind. Die Burggaststätte gewährleistet überdies einen angenehmen Aufenthalt.

Das idyllische *Brodenbach* drunten im Tal mit historischen Häusern und seiner schön ausgestatteten Kirche (18. Jh.) zählt zu den gern besuchten Ferien- und Ausflugszielen an der Untermosel. Wer nach einer Besichtigung der Ehrenburg hier am ›lieblichen Gestade‹ einen Schoppen Wein genießt, braucht allerdings nicht unbedingt mit Schrecken an grausige Ritterfehden zu denken, sondern könnte sogar insgeheim ein Prosit auf 25 wackere Franzosen ausbringen, die 1688 das alte Felsennest besetzt gehalten haben: Es ist nämlich urkundlich überliefert, daß sie in zwei Jahren Wachdienst den gesamten Inhalt des Weinkellers durch ihre Kehlen gegossen haben – insgesamt 86000 Liter! Und dabei haben sie dieses ›Bravourstück‹ sogar verrichtet, ohne davon zu wissen, daß damit gleichsam eine Tradition weitergeführt wurde, die im benachbarten Moselort *Alken* bereits im 13. Jahrhundert begründet worden war.

*Die Ehrenburg bei Brodenbach, Zeichnung von 1831*

# DER MOSELHUNSRÜCK

Schon zur Römerzeit bestand hier eine Ufersiedlung, während die das Landschaftsbild weithin beherrschende *Burg Thurant* ›erst‹ 1197 gegründet worden ist. Ihr Erbauer war Pfalzgraf Heinrich, ein Sohn Heinrichs des Löwen und Bruder des welfischen Kaisers Otto IV. Der Feste war zunächst eine wichtige Funktion als Stützpunkt der Reichsmacht im Moselraum zugedacht worden, was unter anderem auch in ihrer repräsentativen Aufgabe als (zeitweiliger) Aufbewahrungsort der Kaiserkrone zum Ausdruck kam. Den merkwürdigen Namen gab ihr Graf Heinrich als Erinnerung an eine syrische Festung ›Thuron‹ (bei Tyrus), die er als Teilnehmer am Kreuzzug unter Kaiser Barbarossa vergeblich belagert hatte. 1214 kam Thurant im Erbgang an die pfälzischen Wittelsbacher, die als Burgvogt einen gewissen Zurn (auch ›Zorno‹ genannt) einsetzten. Dieser fiel wiederholt ins Gebiet des Erzstiftes Trier ein, welches sich daraufhin mit dem Kölner Bistum verbündete und die Burg erobern ließ. Die Kirchenfürsten teilten den Besitz und ließen zwischen den Burghälften eine Mauer sowie auf jeder Seite einen eigenen Bergfried errichten. Dadurch erhielt die Anlage als ›Doppelburg‹ ihr bis heute erhaltenes charakteristisches Profil. Hauptsächlicher Grund für jenes langandauernde Ringen war zweifelsohne, daß die kirchlichen Machthaber einen derart starken ›weltlichen Bolzen‹ an der ohnehin neuralgischen Nahtstelle zwischen ihren Bistumsgrenzen nicht auf Dauer dulden konnten. Nach der Einnahme wurde Thurant also von Trier und Köln gemeinsam verwaltet.

Später zeitweise verpfändet, kam sie in bereits arg ramponiertem Zustand 1585 an die Herren von Wiltberg, die sich zur Errichtung ihres Burghauses in Alken (spätgotisch, 1616) der Ruine als ›Steinbruch‹ für Baumaterial bedienten. Trotzdem muß sie 1689 noch imposant genug gewirkt haben, so daß französische Truppen im Pfälzischen Erbfolgekrieg das Zerstörungswerk vollendeten. 1911 erwarb der Geheime Kommerzienrat Dr. Allmers, Präsident des Reichsverbandes der Automobilindustrie, das baufällige Gemäuer und begann mit Wiederaufbauarbeiten. Seither sind bedeutende Bauteile nach alten Vorbildern wieder aufgemauert und eine aus romantischer Gesinnung zusammengetragene Fülle der verschiedensten Antiquitäten nebst Kopien alter Kunstwerke im Burgbereich untergebracht worden.

## Den Frühling bringt der Moosemann

Burg Thurant und das 22 Kilometer von Koblenz entfernte Alken empfehlen sich zur Besichtigung vor allem im zeitigen Frühjahr, und dies aus zwei Gründen: Zum einen haben die neuzeitlichen Burgbesitzer im geschützten Winkel der historischen Mauern einen fabelhaften Garten angelegt, in dessen mildem Miniklima die Blumen früher als in der Umgebung zur ersten Blüte gelangen, und zum anderen erinnert das schon seit rund 750 Jahren am dritten Fastensonntag gefeierte ›Moosemannfest‹ an die mehr als zweijährige Belagerung, ehe 1248 die Erzbischöfe Thurant einnehmen konnten.

Burgvogt Zorno, der damalige ›Schrecken des Mosellandes‹, hatte die Heere der Kirchenfürsten Arnold von Isenburg (Trier, 1242–59) und Konrad von Hochstaden (Köln, 1238–61) durch seine stete Unbotmäßigkeit herausgefordert und sollte nunmehr unschädlich gemacht werden. So rückten also eines Tages im Jahr 1246 die Truppen nach Alken ein und umzingel-

*Alken mit Burg Thurant, Stich des 19. Jh.*

ten das widerborstige Raubnest droben. Die Belagerung, wie schon erwähnt, zog sich lange hin, und eine Urkunde im Stift Münstermaifeld berichtet davon, daß es bei den erzbischöflichen Truppen über die Maßen fröhlich zugegangen ist, während Zorno und die Seinen ohne Nachschub darben mußten: »Zwey trunkvolle Jahre«, so heißt es wörtlich, wurden es, und in diesem Zeitraum haben die ›Kirchlichen‹ mit 1500 Soldaten den Alkener Wein in einer Menge von sage und schreibe 3000 Fudern (à 1000 Liter) verkonsumiert, pro Tag und Mann also etwa 2,8 Liter. Ob es vielleicht mit dieser Zeche zu tun hatte, daß die Erzbischöfe später aus Geldmangel die Burg wieder verpfänden mußten?

Gleichermaßen sagenhaft mutet die Moosemann-Geschichte an: Sie erzählt von einem ›fliegenden Ritter‹, der mit einer Wurfmaschine (Blide) aus der belagerten Feste herausgeschossen und auf dem Hang des Bleidenberges (!) durch nachgiebige Büsche beim Landen abgefedert wurde. Eine andere Version der Sage handelt davon, daß zur Täuschung der Eingeschlossenen die Alkener sozusagen ›kriegsverpflichtet‹ und als vorgebliche Lanzenträger mit Rebpfählen ›bewaffnet‹ worden seien. Schließlich wird vom Moosemann als von einem Mann Zornos berichtet, der eine Botschaft der Umzingelten hatte (vergeblich) herausschmuggeln sollen und in einer Tarnung von um seinen Leib gewundenen Moospolstern den Burgberg heruntergekullert kam.

Der Festbrauch ist diesen Ereignissen gewidmet: Durchs Mikrophon teilt heute der Moosemann seine ›Botschaft‹ den Bürgern mit und wird anschließend von geharnischten Begleitern durch das ganze Dorf geleitet. Alle Teilnehmer an dem ihm nachfolgenden Festzug tragen Rebpfähle in den Händen, und die Kinder bekommen von dem in Alken jeweils zuletzt getrauten Brautpaar eine Brezel geschenkt. Nach diesem Auftakt begibt man sich ins große Festzelt am Moselufer, wo dann den historischen Weintrinkern von 1246–48 gehörig nachgeeifert wird.

Die geschichtliche Wahrheit stellt sich natürlich anders dar, und ihr zufolge war z. B. der Bleidenberg Standort der Belagerungswurfmaschinen, die offenbar so effektiv wirkten, daß die Erzbischöfe später dort der hilfreichen Gottesmutter eine *Kirche* erbauen ließen, die noch heute ein Wallfahrtsziel ist. Vom ursprünglich romanischen Bau sind trotz eines Umbaues im 15. Jahrhundert noch die Scheidbögen und Fenster erkennbar. Den drei Schiffen des basilikalen Langhauses sind zwei Chöre angefügt, von welchen der südliche als rechtes Prachtbeispiel der frühen Gotik zu bewundern ist.

Aber noch einmal zurück ins Dorf **Alken**: Von seiner einst mit der Burg Thurant verbundenen Stadtwehr (14. Jh.) stehen noch etliche Reste, darunter Türme und der Torturm *Fallerport* mit seinen in Fachwerk ausgeführten Obergeschossen. Ein ganz besonderes Kleinod stellt die aus romanischer Zeit überkommene und späterhin (13. und 15. Jh.) erweiterte *Michaelskapelle* dar. Man erreicht sie über eine von kleinen Kreuzwegreliefs flankierte Treppe gleich oberhalb des historischen Siedlungskerns. Im Kreuzgewölbe des Chors blieben kostbare Fresken (14. Jh.) bewahrt, und hinter dem Altar ist ein interessantes Gemälde des vom Erzengel überwundenen Drachen zu erblicken. Dieser intime Kirchenraum mit seiner kleinen Empore (1622) birgt außerdem bemerkenswerte Altäre mit gotischen Details und einigen Plastiken aus späterer Zeit. Das Gotteshaus erhebt sich inmitten des alten Friedhofs auf einem in den Hang getieften Kellergeschoß, das als Karner hinter eisernen Gittern die seit Jahrhunderten darin aufgehäuften Schädel und Gebeine noch enthält. In einer Nische daneben gewahrt man die große Skulptur eines Schmerzenmannes (1595).

Auf der Weiterfahrt entlang der Untermosel in Richtung auf Koblenz kommt als nächster Ort *Oberfell* mit einem romanischen Turm (14. Jh.) an der neugotischen Pfarrkirche (1910) in Sicht. In der Turmhalle stehen als wertvolle Bildwerke des Barock (17. Jh.) die hölzernen Standbilder von Petrus und Paulus. Das benachbarte *Niederfell* birgt in seiner Pfarrkirche (18./19. Jh.) ebenfalls betrachtenswerte Bildhauerarbeiten sowie einen Taufstein und drei Altaraufsätze (alle Ende 18. Jh.). Qualitätvolle Barockkunstwerke finden sich weiterhin in der Pfarrkirche *Dieblich* von 1842; im näheren Umkreis dieses Gotteshauses zeigt sich der Ort außerdem sehenswert mit hübschen Fachwerkhäusern (16.–18. Jh.). *Lay*, das als Stadtteil bereits zu Koblenz gehört, verfügt über eine spätromanische Pfarrkirche (13. Jh.), ein einschiffiges und 1928 erweitertes Bauwerk, dessen Ostchorturm über einer tonnengewölbten Krypta errichtet wurde. Die Ausstattung des Gotteshauses enthält bemerkenswerte Objekte, so ein Gabelkreuz (14. Jh.), eine Pietà (15. Jh.) und mehrere Figuren aus späterer Zeit (17. und 18. Jh.).

Eine Gewölbebasilika im romanischen Stil (Anfang 13. Jh.) erhebt sich im Koblenzer Stadtteil *Moselweiß*. Neben den bedeutenden Architekturen der Rhein-Mosel-Stadt am ›Deutschen Eck‹ wird dieser kunsthistorisch interessanten Pfarrkirche St. Laurentius gewöhnlich kaum Beachtung geschenkt. Dabei handelt es sich um eine sehr interessante Konstruktion mit drei quadratischen Mittelschiffjochen im gebundenen System sowie einem gleichfalls quadratischen, gerade geschlossenen Chor. In der Außenansicht zeigt das Bauwerk eine Lisenengliederung mit Rundbogenfriesen unter profiliertem Dachgesims. Den Eindruck eines vorzüglichen Beispiels der romanischen Stilepoche vervollständigen unter seinem barocken Aufsatz auch der steinerne Altartisch aus der Erbauungszeit sowie ein spätromanischer Taufstein mit sechs angearbeiteten Ecksäulchen. Von erheblichem Kunstwert sind schließlich die um 1467 gefertigte und mit figürlichem Schmuck versehene Steinkanzel sowie eine Turmmonstranz (1469) als Meisterwerk des Johann Marburg.

Von Moselweiß bis zu ihrer Mündung fließt die Mosel nun durch eine rein städtisch geprägte Gegend. Am Rand der *Koblenzer Altstadt* steht die *Alte Burg* (12./13. Jh.): Der ansehnliche Bau ruht zum Teil noch auf der römerzeitlichen Stadtmauer und birgt heute Abteilungen der Stadtbibliothek. Der benachbarte *Bürresheimer Hof*, das alte *Kauf- und Tanzhaus* sowie das einstige *Schöffenhaus* dienen den Sammlungen des Mittelrhein-Museums zur Präsentation. Dessen vor- und frühgeschichtliche Abteilung vermittelt einen Eindruck von der bereits dichten Besiedlung der Kernlandschaft an Rhein und Mosel zur vorchristlichen Epoche. Die Gemäldegalerien enthalten bedeutende Werke niederländischer Malerei, der barocken Ehrenbreitsteiner Malerschule (18. Jh.) sowie das Œuvre des einst weltberühmten kurfürstlichen Hofmalers Januarius Zick (1730–97). Die Sammlung rheinischer Plastiken (13.–16. Jh.) präsentiert ihrerseits einen hervorragenden Querschnitt durch das reiche Kunstschaffen an weltlichen Höfen und in Gotteshäusern der historisch so vielschichtigen Umgebung.

Unter den Fenstern dieses Museums wölbt sich eine letzte Brücke über den Moselfluß. Ihr Bau wurde 1332 auf Geheiß jenes Mannes begonnen, der seinerzeit die Geschichte des Tales und der Hunsrückhöhen wie kein zweiter bestimmt und geprägt hat: Kurfürst-Erzbischof Balduin. Als Standbild erhebt er sich auf der Brüstung; sein Blick ist gegen Westen gerichtet, flußauf nach dort, wo er sein Machtzentrum innehatte: weit hinüber nach Trier.

# Ein Gang durch Trier

Wohl an keinem anderen Ort in Deutschland haben sich die antiken Wurzeln mitteleuropäisch-abendländischer Kultur am Schnittpunkt zwischen romanischen und germanischen Wirkungskreisen so eindrucksvoll erhalten wie in Trier, der einstigen Römerhauptstadt am Moselufer, die ihre Bedeutung als ›heilige Stätte‹ auch durch das Mittelalter wahren konnte und schließlich noch in Person des Bürgersohnes Karl Marx einen epochalen Geist hervorgebracht hat. Nüchterner betrachtet: Trier ist gewiß eine der historisch bedeutsamsten Siedlungen Europas, die kontinuierlich durch die geschichtlichen Zeitalter die wesentlichen Strömungen dessen barg und spiegelte, worauf sich letztlich die Gegenwart stützt: politisch, geistlich, kulturell... Man wirbt zur Stadtbesichtigung jetzt mit dem Slogan: »2000 Jahre Geschichte in 2000 Schritten.« Dies ist in der Tat nachzuvollziehen: Trier im Geschwindgang, im Zeitraffer die Epochen.

# EIN GANG DURCH TRIER

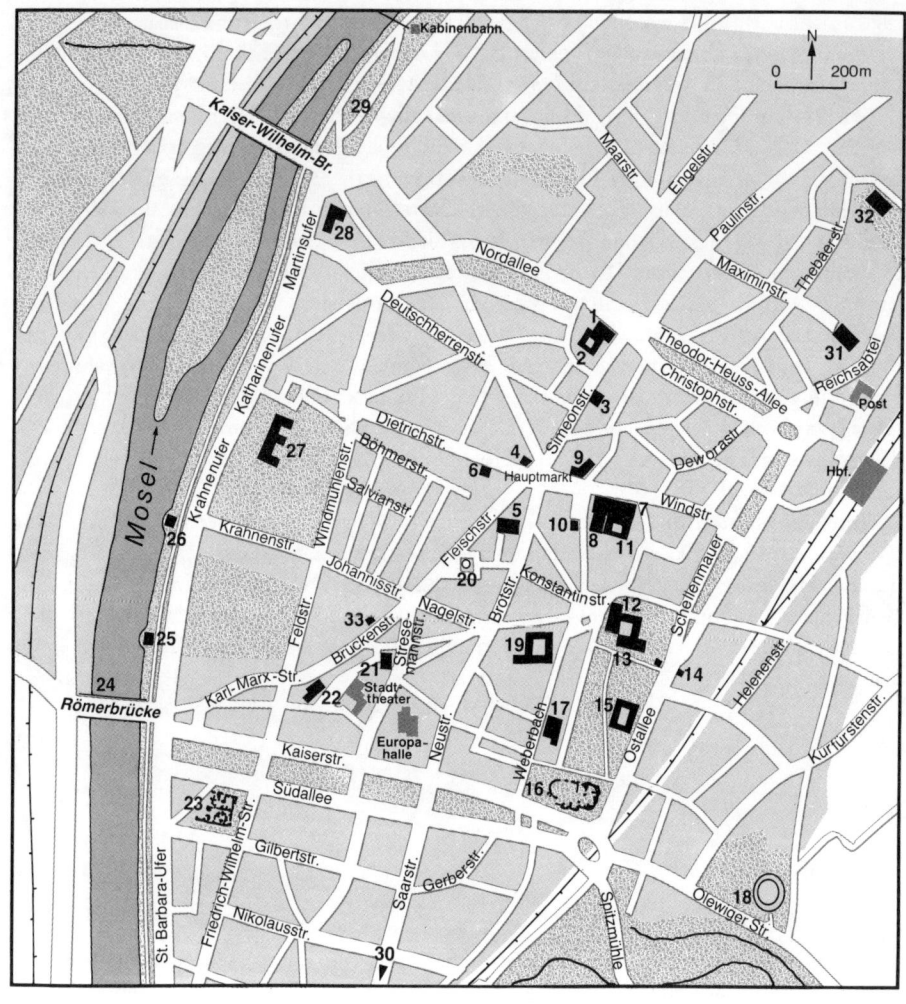

Trier 1 Porta Nigra 2 Simeonsstift 3 Dreikönigenhaus 4 Steipe 5 St. Gangolf 6 Frankenturm 7 Dom 8 Liebfrauenkirche 9 Palais Walderdorff 10 Palais Kesselstatt 11 Bischöfliches Palais 12 Basilika 13 Kurfürstlicher Palast 14 Kastilport 15 Rheinisches Landesmuseum Trier 16 Kaiserthermen 17 Stadtbibliothek 18 Amphitheater 19 Jesuitenkolleg und Dreifaltigkeitskirche 20 Georgsbrunnen 21 Antoniuskirche 22 Rathaus (Augustinerhof und ehem. Augustinerkirche) 23 Barbarathermen 24 Römerbrücke 25 Zollkran 26 Alter Kran 27 Stift St. Irminen 28 St. Martin 29 Schiffersiedlung Zurlaubener Ufer 30 St. Matthias 31 St. Maximin 32 St. Paulin 33 Karl-Marx-Haus

Man beginne also an der *Porta Nigra* (Abb. 61), diesem wahrhaft imperialen Stadttor der Römerzeit, dessen monumentale Architektur den steingewordenen Willen zur Macht verkörpert und zugleich die Träume von ewiger Stärke wie sinnbildlich dauerhaft überhöht: 30 Meter hoch, 36 Meter breit, 22 Meter tief, mit zwei sieben Meter hohen Doppeltorbogen im fensterlosen Erdgeschoß und insgesamt 144 Rundbogenfenstern. Weil nach dem Untergang des römischen Weltreichs ein Eremit namens Simeon sich in dem Relikt eingenistet hatte und darin 1036 verschied, wurde das antike Bauwerk, nachdem sein dem Erzbischof Poppo sehr nahestehender Bewohner heiliggesprochen worden war, dadurch gleichermaßen ›sanktioniert‹ Poppo stiftete einen Altar und erhob die vormalige Cella des Eremiten zur Kernzelle einer Kirche, die während der folgenden Jahrhunderte aus- und umgebaut wurde und praktisch den gesamten Raum des römischen Stadttores einnahm. An diesem in Ober- und Unterkirche gegliederten Sakraleinbau wurden noch bis zum Rokoko stetige Veränderungen vorgenommen, wovon nicht nur eine Vielzahl historischer Abbildungen aus den verschiedenen Bauphasen zeugt, sondern auch an Ort und Stelle noch eindrucksvolle Details zu besichtigen sind. Aufwendige Restaurierungen zwischen 1961 und 1974 haben all diese Gestaltungselemente gesichert, zugleich aber auch die ursprüngliche Funktion als Stadttor wieder deutlich hervortreten lassen.

Stadtseitig beginnt die Simeonsstraße mit einem weiten Platz, der nach dem zur Römerzeit angelegten Grundriß gestaltet wurde. Westlich der Porta angebaut, erhebt sich um den Brunnenhof das 1034 durch Erzbischof Poppo begründete *Simeonsstift* mit seinem doppelgeschossigen Kreuzgang: eines der kostbarsten Monumente frühromanischer Klosterarchitektur. Im Gebäude des einstigen Refektoriums zeigt das sehenswerte *Städtische Museum* seine Sammlungen, darunter bedeutende Kunstwerke von der Antike bis in die Neuzeit.

*Trier, Porta Nigra als Kirche, Kupferstich von Caspar Merian, um 1660*

# EIN GANG DURCH TRIER

Durch die vortrefflich gestaltete Fußgängerzone, stets auf dem schon zur Römerzeit als Geschäfts- bzw. Händlerstraße genutzten historischen Boden, gelangt man von der Porta Nigra und dem Simeonsstift in wenigen Gehminuten zum *Hauptmarkt*, vorüber am sogenannten *Dreikönigenhaus* (13. Jh.), einem hervorragenden Beispiel romanischer Wohn-Wehrbauarchitektur der staufischen Epoche. Es ist gut restauriert, wie auch die aus Weltkriegstrümmern wiederaufgebaute spätgotische *Steipe* (15. Jh.), die inmitten eines herrlichen Ensembles von Fassaden aller Stilperioden bis zum Klassizismus und unter dem wuchtigen Bau der 958 gegründeten *Kirche St. Gangolf* dem Platz ihren edlen Akzent aufprägt; insgesamt ein einzigartiges Bild. Das alte *Marktkreuz* (10. Jh.) erhebt sich auf einer römischen Säule, und der zur Renaissance errichtete *Petrusbrunnen* (1595) zeigt auf der Spitze den Apostel als Stadtpatron, während die um seine Säule angeordneten Skulpturen die vier ›Haupttugenden‹ repräsentieren (Abb. 60).

Rings um den Markt trifft man an teils engen Seitenstraßen noch eine Fülle anderer Baumonumente an, darunter den *Frankenturm* als wehrhaftes Wohnhaus der frühen Romanik (um 1100; Dietrichstraße). Vom Markt geht man durch die Sternstraße zum *Domfreihof*, der von den hochbedeutenden Baudenkmälern dreier Stilepochen beherrscht wird: dem frühromanischen Domwestbau, der frühgotischen Liebfrauenkirche und dem barocken Palais Kesselstatt.

Die grandiosen römerzeitlichen Deckengemälde (heute im Bischöflichen Museum, Banthusstraße 6) aus einem Palast, den Helena, Mutter des Kaisers Konstantin, um das Jahr 325 dem Bischof Agritius zwecks Errichtung einer Kathedrale schenkte, sind der älteste Nachweis für den antiken Ursprung des *Domes*. Aus dem profanen Prunkbau wurde darauf ein christlicher Ort, der unter Kaiser Gratian (375–383) einen gründlichen Umbau erfuhr. Fränkische Krieger zerstörten dann im 5. Jahrhundert dieses Gotteshaus, das unter Bischof Niketius (525–566) wieder instand gesetzt wurde. Turmfront und Langhaus als die wichtigsten und prägendsten Bauteile entstanden 1040–75 unter Erzbischof Poppo, während Hillin

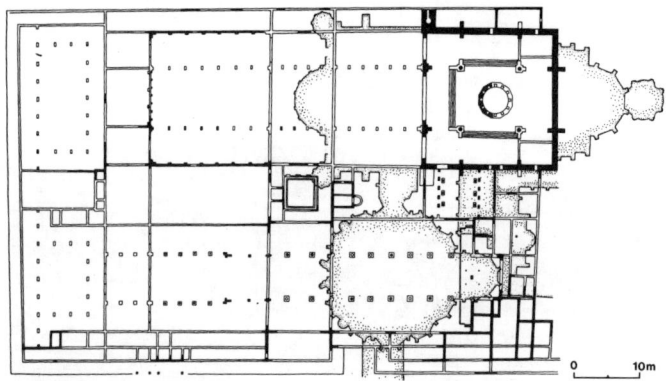

Dom und Liebfrauenkirche in Trier über den Fundamenten der römischen Doppelkirche

(1152–69) den Ostchor anfügen und Theoderich (1212–43) das Langhaus einwölben ließ. Diesen romanischen Architekturen folgten, vermutlich unter Balduin von Luxemburg (1307–54), vergleichsweise geringfügige Erweiterungen (u. a. Turmobergeschosse) im gotischen Stil, indes der Umbau zu einer barocken Querschiffkirche 1719–23 seitens des kurfürstlichen Hofbaumeisters Hans Georg Judas nach einem Großbrand erforderlich wurde. Beachtung verdient übrigens auch der vorzügliche Stuckdekor im Gewölbe des Domwestchores (Abb. 66).

Im 19. Jahrhundert sowie 1968–74 brachten größere Instandsetzungsarbeiten und eine durchgreifende Restaurierung das jetzige Baubild hervor, das den Trierer Dom als eine der interessantesten und durch die Stileigenschaften fast aller kunsthistorischen Epochen gewachsenen Synthesen und gleichsam auch als ein Bilderbuch der abendländischen Sakralarchitektur einschließlich der Römerzeit erscheinen läßt (Farbt. 22).

Die Fülle an Bauzier und Ausstattung, die kostbaren Objekte in der Schatzkammer, die Epitaphien hochberühmter Kirchenleute und weltlicher Würdenträger, schließlich auch der Domkreuzgang (1245–1270; Abb. 64) und die Kapitelbauten vereinen sich insgesamt zu einem Konzentrationsort der Künste und der Historie, dessen Geltung über die Stadt- oder Regionalgeschichte weit hinausreicht. Im Hinblick auf den Hunsrückraum verdienen hier vor allem die Renaissancegrabmäler der Erzbischöfe Richard von Greiffenclau (gest. 1531) und Johannes III. von Metzenhausen (gest. 1540), beide im linken Seitenschiff, genauere Beachtung. Eine gotische Tumba aus dunklem Marmor birgt die sterblichen Überreste Kurfürst-Erzbischofs Balduins (1308–54). Seine Liegefigur aus weißem Marmor sowie weitere Statuetten hat dieses Epitaphium (um 1356 gefertigt) leider eingebüßt.

Unter den vielen anderen Grabdenkmälern ragt dasjenige des 1142 verstorbenen Kardinallegaten Ivo als reichverzierter romanischer Bogen hervor, der vermutlich in der Werkstatt gemeißelt worden ist, aus welcher das Löwentor an der Kathedrale zu Verdun hervorgegangen war. Die steinerne Domkanzel (1570–72) und der Allerheiligenaltar (1614) sind Renaissancemeisterwerke des Hans Ruprecht Hoffmann, von dessen Hand in mehreren Dorfkirchen des Moseltals und auf dem Hunsrück noch weitere Arbeiten zu bewundern sind. Großartige Werke der romanischen Plastik sind hinwieder die Chorschranken (12. Jh.) mit Christus, Maria und Johannes dem Täufer und, als kostbarstes Relikt von Bildhauerhand aus derselben Zeit, das über dem Portal zur Liebfrauenkirche eingefügte Tympanon mit dem segnenden Auferstandenen, der Gottesmutter (Patronin von St. Marien) und Petrus (Patron des Domes).

Schließlich – obzwar damit der Kunstreichtum dieses Domes noch nicht annähernd erschöpft ist – muß noch auf die barocke Heilig-Rock-Kapelle im Ostchor hingewiesen werden: Von ihrem 1699 beendeten ›Vordertheyl‹ (hinter dem Hochaltar) mit einer durch prachtvolle Skulpturen verzierten Marmorfassade leiten zwei Aufgänge zur ›Heiltumskammer‹ als dem Aufbewahrungsort der wertvollsten Reliquie in Trier. Dies ist der in seinem Schrein verwahrte Heilige Rock, den Kaisermutter Helena in Jerusalem gefunden haben soll. Weniger legendär, doch überaus kostbar zeigen sich hingegen die Prunkstücke (Reliquiare u. v. a.) in der Domschatzkammer.

# EIN GANG DURCH TRIER

Geht man aus dem Dom durch den Kreuzgang zur Liebfrauenkirche, so kommt man an der ›Malberg-Madonna‹ vorüber, einem Bildwerk aus der Umgebung des Nikolaus Gerhaert von Leyden, der um 1462 in Trier das heute im Diözesanmuseum aufgestellte Grabmal für Erbbischof Jakob von Sierck geschaffen hat. Vom Kreuzgang übrigens zeigt sich die Gruppe der beiden Kirchen, gleichsam von innen heraus, als höchst eindrucksvolle Begegnung der beiden erhabensten abendländischen Kunststile. So ist auch diese frühgotische *Liebfrauenkirche* (1235–1260) eine der bedeutendsten Sakralarchitekturen auf deutschem Boden, insbesondere aufgrund ihrer eigenwilligen Anlage als Zentralbau. Über Fundamenten der römerzeitlichen Sakralanlage wurde ihr Grundriß aus einem gleicharmigen Kreuz entwickelt. Neben St. Elisabeth in Marburg (Lahn) stellt sie das älteste und zugleich einzige komplett und konsequent im gotischen System ausgeführte Baumonument dieses Stils in Deutschland dar. Ihr Baumeister hat seine Fertigkeit unzweifelhaft an den Kirchen der Champagne erlernt und schuf ein Werk, das Georg Dehio folgendermaßen rühmte: »Im Reichtum wechselnder perspektivischer Bilder, bei nie versagender Übersichtlichkeit des Raumganzen, ist die Liebfrauenkirche unter den deutschen gotischen Bauten einzig.« Über einer Ausstattung mit mehreren vorzüglichen Arbeiten der Trierer Bildhauerschule spannen sich die Spitzbogenarkaden und Rippengewölbe; die Kapitellskulpturen zeigen Blätter- und Knospenformen. Reicher sind die Portale gestaltet, insbesondere das westliche (Abb. 68), dessen Statuen im Original zu den sehenswerten Beständen des Diözesanmuseums gehören.

Dom und Liebfrauenkirche bilden das Zentrum der sogenannten ›Domstadt‹ im Herzen Triers, die noch weitere interessante Baulichkeiten enthält wie das Rokoko-*Palais Walderdorff* (1765) und das barocke *Palais Kesselstatt* (1740–45; Abb. 67). Im Barockstil wurde auch das *Bischöfliche Palais* (1786) errichtet, von dem aus man nun rasch zur *Basilika* (Abb. 62) gelangt, die um 310 als Palastaula unter Kaiser Konstantin erbaut worden ist. 67 Meter lang, 27 Meter breit und 30 Meter hoch ist diese gewaltig wirkende Architektur (heute evangelisches Gotteshaus), an welche sich der *Kurfürstliche Palast* (1756–62) als hervorragendes Werk des Balthasar-Neumann-Schülers Johannes Seiz mit einer opulenten Rokokofassade nach Süden hin anschließt. Reicher Skulpturenschmuck überzieht diese Schauseite: Im Giebelfeld gewahrt man Venus und Apollo inmitten eines kunterbunten Völkchens von Putten. Zierliche Figuren auch auf dem Balkon, darunter allegorisch-skurrile Darstellungen der vier Jahreszeiten. Eine erst 1979 geschaffene Treppenanlage führt vor dieser üppigen Kulisse hinab in den *Palastgarten*, dessen Blumenfülle zwischen Hecken und Rasenflächen einen prächtigen Hintergrund für zahlreiche lebensgroße Götterstatuen auf Postamenten abgibt. Es sind Abgüsse der Barockplastiken von Ferdinand Tietz, deren Originale heute im Städtischen Museum präsentiert werden. Östlich grenzt die sehr weitläufige Gartenanlage an die mittelalterliche Stadtmauer mit der ›Kastilport‹.

Jenseits des Palastgartens und der Stadtmauer steht zwischen hohen Bäumen das *Rheinische Landesmuseum Trier*, dessen Sammlungen mit Ausgrabungsfunden und Kunstwerken aus vorgeschichtlicher, römischer, fränkischer und mittelalterlicher Zeit zu den allerwichtigsten in Deutschland und Europa gehören (Abb. 56–58). Insbesondere auch für den Hunsrückraum ist es von enormer Bedeutung: Geht man durch die Säle und betrachtet die

61 TRIER   Die Porta Nigra, besterhaltenes Kolossal-Stadttor der Römerzeit in Europa
◁ 60 TRIER   Petrusbrunnen auf dem Hauptmarkt, links die historische Steipe
62 TRIER   Die ›Basilika‹, einstige Palastaula der konstantinischen Kaiserzeit

63 TRIER   Das Amphitheater am Abhang des Petrisberges faßte bis zu 20000 Zuschauer

64 TRIER   Der frühgotische Kreuzgang zwischen dem Dom und der Liebfrauenkirche

65  TRIER  Paulinskirche
66  TRIER  Stuckgewölbe des Domwestchores
68  TRIER  Westportal der gotischen Liebfrauenkirche
67  TRIER  Portal mit Vesperbild am Palais Kesselstatt

69 SAARBURG  Der Leukbach durchfließt den historischen Stadtkern

70 THALFANG   Friedhofstor und Kirche
71 STIPSHAUSEN   Barocke Dorfkirche
72 ASBACH   Detail vom Böcking-Grabmal
73 ASBACHERHÜTTE   Edelsteinschleifer Ernst Biehl

74 VEITSRODT  Vor der Stumm-Orgel das von Bernhard Engisch geschnitzte Gestühl

75 HERRSTEIN Gasse unter dem gotischen Uhrturm-Stadttor

76 HERRSTEIN Haustür in der Uhrturmgasse

77 STIPSHAUSEN Kirchenportal

78 FISCHBACH   Abendmahl, Gemälde von Johann Georg Engisch in der evangelischen Kirche

79 IDAR-OBERSTEIN   Altar des ›Obersteiner Meisters‹ in der alten Felsenkirche

81 OFFENBACH/GLAN   Wuchtig prägt die ehemalige Klosterkirche das dörfliche Zentrum
◁ 80 IDAR-OBERSTEIN   Vierspurig führt die Straße über die einbetonierte Nahe und unter den Schloßfelsen dahin

83 LÖLLBACH  Romanischer Kirchturm, gotischer Chor und neuzeitliches Schiff der Dorfkirche
◁ 82 OFFENBACH/GLAN  Frühgotisches Meisterwerk: Inneres der ehemaligen Klosterkirche
84 OFFENBACH/GLAN  Kapitellskulptur        85 BREITENHEIM  Römische Tänzerin

86 HUNDHEIM/GLAN  Hirsauer Kirche     87 REIPOLTSKIRCHEN  Wasserburg

88 GRUMBACH  Dorfansicht mit der rheingräflichen Kanzlei (links) und der klassizistischen Kirche

Skulpturen, Mosaiken, Modelle und das Inventar der Vitrinen, so stößt man buchstäblich >alle naselang< auf Fundobjekte, die zahlreichen in diesem Buch erwähnten historischen Stätten oder Grabungsstellen entstammen.

Unmittelbar neben dem Museum erheben sich die massigen Ruinen der römischen *Kaiserthermen*, einer einst 240 Meter langen und 145 Meter breiten Bäderanlage, die nach der Erhebung Triers zur kaiserlichen Residenz (293 n. Chr.) im Zusammenhang mit dem antiken Palastbau errichtet wurden. Ihre südöstliche Ecke wurde im Mittelalter in die Wehrmauer einbezogen und als Stadttor genutzt. Ausgedehnter noch als die oberirdisch erhaltenen Bauteile sind die wieder freigelegten Bedienungsgänge untertage.

Mit ihrer nördlichen Seite grenzen die antiken Bäder an den Palastgarten und westlich an die Weberbachstraße, die man zu einem Abstecher in die *Stadtbibliothek* mit ihren wertvollen Sammlungen benutzen sollte. Zu deren Prunkstücken zählen z. B. das berühmte Ada-Evangeliar (um 800) und der Codex Egberti (um 983–90) sowie noch eine Vielzahl illustrierter Bücher aus der Frühzeit des Buchdrucks.

In östlicher Richtung, nochmals an den Kaiserthermen vorüber, führt die Oleweiger Straße an den Stadtrand und zum Abhang des Petrisberges, in welchen um 100 n. Chr. die ovale Arena und die Zuschauerränge des *Amphitheaters* eingetieft worden sind (Abb. 63). 75 Meter lang und 50 Meter breit ist die Fläche, auf welcher zur Belustigung des bis zu 20000 Personen zählenden Publikums einstmals Tierhatzen und Gladiatorenkämpfe veranstaltet wurden. Sehenswert ist auch der Arenakeller darunter, in dem noch die Aussparungen und sonstigen Relikte für eine aufwendige Bühnentechnik angeschaut werden können. Hier wurden bei Ausgrabungen (nach 1905) auch die sogenannten >Defixiones< gefunden: kleine Bleitäfelchen mit eingeritzten Fluch- und Bannsprüchen, die vermutlich aus einem unterirdischen Kultraum der Antike stammen. Am selben Ort kam des weiteren eine Elfenbeinpyxis mit christlichen Bildmotiven zum Vorschein, woraus abgeleitet wird, daß nach Christenverfolgungen und Ermordung früher Glaubenszeugen (möglicherweise hier bei Zirkusspielen) das verschwiegene Sanktuarium später deren Andenken geweiht worden ist.

Geht man vom Amphitheater durch Oleweiger Straße und Südallee wieder durch die innerstädtischen Bezirke in Richtung Moselufer zurück, erreicht man das *Jesuitenkolleg* (1610–14; Jesuitenstraße) mit der *Dreifaltigkeitskirche* (13. Jh.): darin das Wappenepitaph der Elisabeth von Görlitz (gest. 1451) und das Grabmal für Friedrich Spee von Langenfeld (1591–1635), der als Theologe und Prediger in Trier wirkte und mit seinem Buch >Cautio criminalis< eine der leidenschaftlichsten und die wohl erfolgreichste Anklage gegen das Unwesen der Hexenverfolgungen herausgegeben hat.

Von der Dreifaltigkeitskirche ist es nicht weit zum *Kornmarkt*, den in Sichtweite der Basilika der 1751 von Johannes Seiz geschaffene *Georgsbrunnen* ziert. Und nahe liegt auch der *Viehmarkt*, an dem sich die spätgotische *Antoniuskirche* (15./16. Jh.) erhebt: Unter ihrem schönen Netzgewölbe birgt sie eine Reihe beachtenswerter Renaissancegrabmäler

◁ 89  MEISENHEIM  Brunnensäule mit dem Cauerschen >Meisenknäblein< auf dem Rapportierplatz

# EIN GANG DURCH TRIER

*Trier, die Kaiserthermen als Stadttor, Ende 18. Jh.*

sowie eine Rokokokanzel (1762), die dem kurtrierischen Hofbildhauer Ferdinand Diez zugeschrieben wird. – *Rathaus* und *Ratssaal* sind im *Augustinerhof* und in der *ehemaligen Augustinerkirche* (Chor aus dem 14. Jh.) untergebracht, einem früheren Kloster. Der nunmehrige Tagungsraum des Trierer Stadtrates bewahrt übrigens mit dem ›Neutorrelief‹ (12. Jh.) eines der frühesten Werke romanischer Monumentalplastik in Deutschland: Es ist ein ursprünglich in der Stadtwehr eingemauertes Tympanon mit den Figuren von Christus und Petrus sowie dem hl. Eucharius, der ein Modell der alten Befestigung trägt.

Immer noch in Richtung auf das Moselufer, über Kaiserstraße und Südallee hinweg, gelangt man nun bald zu den ausgedehnten Ruinen der römerzeitlichen *Barbarathermen* (um 150 n. Chr.), 170 Meter breit und 240 Meter lang, mit ihrer wiederhergestellten Hypokaustanlage. Die bislang nur zum Teil ausgegrabene Stätte hat eine Reihe wertvoller Funde freigegeben, darunter den Torso einer Amazone (jetzt im Landesmuseum), und bewahrt noch Reste einer Wandverkleidung aus farbigem Marmor.

An der Mosel erblickt man nun die *Römerbrücke*, deren antike Pfeiler (2. Jh.) den Bögen des 18. Jahrhunderts noch zur Auflage dienen. Unweit erheben sich der *Zollkran* (1774) und der *Alte Kran* (1413), dahinter das *Stift St. Irminen* (heute Hospital und Altersheim), das auf Mauerresten römischer Vorratsspeicher erbaut wurde. Nach Kriegszerstörungen dieses Jahrhunderts stehen hier noch ein romanischer Kirchturm (11. Jh.) und das barocke Schiff (1768–71) sowie der Westflügel der alten Anlage mit seiner um 1740 geschaffenen schönen Uferfront. Gleichfalls über römischen Ruinen entstand das ehemalige Abteigebäude von *St. Martin* (Renaissance, 1626; heute Studentenheim) genau dort, wo um das Jahr 400 der hl. Martin erstaunliche Wundertaten vollbracht haben soll. Weiter moselabwärts gelangt man zu den hübschen Häuserzeilen am *Zurlaubener Ufer*, einer alten Schiffersiedlung (Kabinenbahn zum Weißhaus).

In entgegengesetzter Richtung ist die etwas außerhalb des historischen Stadtgebietes gelegene Kirche St. *Matthias* inmitten ihrer ehrwürdigen Klosteranlage zu erreichen. Für die Geschichte des Hunsrücks war diese Benediktinerabtei schon im Mittelalter von größter Bedeutung. Die monumentale romanische Kirche (1127–1160), eine der frühesten gewölbten Pfeilerbasiliken im rheinischen Raum (Chor 1504–10), beschirmt den Sarkophag des Apostels und birgt in der Krypta Steinsärge der ersten Trierer Bischöfe, während die spätgotische Quirinuskapelle auf dem Friedhof über antiken Grabkammern der ›Albanagruft‹ erbaut wurde (darin ein kunstvoller Reliefsarkophag, 3. Jh.). Die Kirche St. Matthias ist überreich an kunsthistorisch wertvollen Details; Beachtung verdient vor allem ihr spätgotisches Netzgewölbe (um 1500) mit vielen figürlichen Schlußsteinen. Meisterwerke der Skulptur stellen auch das Gnadenbild der ›Mattheiser Madonna‹ (um 1480), die liegende Apostelgestalt aus derselben Zeit sowie die Figuren der Portalvorbauten (17./18. Jh.) dar. Der frühgotische Kreuzgang ist höchstwahrscheinlich unmittelbar vor Bau der Liebfrauenkirche vollendet worden, während die alten Klostergebäude (1210–57) ebenfalls als »eines der edelsten Werke der Frühgotik auf deutschem Boden« bezeichnet wurden.

Die andere historisch hochbedeutende Abtei in Trier, *St. Maximin* (nordöstlich der Porta Nigra), hinterließ mit ihrem Gotteshaus (1680–84, heute als Schulgebäude genutzt) eine eindrucksvolle Barocksilhouette. Von außen verrät nichts, daß in ihrer noch karolingischen Krypta wertvolle Wandmalereien (um 698, heute im Bischöflichen Museum) erhalten blieben. Von den abgebrochenen Klosterbauten um die einstige Kirche blieb noch ein Prunkportal (um 1750) übrig.

Wenige Straßenzüge entfernt steht die ehemalige Stiftskirche *St. Paulin* (1734–57) als ein Hauptwerk der barocken Architektur, das kein Geringerer als Balthasar Neumann entworfen hat (Abb. 65). Sie gilt unstreitig als bedeutendstes Gotteshaus dieses Stils im gesamten Rheinland. Ihrem eher schlicht wirkenden Äußeren setzt das einschiffige Innere seine grandiose Lichtfülle und eine festlich überbordende Dekoration der Stuckformen und Malereien entgegen. Ein kräftiger Blickfang in diesem vielfältigen Zierat ist der 1755–61 gleichfalls nach Neumanns Entwurf von Ferdinand Diez (Tietz) gefertigte Hochaltar. Die Deckengemälde mit Motiven aus dem Leben des hl. Paulinus (einst Bischof in Trier, gest. 358) sowie vom Leiden und Verklärtwerden der Thebäischen Legion fertigte 1743 Christoph Thomas Scheffler aus Augsburg.

Man sollte einen Gang durch Trier nicht beenden, ohne auch dem alten Bürgerhaus an der Brückenstraße 10 einen Besuch abgestattet zu haben, in dem am 5. Mai 1818 *Karl Marx* geboren wurde. Ein hierin von der Friedrich-Ebert-Stiftung eingerichtetes und betreutes Museum dokumentiert Marx' Rolle als ›Vater des wissenschaftlichen Sozialismus‹ und präsentiert eine Vielzahl an Objekten (Bücher, Handschriften, Briefe).

# Waldland im westlichen Hunsrück

## Ruwertal und Saarburger Land

Von Trier zu den Hunsrückhöhen gelangt man rasch (in Richtung auf Hermeskeil oder Thalfang) mit der bei Schweich und Longuich aus dem Moseltal hinaufführenden Autobahn oder über die B 52 von Ehrang und Kenn, vorüber an Thomm mit dem weißen ›Hinkelstein‹ (s. S. 137). Einen zwar langsameren, jedoch sehr empfehlenswerten Verlauf nimmt die östlich Trier ab Ruwer den gleichnamigen Bach begleitende Talstraße. Die Nähe der historischen ›Moselmetropole‹ ist hier überall schon anhand der Ortsnamen spürbar: Mertesdorf (einst: Martini villa) und Kasel (einst: Casella = kleines Landhaus), um nur zwei Beispiele zu nennen, deuten beredt in die antike Vergangenheit zurück, indes die hier ringsum angesiedelten alten Klosterhöfe und -weingüter den großen Epochen des auch weltlich machtvollen Erzbistums Trier entstammen. Damals wie heute geschätzte Weinlagen wie der ›Karthäuser Hofberger‹ oder der ›Grünhäuser Maximer Herrenberg‹ spiegeln nicht minder das Erbgut des geistlichen Kurstaates wider. So zeigt sich auch der 1569 als ›Thebestburg‹ genannte *Duisburgerhof* (südlich von Ruwer, an der Straße nach Eitelsbach) inmitten seiner Rebhänge mit malerischen Baugruppen aus alter Zeit: Ein Wohnturm (14. Jh.) mit seinem hofseitig vermauerten Rundbogenportal und dem angebauten Treppenturm (1588) als den ältesten Teilen wird von späteren Baulichkeiten (16.–19. Jh.) eng eingerahmt. Bemerkenswert sind das Renaissancewappen der Domherren von Schönberg (Schonenberg), die spitzbogigen Fensterwände und manche hübschen Steinmetzarbeiten (16. Jh.). Noch heute gehört der Duisburgerhof dem Bischöflichen Konvikt als Weinbaubetrieb und landwirtschaftlich genutztes Hofgut.

Der *Karthäuserhof* liegt in einem Seitental der Ruwer bei Eitelsbach. Er wurde im 14. Jahrhundert dem Trierer Karthäuserkloster von dessen Gründer, Erzbischof Balduin, als Schenkung übertragen. In den während des 18. und 19. Jahrhunderts mehrmals umgebauten Gutsgebäuden (heute Privatbesitz) verbirgt sich noch das spätgotische einstige Burghaus. Gegenüber Mertesdorf gewahrt man am westlichen Talhang der Ruwer das *Schloß Grünhaus*, ehemals der Abtei St. Maximin in Trier zu eigen (die Anlage wurde bereits 966 als deren Besitz bestätigt), dessen spätgotisches Wohngebäude 1638 bauliche Veränderungen erfuhr. Im Park sind noch Überreste der antiken Riveriswasserleitung nach Trier vorhanden.

Auch im nahe gelegenen **Kasel** besaßen drei Trierer Klöster einträgliche Gutshöfe: Das heutige Gasthaus ›Kaseler Hof‹ (18. Jh.) wurde als Eigentum von St. Paulin schon 1373 bezeichnet; gleich gegenüber steht das ehemals St. Marien zugehörige Gut (›Marienkloster‹, heute Privathaus), während ein für 973 als Besitz von St. Irminen bezeugter Hof nunmehr den Reichsgrafen von Kesselstatt gehört. Die katholische *Kirche St. Nikolaus* (1926/27) bezieht eine 1781 erbaute Kapelle als Vorhalle und Orgelempore mit ein. Der hölzerne Tabernakelaltar (18. Jh.) zeigt neben einfachem Dekor des Rokoko die Figuren des Schutzheiligen sowie der Apostel Simon und Thaddäus.

Im benachbarten **Waldrach** bewahrt die 1905 neugotisch erbaute *Pfarrkirche St. Laurentius* noch eine Ausstattung mit wertvollen Bildwerken aus früherer Zeit, darunter eine Figurengruppe (um 1575) von einem Grabmal für den Trierer Dechanten Friedrich von Enschringen, die 1803 abgenommen und zum jetzigen ›Heiligkreuzaltar‹ (rechter Seitenaltar) zusammengesetzt worden ist. An einem Parkplatz neben der *Ruwertalstraße* bei Waldrach wurde unter einem hölzernen Schutzbau das Teilstück der *römischen Wasserleitung* nach Trier konserviert, die seit dem 2. Jahrhundert n. Chr. 200 Meter oberhalb der Riveriseinmündung das Ruwerwasser aufnahm. Aus denselben Quellgebieten am Fuß des Hunsrücker Hochwaldes, vor allem aus der Riveris-Talsperre, bezieht Trier noch heute sein Trinkwasser. Von der Bedeutung des Ruwertales zur Römerzeit berichten mehrere Funde mit Reliefs aus Mertesdorf und Grünhaus (heute im Landesmuseum) sowie auch eine Textstelle bei Ausonius: »Die Ruwer dreht in schwindelnden Wirbeln die kornzermahlenden Steine und zieht die kreischenden Sägen durch glatte Marmorblöcke« (aus dem ›Mosella‹-Gedicht).

Von Waldrach nach Pluwig fährt man durch das sich nun immer mehr verengende Tal und dann hinauf nach Gutweiler, von wo man möglichst einen Abstecher ins fast verborgene Dörfchen *Sommerau* unternehmen sollte. Über seinen aus Schieferbruchstein errichteten Wohnhäusern und Gehöften erhebt sich auf klobigem Fels eine pittoreske Burgruine. Diese ist in jüngster Zeit vorzüglich konserviert worden. Im Inneren des rechteckigen Bergfrieds (Wohnturm) können außer den Schießscharten noch Gewölbeansätze und ein Kamin betrachtet werden. Bei dem halbrund erhaltenen Palasturm und im hübschen Waldstück an der Ruine stehen Ruhebänke und verzweigen sich Spazierpfade. So lädt die 1303 als kurtrie-

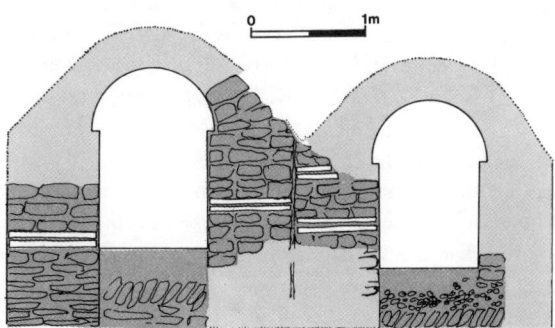

*Römischer Doppelkanal bei Waldrach, nach Krohmann, 1903*

risches Lehen der Rittergeschlechter ›von der Brücke‹ genannte Wehrarchitektur heute zu beschaulichem Bummeln und Nachsinnen ein.

Durch zwei enge Unterführungen der Ruwertalbahn gelangt man von Sommerau zum Industriegelände einer Schuhfabrik und zugleich wieder auf die Durchgangsstraße zurück. Bald ist droben *Gusterath* zu erblicken, dessen ausgedehnte Neubaubezirke den alten Ortskern auf seinem Hügelausläufer geradezu verschwinden lassen. Das Nachbardorf *Pluwig* birgt in seiner 1805 erbauten Pfarrkirche (1860 und 1915 erweitert) als Altaraufsatz im Seitenschiff ein sehr kunstvolles Vesperbild (um 1540). Dabei handelt es sich um eine farbig gefaßte Arbeit aus grauem Sandstein (102 × 76 cm groß) mit höchst ausdrucksvoller Pietà, einem Kreuz mit den Leidenswerkzeugen, zwei Prophetenhalbfiguren mit Schriftrollen sowie einer knienden Stifterfigur. Feingliedriger Renaissancedekor umrandet die recht sehenswerte Plastik.

In der näheren Umgebung dieser Orte im und über dem Ruwertal sind es vor allem *Osburg* und *Schöndorf*, deren Kirchen Aufmerksamkeit verdienen. Beiden ist jeweils ein frei neben den Sakralbauten stehender Glockenturm zu eigen; derjenige in Schöndorf (neuromanisch, 1908) erhebt sich zur Seite eines klassizistischen Saalbaues von 1838/39, während der Osburger Rundturm (Jahreszahl 1741 am Portal) ein neuzeitliches Gotteshaus (1958) überragt. In der letzteren Kirche sind 14 Ölgemälde mit Motiven der Leidensstationen Christi zu betrachten: Diese sind Arbeiten im Nazarenerstil und wurden von der ›Malergräfin‹ Octavie de Lasalle von Louisenthal (1812–1890) geschaffen. Sie lebte auf Schloß Dagstuhl bei Wadern (südlich des Hochwaldmassivs) und stand dem künstlerischen Umkreis des Historienmalers Friedrich Overbeck sehr nahe. In Osburgs Kirche verdienen außerdem drei Holzfiguren (18. Jh.) Beachtung: eine barocke Madonna sowie die Pfarrpatrone Clemens und Hubertus.

Das obere *Ruwertal* schlängelt sich durch weite Forsten, an deren Rand nicht nur solch hübsche Orte wie *Bonerath, Hinzenburg, Heddert* und *Lampaden* liegen, sondern wo außerdem merkwürdige Stätten wie das ›Römerlager‹ bei *Holzerath*, vermutlich eine antike Befestigung, an die geschichtliche Herkunft erinnern. Auch *Hentern* hat in Gestalt eines Grabreliefs und weiterer Objekte dem Trierer Landesmuseum bedeutende Schätze geliefert, während in *Zerf* bereits das Hirschgeweih im Ortswappen (Cervus = Hirsch) an die römerzeitlichen Ursprünge denken läßt. In seiner Pfarrkirche St. Laurentius (1818) steht mit dem steinernen Altaraufsatz (1539) ein vorzügliches Werk, das stilistisch in engem Zusammenhang mit dem Metzenhausenepitaph im Trierer Dom zu sehen ist.

Zerf ist im übrigen ein wichtiger Knotenpunkt der Straßen, die sich nach Trier, Konz, Saarburg, Hermeskeil und ins nahe Saarland verzweigen. Fährt man von hier über die B 268 in Richtung Konz, lassen sich lohnende kurze Abstecher nach Pellingen, Krettnach, Oberemmel und Wiltingen unternehmen. Die Kirche (1727) von *Pellingen* verfügt über einen romanischen Westturm, in welchen ein römerzeitlicher Reliefstein (Maske) eingemauert wurde. Die Priesterbank zeigt ein weiteres Bildhauermotiv der Antike: einen geflügelten Genius und Weinlaubornamente. Das Gotteshaus (1773/74) in *Krettnach* wurde ebenfalls an einen romanischen Ostchorturm mit einem Kreuzgratgewölbe (12. Jh.) im Untergeschoß

*Baugruppe des Hunsrückdorfes im Freilichtmuseum Roscheider Hof bei Konz, Zeichnung von Rolf Robischon*

gefügt. *Oberemmel* (Pfarrkirche St. Brictius, 1734) ist Standort eines vormals der Trierer Abtei St. Maximin gehörigen Klosterhofes (1732). Von hier senkt sich die Straße ins Weinbaugebiet am Unterlauf der Saar und in den Winzerort *Wiltingen* hinunter, dessen neugotische Martinskirche (1909/10) vom Trierer Dombaumeister Julius Wirtz errichtet wurde, dem auch im weiteren Hunsrückraum mehrere Sakralbauten zu verdanken sind.

Über *Hamm* in seiner Flußschlinge (vgl. ›Zeller Hamm‹) mit dem hübschen romanischen Turm der Pfarrkirche (1745) gelangt man nun schnell nach **Konz,** wo Saar und Mosel zusammenfließen. Diese größte Weinbaugemeinde im Trierer Land (516 ha Rebfläche), zugleich Mittelpunkt eines mit zahlreichen Freizeiteinrichtungen aller Art ausgestatteten Erholungsgebietes, war schon zur Antike ein wichtiger Ort. Im einstigen Contoniacum nahm Kaiser Valentinian (364–75) seinen Sommersitz, von dessen Prachtbauten noch bedeutende Relikte unter der *Pfarrkirche* (1959–61) zeugen. Auch die ehemalige *Karthause* an der Mosel (1331 durch Erzbischof Balduin begründet) wirkt als noble Gebäudegruppe, darin der gotische Unterbau der 1885–87 restaurierten Kirche St. Johannes. Leider erinnert nichts mehr an die aus dem 4. Jahrhundert n. Chr. stammende Brücke, an der in einer berühmt gewordenen Schlacht 1675 französische Truppen eine entscheidende Niederlage gegen Herzog Karl IV. von Lothringen erlitten und danach Trier aufgeben mußten. Seit 1976 ist der schon 1330 als Hofgut der Benediktiner von St. Matthias in Trier erwähnte *Roscheider Hof,* landschaftlich schön über dem Städtchen an der Saarmündung gelegen, als *Volkskunde- und Freilichtmuseum* ein ganz besonderes Besichtigungsziel: Seine malerischen Gebäudegruppen präsentieren vor allem auch einen aus anderenorts abgetragenen und hier wiedererrichteten Häusern zusammengefügten ›Hunsrückweiler‹.

Von Konz führt moselaufwärts die B 419 in wenigen Kilometern nach Wasserliesch und dann, stets das rechte Flußufer begleitend (jenseits liegt das Großherzogtum Luxemburg), über Temmels, Nittel und Palzem zum ›Dreiländereck‹ südlich von Perl, wo Luxemburg, Lothringen und das Saarland bei der Schengener Brücke aneinandergrenzen. Das *Saarburger*

# WALDLAND IM WESTLICHEN HUNSRÜCK

*Land*, mit dem annähernd dreiecksförmigen Höhenrücken zwischen Palzem, Freudenburg und Konz noch zu Rheinland-Pfalz gehörend, trennt die beiden Flußtäler und wird zu Recht gelegentlich als das ›Sonneneck im Abseits‹ bezeichnet. Dabei erkennt man schon bei Wasserliesch, dem ›Tor zur Obermosel‹, daß diese Region am Saum des von Weinhängen umkleideten Flusses offensichtlich uralter Kulturboden ist.

Weit geht der Blick droben von der ›Loeschemer Kapelle‹ über die behaglich ans Ufer gelagerten Ortschaften hinweg, über *Wasserlieschs* markanten Kirchturm von St. Aper (1910/11) bis zum Grenzübergang Wasserbillig an der gegenüberliegenden Mündung der Sauer. Landeinwärts liegt *Tawern* am Rosenberg (356 m) mit dem romanischen Chorturm von St. Peter und Paul, während *Temmels* an der ›Moselweinstraße‹ mit der Pfarrkirche St. Peter (1861/62) ein schönes Gotteshaus der Neugotik herzeigt. Weiter moselaufwärts wächst um *Wellen*, das ›Waleheim‹ von 646, der Wein auf kalkigen Böden, die schon von den Römern genutzt worden sind. Rebstöcke umringen auch die ehrwürdige *Rochuskapelle* zwischen Nittel und Köllig, deren zweischiffiges Langhaus (1701) einem vierseitigen Chorraum (14. Jh.) der Gotik angebaut worden ist. Die Altäre (18. Jh.) im Inneren sind gute Arbeiten mit Schnitzwerk. Ein anderes einsam gelegenes Gotteshaus ist auch die sogenannte ›Rehlinger Kirche‹ beim Dörfchen *Fisch* im Mannebachtal. Ihr romanischer Westturm überhöht eindrucksvoll das Schiff (1793) und den gewölbten Chor (1667). In dieser Gegend wurden an einem steinzeitlichen ›Werkplatz‹ Funde geborgen, die eine Besiedlung des idyllischen Tales schon zur Vorgeschichte als sehr wahrscheinlich annehmen lassen.

*Wincheringen* bietet einen schönen Anblick mit seinem runden ›Warsberger Turm‹ (15. Jh.), dem Überrest einer Wasserburg, zu welcher auch das daneben stehende Herrenhaus mit seinem verwitterten Portal (1565) der Renaissance am Treppenturm gehörte. Der erwähnte Rundturm birgt heute das Geläute für die ebenfalls benachbarte neugotische Pfarrkirche (1883) über dem Ort.

In **Palzem,** das 924 erstmals urkundlich erwähnt wurde, haben die Funde mächtiger Eichenpfähle mit eisernen Manschetten die Existenz einer Moselbrücke bereits für die Römerzeit bewiesen. In den Ortsteilen *Wehr, Dilmar* und *Helfant* kamen hingegen viele steinzeitliche Funde ans Tageslicht. Palzems *Pfarrkirche St. Agatha* (1832/33) wurde im klassizistischen Stil errichtet, ebenso der ›*Helfanter Dom*‹ (1848/49) mit seiner eindrucksvollen Doppelturmfassade. Noch auffälliger wirkt beim Ortsteil Kreuzweiler das große *Schloß Thorn* als Ensemble von Architekturen des 15., 16. und 17. Jahrhunderts.

Palzem eignet sich bestens als Ausgangsort für Fahrten an die Luxemburger Weinstraße auf dem jenseitigen Moselufer oder flußaufwärts ins saarländische Nennig mit dem berühmten römerzeitlichen ›Gladiatoren-Mosaik‹. In östlicher Richtung erreicht man dagegen über Kirf das schön gelegene **Freudenburg.** Zu einer grandiosen Baugruppe vereinen sich die mächtigen Ruinen der 1337 unter König Johann von Böhmen (zugleich Graf von Luxemburg) gegründeten *Freudenburg* und der gleichfalls in enormen Resten noch vorhandenen *Stadtwehr* (14. Jh.) mit der in gotischen Formen über einem Vorgängerbau aufgeführten *Dreifaltigkeitskirche* (19. Jh.).

Unterhalb dieser Monumente führen durch das naturschöne *Leukbachtal* Wanderwege nach Saarburg, während droben über eine Seitenstraße **Kastel-Staadt** erreicht werden kann. Auch dieser kleine Ort an steilen Felsklötzen wurde auf uraltem Siedlungsboden errichtet, der bedeutende Römerfunde preisgegeben hat. Höchstwahrscheinlich nutzte bereits Titus Labienus, Cäsars tatkräftiger Unterfeldherr, das für eine Festungsanlage günstige Gelände als Stützpunkt. Unweit der zur Saar steil abfallenden Hänge steht das ehrwürdige *Johanniskirchlein* (12./13. Jh.; im 17. Jh. geringfügig verändert) vermutlich ebenfalls auf antiken Fundamenten. Und wo nahebei um 1600 der Eremit Romery in Felskammern einer uralten Kultstätte hauste und daneben auf hoher Klippe ein Kirchlein erbaute, entstand nach 1835 als zweigeschossige Grabkapelle für die Gebeine des 1346 in der Schlacht von Crécy umgekommenen blinden Böhmerkönigs Johann (heute in der Luxemburger Kathedrale) das neuromanische Monument der sogenannten ›*Klause*‹ (Farbt. 23). Karl Friedrich von Schinkel war es, der unter Beibehaltung der teils noch aus dem Mittelalter stammenden älteren Baureste diese Gedenkstätte zu einem unvergleichlichen Musterstück der aus romantischer Gesinnung die historischen Bauformen des alten Reiches aufgreifenden Architektur gestaltet hat.

Prachtvoll thront die ›Klause‹ über dem Fluß, am gegenüberliegenden Ufer liegt mit **Serrig** ein weiteres Dorf voller römerzeitlicher Relikte. Antike Grabmäler und das ›Widdertshäuschen‹ als Reste einer Siedlung der Frühgeschichte wurden hier gefunden. Serrigs neugotische *Pfarrkirche* (1896) ist Nachfolgerin eines älteren, dem hl. Martin geweihten Gotteshauses, dessen romanischer Chorturm noch auf dem Friedhof erhalten ist. Neugotisch auch *Schloß Saarfels* (1912–14), eine Sektkellerei, das in vergleichbarer Weise wie die Gebäude der Staatlichen Weinbaudomäne (1904–12) historische Baustile zu einer romantisierenden Architekturkulisse vereint.

Flußaufwärts am linken Saarufer liegt **Taben-Rodt,** das aus einem wahrscheinlich schon im 7. Jahrhundert bestehenden und wohl 962 zu St. Maximin in Trier gehörigen klösterlichen Anwesen hervorgegangen ist. *Kirche* und *Propsteigebäude* (Anfang 18. Jh.) beziehen noch romanische Relikte (11. Jh.) mit ein. Einen besonderen Blickpunkt bildet hier außerdem die spätgotische *Michaelskapelle* (15. Jh.) auf ihrem steilen Felsvorsprung hoch über der Saar. Sie krönt buchstäblich einen urwüchsigen Landschaftsraum, der mit dem Naturschutzgebiet ›*Tabener Urwald*‹ auch für Wanderfreunde großartige Gelegenheiten zu bieten vermag.

Flußabwärts von Serrig erreicht man nach wenigen Kilometern **Saarburg** als historisches Zentrum dieser Region, heute noch Verwaltungssitz und ein schöner Ferienort (Abb. 69). Das Städtchen mit der hoch auf einem Berggipfel das Tal überragenden Burgruine (964 erstmals erwähnt) liegt an der Mündung des Leukbaches in die Saar. Deren Kanalisierung hat der idyllischen Uferfront zwar viel von ihrem ›Bilderbuch‹-Charme gestohlen, doch blieb davon das Ensemble historischer Wohnbauten (insbesondere um den Leukbachfall) im Weichbild Saarburgs verschont. Außer den sehenswerten und wahrhaft romantisch anmutenden Gemäuern der *Burg* (romanische Reste, Palas 14. Jh.) bewahrt auch der *Kunoturm* (14. und 17. Jh.) noch Erinnerungen an entschwundene Wehrhaftigkeit. Die *Laurentiuskir-*

# WALDLAND IM WESTLICHEN HUNSRÜCK

*Saarburg, Kupferstich von Merian, 1646*

che wurde 1856 neugotisch erbaut und beschirmt neben älteren Grabmälern (18. Jh.) auch eine Anzahl guter Skulpturen (16. und 18. Jh.) und Ölgemälde. Im Stadtteil *Beurig* rechts des Flusses zeigt sich die *Wallfahrtskirche Mariä Heimsuchung* (15./16. Jh) mit interessanten Formen der Spätgotik: Prächtige Sterngewölbe werden von figürlich verzierten Konsolen abgestützt, und die Schlußsteine tragen Stifterwappen. Der fünfstöckige Gnadenaltar (1622), das Gnadenbild (vermutlich Anfang 15. Jh.), der Kreuzaltar (1631) und die Kanzel (1660) sind allesamt qualitätvolle Arbeiten.

*Ayl* links der Saar mit seiner schlichten Pfarrkirche (1846–48) ist nachgewiesenermaßen schon zur Römerzeit ein Weindorf gewesen, während für das gegenüberliegende *Ockfen* (neugotische Kirche, 1904–06) zumindest eine tausendjährige Winzertradition beglaubigt ist. Das benachbarte *Irsch* blickt auf eine ähnlich lange Weinbaugeschichte zurück: Schon vor der Jahrtausendwende bezog Erzbischof Heinrich von hier seinen Rebensaft. Noch weiter reichen Funde zurück, die eine Ansiedlung im 2.–4. Jahrhundert n. Chr. auf den Ausläufern des Schwarzwälder Quarzitrückens hinterlassen hat.

Am oberen Ortsausgang schlängelt sich die Straße nach Zerf steil durch die Rebhänge hinauf, führt droben ein paar Kilometer über relativ ebene Feldfluren und taucht dann in die tiefen Forsten des *Schwarzwälder Hochwaldes* ein, wie man hierzulande seit alters die von der Erbeskopfregion zur Saar streichenden Höhenzüge nennt. Nur vereinzelte Gehöfte stehen an dieser Strecke, die auch im weiteren Verlauf, zwischen Zerf und Hermeskeil, stets die Ortschaften meidet und in etwa der Grenze zwischen den Bundesländern Rheinland-Pfalz und Saarland folgt. Abstecher lohnen sich nach *Schillingen* und *Kell am See*, Mittelpunkte einer freundlichen und mit modernen Einrichtungen ausgestatteten Ferienregion, sowie zur malerischen Ruine der *Grimburg* (12. und 14. Jh.), einer in den achtziger Jahren ausgegrabenen und aufwendig rekonstruierten Grenzfeste des Erzbistums Trier, die ehedem zu den stärksten Burgen im Linksrheinischen zählte. In ihrer weiteren Umgebung verdienen auch die kleinen Dörfer des Hochwalds einen Besuch, die zum Teil bemerkenswerte Altäre in ihren uralten Kirchen besitzen. So zum Beispiel der Barockaltar (1709) in Greimerath und auch das in der modernen Kirche (1972) von Waldweiler wieder eingebaute gotische Sakramentshäuschen eines älteren Sakralbaus.

# Rings um den Erbeskopf

Bei Hermeskeil treffen sich die von Saarburg und aus dem Ruwertal heraufführenden Straßen mit der Autobahn Trier – Kaiserslautern dort, wo nach Nordosten auch die Hunsrückhöhenstraße B 327 die höheren Lagen des Mittelgebirges erschließt. **Hermeskeil** und seine Umgebung sind reich an römerzeitlichen Funden. Das hübsche Städtchen zeigt mit der *katholischen Martinskirche* eine ansehnliche Architektur in neuromanischen und neugotischen Formen (1867–70) und mit dem *evangelischen Gotteshaus* (1853) einen schlichten Bau des Klassizismus. Das *Hochwaldmuseum* (Volkskunde), das *Lokomotivmuseum* an der historischen Hunsrückbahn und eine moderne *Flugzeugausstellung* sind die wesentlichen Attraktionen des aufstrebenden Urlaubsortes. Er eignet sich überdies gut als Ausgangspunkt für Fahrten um das Massiv des 818 Meter hohen *Erbeskopfes*.

So gelangt man in südöstlicher Richtung, ein tiefes Waldtal durchquerend, bald nach *Züsch* mit seiner weithin sichtbaren dreitürmigen Pfarrkirche St. Antonius (1780–84), einem repräsentativen Sakralbau, der in der Waldeinsamkeit ringsum einen kunsthistorisch bemerkenswerten Akzent darstellt. Hinter dem Ort erhebt sich der dunkle Höhenzug an der saarländischen Grenze, der mit dem *Ringwall von Otzenhausen* (über der Straße nach Nonnweiler) eines der großartigsten Monumente latènezeitlicher Festungsarchitektur trägt.

Oberhalb der Ortschaften Neuhütten und Muhl verläuft eine Straße in Richtung Birkenfeld/Nahe, von welcher bei Börfink, einer einstmaligen Köhlersiedlung, die schmale Seitenstrecke nach Tranenweiher und Hüttgeswasen abzweigt, vorbei am Stützpunkt ›Erwin‹ (hochmoderne Bunkeranlage mit dem NATO-Kriegshauptquartier Europa Mitte). Keine zwei Kilometer weiter erblickt man dann inmitten des dichten Waldlandes den winzigen Weiler *Tranenweiher* mit seiner Wasserfläche, an welcher der örtlichen Überlieferung zufolge Krimhild um ihren ermordeten Helden Siegfried Trauertränen vergoß. Der Mörder war bekanntlich jener Hagen von Tronje, der jenseits des Erbeskopfes auf Burg Dhronecken zuhause gewesen sein soll. Die überwiegend militärisch genutzte Straße verläuft aufwärts nach *Hüttgeswasen*. Dies ist ein kleines Ensemble einsamer Häuser (darunter ein Hotel), deren ›berühmtester Sohn‹ ein Bandenmitglied des Schinderhannes gewesen ist, nämlich der berüchtigte ›Schwarze Peter‹, den jedermann aus dem gleichnamigen Kartenspiel kennt.

Linkerhand führt jetzt die gut ausgebaute Bundesstraße in Richtung Morbach, die man jedoch wenig später, abermals zur Linken, mit dem Abzweig nach Thalfang wieder verläßt. Nach einigen Kilometern Fahrtstrecke, immer noch unentwegt durch prächtige Waldgebiete, ist bald, nahe beim Erbeskopfgipfel, wieder die B 327 erreicht. Folgt man dieser in Richtung Koblenz, so ermöglichen Abstecher zur Rechten nach *Deuselbach, Hoxel* und *Morscheid-Riedenburg* auf kurzen Wegstrecken die Entdeckung eines abseits gelegenen, verschwiegenen Landschaftsraumes, dessen architektonisches Kleinod die in wunderschönen gotischen Formen erhaltene *Kuno-Kapelle* (14. Jh.) als übriggebliebener Chorraum einer einstigen Kirche bildet.

Nicht minder naturschön und ihrerseits von anheimelnden Ortschaften belebt ist aber auch die Region links der Bundesstraße: Dort finden sich am Oberlauf der Dhron noch

# WALDLAND IM WESTLICHEN HUNSRÜCK

*Hagen von Tronje erschlägt Markgraf Iring von Dänemark, Holzschnitt von Alfred Rethel*

etliche Dörfer mit bemerkenswerten Zeugen aus der Vergangenheit. *Gutenthal* bewahrt in seiner äußerlich schlichten katholischen Pfarrkirche einen mit interessanten Ölgemälden gestalteten Passionsaltar (1612). Über Weiperath gelangt man von hier zur einsam in einem waldumkränzten Wiesental gelegenen Walholzer Kirche (1760) und dann zum Dörfchen *Hunolstein*, das teilweise in die Ruinen einer Burg (1522 durch Franz von Sickingen zerstört) hineingebaut worden ist. Die örtliche Überlieferung behauptet, daß von dieser in heroischer Lage das tief eingeschnittene Waldtal der Dhron überragenden Feste Hagens nibelungischer Waffengefährte Hunold herstamme.

*Thalfang*, Verwaltungssitz einer Verbandsgemeinde, liegt auf Hermeskeil zu gleich neben der B 327. Seine katholische Pfarrkirche (1899–1901) wurde im neugotischen Stil erbaut, während das evangelische Gotteshaus (13.–16. Jh.; Abb. 70) sehr schöne gotische Architekturformen und ein kunstvoll skulptiertes Sakramentshäuschen (15. Jh.) präsentiert. Durch das *Dhrontal* abwärts fährt man von hier nach Dhronecken und kommt dabei an *Hilscheid* und *Bäsch* vorüber, wo bedeutende Relikte römerzeitlicher Tempelanlagen ausgegraben worden sind. Das kleine Dorf **Dhronecken** kuschelt sich in anmutiger Lage an die Reste eines alten *Burgsitzes der Wild- und Rheingrafen*, von welchem noch mächtige Mauerzüge und ein malerischer Rundturm erhalten sind. Auf den Ruinen ist im 18. Jahrhundert ein wuchtiges *Amtshaus* (heute Forstamt) in schlichtem Barockstil entstanden, etwa gleichzeitig mit einem Wohnhaus (heute Gaststätte) zu Füßen der Anlage, dessen Rückseite eine interessante Pfostengalerie vorgeblendet wurde. Gleich neben diesem Gebäude steht einzeln ein kleiner Glockenturm auf schiefrigem Felsen. Ob aus diesem Ort, so geschichtsträchtig und fraglos romantisch er sich auch zeigt, der finstere Recke Hagen von Tronje einst kam, wird höchstwahrscheinlich nie definitiv zu klären sein. Die Volkssage und die Phantasie, wenn man sie an diese stimmungsvollen Relikte bindet, könnten freilich Recht behalten.

Wieder zurück zur nahe vorbeiführenden Hunsrückhöhenstraße: Über Thalfang, Morbach oder Hermeskeil, je nach Belieben, führt von hier der Weg über das bewaldete Bergmassiv hinüber und hinab in den Landkreis Birkenfeld und damit zum südwestlichen Teil des Hunsrücks am Oberlauf der Nahe. Wie deutlich der gänzlich siedlungsfreie Höhenrücken von Hoch- und Idarwald das Mittelgebirge hier in zwei unterschiedliche Landschaftszonen zerteilt, kann eindrucksvoll z. B. auf der Strecke von Morbach nach Bruchweiler und Kempfeld erfahren werden. Noch heute kennt man in Morbach die südöstlich zur Nahe hin gelegenen Orte als ›Dörfer hinter dem Wald‹, indes deren Einwohner ihrerseits von den ›Dörfern vor dem Wald‹ sprechen. Gleichwie: Der Wald dominiert als stets sichtbare dunkelgrüne Kulisse die gesamte Region, und von Bruchweiler über Schauren und Stipshausen empfiehlt sich eine Exkursion über die am Fuß der baum- und wildreichen Quarzitrücken entlangführende Straße hinüber nach Rhaunen.

### Die Dörfer vor dem Wald

Bruchweiler und seine Nachbarorte liegen an der touristischen ›*Deutschen Edelsteinstraße*‹, die sich im Umkreis bzw. wirtschaftshistorischen Einzugsbereich der ›Schmuckmetropole‹ Idar-Oberstein durch die Landschaft schlängelt. Zugleich könnte man sie aber auch eine ›Straße der Stumm-Orgeln‹ nennen, denn die in Sulzbach bei Rhaunen ansässigen Instrumentenbauer haben den weit überwiegenden Teil der Dorfkirchen hier mit ihren Werken ausgestattet. So auch das hübsche kleine Gotteshaus (1744–46) in *Bruchweiler*, das außerdem an einer Emporenbrüstung bemerkenswerte Gemälde der Entstehungszeit präsentiert. Zusammen mit dem nur einige hundert Meter entfernten Nachbarort *Kempfeld* bildet Bruchweiler eine beliebte Urlaubsregion, was sich schon beim Durchfahren an den zahlreichen Gasthäusern und Hotels zu erkennen gibt. Hoch über Kempfeld ragt der nach 1980 wiedererrichtete Bergfried der *Wildenburg* aus den Wäldern. Auch die mittelalterlichen Ruinen sind zum Teil restauriert worden (Burggaststätte); sie lehnen sich an einen großen prähistorischen Ringwall (s. S. 70).

Ebenfalls ganz nahe bei Bruchweiler liegt auch *Schauren*, das an seiner Ortsstraße etliche Bauernhäuser in ansehnlichem Fachwerkstil (teils verschiefert) dieser charakteristischen ›Dörfer vor dem Wald‹ herzeigt. Mit Schiefer beschlagen ist auch der Dachreiter seiner Kirche (1767): Den kurzen, dreiseitig geschlossenen Saalbau betritt man durch eine kleine hölzerne Vorhalle. Die hübsche alte Ausmalung der Barockzeit ist derjenigen in Stipshausen vergleichbar; die Orgel (1780) entstammt der Stummschen Fabrikation.

Auf der Weiterfahrt unter der Flanke des Idarwaldes empfiehlt sich ein Abstecher nach Hellertshausen und Asbach, zwei Dörfern von bäuerlichem Gepräge in idyllischer Landschaft. An *Asbachs* Ortsrand erhebt sich hinten auf dem Friedhof das mit Alabasterreliefs verzierte Grabmal für den Hüttenherrn Rudolf Heinrich Böcking (1810–1871; Abb. 72), der von seinem Großvater Friedrich Philipp Stumm (1751–1835) den Eisenhammer drunten an der Asbacherhütte (heute Behindertenheim) im Fischbachtal ererbt hatte. Sein Bruder Gustav Böcking bekam damals das Eisenwerk in Abentheuer (bei Birkenfeld) und Eduard

## WALDLAND IM WESTLICHEN HUNSRÜCK

Böcking als dritter Sproß der Stumm-Familie die Gräfenbacherhütte im Soonwald. Diese Erbteilung markiert einerseits den Zusammenhang zwischen der Schmiede- und Orgelbauerfamilie Stumm (s. S. 232 ff.) und der Böckingschen ›Industriellen-Dynastie‹, und sie wirft zum anderen ein Schlaglicht bis hinüber ins Saarland, wo die ›Stummsche Ära‹ für die dortige Eisenindustrie (z. B. Neunkirchen) von höchster Bedeutung war. Die feinen Reliefs unter dem Bildnismedaillon auf Böckings Grabstein zeigen Motive aus Bergbau und Hüttenwesen, wobei die für seine Zeit ausgesprochen vorbildlichen Sozialleistungen des Hüttenherrn exemplarisch illustriert werden.

Das Nebensträßchen von Asbach über Hellertshausen nach *Hottenbach* fädelt sich durch üppige Feldfluren. Bald taucht über den Schieferdächern der wuchtige Chorturm (13. Jh.) der 1903 als wohlproportionierter Zentralbau über älteren Fundamenten erbauten Dorfkirche auf. Hottenbachs ehrwürdige Vergangenheit zeigt sich hier dokumentiert durch einen römischen Viergötterstein aus einem nahe gelegenen Tempelbezirk, durch sehenswerte Relikte gotischer Fresken, die geschnitzte Kanzel (1701) und eine Stumm-Orgel (1782). Bevor man sich nun die Dorfstraße aufwärts wieder zur Waldstraße Schauren – Stipshausen hin orientiert, könnte abermals ein kurzer Abstecher ins Dörfchen *Weiden* unternommen werden: Dort hat einstens der Schinderhannes (wie auch in Hottenbach) schlimme Überfälle begangen. Von ungleich größerer Geschichtsbedeutung ist jedoch das *Bleibergwerk* ›*Aurora*‹ gewesen, an welches beim Ortseingang ein schlichter Gedenkstein erinnert. Von dieser Grube hieß es noch 1899: »Das Erz ist das reichhaltigste in Deutschland, ca. 80 % Blei enthaltend. Der Doppelcentner enthält ungefähr 25 g Silber.«

Auf der erwähnten Waldstraße (rechts unten am Kappelbach die alten Hottenbacher Mühlen) geht es nun weiter nach **Stipshausen,** dessen *evangelische Pfarrkirche* (1772–79) ihren blauschwarz verschieferten Dachreiter über die Häuser reckt. Dieses Gotteshaus mit seiner hübschen hölzernen Vorhalle (Abb. 77) zählt unter den Hunsrücker Kirchen dank der vollständig erhaltenen barocken Ausmalung zu den kunsthistorisch hochrangigsten Objekten (Farbt. 18). Das holzverkleidete Tonnengewölbe ist über und über mit farbigen Rocaille-

*Typischer Bauernhof im Hochwald, Federzeichnung von Heinz Dumke, 1977*

kartuschen ausgeschmückt; gegenständliche Motive (Leben Jesu) gewahrt man im Chorschluß sowie an Emporenbrüstung und Kanzel. An einem Seitensträßchen erhebt sich nahe dieser ungewöhnlich reich ausgemalten Kirche der Saalbau der *katholischen Maternus-Kapelle* (1781). Funde im Distrikt ›Heilig' Geist‹ im Wald am oberen Ortsrand haben für Stipshausen eine Kultstätte bereits für die Römerzeit bezeugt; von hier aus führt die alte Straße über den Idarkopf zum Sirona-Heiligtum bei Hochscheid (s. S. 126) und weiter zur Hunsrückhöhenstraße beim einstigen Belginum. An neuzeitlichen Sehenswürdigkeiten bietet das Dorf im übrigen zwei *edelsteinverarbeitende Betriebe*, die jeweils symptomatisch für die Anpassung des historischen Kunstgewerbes an aktuelle Verhältnisse sind: Während in der Schleiferei Stoffel eine Verkaufsausstellung jederzeit für Besucher geöffnet ist, arbeitet Bernd Munsteiner in seinem Atelier an der Wiesenstraße als ›Avantgardist‹ mit neuartigen Schliffen und hat es in seinem Metier zu internationalem Ansehen gebracht.

Von Stipshausen nach Rhaunen könnte man unterwegs nach *Weitersbach* abzweigen, wo neben einer malerischen Baumgruppe oberhalb des Dörfchens die Fundamente einer nach vollständiger Ausgrabung wieder zugedeckten großen Römervilla unter der Ackerkrume liegen; eine weitere Straßengabelung führt von dort auch nach Krummenau und Horbruch an der ›Ausonius-Straße‹ (s. S. 114 ff.). Auf Rhaunen zu kommt man dagegen am prähistorischen ›*Königstein*‹ vorbei, einem Menhir gleich neben der Fahrbahn.

Der historische Amtssitz **Rhaunen** ist bereits 841 als ›Hruna‹ genannt worden und steht auf römerzeitlichen Ruinen. Später waren die Wild- und Rheingrafen hier begütert, indes die Schmidtburger Herren im 14. Jahrhundert dem Erzbischof Balduin von Trier ein Viertel des Dorfes abtreten mußten. Das *Oberamtshaus* der wildgräflichen und der kurtrierischen Epoche ist heute Gaststätte; nebenan erhebt sich das verschieferte *Rathaus* (1793) über den vier wuchtigen Holzsäulen einer offenen Vorhalle. Die *evangelische Pfarrkirche* wurde schon 1277 erwähnt. Aus dieser Zeit stammt ihr von gotischem Helm (mit vier Ecktürmchen) bekrönter Turm neben dem dreiseitigen Chor (15. Jh.). Innen verdienen Beachtung eine spätgotische Sakramentsnische und vor allem die Stumm-Orgel (1723) als eines der ersten und vorzüglichsten Instrumente aus dieser Werkstatt.

Kurze Ausflüge kann man von Rhaunen ins landschaftlich herrliche Tal des *Hahnenbaches* (Kyrbach-Oberlauf) und hinüber nach Woppenroth zum Lützelsoon unternehmen. An einem Seitenbach erblickt man das nette Ortsbild von *Hausen* mit seiner auf Felsgrund errichteten Kirche (1747), deren Turmuntergeschosse noch aus dem 12. Jahrhundert herrühren, was durch die als Spolien eingemauerten Reliefs (Kopf und Drachentöter) augenscheinlich bestätigt wird. Das Nachbardorf *Oberkirn* liegt mit seinen alten Bauernhäusern unterhalb einer schlichten Kirche (18. Jh.), an deren Außenwand die Grabplatte des lebensgroß im Relief abgebildeten Franz Brune von Schmidtburg (gest. 1573) lehnt. Zur anderen Seite des Hahnenbaches gelangt man von Rhaunen nach *Bundenbach*, dem ›Dorf der Layenbrecher‹, oberhalb des keltischen Oppidums Altburg und der ehrwürdigen Schmidtburg-Ruine. Ein Seitensträßchen verläuft durchs hügelige Ackerland nach *Bollenbach*, einem behaglichen Ort mit alten Gehöften, und dann weiter nach *Sulzbach* (das über eine größere Verbindungsstraße in Richtung Herrstein aber auch schnell von Rhaunen zu erreichen ist).

# WALDLAND IM WESTLICHEN HUNSRÜCK

Oberhalb Sulzbachs markiert ein von Gebüschen bestandener Hügel den einst bedeutenden Marktplatz *Heuchelheim*, über welchen schon eine Römerstraße führte, neben der ein steinerner Pinienzapfen (vielleicht Bekrönung eines Grabmals) gefunden wurde. Auch das Gelände nach *Hottenbach* zu, rings um die flachen Quellmulden des *Hosenbaches*, barg (und birgt wohl noch immer) eine große Zahl antiker Grabfunde und Siedlungsreste. Zwischen Sulzbach und Oberhosenbach verläuft durch Hochwald bis hart ans Dörfchen *Wikkenrodt* ein über mehrere Kilometer noch original erhaltenes Stück der *Römerstraße*, neben welcher weiter südlich im Waldstück ›Hirtenbösch‹ aus Grabhügeln außer Bronzekränzen und sonstigen Beigaben auch eine unversehrt erhaltene römische Glasurne (jetzt im Kreismuseum Birkenfeld) ans Tageslicht kam. Dieselbe Straße, die man mit einer guten Karte bis hinab ins Nahetal bei Fischbach verfolgen und erwandern kann, durchquert nach den gleichfalls fundträchtigen Walddistrikten *Ochsenheck* und *Perchwald* die noch unausgegrabene Römersiedlung *Vassiniacum* bei Bergen und Berschweiler.

Zurück aber vorerst nach Sulzbach, wo man sich in der letzten Zeit erfolgreich darum bemüht hat, das Andenken der Orgelbauerfamilie Stumm zu pflegen: Im Kirchensaal (18. Jh.) unter dem alten Chorturm (13. Jh.) steht als Prachtstück ein vorzügliches Instrument.

## Stumm-Orgeln aus Sulzbach

Niemand könne eine wahre Orgel bauen, der nicht mit einer bestimmten Gnade Gottes gesegnet sei. Ein Stück von der Seele eines Musikers müsse in die Pfeifen eingeschlossen werden, ehe sie recht zu sprechen und zu singen anheben könnten. Und wenn solche Liebe die Orgel nicht erbaut habe, so werde sie niemals wirklich leben. Mit diesen Gedanken hat sich Johann Sebastian Bach einmal zu dem Geheimnisvollen geäußert, von dem das alte Handwerk der Orgelbaukunst seit alters umgeben ist. So ist es gewiß auch keine Floskel, wenn die großen Instrumentenbauer der Vergangenheit als begnadete Künstler angesehen und verehrt wurden. Dies trifft in außerordentlichem Maße auf Johann Michael Stumm zu, der am 10. April 1683 als Sohn eines Dorfschmiedes im kleinen Bauernort Sulzbach bei Rhaunen zur Welt kam und zum Begründer einer bis fast zur letzten Jahrhundertwende fruchtbar wirkenden ›Dynastie‹ von Orgelbaumeistern werden sollte, deren Werk unterdessen auch über fachkundige Kreise hinaus bekannt geworden ist.

Johann Michaels um 14 Jahre älterer Bruder Johann Nikolaus Stumm befand sich bereits auf erfolgreichem Berufsweg: Nach Erlernen des Schmiedeberufes im väterlichen Betrieb hatte er eine Eisenhütte erwerben können und führte diese so gewinnreich, daß er bald noch weitere Werke hinzukaufen konnte und letztlich Ahnherr der im Saarland inzwischen schon legendären Industriellenfamilie Stumm wurde. Auch der jüngere Bruder stand anfänglich als Lehrling an Esse und Amboß in der Sulzbacher Werkstatt, ehe er sich zum Goldschmied weiterbildete. Als solcher begab er sich 1701 auf die Walz und vervollkommnete sein Können in der Schweiz sowie im Elsaß. Wie er dann dazu kam, sich als Orgelbauer zu versuchen, kann im einzelnen nicht mehr herausgefunden werden; höchstwahrscheinlich ist er in Straßburg dem berühmten Meister Andreas Silbermann begegnet und hat sich von diesem erste Kenntnisse und Fertigkeiten vermitteln lassen können.

Ins Heimatdorf zurückgekehrt (1704), machte Johann Michael Stumm sich jedoch nicht unverzüglich daran, Orgeln selber herzustellen, sondern ging zunächst seinem früheren Broterwerb als Goldschmied nach, wobei das gewiß recht schmale Einkommen durch landwirtschaftliche Arbeit ergänzt bzw. sichergestellt werden mußte. Ob man es einen ›Zufall‹ nennen darf, daß er einige Zeit nach seiner Heirat (1706) bei einer Verlosung in Kirn eine kleine Hausorgel gewonnen hat? Davon heißt es: »Die neue Aequisition wurde in Rhaunen-Sulzbach abgeladen und aufgestellt, und niemand dachte daran, in diesem unscheinbaren Instrument einen Wink der Vorsehung zu ahnen, durch welche auf ein Jahrhundert hin und weiter hinaus die Geschichte einer ganzen Familie sollte bestimmt werden. Stumm spielte die Violine, das Violoncell, das Klavier... Bald wurde die kleine Hausorgel unbrauchbar, und, da Kunstsachverständige in der Nachbarschaft nicht zu finden waren, blieb nichts übrig, als daß der Besitzer sein Talent an ihrer Wiederherstellung selber erprobe. Er ging frisch ans Werk, zerlegte die Orgel, fand und verbesserte den Fehler und stellte sie wieder in guten Stand. Die Idee, nach dem Muster des vorliegenden ein neues Werk zu bauen, war während der Herstellung erwacht.«

Aus diesem Grund machte er sich wenig später noch einmal auf, begab sich nach Kirn und ging dort in die Lehre beim Orgelbauer Jakob Irrlacher. 1714 durfte er sich bereits als Meister bezeichnen und begann in Sulzbach seine eigene Werkstatt einzurichten. Freilich stellte sich der Erfolg nur allmählich ein, so daß Stumm immer noch auf Goldschmiede- und Bauernarbeit angewiesen war. 1715 wurde er in einer gemeindlichen Urkunde als »ein sehr beröhmbter Goltschmitt« aufgeführt. Das erste ausschließlich in seiner Werkstatt gefertigte Orgelpositiv dürfte etwa im selben Jahr ausgeführt worden sein, ein vorzügliches Exemplar, »das über Erwarten gelungen war. Die (Herrnhuter) Brüdergemeine in Neuwied erkaufte es und stellte es in ihrem Betsaale auf«. Dieses Instrument ist leider nicht mehr erhalten, und auch von möglicherweise kurz darauf hergestellten Positiven ist nichts bekannt. Eine erste vertragliche Festlegung datiert aus dem Jahr 1717: Stumm erhielt den Auftrag für eine Orgel in der Kirchberger Simultankirche, die später nach Weiler (bei Monzingen/Nahe) kam. Zugleich mit solchen ersten Aufträgen erwarb er sich ein gutes Renommee als Reparateur älterer Orgeln.

Das nachweislich vierte Instrument aus seiner eigenen Werkstatt hat er für die Kirchengemeinde Rhaunen geliefert. In der Windlade dieser vorbildlich restaurierten und im Januar 1979 wieder eingeweihten Orgel wurde ein Zettel mit folgender Mitteilung gefunden: »Johann michael Stumm. Von raunen sultzbach, diese orgel Neu gemacht. Im Jahr. 1723. Lobet den Herrn mit Seyten und mit pfeiffen Ps: 150.« Seither ist der Meister wohl unablässig mit neuen Aufträgen beschäftigt gewesen; sein Ruf verbreitete sich, und er schuf Instrumente für die Stiftskirche in Münstermaifeld (Eifel), für St. Agnes in Trier, das Koblenzer Franziskanerkloster, St. Castor in Karden (Mosel) und noch für viele weitere Gotteshäuser. Sein letztes eigenhändig gebautes Instrument, das 1981 nach geglückter Restaurierung wieder eingeweiht wurde, hat er seinem Heimatort Sulzbach geschenkt. In goldenen Lettern steht auf dem Gehäuse zu lesen: »Dies Orgel solle Gott allein, zu seinem Lob gewittmet sein: anno 1746. So braucht sie dan in der absicht, dazu sie hier ist auf gericht.« Das Werkverzeichnis Johann Michael Stumms umfaßt mehr als 30 Orgeln, die aus seiner Werkstatt hervorgegangen sind. Seine Begabung und seine handwerkliche Meisterschaft wirkten noch sechs Generationen in Kindern und Kindeskindern rund 140 Jahre lang weiter fort. Als der Meister am 22. April 1747 starb, war also nicht nur ein kostbares Lebenswerk vollendet, sondern zugleich auch der Grund für eine bis 1896 währende Produktion von Kircheninstrumenten gelegt worden, die weit über den Hunsrückraum hinaus vielerorts im rheinischen Land erklangen und zu einem großen Teil bis heute noch in Gebrauch sind. Viele davon, wie z. B. die 1745 aufgestellte Orgel der Paulskirche in Kirchheimbolanden, von der selbst Mozart begeistert war, gelten als musik- und kunsthistorische Glanzstücke. Insgesamt sind aus dem kleinen Hunsrückdorf rund 370 Orgeln für Kirchen im Raum zwischen Köln und Karlsruhe, Saarbrücken und Amorbach (Odenwald) hervorgegangen. Der 1976 gegründete ›Stumm-Orgelverein‹ (Sitz: 6572 Rhaunen-Sulzbach) hat sich die Pflege der Stummschen Tradition als Verpflichtung auferlegt und betreibt diese mit vorbildlicher Aktivität durch Konzerte, Exkursionen, Öffentlichkeitsarbeit und orgelkundliche Untersuchungen.

**Stumm-Orgeln findet man in folgenden Orten des Hunsrückraumes:**

Allenbach (1832), Alterkülz (1779), Altweidelbach (1796), Argenthal (Ende 18. Jh.), Bad Kreuznach (1851), Becherbach (1788), Bernkastel-Kues (um 1830), Bergen (1862/63), Beulich (1853), Bickenbach (1862), Biebern (1778), Briedel (1783), Bruchweiler (um 1740), Bruttig (1821/36), Bubach (1750), Büchenbeuren (1771/72), Ellern (1828), Enkirch (1757/61), Glan-Münchweiler (1865), Guldental-Heddesheim (Ende 18. Jh.), Hennweiler (1791), Herrensulzbach (1820), Herrstein (1772), Hilscheid (Ende 18. Jh.), Holzbach (Ende 18. Jh.), Horn (1826), Hottenbach (1782), Hüffelsheim (1803), Idar-Oberstein (1756), Irmenach (1773/76), Jeckenbach (1852), Kirchberg (1717), Kirn (1774), Kleinich (1809), Laubach (1858), Lettweiler (1859/60), Löllbach (1859), Lötzbeuren (1752), Meckenbach (1752), Meisenheim (1764/67), Mörsdorf (1837/38), Morbach-Bischofsdhron (1828), Mülheim/Mosel (1890), Neubamberg (zwei Orgeln, 1760 und 1765), Niederalben (um 1800), Niederhosenbach (die jüngste bzw. letzte aller Stumm-Orgeln, 1896), Niederwörresbach (1850), Norheim (1895), Oberheimbach (1866), Oberkostenz (1891), Offenbach/Glan (Ende 18. Jh.), Ohlweiler (1845), Pommern/Mosel (1845), Pünderich (1813/15), Ravengiersburg (18. Jh.), Raversbeuren (Ende 18. Jh.), Rhaunen (1723), Riegenroth (1787/88), Roth (Ende 18. Jh.), Rümmelsheim (1764), St. Goar (1818), Schauren (1780), Schmidthachenbach (1852), Simmern (zwei Orgeln, 1753 und 1757), Sobernheim (1740), Spabrücken (1735), Sprendlingen (1745), Stipshausen (1858), Thalfang (1876), Trarbach (1748/50), Treis (1836), Veldenz (1888), Weiler bei Monzingen (um 1740), Weiler bei Bingen (Ende 18. Jh.), Windesheim (1792), Winterburg (um 1790), Zell (um 1790).

# Herrstein: Ein Dorf haute auf den Putz

Durch Oberhosenbach und Breitenthal folgt die Straße nach Herrstein dem sanften Geländerelief neben dem Wiesental des Hosenbaches (fränkisch: ›Husonbach‹). Das nahe *Wickenrodt* gefällt mit ansehnlichen alten Bauernhöfen und infolge der jüngst durchgeführten Maßnahmen zur stilvollen Dorferneuerung. Einen selten schönen Anblick vor dem Hintergrund des östlich sich aufbuckelnden Lützelsoons bietet auch das Ensemble der romanischen Kirche mit dem Pfarrhaus und der Pfarrscheune (Abb. 1). Nach Südosten erblickt man über dem Einschnitt des Hahnenbaches das kleine *Sonnschied* auf seiner geologischen Terrasse; *Griebelschied* mit seinem gotischen Wendelinuskirchlein, *Bergen* mit einem klassizistischen (1860) und *Berschweiler* mit neugotischem Gotteshaus (1866) präsentieren jeweils inmitten eines Geheges rustikaler Wohn- und Wirtschaftsgebäude beachtenswerte Sakralarchitekturen. Diese Ortschaften am Rand des um seinen Unterlauf verkehrsfernen und recht urwüchsig anmutenden *Hosenbachtales* waren eine früher wichtige ›Vorratskammer‹ der Wild- und Rheingrafschaft. So auch das anmutig in die Talmulde gedrängte *Niederhosenbach*, von wo aus man, einen Wiesenhügel überquerend, nach drei Kilometern den alten Amtsort Herrstein erreicht.

Noch 1975 unterschied sich **Herrstein** kaum von den Nachbardörfern; unscheinbar und mausgrau verputzt oder mit Asbestzementplatten beschlagen waren die Hausfassaden. Lediglich der mächtige *Uhrturm* (15. Jh.) mit seinem spitzbogigen Tordurchlaß (Abb. 75), das 1737 über den Mauern einer Burgruine (13. Jh.) der Sponheimer erbaute barocke *Amtshaus*, dahinter die aus der einstigen Burgkapelle herausgewachsene spätgotische *Schloßkirche* zur Seite eines Eckturmes der alten Befestigung sowie der freilich hervorragend erhaltene

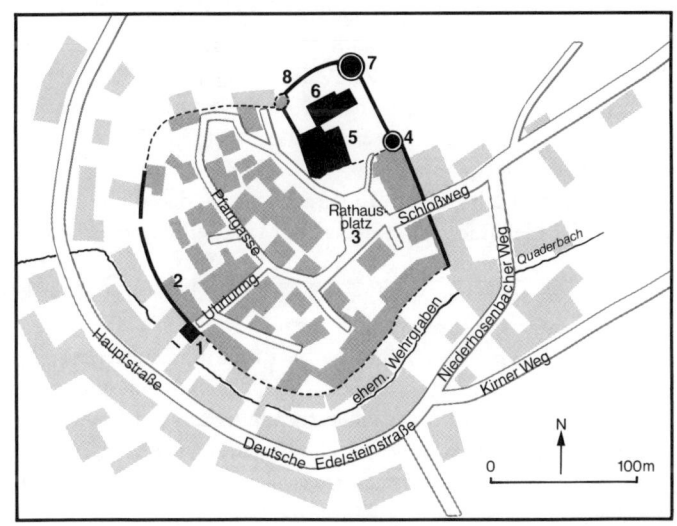

Herrstein, der historische Ortskern innerhalb des Stadtmauerberings

1 *Uhrturm*
2 *Platz an der Stadtmauer mit Kirchpförtchen und ›Hankelbrunnen‹*
3 *Rodesplatz (Rathausplatz)*
4 *Schinderhannesturm*
5 *Amtshaus (›Schloß‹)*
6 *Schloßkirche*
7 *Glockenturm mit Wehrgang*
8 *Burgmauer mit Turmstumpf (›Sichel‹)*

WALDLAND IM WESTLICHEN HUNSRÜCK

*Herrstein um 1650*

›Schinderhannesturm‹ (13. Jh.) deuteten auf eine historisch nicht eben belanglose Vergangenheit zurück (Umschlagvorderseite, Farbt. 10). In der Schloßkirche sind etliche Wappengrabsteine (17. und 18. Jh.) vermauert, ein gotischer Taufstein steht am Chor, und an der Emporenbrüstung gewahrt man Ölbilder (16. Jh.) eines unbekannten provinziellen Meisters. Auch die Stumm-Orgel (1772) zeigt einen schön geschnitzten Prospekt, doch all diese Objekte – Türme, Amtshaus und Kircheninventar – haben eher am Rande damit zu tun, daß sich Herrstein in den Jahren nach 1980 mehr und mehr den Ruf erwarb, ein ›hunsrückisches Rothenburg‹ zu sein. Wie es dazu kam, ist zum einen dem tatkräftigen Bürgermeister Wolfgang Hey und zum zweiten der in den siebziger Jahren um sich greifenden Arbeitslosigkeit zu verdanken.

Letztlich geht alles aber auch darauf zurück, daß die Herrsteiner Einwohner 1674, als während der Pfälzischen Erbfolgekriege Marschall Turenne mit seinen Truppen in bedrohliche Nähe herangerückt war, eigenhändig ihre Stadtmauer niedergerissen haben. Nach diesem außergewöhnlichen Akt einer ›einseitigen Abrüstung‹ bot sich potentiellen Angreifern keine Wehranlage mehr dar, die Schätze hinter den Wällen hätte vermuten lassen, und so blieb der 1279 erstmals erwähnte und seit 1428 mit Stadtrechten versehene Ort glücklicherweise verschont. Weil es in den späteren Jahrhunderten immer unbedeutender wurde und der Anschluß ans Industriezeitalter irgendwie verschlafen wurde, brachte Herrstein es auch späterhin nicht mehr zu solchem Wohlstand, der etwa umfängliche Neubauten ermöglicht hätte, und bewahrte sich damit innerhalb der vormaligen Befestigungsmauer einen völlig intakten Kern an historischer Bausubstanz von Wohnhäusern (16.–18. Jh.). Allerdings kam anfangs des 19. Jahrhunderts die merkwürdige Sitte auf, das alte Fachwerk zu verputzen; offenbar gedachten die Einwohner dadurch ihrem Ort einen gewissen ›städtischen Anstrich‹ in Erinnerung an die entschwundenen Zeiten der Stadtfreiheit zu verleihen. Für mehr als anderthalb Jahrhunderte blieb diese quasibiedermeierliche Idylle bestehen.

Federführend war es seit 1974 dann die heutige Verbandsgemeindeverwaltung, die sich unter Wolfgang Hey erfolgreich um sogenannte ›ABM-Programme‹ bewarb: Maßnahmen zur Arbeitsbeschaffung für erwerbslos gewordene Handwerker, die zunächst bei Restaurierungen im alten Burgbereich realisiert werden konnten. Nach anfänglicher Zurückhaltung konnten im Fortgang dieser Arbeiten auch einige private Hauseigentümer dazu gewonnen werden, die dicken Putzschichten an ihren Wohngebäuden abschlagen zu lassen. Bald zeigten sich die ersten Ergebnisse: Überall kamen unter dem Mörtel nach und nach die Fachwerkfassaden wieder ans Licht. Diese Eindrücke wirkten überzeugend, und allmählich kam eine Bewegung in Gang, die unterdessen bereits als ›Herrsteiner Modell‹ von anderen Kommunen aufgegriffen worden ist. So wurde, durch Zuschüsse unterschiedlicher Art unterstützt, binnen zehn Jahren, einschließlich flankierender Maßnahmen wie Neupflasterung der Ortsstraßen und Installierung alter Kandelaber, der historische Ortskern vollständig restauriert.

Mehr als 50 Fachwerkhäuser sind nun freigelegt, mehrere Ruheplätze für Besucher geschaffen, Brunnen aufgestellt und ein Rundweg mit Hinweisschildern angelegt worden. Ein kleines heimatkundliches Museum dokumentiert die Vergangenheit des alten Herrstein, das ansonsten aber kaum museal, sondern ein lebendiger Ort ist (Abb. 75, 76).

*Apostelbild eines unbekannten Meisters (vermutl. 16. Jh.) in der Herrsteiner Schloßkirche. Dargestellt ist Paulus, rechts die Steinigung des Stephanus*

## Land am Oberlauf der Nahe

Durchs Tal an Herrstein vorüber fließt der Fischbach, neben dem eine Straße hinauf nach Kempfeld führt; auf halbem Weg etwa, unweit der Asbacherhütte, steht die Biehlsche Edelsteinschleiferei, in welcher noch wie zu Vorväter Zeiten am sausenden Sandstein Achate ihren Glanz erhalten (Abb. 73). Über Transmissionsriemen wird hier alles von einem mächtigen Schaufelrad angetrieben, das sich außen unter stetem Wasserschwall dreht. Bachabwärts, über Niederwörresbach auf den Ort Fischbach zu, findet man in Steinbrüchen noch weitere Edelsteine (z. B. Amethyste, Bergkristall, Jaspis), die bei Sammlern begehrt und in der wiederaufgebauten Schleiferei an der Geracher Brücke zu betrachten sind. Alle übrigen Bachschleifereien, mehrere Dutzend einst im *Fischbachtal*, wurden zu Ruinen, als am Beginn dieses Jahrhunderts durch den elektrischen Strom die Wasserkräfte überflüssig und die Werkstätten in die Dörfer verlegt wurden.

Damals konnten sich selbst in bachfernen Orten die Schleifer etablieren, wie z. B. auch in *Veitsrodt*, das als Ferienort beliebt und mit einer ansehnlichen Kirche (um 1750) geziert ist. Als kostbar erscheint ihre an Schnitzereien reiche Ausstattung, die Bernhard Engisch 1752–55 gefertigt hat (Abb. 74). In diesem Gotteshaus wirkte als Pfarrer 1804–11 der Magister Friedrich Christian Laukhard (1757–1822), »ein wüster Mensch und scheußlicher Trunkenbold, ein Frauenheld und ein alles Heilige lästernder Skribant«, wie es in einer zeitgenössischen ›Würdigung‹ heißt. Daß er aber ein wichtiger Schriftsteller mit sehr umfangreichem Werk und ein hochbedeutender Chronist der Jahrzehnte nach der Französischen Revolution gewesen ist, fiel der Vergessenheit ebenso wie das literarische Œuvre anheim. Nicht einmal eine Gedenktafel erinnert hier an ihn.

Abermals nun ins Tal hinab und nach **Fischbach,** dessen staunenswerte Attraktion die historische *Kupfermine ›Hosenberg‹* im Seitentälchen darstellt: Vor dieser zum Schaubergwerk vortrefflich hergerichteten Grube mit ihren riesigen Hohlräumen (›Weitungen‹) untertage zeigen die restaurierten Nebenanlagen Arbeitsstätten der Erzwäsche und Gesteinszerkleinerung (Abb. 5).

In der neugotischen *Dorfkirche* (1853–55) des Ortes sind barocke Ölgemälde zu betrachten, die aus einer älteren Bergmannskapelle stammen und zu den schönsten (sowie besterhaltenen) Arbeiten des Künstlers Johann Georg Engisch (1668–1742) zählen (Abb. 78). Er hat in mehreren Kirchen des Hunsrücks und des Nahelandes seine Werke hinterlassen: außer in Fischbach auch in Dill, Herren-Sulzbach, Löllbach, Lötzbeuren, Raversbeuren, Krummenau und Imsbach am Donnersberg. Auch die Tafelbilder in den Gotteshäusern von Enkirch, Starkenburg, Mülheim/Mosel und Hirschfeld werden ihm (nicht überall zweifelsfrei) zugeschrieben. Der in Kirn geborene Maler genoß schon zu Lebzeiten regionalen Ruhm und erfreute sich großer Gunst seitens der Birkenfelder Landesherren. Seine Arbeiten ragen durchweg aus dem provinziellen Durchschnitt heraus und sind oftmals spiegelbildlich aufgefaßte Wiedergaben bzw. Umsetzungen der berühmten Motive aus der Merian-Bibel.

*Magister Friedrich Christian Laukhard, ›tolldreister‹ Prediger in Veitsrodt*

Nahe Fischbach findet sich auf einem zum Nahetal abfallenden Felsklotz das romanische Kirchlein von *Georg-Weierbach* (Stadtteil Idar-Obersteins) hoch über einem weniger schönen Vordergrund von Industriegebiet und Supermarkt. Zur anderen Seite hin, wo beim Niederreidenbacher Hof die Bundesstraße 270 in Richtung Kaiserslautern abzweigt, gelangt man durch das *Reidenbachtal* nach Sien und dann über Grumbach weiter nach Lauterecken am Glan. Rechts der Nahe und rechts dieser Straße beherbergen kleine Dörfer recht sehenswerte Sakralmonumente. *Weierbachs* evangelische Kirche (1792/93) wurde als bemerkenswerte klassizistische Architektur einem weit älteren (romanischen) Chorturm angebaut. Die katholische Martinskirche ist hingegen ein schöner Bau der Neugotik (1897). Auch in *Mittelreidenbach* dominiert ein neugotisches Gotteshaus (1869–72) das freundliche Ortsbild; oberhalb des Dorfes, wo die Straße nach Dickesbach hart am Rand des Truppenübungsplatzes Baumholder verläuft, birgt ein Kiefernwald hinter dem neuen Friedhof noch zahlreiche Grabhügel der latènezeitlichen Hunsrück-Eifel-Kultur. Ähnlich altehrwürdig ist auch über dem steilen Osthang des Reidenbachtales der ›*Hunnenstein*‹ von Mittelreidenbach, ein prähistorischer Menhir, unter welchem der örtlichen Sage zufolge König Attila (oder eine goldene Kutsche) begraben sein soll. *Oberreidenbach* liegt genauso idyllisch wie das Nachbardorf im Wiesental; seine katholische Kirche (1819–21) erhebt sich wirkungsvoll über den Dächern. Ihr romanischer Chorturm aus Bruchsteinmauerwerk wird von einem gotischen Helm mit Ecktürmchen gekrönt. Die evangelische Pfarrkirche wurde 1902 im neugotischen Stil errichtet.

Die Reidenbachtalstraße führt nun steil empor, darauf nach einer Absenkung und abermaligem Aufstieg bei der Talmulde des in Sienhachenbach abzweigenden romantischen Antesbachtales an Sien vorüber und dann stetig abwärts bis Lauterecken im Glantal.

**Sien** ist Mittelpunkt einer offenbar schon zur frühkeltischen Zeit dicht besiedelten Gemarkung: Hunderte von Hügelgräbern, vereinzelt sowie in zwei ausgedehnten Nekropolen, sind dafür ein deutlicher Beweis. Die Funde aus mehreren archäologisch untersuchten Bestattungsplätzen haben sehr interessante Objekte des Latène geliefert, darunter die außergewöhnliche tönerne Schnabelkanne (im Landesmuseum Trier), die als Kopie im Birkenfelder Kreismuseum gezeigt wird.

Das Dorf, einst auch Mittelpunkt eines für 970 bezeugten Hochgerichtes und Lehens der salischen Kaiser an die Emichonen, zeigt schon von fern interessante Umrisse: Die barocke Haube der *evangelischen Pfarrkirche* (1768) und der spitze Turmhelm von *St. Laurentius* (neugotisch, 1892/93) vereinen sich mit dem 1761 unter Fürst Johann Dominik von Salm-Kyrburg errichteten *Barockschlößchen* zu einer edel wirkenden Vedute (Farbt. 9). Das Schloß diente als Amtshaus (heute Gasthaus) und zeigt einen dreiachsigen Mittelrisalit unter dreieckigem Giebel und verschiefertem Mansarddach. Über dem schönen Portal tragen zwei Wildmänner das Wappen des Fürstenhauses.

Das Reidenbachtal grenzt mit seinem Westhang an den *Truppenübungsplatz Baumholder*, der sich bei Kirchen- und Nahbollenbach bis fast unmittelbar herab zur Nahe ausdehnt. Die heute zum Sperrgebiet gehörenden Höhenzüge, landläufig ›die Winterhauch‹ genannt, reichen des weiteren bis an den Stadtrand von Idar-Oberstein heran. Von Fischbach und dem eingemeindeten Weierbach flußaufwärts der Bundesstraße 41 folgend, erreicht man den Stadteingang beim Naturschutzgebiet der ›Gefallenen Felsen‹, einer dem Rotliegenden entstammenden geologisch interessanten Felsformation.

## Idar-Oberstein, die ›Schmuckmetropole‹

Vergangenheit ist seit 1986 die aus vielen historischen Abbildungen bekannte Ansicht des eng zwischen den Häuserfronten und unter steilen Felsen sich windenden Naheflüßchens. Nach Abschluß der bis zuletzt stark umstrittenen ›Nahe-Überbauung‹ deckt kilometerlang der Beton- und Asphaltstreifen einer vierspurigen innerstädtischen Schnellstraße das Flußbett und seine Uferränder zu. Allerdings ermöglicht diese mit aufwendiger ›Begrünung‹ flankierte bzw. retuschierte Strecke auch prachtvolle Ausblicke zu hochragenden Baumonumenten über dem von hübschen Fachwerkfassaden markierten Zentrum des alten Fleckens **Oberstein**. Das schon für 1197 bezeugte *Alte Schloß* bewohnten als Lehensnehmer des Trierer Erzbistums die Ritter vom Stein (›Bosselstein‹), denen als Erben das Geschlecht der Wirich von Daun folgte (1282). Diese benannten sich darauf Herren von Daun und Oberstein; der älteren Burg zogen sie als Wohnsitz aber das um 1330 gegründete und erst 1855 durch eine Brandkatastrophe ruinierte *Neue Schloß* auf dem unmittelbar benachbarten Felsen vor. Unter dieser nach wie vor imposanten Kulisse der bizarren Ruinen auf ihren grün umbuschten schroffen Bergsockeln bildet die in eine gigantische Höhlung der senkrechten Wand eingebaute *Felsenkirche* einen einzigartigen Blickfang (Abb. 80).

Die Sage begründet die Entstehung des wahrscheinlich im 12. Jahrhundert begonnenen und in der nunmehrigen Gestalt auf die Jahre 1482–84 zurückgehenden Gotteshauses mit der Sühneleistung nach einem Mordfall: Ein junger Ritter soll demnach aus Eifersucht seinen Bruder vom Söller des Alten Schlosses in die Tiefe gestoßen und danach aus bußfertiger Reue den Kirchenbau übernommen haben. Hingegen ist aber auch nicht von der Hand zu weisen, daß ein noch heute im Inneren aus der Felswand rieselnder Quell bereits zur Vorgeschichte der keltischen Urbevölkerung geheiligt war. Wie auch immer: Diese Felsenkirche darf als ein

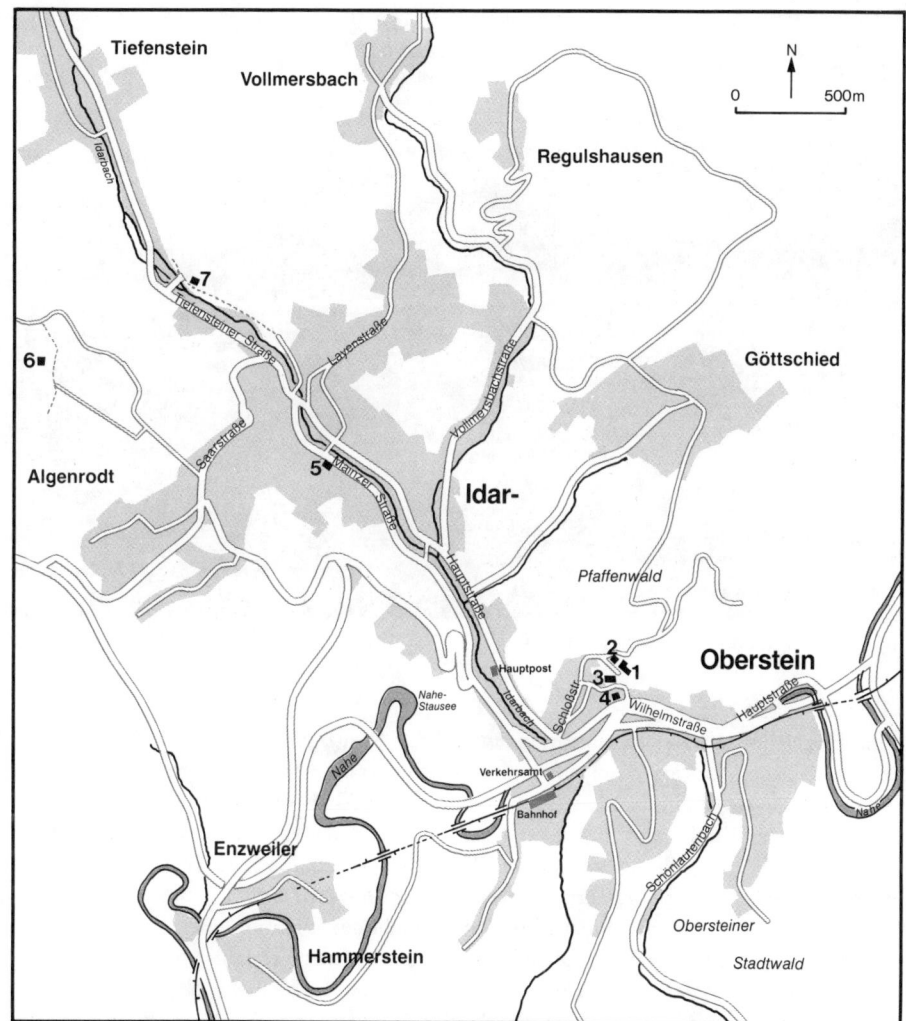

*Idar-Oberstein   1 Altes Schloß   2 Neues Schloß   3 Felsenkirche   4 Obersteiner Heimatmuseum
5 Deutsches Edelsteinmuseum   6 Besuchergrube Steinkaulenberg   7 Weiherschleife*

wahrhaftes Schatzkästlein gelten, bewahrt sie doch noch zwei vorzügliche Glasgemälde von 1482, das eindrucksvolle Grabrelief eines Philipp von Daun-Oberstein (gest. 1432), einen gotischen Taufstein (15. Jh.), mehrere alte Gemälde (16. und 18. Jh.) und eine schöne Stumm-Orgel von 1756. Das großartigste Kunstwerk aber stellt der um 1410 gemalte goti-

# WALDLAND IM WESTLICHEN HUNSRÜCK

*Idar-Oberstein, Stich von Conrad Wiessner*

sche Flügelaltar mit vier Passionsmotiven und der Kreuzigung Christi als Hauptbild dar (Farbt. 20, Abb. 79). Unter einigen ähnlichen Arbeiten im mittelrheinischen Raum kommt dem Werk des sogenannten ›Meisters vom Obersteiner Altar‹ herausragende Bedeutung zu.

Am Fuß des Kirch- und Burgfelsens ist das *Obersteiner Heimatmuseum* inmitten des historischen Siedlungskerns (von dessen Wehr Mauerreste und der ›Gebücktturm‹ übrigblieben) unbedingt einer Besichtigung wert. Außer Objekten und Dokumenten der Stadtgeschichte präsentiert es bedeutende Mineralien- und Edelsteinsammlungen von heimischen Fundstellen und aus aller Welt. Dazu bietet es anhand einer Vielzahl großartiger Objekte einen so exemplarischen wie lehrreichen Überblick des Schaffens der für Idar-Obersteins Wirtschaft ausschlaggebenden Edelsteinschleifer, Graveure und Goldschmiede. Ein ausgiebiger Besuch in diesem Museum empfiehlt sich ohnehin zum besseren Verständnis bzw. als eine Art ›Wertmaßstab‹, bevor man in den zahlreichen Schmuckgeschäften der nahen und weiteren Umgebung etwa einen Einkaufsbummel unternimmt.

Im Stadtteil **Idar** gewährt als zweite und gleichwohl einzigartige Sammlung das im Hochhaus der Edelstein- und Diamantbörse untergebrachte *Deutsche Edelsteinmuseum* weitere Einblicke in die nach weitgehender Erschöpfung der hiesigen Fundvorkommen längst mittels globaler Handelsbeziehungen noch florierende Edelsteinindustrie. Die einstige Grundlage für das Aufblühen der ›Schmuckmetropole‹ an der oberen Nahe wird hingegen anschaulich sichtbar in der *Besuchergrube Steinkaulenberg* beim Stadtteil *Algenrodt*, der einzigen für jedermann zugänglichen Edelsteinmine Europas.

An der Straße zum Stadtteil Tiefenstein lädt die wiederaufgebaute *Weiherschleife* des weiteren zur Besichtigung ein: Hierin kann aus nächster Nähe in Augenschein genommen werden, wie mühselig das einst in Hunderten ähnlicher von Wasserrädern getriebener Werkstätten am Idarbach ausgeübte Edelsteinschleifen und -polieren vonstatten ging.

Während der Fahrten oder Spaziergänge zu den einzelnen Sehenswürdigkeiten in Idar-Oberstein sollte man außer für die noch überall die Straßenfronten prägenden Schaufenster der Schmuckgeschäfte auch ein Augenmerk für die bemerkenswerten Fassaden zahlreicher Bürger- oder Handelshäuser aus der Gründerzeit übrighaben. Unter diesen repräsentativen Bauten verfügen etliche über hochinteressante Architekturformen und dekorative Details im Jugendstil.

## Idyllen und eine kleine Residenz

Die westlich aus Idar-Oberstein nach Birkenfeld und in Richtung Saarbrücken verlaufende Bundesstraße 41 gibt bald hinter dem Stadtrand Ausblicke auf den tief in Felsen- und Waldhänge eingeschnittenen Nahelauf frei. Über Seitensträßchen kann man ihm folgen: beispielsweise über *Frauenberg* (Strecke nach Baumholder) mit der malerisch im Seitentälchen gelegenen Frauenburg (um 1320 erbaut; Farbt. 1), die der Sponheimer Gräfin Loretta (s. S. 35f.) 1331–46 als Witwensitz diente. Unweit verbergen sich noch die Reste einer keltischen Fliehburg auf dem Nahekopf (s. S. 66), indes die römerzeitlichen Bodendenkmäler der ›Heidenkirch‹ und die Latène-Grabhügel des ›Erbenwaldes‹ im Übungsplatzsperrgebiet unzugänglich liegen. Im nahen *Reichenbach* wurde die Pfarrkirche 1863/64 in einer interessanten Durchdringung neugotischer Formen mit neuromanischen Details dort errichtet, wo zuvor ein spätromanischer Chorturm mit interessanten, teils figürlichen Kapitellen abgerissen worden war.

Auch das betagte Kirchlein in *Nohen*, wo unterhalb der Nahebrücke schon zur Römerzeit eine Furt das Flüßchen durchquerte, teilt bereits in der Außenansicht etwas von seiner infolge Kriegseinwirkungen problematischen Baugeschichte mit: Dem romanischen Westturm folgt ein gedrungenes Schiff vor dem mit niedrigerer Firsthöhe abgesetzten quadratischen Chor; sehenswert sind die feinen Maßwerkfenster der Spätgotik. In Nohen wie auch in allen Nachbarorten dieses von bäuerlicher Arbeit geprägten Landstriches über dem streckenweise abenteuerlich zerklüfteten Nahetal erblickt man viele alte Gehöfte, die häufig stilvolle Haustüren, Vordächer und Scheuneneinfahrten aufweisen.

Vom flußabwärts gelegenen Kronweiler gelangt man durch das anmutige *Schwollbachtal* nach *Niederbrombach* mit seiner kunstgeschichtlich sehr wertvollen Magdalenenkirche, einer ehemals romanischen Pfeilerbasilika zu drei Schiffen (12.Jh.), die sich nach etlichen Umbauphasen (13.–15.Jh.) nunmehr als vierschiffiges Meisterstück der Gotik präsentiert. Ihre Maßwerkfenster, prächtige Gewölbeschlußsteine und figürlich ausgearbeitete Konsolen unter den Wanddiensten lassen erkennen, daß hier gewiß an bedeutenden Bauhütten geschulte Steinmetzen zu Werke gegangen sind. Die außer mit solchen Details auch durch spannungsvolle Raumperspektiven überraschende Architektur bewahrt des weiteren im Ostchor (5/8-Schluß) kunstvolle Fresken (14. Jh.) mit Darstellungen Christi, der Kirchenpatronin Maria Magdalena und weiterer Personen der biblischen Heilsgeschichte. Mehrere große Steinsarkophage vor der Kirche entstammen möglicherweise noch dem merowingischen Mittelalter.

Niederbrombach eignet sich im übrigen gut als Ausgangsort für eine Fahrt durch das *Birkenfelder Land*, auf welcher noch eine ansehnliche Zahl historischer Sakral- und Profanbauten entdeckt werden kann. Das Schwollbachtal aufwärts erreicht man über Hußweiler und Wilzenberg das hübsche Dorf *Leisel* mit einem ehemaligen Amtshaus (1767) aus badischer Herrschaftszeit, das aufgrund seiner Bauzier am Portal auch ›Löwenhaus‹ genannt wird. Mehrere stilreine Bauernhäuser und, wie vielerorts in der weiten Umgebung, ein gußeiserner Brunnentrog mit neugotischen Reliefs stehen an der Dorfstraße. Ähnlich vorteilhaft wirkt auch das idyllische *Schwollen*, das man auf dem Weg nach Hattgenstein durchfährt, dem mit 600 Meter ü. NN höchstgelegenen Dorf der einstigen Rheinprovinz. Dort steht mitten auf einer Straßenkreuzung das 1762 als Schulbau im Fachwerkstil errichtete ›Glockenhaus‹, das heute als gottesdienstlicher Raum genutzt wird.

Als kunsthistorischer Höhepunkt dieses Bauernlandes im Westteil des Kreises Birkenfeld/Nahe gilt freilich die einsam auf einer Anhöhe zwischen Leisel und Schwollen gelegene *Kirche Heiligenbösch:* Sie wurde in romanischer Zeit auf den Ruinen eines römerzeitlichen Landhauses errichtet, dessen 1963 archäologisch untersuchte Badeanlage unter dem Fußboden noch sichtbar ist. Dem gedrungenen Turm (13. Jh.) wurde 1730 ein schlichtes Schiff östlich angebaut, dessen Emporenbrüstung mit einer Reihe prächtiger Gemälde (ebenfalls um 1730) in köstlich naiver Malerei verziert ist (Farbt. Umschlagklappe vorn). Auch die steinerne Kanzel entstammt der Erbauungszeit, während die Stumm-Orgel 1838 gefertigt wurde.

In östlicher Richtung erreicht man von Leisel nach wenigen Kilometern das kleine *Siesbach* im gleichnamigen Tal (Stumm-Orgel von 1837 in der 1825 erbauten Kirche). Dieses Dorf liegt unmittelbar an einer frühgeschichtlichen Grenzlinie, die auch im Mittelalter von den Nahegaugrafen und späteren Gebietsherren aufrechterhalten wurde. Als sichtbares Relikt erhebt sich gleich neben dem Bach am Straßenrand ein Grenzstein der Sponheimer

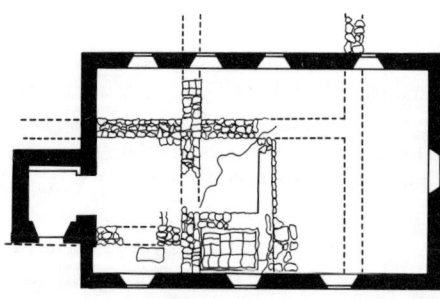

*Reste einer römischen Villa unter der Kirche Heiligenbösch*

*Schloß Allenbach, 1585*

(›Spanheim‹) aus dem Jahre 1590. Über die ›Edelsteinstraße‹ fährt man nun weiter, berührt dabei die ›Schleiferdörfer‹ *Hettenrodt* und *Kirschweiler*, bevor man ins obere *Idarbachtal* gelangt. Diesem aufwärts folgend, taucht bald *Katzenloch* (Ortsteil von Kempfeld) auf, von dessen altem Eisenhammer (1850 in ein heute stillgelegtes Sägewerk umgebaut) noch zwei mächtige Wasserräder vorhanden sind.

Die Hügelterrassen über den Talhängen links des Idarbaches sind seit frühgeschichtlichen Zeiten genutztes Bauernland. *Sensweiler* wurde 1376 von den Wildgrafen käuflich erworben. Der wuchtige Turm (13. Jh.) östlich an dem daneben winzig wirkenden Schiff (18. Jh.) seiner schon für 1273 bezeugten Wehrkirche birgt hoch über dem rundbogigen Kreuzgratgewölbe des Erdgeschosses außer einem Geläute des 17. Jahrhunderts noch eine im 13. Jahrhundert gegossene Glocke. Außen lehnen am Gotteshaus mehrere Grabplatten mit Reliefs der Barockzeit; ein vermauertes Bildwerk wird als antike Darstellung eines Treverers angesehen. Auch im benachbarten *Wirschweiler* bildet die barocke Kirche seitlich an einem älteren Turm (1582) einen hübschen Anblick, der durch eine mächtige Linde und ansehnliche Profanbauten in der Ortsmitte einen Akzent des Beschaulichen erfährt.

**Allenbach** am Oberlauf des Idarbaches erhielt bei der Sponheimer Teilung in die Vordere und Hintere Grafschaft die Rolle eines gegen die kurtrierischen Lande zu behauptenden Grenzortes, welcher durch den Bau einer 1265 erwähnten *Burg* Rechnung getragen wurde. Die in späteren Jahrhunderten schloßartig veränderte Anlage (heute Privatbesitz) weist einen Treppenturm (1528) mit den Wappen der Herrschaften Sponheim, Pfalz-Zweibrücken und Baden sowie zu beiden Seiten dekorative Fachwerkgiebel auf (Farbt. 13). Gleich oberhalb des Schlößchens steht die *Pfarrkirche* (1780/81) als schlichter Saalbau mit halbrundem Schluß, darin eine Stumm-Orgel von 1832 mit Empireprospekt.

Bei Allenbach mündet im übrigen ein empfehlenswerter Wanderweg, der hinauf zu dem gänzlich bewaldeten Bergkamm rechts (südlich) des Idarbachtales führt, den man bereits als eindrucksvollen Umriß von Sensweiler und Wirschweiler aus gewahren konnte. Droben

## WALDLAND IM WESTLICHEN HUNSRÜCK

ruhen die Wälle der keltischen Fliehburg auf dem Ringskopf (s. S. 69), von denen aus man über den Pfannenfels zum bizarren Massiv des Silberichs (›Kirschweiler Festung‹) wandern oder die jenseitigen Hänge zur ›Pfaffenstraße‹ mit dem Römergrab bei Siesbach (s. S. 27 ff.) sowie nach Leisel hinabsteigen kann.

Die zum Erbeskopf in Richtung Thalfang und Hermeskeil führende B 422 verläßt man an einer Kreuzung mitten im Wald und biegt zur Linken auf die B 269 nach Birkenfeld ab. An Hüttgeswasen vorüber ist darauf rasch der Abzweig nach Hattgenstein erreicht, von wo man entweder über Schwollen und Leisel oder, nur wenig weiter, durch das in etwa parallele Hambachtal nach Niederbrombach als Startort der beschriebenen Rundfahrt zurückkehrt.

Noch hurtiger geht es hingegen zur Kreisstadt **Birkenfeld,** die hierzulande in Erinnerung an den von 1817 bis 1937 andauernden Status als Hauptstadt des zum Großherzogtum Oldenburg gehörigen ›Fürstentums Birkenfeld‹ gern auch die ›Kleine Residenz‹ geheißen wird. Die Siedlung wurde 981 erstmals genannt und erhielt 1332 das Stadtrecht. Aus dieser Zeit blieben nur die schön ins Grün hoher Bäume gebetteten Reste der für 1293 als sponheimisches Eigentum bezeugten und als Residenz der Herzöge von Pfalz-Zweibrücken-Birkenfeld (1584–1724) um 1600 zum Renaissanceschloß umgestalteten *Burg;* dagegen hinterließ die oldenburgische Zeit eine Reihe beachtlicher Bauten, die noch heute das Stadtbild verschönern. Das klassizistische *Neue Schloß* (1819–21; heute Sitz der Kreisverwaltung) und die im selben Stil errichtete *ehemalige Kaserne* (1841/42; heute Amt für Verteidigungslasten) sind die auffälligsten Gebäude. Sehenswerte Bürgerbauten (16.–18. Jh.) finden sich im Stadtbezirk ›Auf dem Römer‹, während das *Kreismuseum* (Museum des Vereins für Heimatkunde) 1910 im Stil eines römerzeitlichen Landhauses errichtet worden ist. Seine Sammlungen vereinen wichtige Fundstücke aus der Vor- und Frühgeschichte, zur Regionalgeschichte, Volkskunde und aus der wirtschaftlichen Vergangenheit (Bergbau und Eisenverhüttung, Landwirtschaft) des Kreisgebietes.

*Burg Birkenfeld, Stich von Daniel Meisner, um 1630*

*Karl von Birkenfeld (1560–1600), Ahnherr aller heute noch lebender Wittelsbacher, Kupferstich*

Wo schon im Jahr 700 ein Gotteshaus gestanden hat, erhebt sich heute Birkenfelds *evangelische Pfarrkirche* als dreiseitig geschlossener Saalbau (1751) unter ihrem 1895/96 in gediegenen Formen der Neuromanik erbauten Glockenturm. Ihre Ausstattung weist noch schöne ältere Arbeiten auf, so eine steinerne Kanzel (1582) und einen Hochaltar (1770) des Rokoko. Die *katholische Kirche St. Jakobus* ist 1889 neugotisch errichtet worden.

In Birkenfelds näherer Umgebung lohnen sich Ausflüge zu den durchweg prachtvoll in die Landschaft gruppierten Dörfern um das vom Erbeskopfmassiv herabkommende Traunbachtal. *Abentheuer* mit dem alten Herrenhaus (1715) des einstigen Hüttenwerks, *Achtelsbach* und seine kleine Ulrichskirche mit romanischem Turm (13. Jh.), *Ellweiler* und die eigenartige Predigerkirche (1776) sowie *Bleiderdingen* (Ortsteil von Hoppstädten-Weiersbach) mit der Pfarrkirche St. Markus (18./19. Jh.), die noch einen gotischen Chor enthält, aber von neugotischem Netzgewölbe (1901) überdeckt ist: all diese Bauwerke sind an sich gewiß keine bedeutenden Architekturen, vertreten jedoch als historische Zeugen das Erbe einer Gegend, die nicht allein von ländlich naturschönen Idyllen, sondern in mehr als zweitausendjähriger Geschichte auch stets durch politische Schacherspiele geprägt worden ist. Man braucht sich bloß daran zu erinnern, daß noch bis 1953 zwischen Birkenfeld und dem nahen saarländischen Nohfelden eine Staatsgrenze verlief. Dort muß man auch nicht lange suchen, um die Betonhöckerlinien jenes aberwitzigen Kriegsbauwerks zu entdecken, das als ›Westwall‹ die ganze Vergeblichkeit und das unnütze Blutvergießen des hoffentlich letzten Krieges auf deutschem Boden ins Gedächtnis zu rufen vermag.

Von Hoppstädten-Weiersbach oder von Birkenfeld ist es nur eine kurze Strecke nach **Baumholder**. Kasernenbauten, Geräteparks und militärischer Fahrzeugverkehr im Straßenbild überlagern das zivile Antlitz des 1116 als ›Bemundula‹ in einer Urkunde Friedrich Barbarossas erwähnten Städtchens. Erst innen im alten Siedlungskern, droben am Stadthügel, erblickt man die historische Bausubstanz in Gestalt der Wehrmauerreste am *Dicken Turm* sowie die hübsche Gruppe der beiden Kirchen. Das *evangelische Gotteshaus* (1748/49), ein einschiffiger Bau zu drei Achsen mit dreiseitigem Chorschluß, wurde barock dem spätgotischen Westturm angebaut. Seine Friedhofsmauer, offenbar identisch mit dem Verlauf der früheren Stadtwehr, grenzt an ein interessantes Tortürmchen (15. Jh.) mit zwei querliegenden Schießscharten, die sogenannte ›Leichenpforte‹. Die *katholische Pfarrkirche* ist nahebei 1882–85 im neugotischen Stil errichtet worden. Das Ensemble dieser Sakralbauten auf dem Hügel, zu dem sich steile Gäßchen durch den zum Teil mit alten Wohnhäusern erhaltenen Stadtkern hinaufziehen, läßt in der Fernsicht noch einiges von dem früher gewiß sehr idyllischen Anblick erahnen, wenn man es von der Straße nach Kusel am gegenüberliegenden Berghang aus betrachtet.

Diese Strecke führt nun durch offene Feldmark weiter, durchquert den kleinen Stadtteil Breitsesterhof und senkt sich mit Serpentinen bald einen bewaldeten Hang hinunter. Wo dann zur Linken zwischen den Bäumen ein lichter Platz einen kurzen Halt ermöglicht, weitet sich unverhofft ein grandioses Panorama: Drunten sieht man als mächtige Silhouette die Burgruine Lichtenberg, rings umgeben von einer abwechslungsreichen Hügellandschaft. Hier beginnt das ›Musikantenland‹.

# An Nahe und Glan

## Streifzüge im ›Musikantenland‹

Die Region bei Baumholder und Kusel, Teilgebiete der sogenannten ›Sickinger Höhe‹ nördlich von Kaiserslautern sowie die Gegend zwischen Glan-Oberlauf und Lautertal bis hinüber zur Alsenz werden landläufig noch immer mit dem einigermaßen ungenauen Begriff ›das Westrich‹ (Westreich) bezeichnet. Dieser Name findet sich erstmals in einer Urkunde des Jahres 1295 erwähnt und bezieht sich seither auf einen Raum, der mal zur nördlichen Pfalz und mal infolge seiner geologischen Grundzüge eher zum Saar-Nahe-Bergland gerechnet wird. Jedenfalls ist es ein Landstrich, der auf sehr vielfältige Weise mit der geschichtlichen Vergangenheit der Nahe und des Hunsrücks verknüpft ist (z. B. Grafschaft Veldenz, Franz von Sickingen) und deshalb auch hier zu wesentlichen Teilen berücksichtigt werden soll.

Ursprünglich (im 6. Jh.) hieß das gesamte Waldgebirge von der Burgundischen Pforte bis zur Moselmündung ›Vosegus‹ bzw. ›Silva Vosegus‹. Diese historische Bezeichnung blieb bekanntlich an den Vogesen haften, während andererseits aber in Lothringen und im Elsaß noch bis zur jüngsten Zeit die Einwohner der Pfalz als ›Hunsrücker‹ benannt wurden. Und so klingt es zwar kurios, ist aber in Anbetracht solcher Umstände doch kaum verwunderlich, wenn ein Vogesenpaß bei Thann im Oberelsaß noch heute der ›Col du Hundsrueck‹ heißt.

Damit ist's jedoch der Unklarheiten oder Verwirrungen noch immer nicht genug: Nachdem das westliche Randgebirge der Oberrheinischen Tiefebene also Vogesen und die sich diesem nördlich anschließenden Forstgebiete Wasigen oder Wasgau (Wasgenwald) geheißen

91 STEINKALLENFELS   Jeder der drei Felsen über dem Ort trug seine ›eigene‹ Burganlage
◁ 90 MEISENHEIM   Sogenannte ›Ritterherberge‹, im Hintergrund Turm der gotischen Schloßkirche
92 KIRN   Das ehemals rheingräfliche Kellereigebäude wurde unter Johann Dominik errichtet

# 

93 MEISENHEIM  Grabmal Herzog Wolfgangs   94 DHAUN  Wappen am Burgtor

95 ST. JOHANNISBERG  Familiengrabmal des Wild- und Rheingrafen Johann Christoph

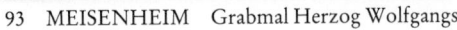

96  DHAUN   Prometheus von Robert Cauer     97  KIRN   Pfarrkirche

98  HALLGARTEN   Ruine der Ganerbenburg Montfort im Hügelland zwischen Nahe und Alsenz

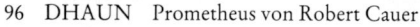

99 MONZINGEN  Der dörfliche Kern bewahrt mehrere repräsentative Fachwerkgebäude

100 SOBERNHEIM  Rathaus

101 SOBERNHEIM  Evangelische Pfarrkirche

102 SOBERNHEIM Wegkreuz im Freilichtmuseum
103 AUEN Die uralte Gehinkirche
104 HALLGARTEN Wappen Boos von Waldeck am Montforter Hof
105 DISIBODENBERG Säulenbasis am Kreuzgang

106 BAD MÜNSTER AM STEIN-EBERNBURG  Das Rotenfels-Massiv steigt unmittelbar vom Nahe-Ufer auf (s. auch Farbt. 6)

107 SPONHEIM Ehemalige Benediktiner-Klosterkirche
108 SPONHEIM Adler und Taube als Eckkonsole
109 SPONHEIM Gebälkbruchstück im einstigen Klostergarten

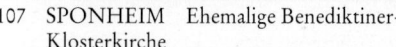

110 SPONHEIM  Weithin sichtbares Monument im Soon-Vorland: die ehemalige Klosterkirche der Benediktiner

111 BAD MÜNSTER AM STEIN-EBERN-
BURG  Kurhaus

112  HOF IBEN  Frühgotische Kapelle

113, 114  HOF IBEN  Laubkapitelle

115 NEU-BAMBERG   Am Rand der rheinhessischen Ebene ein historisches Ensemble von Burg, Kirche und Dorf
116 GUTENBERG   Als malerischer Blickpunkt steht Ruine Gutenburg am Hang inmitten der Weinberge

117 BAD KREUZNACH Faust-Haus
118 BAD KREUZNACH ›Schwebende Göttin‹ von Hanna Cauer
119 BAD KREUZNACH Gladiatorenmosaik-Detail in der ›Römerhalle‹

120 BAD KREUZNACH  ›Klein-Venedig‹ nennt man die Altstadt an der Mündung des Ellerbaches in die Nahe
121 SEESBACH  Im Dorfmittelpunkt ragt zwischen den Häusern ein klobiges Felsmassiv empor

122 SPABRÜCKEN   Portal der Wallfahrtskirche am Rand des Soonwaldes

123 ENTENPFUHL   Das Denkmal für den Jäger aus Kurpfalz wurde 1913 errichtet und eingeweiht

wurden, kam allmählich für die noch weiter westwärts reichenden Gebirgsausläufer und Ebenen die Kennzeichnung ›Westrich‹ auf, womit zugleich der seinerseits wenig präzise Begriff ›Königsland‹ Verbindung fand. Letzterer rührt vermutlich daher, daß die Merowinger und auch die Karolinger (moselländischer Abkunft) hier bedeutende Hausgüter besessen haben. Schließlich wird als unter Heimatforschern durchaus noch gängiger Name oft das ›Remigiusland‹ hervorgehoben: Damit ist jene Gegend bei Kusel gemeint, die König Chlodwig 496 dem Bischof Remigius von Reims, nachdem jener ihn getauft hatte, geschenkt haben soll. Beachtenswerte Reste einer romanischen Basilika (12. Jh.) auf dem Remigiusberg (ehemals dem Reimser Kloster St.-Rémy zugehörig) erinnern noch an diese historischen Wurzeln.

Freilich vollzogen sich die mittelalterlichen Entwicklungen hier nicht etwa in einer abseitigen, wüsten Gegend: So wenig bekannt die Region um Kusel (zumindest auf der ›touristischen Landkarte‹) ist, so bedeutungsvoll war sie in weit früherer Zeit. Im weiten Umkreis der aus prähistorischen Epochen überkommenen und namentlich zur Römerzeit ausgebauten Handelswege zwischen Reims, Metz, Straßburg, Trier und den Rheinlanden trifft man uralten Siedlungsboden an. So gründen sich im Bereich des Landkreises Kusel nicht weniger als 81 Dörfer und Ortsteile auf römische Ruinenstätten. Zahlreiche Aufzeichnungen, vor allem aus dem vergangenen Jahrhundert, vermitteln den Eindruck einer auch von antiken Kultstätten geradezu übersäten Landschaft. Wenn auch ungezählte Funde seitdem verschollen sind, kann in den Sammlungen der historischen Museen in Speyer und Saarbrücken noch etliches an Bildwerken aufgespürt werden; hier und da finden sich aber auch Reliefs oder Bruchstücke von Skulpturen in Kirchenwänden als Spolien eingemauert. Das Mithrasdenkmal von Schwarzerden gilt überdies als einer der bedeutsamsten Kultorte der Vor- und Frühgeschichte zwischen Rhein und Mosel.

Nach dem Ende der Römerherrschaft bestanden gewiß viele der Siedlungen, wenngleich mit dezimierter Einwohnerschaft, weiter und restabilisierten sich bis zur Zeit, als im 6. Jahrhundert unfern der alten Straßen die ersten Königshöfe entstanden, so auch in Meisenheim und in Kusel. In der berühmten Schenkung des fränkischen Edlen Adalgisel (›Grimo‹) wurden Höfe in Baumholder und St. Medard dem Erzstift Verdun übereignet, während Kusel und seine nähere Umgebung als ›cosla et gleni‹ in Reimser Kirchenbesitz gelangten. Aus solchen Verhältnissen erklärt sich nicht zuletzt die Zahl sehr alter Gotteshäuser an den Ufern des Glan. Aber auch weltliche Herren ließen sich frühzeitig nieder: die ersten um 1124 auf dem Michelsberg bei Kusel.

Die Errichtung der **Burg Lichtenberg** (1214) geschah übrigens gegen den Willen der Geistlichkeit, obwohl sich die Grafen von Veldenz als ihre Erbauer ausdrücklich zu Schirmherren der Mönche auf dem Remigiusberg erklärten. Mit 425 Meter Länge stellt diese Burg

◁ 125 MANUBACH Reizvolles Fachwerk prägt den kleinen Ort im engen Seitental über dem Mittelrhein
◁ 124 KOPPENSTEIN Als Wahrzeichen des Soonwaldes steht der weithin sichtbare Bergfried auf einem Quarzitkamm

# AN NAHE UND GLAN

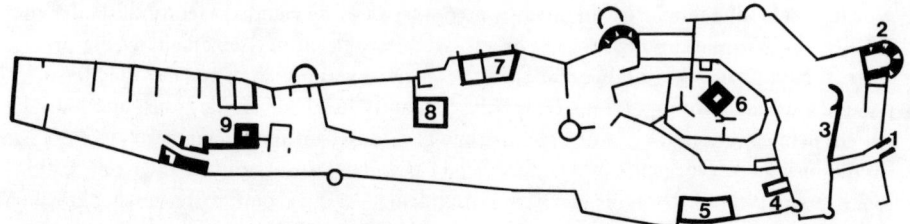

*Burg Lichtenberg, größte Burgruine im westdeutschen Raum   1 Toranlage   2 Ostbastion   3 Wehrgang mit Wachttürmchen   4 Ehemalige Landschreiberei (z. T. Burgrestaurant)   5 Jugendherberge   6 Oberburg-Bergfried   7 Musikantenland-Museum in der ehem. Zehntscheune   8 Kirche von 1755   9 Unterburg-Bergfried*

eine der größten mittelalterlichen Wehranlagen auf deutschem Boden dar. Ihre erste Erwähnung geschah in einem kaiserlichen Urteil, das ihren sofortigen Abriß verfügte, jedoch niemals vollstreckt worden ist. Jahrhunderte später kam die Feste per Erbgang an die Herzöge von Pfalz-Zweibrücken, die sie als Amtssitz einrichteten.

Die neuerdings mit erheblichem Aufwand restaurierte Burg, herrisch über der Ortsgemeinde *Thallichtenberg* und unfern der Kreisstadt Kusel gelegen, verfügt noch über weitläufige Bauteile aus dem 13. Jahrhundert, darunter vor allem der gewaltige Bergfried. Viele Meter hoch ragen auch die Ruinen der Wohn- und Wirtschaftsgebäude in seinem Schatten auf: insgesamt ein so bizarres wie malerisches Ensemble. Man betritt die Burg durch eine Toranlage unterhalb einer 1620 zu spanischen Herrschaftszeiten aufgetürmten riesigen Geschützbastion. Einen prächtigen Anblick bieten auch die drei Tore. Am Amtshaus der Zweibrücker Herren mit seinem verschieferten Zwiebeltürmchen öffnet sich ein weites Panorama auf Kusel im Tal und die eigentümliche Westricher Hügellandschaft. Beim Weitergehen zur *Unterburg* kommt man an gleichfalls restaurierten Bauten vorüber, die als Burgrestaurant und Jugendherberge genutzt werden. Zwischen Ober- und Unterburg erhebt sich eine 1755–58 errichtete Kirche, an deren Außenwand eine Tafel an den Reformator Ulrich Zwingli erinnert, der 1529 auf der Reise zum Marburger Religionsgespräch mit seinen Begleitern (u. a. Hedio, Bucer, Sturm und Oekolampadius) auf der Lichtenberg eine sichere Bleibe gefunden hatte.

Die niemals belagerte oder gar eroberte Burg begann erst ausgangs des 18. Jahrhunderts zu verfallen. Mit den aktuellen Restaurierungsarbeiten ist unterdessen nicht nur viel an wertvoller Bausubstanz gerettet, sondern auch ein Großteil der schon von fern gewaltig anmutenden Silhouette dem einstigen Aussehen wieder angenähert worden. Einen besonderen Höhepunkt gab es, als 1985 in der rekonstruierten Zehntscheune, einem höchst imposanten Bauwerk, das *Musikantenland-Museum* eröffnet werden konnte.

›Musikantenland‹: Mit diesem erst in der jüngeren Zeit formulierten Namen wird die Erinnerung an eine einzigartige musikhistorische Sonderentwicklung lebendig gehalten, die aus

*Hubertus Kilian und seine Musikanten aus Eßweiler 1864 in Schanghai als Kaiserlich-Chinesische Hofkapelle*

dem entlegenen Gebiet am Oberlauf des Glan in alle Welt ausstrahlte. Wenn z. B. in Washington, D. C., ›Hail America‹ erklingt, der Zeremonialmarsch des Weißen Hauses, so denkt vermutlich niemand daran, daß diese Melodie von einem gewissen Georg Drumm aus Erdesbach bei Kusel komponiert worden ist. Er war ein typischer und einer der erfolgreichsten Vertreter des Wandermusikantentums, das ungefähr zwischen 1830 und 1930 blühte und von Männern aus dem Westrich geradezu monopolartig auf den großen Ozeandampfern jener Zeit, in Zirkus- und Militärkapellen sowie in den berühmtesten Seebädern und buchstäblich ›auf allen Straßen der Welt‹ bestritten worden ist.

*Bill Henry (= Heinrich Jacob aus Mackenbach) und seine Kapelle traten 1932 in New York mit dem Sänger Frank Sinatra auf*

# AN NAHE UND GLAN

Wirklich ein Phänomen: Beinahe 100 Jahre lang bildete in vielen Ortschaften des heutigen Landkreises Kusel das Wandermusikantentum die wirtschaftlich dominierende Lebensgrundlage. Das Museum auf Burg Lichtenberg zeigt dies anhand eindrucksvoller Exponate, Fotos und Dokumente auf. Man erfährt, daß Hubertus Kilian aus Eßweiler mit seiner ›Bande‹ zur ›Kaiserlich Chinesischen Hofkapelle‹ ernannt worden war, daß Frank Sinatra seine ersten Erfolge mit der Gruppe ›Bill Henry and the Headliners‹ errang (Pseudonym für Heinrich Jacob und seine Musiker aus Mackenbach), daß die US-amerikanische Militärmusik ganz wesentlich von den Westrichern geprägt worden ist... Eine Fülle von Informationen über Leute wie Jacob Hager aus Eßweiler, der als Solotrompeter im Philadelphia Symphony Orchestra Triumphe feierte, über den in Chicago und San Francisco berühmten Klarinettisten Rudolf Schmitt oder über Rudolf Mersy, den ›Aschbacher Mozart‹...

Von Erfolgen dieser und noch zahlreicher anderer Musikanten aus dem Westrich erzählt aber nicht nur dieses einzigartige Museum; rings in den Dörfern trifft man bis heute auch eine bedeutende Zahl der merkwürdigen ›Musikantenhäuser‹ an – ebenfalls ein dieser Region eigentümliches Phänomen: Die in der Fremde zu Geld gekommene Akteure legten nämlich Wert darauf, ihre Wohlhabenheit durch architektonische Ausrufezeichen zwischen den schlichten Bauernhäusern ihrer Heimatdörfer zum Vorschein kommen zu lassen. Und deshalb gewahrt man überraschende Fassaden vielerorts zwischen Kusel, Jettenbach und Rothselberg: Bauten im Kolonialstil, Blendarkaturen, Zier- und Treppengiebel wie in Londoner Villenvierteln, Wetterfahnen in Form einer Lyra und manches ähnlich auffällige Detail. Allein in Mackenbach stehen noch mehr als 150 dieser Musikantenhäuser.

Als Startpunkt für eine Tagesfahrt durch das hübsche ›Musikantenland‹ und den Kreis Kusel am Oberlauf des Glan eignet sich die herausragende Feste vorzüglich. In zehn Minuten erreicht man von dort aus **Kusel**, das in der regionalen Wirtschaftsgeschichte als ›Stadt der Hutmacher‹ von Bedeutung war. Daß dieses Handwerk seinen Meister freilich selten gut ernährte, geht aus einer fiktiven Anekdote hervor: Eines Tages, als der Herrgott noch auf Erden wandelte, soll er auch nach Kusel gekommen sein. Am Wegrand vor dem Städtchen traf er einen Mann, der hockte da und vergoß dicke Tränen. Was ihm denn fehle, wollte der Allmächtige wissen und wurde darauf mit der geseufzten Antwort beschieden: »Eich sinn vunn Kusel, eich sinn net stolz.« Woraufhin der Herrgott sich neben ihm niedersetzte und seinerseits bittere Tränen weinte...

Allerdings sollte man das Fehlen älterer Baudenkmäler in der Kreisstadt Kusel, die schon zu fränkischer Zeit als Königshof von einiger Bedeutung war, nicht auf derart ärmliche Verhältnisse zurückführen. Nach Zerstörungen in den Jahren 1635 und 1677 war es vor allem ein von französischen Soldaten gelegter Brand 1794, der außer dem Rokokopfarrhaus (1760) fast alles an historischer Substanz einäscherte. Und diese Katastrophe kam sogar aufgrund eines Versehens, denn eigentlich hatten die Truppen Befehl, Kues an der Mosel zu zerstören, und verwechselten die Ortsnamen miteinander. Die ansehnlichen Bürgerbauten in Kusel entstanden nach jenem Fanal im klassizistischen Stil, und die *evangelische Pfarrkirche* ist 1829–31 dort errichtet worden, wo schon ein 902 durch Erzbischof Heriveus von Reims geweihtes Gotteshaus gestanden hatte. Dem jetzigen klassizistischen Saalbau mit seiner ringsum geführten Empore auf toskanischen Säulen verleihen als Blick- und Orientierungspunkte Altar, Kanzel und Orgel als ›optische Einheit‹ einen großzügigen Akzent. Die Orgel (1848) entstammt der Stummschen Werkstatt aus Rhaunen-Sulzbach.

Den vortrefflich die Landschaft überhöhenden *Remigiusberg* erreicht man über **Haschbach**. An die 1124 dort eingerichtete einstige Propstei erinnern die romanischen Relikte einer ehedem dreischiffigen Pfeilerbasilika, die um 1300 stark verkleinert und gotisch verändert wurde. Romanischen Ursprungs ist auch der Turm, der insbesondere von der gegenüberliegenden *Michelsburg* (seit 1127; Ruinen) einen sehr schönen Anblick bietet. Während die Burg mit ihren höchst malerischen Mauerzügen ohnehin einer der aussichtsreichsten Orte im gesamten Musikantenland ist, gebührt auch der erwähnten *Kirche* ein aufmerksamer Besuch: Ihr dreijochiger Lettner unter Kreuzrippengewölben (15. Jh.) gemahnt noch an die vormals klösterliche Bestimmung, wogegen der Grabstein Graf Friedrichs des Jüngeren (gest. 1327) als letztes Epitaphium von der einstigen Grablege der Veldenzer Herren hier zeugt. Dahinter erblickt man die Sakristei (um 1400), einen in zwei Jochen mit Kreuzrippen gewölbten ehemaligen Kapellenraum.

Diese dicht beieinander stehenden Baugruppen von Kirche und Burg erheben sich als Zentrum des traditionellen ›Remigiuslandes‹ übrigens genau dort, wo nachweislich schon zu prähistorischer Zeit ein dem Gott Wodan geheiligter Kultort war, der nach erfolgter Christianisierung in eine Verehrungsstätte des Erzengels Michael (des ›Engels der Deutschen‹) umgewidmet worden ist.

Weniger hoch über dem Glantal steht am *Deinsberg* (›Donarsberg‹) die evangelische Kirche von *Theisbergstegen*. Ihr Turm ist 1954 neben Grundmauern eines romanischen Vorgängers aufgebaut worden; auch das Kirchenschiff mußte nach oftmaligen Veränderungen seinerzeit so umgeformt werden, daß die Überreste aus älteren Bauperioden (Maßwerkfenster, Portal, Sakramentshäuschen des 15. Jh., gotischer Taufstein des 13. Jh.) den einstigen Zusammenhang nur schwerlich offenbaren.

*Konken* lohnt von hier aus einen kurzen Abstecher. Wiederum ist es ein romanischer Turm, der die 1771 als großer Saalbau realisierte Kirche übersteigt. Sehenswert vor allem aber sind im Ort die alten bäuerlichen Anwesen, die hier noch deutlicher als in anderen Dörfern des Musikantenlandes mit ihren rundbogigen Scheunentoren in den Einfirsthäusern jenen architektonischen Typus repräsentieren, der in der westlichen Pfalz, im Saarland und schon an der oberen Nahe unverkennbar auf den benachbarten lothringischen Raum deutet.

Im Grunde – und dafür bieten die simplen Stilmerkmale der rustikalen Baugewohnheiten in der weiteren Umgebung reihenweise Exempel an – war dies seit alters ein Übergangsland und nicht bloß die fragile Nahtstelle zwischen den ›erbfeindlichen‹ Einflußsphären Deutschlands und Frankreichs. Die historischen Mißverständnisse haben diesen Raum stetig leiden lassen für politische Interessen, die den hier wohnenden Menschen keinen Nutzen gebracht haben. Über willkürlich gezogene, ›erfochtene‹ Grenzen reichte und reicht hier die kulturelle Verklammerung sichtlich hinweg. Und manches weist zurück in jene Zeit, als unter Merowingern und Karolingern diese Region ein kontinentales Kernland war.

## AN NAHE UND GLAN

*Altenglan* gehörte kirchlich schon im 10. Jahrhundert zu Kusel. Die evangelische Pfarrkirche von 1720, im 19. Jahrhundert verändert, mit ihrem barocken Dachreiter birgt noch Relikte aus früherer Zeit, so auch ein inzwischen vermauertes Portal von 1520. Nach Osten führt eine Straße aus dem Glantal hier heraus und zunächst über Friedelhausen nach Bosenbach im Reichenbachtal. Mit der sogenannten *Wolfskirche* auf dem Friedhof, die vormals zu einem längst erloschenen Dorf gehörte, erreicht man das erste einer ganzen Reihe frühgotischer Monumente dieser Gegend, die im stilreinen architektonischen Rahmen kunsthistorisch höchst kostbare Freskenzyklen aus der Zeit vor und um 1300 bewahren konnten.

*Bosenbach*, das etwas weiter südlich gelegene *Reichenbach*, *Hinzweiler* (dort auch als Spolie ein römerzeitlicher Männerkopf über dem Südfenster), die ›Zweikirche‹ im Lautertal bei Rutsweiler, *Rothselberg* sowie die bedeutsame Hirsauer Kirche bei Offenbach-Hundheim am Glan sind wegen solcher Malereien lohnende Besichtigungsziele. Bei einer Fahrt durch die an eigenwilligen Wohnhäusern noch reichen ›Musikantendörfer‹ liegen sie alle buchstäblich am Wege; zu empfehlen ist hierfür folgende Strecke: Bosenbach – Jettenbach – Rothselberg (Abstecher nach Rutsweiler) – Eßweiler – Oberweiler – Hinzweiler – Aschbach – Nerzweiler – Offenbach-Hundheim.

Stellvertretend für die freskengeschmückten kleinen Gotteshäuser in der idyllischen Landschaft soll hier der *Hirsauer Kirche* etwas größere Aufmerksamkeit zuteil werden. Schon anfänglich ist's ein anrührendes Stimmungsbild: Aus dem Glandörfchen Hundheim windet sich ein Fahrweg durch Ackerfluren einer prachtvollen Baumgruppe zu, hinter deren dichtem Blätterdach erst beim Näherkommen graues Mauerwerk und ein klobiger Turm sichtbar werden. Unscheinbar wirkt der sakrale Bau (Abb. 86), der sich vormals inmitten eines Dorfes erhoben hat, das aber schon zu Beginn des Dreißigjährigen Krieges entvölkert und aufgegeben wurde. Zum Glück haben einige Um- und Erweiterungsbauten die historische Substanz weitgehend verschont. Die Hirsauer Kirche ist bereits in vorgotischer Zeit (Anfang 12. Jh.) gegründet worden. Römerzeitliche Reliefsteine im Mauerwerk weisen auf einen antiken Vorgängerbau hin. Ende des 19. Jahrhunderts wurden leider der alte Altar, die Kanzel und das Gestühl entfernt. Die Fresken in dem von einem frühgotischen Kreuzrippengewölbe überdeckten Chorraum im Erdgeschoß des Turmes wurden nach Übermalungen (Ende 19. Jh.) in zweijähriger Arbeit von der Deckschicht befreit; seit 1964 präsentiert sich nun wieder der Chor als einzigartiger Kunstraum voll himmlischer Szenen (Farbt. 24).

Wandflächen und Gewölbe sind von bildlichen Darstellungen überzogen, die nach ihren stilistischen Merkmalen und analog zur Baugeschichte des Kirchleins spätestens um 1250 gemalt worden sind. Sie geben den ursprünglichen Eindruck eines ganz und gar farbenfrohen Gotteshauses wieder und lassen somit recht unmittelbar das Lebens- und Glaubensempfinden jener Menschen ermessen, die vor 700 Jahren hier gebetet haben. Wie nebenher erfährt der heutige Besucher beim Betrachten der Details auch einiges über die Kleidung, sakrale Gebräuche sowie über die Jenseitserwartungen im 13. Jahrhundert. Zur Besichtigung der Kunstwerke in dem meist verschlossenen Gotteshaus sollte man sich in Hundheim nach der Küsterfamilie erkundigen, bei welcher der Schlüssel zur Kirche ausgeliehen werden kann.

Von der Hirsauer Friedhofsmauer erblickt man am jenseitigen Ufer das rund einen Kilometer entfernte **Offenbach**. Außer dem neugotischen Turm der 1884 errichteten katholischen Pfarrkirche ist es mit gewaltigem Umriß der Vierungsturm der *ehemaligen Propsteikirche* der Benediktiner, der wirkungsvoll die Dächer des Dorfes überragt (Farbt. 8). Sie zählt zu den stilgeschichtlich hervorragendsten Sakralbauten der frühen Gotik auf deutschem Boden. In dem als ›Ouenbach‹ 1128 erstmals bezeichneten Ort, der politisch zum Hochgericht Siener Heide der Wildgrafen gerechnet wurde, stiftete 1150 der Edle Reinfried von Rüdesheim ein Priorat, das er den Benediktinern von St. Vincent in Metz anvertraute, bei welchen es bis zur Aufhebung 1556 für ein halbes Jahrtausend auch tatsächlich verblieb. Höchstwahrscheinlich fanden die Mönche bei ihrem Einzug in die ›Cella St. Mariae‹ bereits eine Kirche vor, denn Reinfried, dessen Sohn dem Orden beigetreten war, bemühte sich samt seiner weitläufigen Verwandtschaft eifrig darum, das ›neue Klösterlein‹ mit vorzüglichen Einkünften aus den umliegenden Besitzungen auszustatten. Schon 1306 konnten dem Mainzer Erzbischof nicht weniger als 54 Schenkungsurkunden vorgelegt werden. Selbst Kaiser Heinrich IV. verzichtete zugunsten des Offenbacher Priorats auf eine pflichtgemäße Steuer, und Kaiser Friedrich II. ließ 1215 einen besonderen Schutzbrief ausstellen.

Unter derartigen Vorzeichen entwickelte sich dieses Klosterwesen zu bedeutender Blüte; keine Frage also, daß solches Wohlergehen nach dem Bau einer repräsentativen Wallfahrtskirche verlangte, die am Ort des ersten (noch romanischen) Gotteshauses der Gründungsjahre um 1225 begonnen wurde. Trotz zügigen Anfangs (um 1250 waren die Chorpartien größtenteils fertiggestellt) sollte es eine Bauzeit in langwierigen Etappen bzw. mit zahlreichen Unterbrechungen werden. Erst im 14. Jahrhundert erhielt der Vierungsturm sein Obergeschoß.

Was die kreuzförmige gewölbte Basilika mit ihren drei markanten vieleckigen Apsiden kunsthistorisch so bedeutsam werden ließ, ist die hier offenkundige Durchdringung von Bautraditionen der rheinischen Spätromanik mit den Elementen der zu jener Zeit bereits voll entwickelten französischen Hochgotik. Die Abhängigkeit von Metz legt ohnehin nahe, daß in Offenbach solche Baumeister wirkten, die ihre Fertigkeiten in der Champagne und im nördlichen Burgund hatten erwerben können.

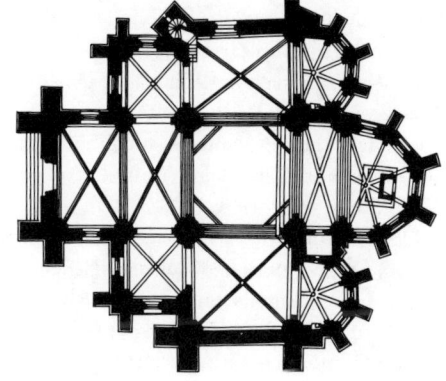

*Offenbach am Glan, Marienkirche, Grundriß*

## AN NAHE UND GLAN

Während die im kleinen Ort so monumental wirkenden Baumassen unverputzten Rotsandsteins in der Tat an burgundische Ansichten denken lassen (Abb. 81), entfaltet sich im Kircheninneren eine sehr harmonische Raumwirkung, die sich aber aus einer bedeutenden stilistischen Vielfalt zusammensetzt (Abb. 82). Denn neben frühgotischen Formen fanden hier noch ausgesprochen romanisch tradierte Details z. B. an den Kapitellgruppen der östlichen Vierungspfeiler ihren Platz. Einflüsse champagnesker Gotik gewahrt man an den Querhausfenstern, indes die Vierungskuppel wiederum romanischer Konzeption folgend angelegt wurde. Gerade die letztere weist zu der im Typus eng verwandten Abteikirche Sponheim am Soonwald hinüber, und die vorzüglichen Offenbacher Kelchblockkapitelle haben in einem gotischen Meisterwerk des Nahelandes ihre Parallelen: in der Burgkapelle von Hof Iben. Außer der künstlerisch wertvollen Bauzier mit floralem Skulpturenschmuck sind in Offenbach außergewöhnliche Werke figuraler Plastik zu bewundern: Da wachsen z. B. statt Kelchknospen Menschenköpfe an Kapitellen hervor (Abb. 84). Drachenkämpfe und Adlermotive finden sich in höchst qualitätvoller Ausformung. Bemerkenswert sind nicht minder die merkwürdigen Skelettfiguren außen an den Apsiden (teils stark restauriert oder Kopien). Der Symbolgehalt dieser Bildwerke beschwört die Auseinandersetzung mit abgründigen Mächten, wenngleich auch die heraldischen Aspekte nicht zu verkennen sind; insgesamt eine elegante Kombination von Mythen und feiner Dekoration.

1497 übernahm Pfalzgraf Ludwig I. von Veldenz-Zweibrücken die Schirmherrschaft über Kloster Offenbach, woraus seine Nachfolger Eigentumsansprüche abzuleiten gedachten, zumal die zweibrückische Reformation am überkommenen Kirchenbesitz rüttelte. Es kam folglich zu Streitigkeiten, aus denen schließlich 1754 die Wild- und Rheingrafen als Eigentümer hervorgingen. Unterdessen hatte das Gotteshaus aber schon arg gelitten; bereits 1720 wurde beklagt, daß durch die zerstörten Fenster das Wetter eindringe und im Winter der Altartisch mit Schnee bedeckt gewesen sei. Zur ›Franzosenzeit‹ wurde das Dach abgedeckt, und 1803 liefen allerlei Haustiere ungehindert im Inneren herum. Nach einer Teilabtragung des Langhauses konnte ein Verein für Heimatpflege den verbliebenen Baukörper wiederherstellen und auf Dauer sichern. Schließlich, nachdem die katholische Pfarrgemeinde 1884 ihre eigene Kirche errichtet hatte und die ehemalige Klosterkirche in den Besitz der evangelischen Gemeinde übergegangen war, waren alle Voraussetzungen für zukünftigen Erhalt und Denkmalpflege dieses wichtigen Monuments geschaffen.

Bei einem Besuch in Offenbach sollte man einen Blick auf das einstige *Schaffnerhaus* des Klosteranwesens (16. Jh., heute Pfarrhaus) unweit der Kirche mit seiner schönen Holzgalerie werfen und des weiteren auch in die *katholische Kirche* hineinschauen, deren Vorhalle noch zwei übriggebliebene Apostelstatuen vom verschwundenen Figurenportal (13. Jh.) der Abteikirche präsentiert.

Das Nachbardorf *Wiesweiler*, dessen Ortsgeschichte ein Spiegelbild der mannigfachen Verbindungen zwischen hunsrückischen, naheländischen und pfälzischen Geschlechtern ist, verdient ebenfalls einen kurzen Abstecher: Sein alter Kirchturm wurde in romanischer Zeit aus den Quadern einer bei der Glanmühle im Talgrund aufgedeckten Römervilla aufgemauert. Urtümlich wirkt auch eine romanische Gesichtskonsole am Mauerwerk.

Nochmals von Offenbach-Hundheim und Wiesweiler ein Stück glanaufwärts in Richtung Kusel: Zwischen Niedereisenbach und Ulmet reihen sich auf wenigen Kilometern rechts und links neben der B 420 in der naturschönen Tallandschaft noch einige Orte mit bemerkenswerten historischen Relikten. *Niedereisenbach* (Ortsteil von Glanbrücken) hat eine Kirche mit gotischem Altarraum (Rippengewölbe, Maßwerkfenster) unter einem wuchtigen romanischen Chorturm (13. Jh.). Der gleichfalls romanische Kirchturm (12. Jh.) in *St. Julian* enthält eingemauerte Spolien der Römerzeit. Schon gleich beim Treppenaufgang von der Hauptstraße her stößt man auf ein großes antikes Reliefbild mit Ornamenten, Vasen und einem Zwitterwesen aus Pferd und Fisch. Sehenswert ist aber auch der mit aufwendiger Bauzier versehene Kirchenbau von 1880/81, in dem die alte Stumm-Orgel (1797) einen würdigen Platz fand. Am anderen Ufer des Glan ist in einer historischen Ölmühle ein Museum unter Einbeziehung der Mahleinrichtung sowie mit interessanten Sammlungsstücken auf- und ausgebaut worden. Im Ortsteil *Gumbsweiler* verdient die kleine gotische Kirche (1720 barock verändert) gleichfalls Beachtung.

Durch das landschaftlich prächtige Tal der *Steinalp* führt eine Straße vom Glan hinauf nach Baumholder. Auf vielen Kilometern durchschneidet sie den Truppenübungsplatz und darf deshalb nicht verlassen werden. Ein Abstecher ist trotzdem anzuraten, denn hart vor dem Sperrbezirk liegt das schon 960 bezeugte und zur Wild- und Rheingrafschaft gehörige *Niederalben* mit seiner alten Kirche (gotischer Chorraum im 5/8-Schluß, Langhaus von 1772), die derjenigen in Niedereisenbach baulich offensichtlich verwandt ist. Und fährt man nun die Baumholderer Straße ein paar Kilometer weit hinauf, erreicht man (zur rechten Hand) den sogenannten *Kriegerehrenhain Erzweiler*. Er wurde dicht neben dem abgerissenen Schulgebäude (die Schulhofmauer steht noch im Gestrüpp) des aufgegebenen Dorfes Erzweiler eingerichtet und bewahrt die Weltkriegsgefallenenmäler der meisten jener Dörfer, die bei Anlage des Truppenübungsplatzes (1937/38) entvölkert und dem Erdboden gleichgemacht wurden. 14 Orte und ebenso viele Einzelgehöfte wurden damals ausgelöscht und ihre rund 5000 Einwohner zwangsweise umgesiedelt.

Nun wieder ins Glantal und nach Offenbach zurück: Steil windet sich ein Sträßchen, von welchem man immer wieder schöne Ausblicke auf die dominierende Benediktinerkirche drunten gewinnt, den Hang zu einem der abgelegensten Landstriche ganz Westdeutschlands hinauf. Die bucklige Hochfläche zwischen Glantal und Truppenübungsplatz, annähernd als Dreieck vor dem Sperrgebiet und am Rand der Bundesstraßen 270 und 420 gelegen, erstreckt sich vollkommen im Abseits der größeren Verkehrswege und bildet mit ihren acht winzigen Dörfern und mehreren Einzelhöfen einen einzigen ›weißen Fleck‹ auf der touristischen Landkarte.

*Deimberg* (1367 als ›Dimberch‹ erwähnt) war eines der früheren Musikantendörfer; noch 1906 wurde in der Schulchronik hervorgehoben: »Eigentümlich ist die Begabung der Kinder für den Gesang.« Im übrigen bildeten die bis in die jüngste Zeit genutzten Sandsteinbrüche für ansässige Steinmetzen eine nicht unbeträchtliche Wirtschaftsbasis, wie überhaupt der ›Sandstein vom Glan‹ in der weiten Umgebung noch heute als Qualitätsbegriff bekannt ist. *Buborn* wurde als ›Burppur‹ 1152 durch Abt Hugo von Reims urkundlich genannt. Es steht auf Siedlungsgrund, der schon zur Römerzeit bewohnt und im Mittelalter Sitz eines eigenen Gerichts (›Eicher Gericht‹) gewesen ist. Im heutigen Ortsbezirk *Kirchgarten* stand ein 1605 an die Wild- und Rheingrafen veräußerter ›Commenturhof‹ des Johanniterordens. Mit Deimberg, Buborn und dem kleinen Dorf *Hausweiler* bildete der *Schönborner Hof* einst eine Weidegemeinschaft. Das landschaftlich herrlich gelegene Anwesen war gleichfalls Besitz des Johanniterordens und blickt auf eine wechselhafte Geschichte zurück, aus welcher ein Besuch des vertriebenen Polenkönigs Stanislas Leszczynski herausragt, der vor seiner auf Lebenszeit befristeten Regentschaft als Herzog von Lothringen in den Jahren 1714–1719 als Schützling König Karls XII. von Schweden in Zweibrücken Unterschlupf gefunden hatte. Auf dem Fluchtweg in dieses Exil kam er auch durch die wild- und rheingräfliche Herrschaft Grumbach, wo ihm zum erstenmal auf deutschem Boden ein gebührlicher Empfang bereitet wurde. Man geleitete ihn zum Schönborner Hof und richtete ihm ein königliches Mahl, von dem eine kleine Episode berichtet: »Bei der Tafel sollte das Söhnlein des Grafen Pagendienste versehen, habe dann aber bitterlich zu weinen angefangen. Als der König fragte, was ihm sei, habe er über gar großen Hunger geklagt, worauf der König gelacht und der Not abgeholfen habe. Die Tochter des Königs aber, die schöne Maria Leszczynski, wurde bald die Gattin Ludwigs XV. von Frankreich. Als Königin von Frankreich hat sie die freundliche Aufmerksamkeit nicht vergessen, die der Rheingraf von Grumbach einst ihrem verlassenen Vater auf dem Schönborner Hof geschenkt hatte.«

An deutsch-französische Beziehungen problematischerer Art gemahnt die Geschichte des benachbarten *Kirrweiler,* das 1677 unter Ludwig XIV. bis auf den letzten Balken niedergebrannt worden war. 1813 erhob sich eine der optischen Signalstationen, die von den französischen Besatzungstruppen nach der Revolution zwischen Mainz und Paris etwa alle 10 Kilometer aufgestellt wurden, auf der Anhöhe ›Husarenbusch‹. Als Blücher die Rheinlande befreite, wurde dieser Telegraf niedergerissen. Auch das beschauliche Homberg hatte 1677 im Pfälzischen Erbfolgekrieg schwer unter der Soldateska zu leiden.

Ganz nah liegt hübsch am Hang in einer Mulde das alte **Herren-Sulzbach,** das vermutlich auf eine römerzeitliche Ansiedlung zurückgeht, die nach einer solehaltigen Mineralquelle ›Salisso‹ benannt worden war. Die bemerkenswerte *Dorfkirche* gibt sich aus der Entfernung recht unscheinbar, fußt aber auf einer bedeutsamen Vergangenheit, in der auch hier der Johanniterorden eine Rolle spielte. Bereits 1321 hatte Johannes, comes silvester (Waldgraf), »gelobt den fratres ordinis sancti Johannis, sie in ihrer curia zu Sulzbach und ihren sonstigen Besitzungen nicht zu stören, sondern zu schützen«.

Der Ordenstradition gemäß erscheint die Kirche des Dorfes als trutziger Wehrbau. Rings um ihren heute schön mit Rasen bewachsenen und von hohen Bäumen beschatteten Hof zieht sich eine geschlossene feste Mauer. Und der Turm, wahrscheinlich schon um die Jahrtausendwende errichtet, zeigt noch seine Schießscharten und in einigen Metern Höhe zwei steinerne Konsolen, die wohl eine Art Zugleiter unter dem fast vier Meter hoch gelegenen vormaligen Eingang gehalten haben. Diesem wuchtigen Turmbau wurde 1714/15 ein einschiffiges Langhaus ohne Chorraum angefügt, das man unter einem hölzernen Portalvorbau (um 1715) betritt. Die Stumm-Orgel (1822) und die von Johann Georg Engisch gemalten

 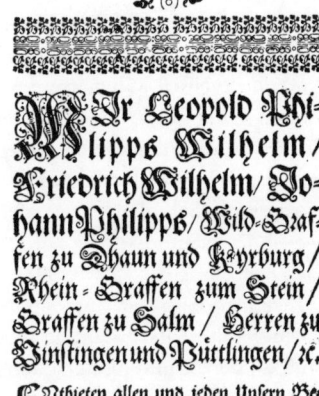

*Im Zeichen der Reformation: das Titelblatt einer wild- und rheingräflichen Kirchenordnung von 1693*

biblischen Bilder an der Emporenbrüstung bilden einen wertvollen Kunstschatz in diesem Gotteshaus, das den Grumbacher Wild- und Rheingrafen als Grablege diente (die Gruft unter dem Mittelgang barg die sterblichen Überreste von 62 Personen).

Durchfährt man heute die stille Gegend um dieses Herren-Sulzbach mit ihren kleinen Ortschaften, so kann man sich angesichts der noch immer weitläufigen und von keinerlei Industriebetrieben oder Schnellstraßen berührten Feldfluren und Obstbaumwiesen gedanklich leicht in jene scheinbar ›gute alte Zeit‹ zurückversetzen (Farbt. 2). So auch im schmalen Rosental, wo das Dörfchen *Unterjeckenbach* einen Landschaftswinkel einnimmt, der außergewöhnliche Vorgeschichtsfunde in Gestalt von Steinwerkzeugen des Magdalénien geborgen hatte. Im Nachbarort *Kappeln* wurde die 1789 als dreiseitig geschlossener Saalbau errichtete Kirche einem mittelalterlichen Turm angeschlossen, dessen Schallarkaden noch romanische Würfelkapitelle aufweisen und in dem 1493 ein Goldschatz gefunden wurde.

*Grumbach, links unter dem rheingräflichen Schloß das noch erhaltene Archivgebäude. Stich aus Daniel Meisners ›Schatzkästlein‹, 1627*

Von hier führt ein schönes Sträßchen hinab nach **Grumbach** (Abb. 88), dem einstigen Hauptort der Region. Von der Bundesstraße 270 aus betrachtet, wirkt der Ort mit seinen am steilen Talhang übereinandergetürmten Wohnbauten beinahe wie ein mediterranes Bergdorf: Die weißen Mauerfronten und roten Ziegeldächer über dem grünen Bachgrund vermitteln in der Tat so etwas wie eine heitere Stimmung. Dazu trägt die wirkungsvoll über der Vedute aufragende *Kirche* wesentlich bei, die 1838–42 auf Fundamenten des wild- und rheingräflichen Schlosses im klassizistischen Stil erbaut worden ist. Ihr Bauplan wurde unter Mitwirkung Schinkels entworfen. Wenig unterhalb drängt sich als letzter Rest des 1242 begründeten Schlosses der barocke *Archivbau* (17./18. Jh.) mit seinem mächtigen Mansarddach hervor.

Zwei Autominuten sind es nun von Grumbach zum einstigen Residenzstädtchen **Lauterecken** (Stadtrechtsverleihung 1350), in dem die Grafen von Veldenz 1222 mit dem Bau einer Burg an der Mündung der Lauter in den Glan begonnen hatten. Trotz günstiger Lage am Schnittpunkt mehrerer Talstraßen konnte sich Lauterecken aber nie zu größerer Bedeutung entfalten, zumal die in zahlreiche kleine Besitzungen der verschiedensten Herren zerstückelte Umgebung für einen anhaltenden Aufschwung keinerlei strukturelle Voraussetzungen bot. Von Oberstein bis in den Raum um Lauterecken führte damals der per Postkutsche im Lauf eines Vormittags zu bewältigende Weg durch fünf unterschiedlicher Herren Länder. Der Grund zu einem derartigen ›Flickenteppich‹ der Kleinstaaterei wurde bereits vor der Jahrtausendwende gelegt: Unter den Merowingern gelangten Teilgebiete des zum Nahegau

*Lauterecken um 1650, Stich von Merian*

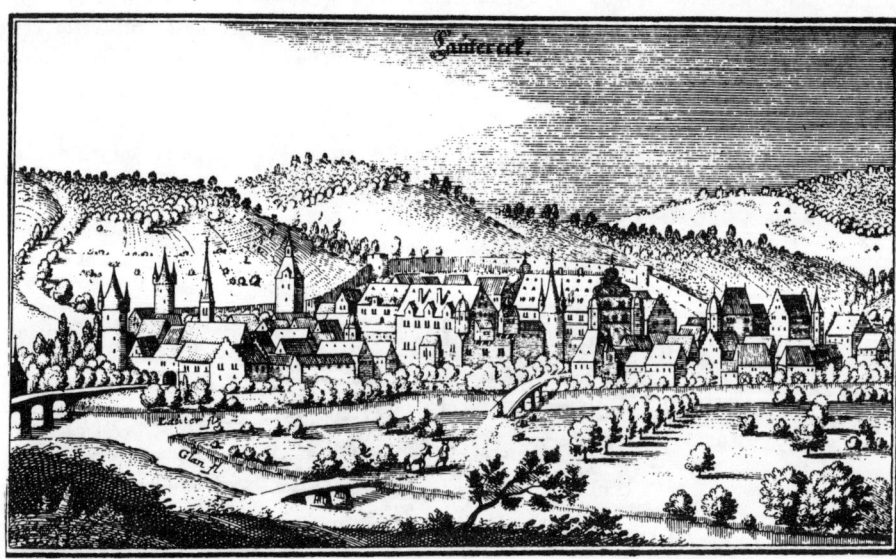

gehörigen Raumes als Schenkung an das Erzstift Verdun. Die Emichonen als Untergrafen aus salischem Stamm lösten aus dem nun kirchlichen Besitz ihre Lehensgüter heraus und erlangten sie schließlich als erbliches Eigentum. Aus ihnen gingen die Rau-, Wild- und Rheingrafen hervor, deren Grumbacher Linie für die eng benachbarte Region historisch bedeutsam wurde, indes die gleichfalls den Nahegaugrafen entsprossenen Veldenzer Herren in Lauterecken ihren Schwerpunkt besaßen. Doch selbst deren bekanntestem Vertreter, Pfalzgraf Georg Hans (›Jerrihans‹) als so populärem wie weitsichtigem Mann, blieb trotz großer Anstrengungen seinerzeit im 16. Jahrhundert eine bessere Entwicklung des Raumes um seinen Geburtsort Lauterecken verwehrt. Er war es auch, der den Grundstein für die Anlage des *Neuen Schlosses* an der Lautermündung legte. 1676 wurde es mitsamt dem Städtchen von französischen Eroberern in Brand gesteckt.

So hat sich an baulichen Überresten aus älteren Jahrhunderten in Lauterecken nicht viel erhalten können. Ein Mauerbruchteil der einstigen Stadtwehr mit Erker und Türmchen sowie ein spätgotischer Keller mit Kreuzgewölben und ein Torbogen der Renaissance erinnern an die noble Historie. Im unterdessen restaurierten Eckturm des *Alten Schlosses* werden die Sammlungen eines kleinen Heimatmuseums präsentiert. Die *Glanbrücke* und die *Lauterbrücke* wurden im 17. Jahrhundert erbaut, und mehrere Wohnhäuser tragen noch ansehnliche Stilmerkmale des Barock und des Klassizismus. Lautereckens Gotteshäuser entstammen dem vergangenen Jahrhundert: Die neuromanische *katholische Kirche* (1853) enthält noch ein Sandsteinepitaph (1579) für die pfalzgräfliche Kammerjungfer Anna Stickling, während die Turmhalle der neugotischen *evangelischen Kirche* (1866) zwei mit Wappen geschmückte Grabsteine (17. Jh.) beschirmt.

Über die nach Kaiserslautern führende Bundesstraße 270 gelangt man von Lauterecken rasch ins historische Städtchen *Wolfstein* mit seinen zwei Burgruinen, anheimelnden Ensembles der Bürgerbauten, einem zur Besuchergrube hergerichteten Kalkbergwerk und der nach Rutsweiler zu einsam stehenden Zweikirche. Wolfstein als eine ›nördliche Pforte zur Pfalz‹ eignet sich des weiteren gut zum Ausgangspunkt für Exkursionen ins westlich von hier gelegene ›Musikantenland‹ und auch zu einem Abstecher nach *Reipoltskirchen* mit seiner sehenswerten Wasserburg (Abb. 87), die seit dem 13. Jahrhundert Zentrum einer zwölf Dörfer umschließenden reichsunmittelbaren Herrschaft gewesen ist.

Durch ein reizvolles Bachtal gelangt man von hier wieder an den Glan, und zwar nach **Odenbach,** dessen ehemalige *Wasserburg* der Grafen von Veldenz noch den Rest eines mit Buckelquadern verkleideten spätromanischen Bergfrieds hinterließ. Auch von der Ortsbefestigung gewahrt man noch interessante Relikte, während das alte *Rathaus* (16. Jh.) und die *evangelische Pfarrkirche* (1763/64) als spätbarocker Saalbau ihrerseits von historischer Wohlhabenheit des Ortes zeugen. Letztere verfügt im Unterbau ihres noch dem 14. Jahrhundert entstammenden Chorturmes über ein stilvolles Maßwerkfenster.

**Medard,** zwischen Odenbach und Lauterecken an der B 420 gelegen, gehörte einst als Hofgut dem Erzstift Verdun. Seine *evangelische Pfarrkirche*, eine dreischiffige Hallenkirche mit gerade geschlossenem Chor und Westturm, bezieht Teile eines romanischen Bauwerks von 1262 mit ein, wurde 1597 umgebaut und nochmals 1890 verändert. Römerzeitliche

Spolien sind an den Ecken von Chor und Turm vermauert worden, und das im Kircheninneren aufbewahrte Bruchstück eines antiken Sarkophages zeigt im Reliefbild die Fahrt Proserpinas hinab zum Hades. Diese Fundstücke kamen sicher aus einer oberhalb des Ortes festgestellten ›Römerwarte‹. Dort, an verteidigungstechnisch günstiger Stelle, wurden auch die Reste einer keltischen Befestigung entdeckt, die als Ringwall und Fliehburg den prähistorischen Anlagen bei Fischbach/Nahe ähnelt (›Schlackenwall‹).

## Von Meisenheim nach Sobernheim

Das Hügelland um den Glan mit seinen anmutig in Waldungen und Feldmarken eingenisteten Ortschaften, so wie man es von Kusel am Remigiusberg bis Lauterecken und Medard erleben konnte, ändert sich im Vordergrund bei Meisenheim nur wenig. Aber wenn man die Hangkanten über dem Tal hinter sich läßt, dann erblickt man nach Süden und Südosten hin die vergleichsweise baumarmen Flächen, die sich wie Ausläufer der rheinhessischen Ebene ins Nordpfälzische vorzuschieben scheinen. Von fern dominiert der markante Umriß des Donnersberges (687 m) diesen Landschaftsraum.

Nördlich des Glan überwiegt im Dreieck zwischen Lauterecken, Kirn und dem Disibodenberg zunächst noch ein sehr lebhaftes Geländemosaik im kleinräumigen Wechselspiel zwischen Äckern, Weiden und Waldstücken, das aber auf die untere Nahe zu gleichfalls in offene Fluren auf sanft gewölbten Buckeln übergeht, an welchen sich mehr und mehr Rebhänge ausbreiten. Auch unmittelbar bei Meisenheim finden sich bereits (bzw. noch) einige Weinberge; weit größer ist aber der Anteil an zu Brachland gewordenen Wingerten. Buschwerk, Gräser und Trockenrasen überdecken hier die oft schon sehr brüchigen Stützmauern im Hang und tragen wesentlich zur Formung eines merkwürdig anmutenden Bildes bei: gewissermaßen einer der Pflege entwachsenen ›Landschaft nach dem Menschen‹, einer Kulturbrache, die soeben von urwüchsiger Natur wieder ein- und zurückgeholt wird.

An solchen Zeichen werden geschichtliche Abläufe augenblicklich besser sichtbar, als jede theoretische Erörterung über landwirtschaftlichen Strukturwandel sie vortragen könnte. Reizvoll wirken derartige Ansichten aber auf jeden Fall, und sie werden hübsch ergänzt und untermalt durch die fast jedes Dorf umringenden Haus- und Bauerngärten, aus denen statt der Hunsrücker Schieferlayen hier überall das satte Rot der Ziegeldächer über ockerfarbenem Mauerwerk hervorleuchtet.

Auch **Meisenheim** zeigt sich, kommt man von Medard her, mit solchen Gärten umkränzt. Aus dieser Szenerie ragt der bizarr durchlichtete Steinhelm der *Schloßkirche* hervor, nördlichster Vertreter der vom Freiburger Münster bekannten Spielart überfeinerter Baukunst des 15. Jahrhunderts. Diese Schloßkirche ist der bedeutendste spätgotische Bau des gesamten Nahe-Hunsrück-Raumes. In dem 1154 als Besitzung des Mainzer Erzstiftes erstmals erwähnten und späterhin den Grafen von Veldenz zu Lehen übertragenen Ort (Stadtrecht seit 1315) erfolgte 1321 eine bemerkenswerte historische ›Weichenstellung‹, als Georg I. und Agnes von Veldenz die Pfarrkirche samt Diensten und Einkünften den Johannitern von

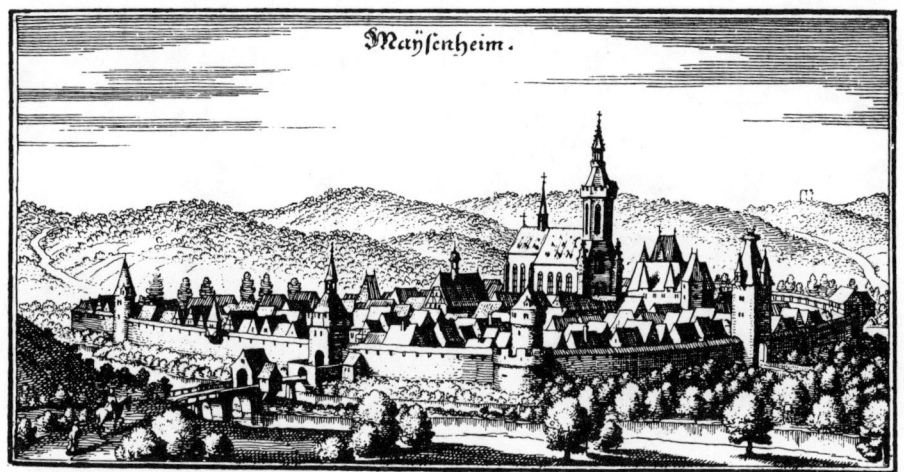

*Meisenheim um 1650, Stich von Merian*

Herren-Sulzbach übertrugen: Danach verlegten die Leute vom ›Orden Sente Johannis des heiligen Spitalis von Jerusalem uber mer‹ ihre Komturei nach Meisenheim und richteten sich gleich unterhalb der Kirche dort ein, wo bis heute das ansehnliche *Gelbe Haus* (um 1490 errichtet) und das benachbarte *Gotische Haus* Untergasse 2 (14./15. Jh.) sich als baulich höchst stimmungsvolles Ensemble zeigen.

Ähnliches gilt im alten Meisenheim aber für eine Vielzahl an Winkeln im Gehege des wie eine Leiter mit Gäßchen als ›Sprossen‹ zwischen den ›Holmen‹ der Ober- und der Untergasse angeordneten Stadtplanes. Daß dieses Städtchen als ›Perle am Glan‹ sein Erbe an Bauwerken aller Art seit der gotischen Epoche unversehrt bewahren konnte, verdankt es der Pfalzgräfin Charlotte Friederike, die den Franzosengeneral Bouffleur bewegte, als 1689 in der Pfalz und auf dem Hunsrück alle Stadtwehren und Burgsitze von den Franzosen eingeäschert wurden, seine sengende Hand nicht an die Glan-Idylle zu legen.

Vor einer Besichtigung der Schloßkirche empfiehlt es sich sehr, bei einem etwa halbstündigen Rundgang dieses Schatzkästlein historischer Stadtarchitektur in näheren Augenschein zu nehmen. Zwischen der Johanniterkomturei (Gelbes Haus) und dem wehrhaften Turm des Untertores (vor der Glanbrücke) reihen sich beiderseits der schnurgeraden Untergasse mit hübschen Fassaden, viele davon in Fachwerk, die Wohn- und Geschäftshäuser auf. Die Zunftgassen, nach den Gewerben der Schmiede, Wagner und Gerber (Lauer) benannt, zweigen von dieser kleinen ›Magistrale‹ ab und gestatten immer wieder interessante Einblicke ins verzwickte Gefüge der Bauten und Innenhöfe oder führen zu den noch an manchen Stellen vorhandenen Resten der alten Befestigung.

Eine der qualitätvollsten Architekturen stellt das vor 1517 im Stil der späten Gotik konstruierte *Rathaus* dar. Sechs Rundpfeiler seiner Halle im Erdgeschoß stützen die oberen Stockwerke; droben im Sitzungssaal erinnern die Bildnisse König Karls XII. von Schweden

## AN NAHE UND GLAN

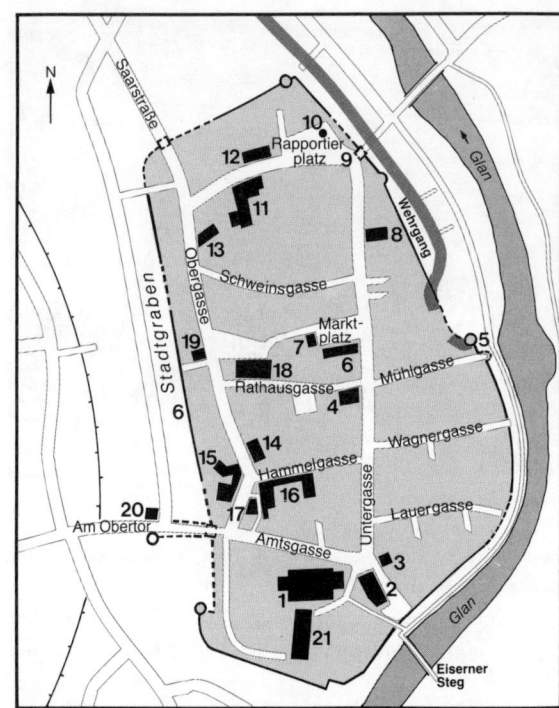

Meisenheim
1 Evangelische Schloßkirche
2 Gelbes Haus (ehem. Johanniterkomturei)
3 Gotisches Haus
4 Rathaus
5 Mühlturm
6 Markthalle
7 Mohrenapotheke
8 Thaynsches Haus
9 Untertor
10 Brunnen ›Meisenbübchen‹
11 Katholische Antoniuskirche
12 Gasthof Engel
13 Boos von Waldecker Hof
14 Fürstenwärther Hof
15 Steinkallenfelser Hof und Kellenbacher Hof
16 Hunolsteiner Hof
17 Ritterherberge
18 Christianskirche
19 Inspektorhaus
20 Rischmannsches Haus
21 Herzog-Wolfgang-Haus
   (Schloß)

und mehrerer Herzöge von Pfalz-Zweibrücken an die Herrschaftsverhältnisse in Meisenheim nach Aussterben der Veldenzer Grafen (1444). Als Verwaltungssitz eines Oberamtes der mit dem schwedischen Herrscherhaus liierten Zweibrücker Dynastie erfuhr Meisenheim, vor allem unter Herzog Wolfgang, erhebliche Begünstigungen.

Bemerkenswert sind die drei Rathausportale, deren spitzbogigen Öffnungen um 1765 prächtige Barocktüren eingepaßt wurden. Diese sind Arbeiten aus der Werkstatt des Johann Christoph Schmidt (1695–1772), der als ›Türenschmidt‹ und Begründer des sogenannten ›Meisenheimer Barock‹ ein beachtliches Werk hinterließ, von dem im Ort noch etliche Haustüren sowie die Kanzel in der Schloßkirche zeugen. Seine Söhne Georg und Karl führten diese kunsthandwerkliche Tradition bis zum Anfang des 19. Jahrhunderts fort, während ihr Bruder Daniel Schmidt (1736–1804) in der Stummschen Werkstatt (Rhaunen-Sulzbach) zum Orgelbauer ausgebildet wurde und 1767 das Instrument in der Schloßkirche aufstellen half, das er dann als bereits Selbständiger 1785 fertigstellte. Zuvor hatte er (1782) in Heiligenmoschel (zwischen Meisenheim und Kaiserslautern) für die dortige Pfarrkirche eine meisterhafte Orgel geschaffen.

Gegenüber dem Rathaus mündet die Mühlgasse und führt zum Rest des *Münzturms* am Glanufer (beim schäumenden Wehr). Von dort läßt sich längs des ›Giessen‹ genannten

Mühlbaches der gut erhaltene Wehrgang betrachten, der sich zwischen den Häusern und dem Flüßchen bis ans Untertor und dann noch weiter zum runden Bürgerturm hinzieht. Wieder zur Untergasse zurückgekehrt, kommt man nun rasch zum malerischen *Marktplatz:* Wuchtige Säulen der offenen *Markthalle* (17. Jh.) tragen ein langgezogenes Obergeschoß aus hübschem Fachwerk. Der Renaissancebau der *Mohrenapotheke* (um 1550) mit ihrem zweigeschossigen runden Erker dominiert das Ensemble. Wenig weiter gewahrt man bald das *Thaynsche Haus* (um 1575; heute Café) mit seiner vorkragenden Giebelfront, ehe man jetzt den kraftvollen Turmbau des *Untertores* erreicht, der größtenteils noch dem Anfang des 14. Jahrhunderts entstammt. Zur Linken rahmen weitere Fachwerkbauten den gepflasterten *Rapportierplatz* ein, auf welchem sich als netter Blickfang die bronzene Brunnenfigur des um 1935 von Emil Cauer d. J. geschaffenen ›Meisenbübchens‹ erhebt (Abb. 89). Gegenüber steht als dreiseitig geschlossener Saalbau (1685–88) die in schlichtem Barockstil gehaltene *katholische Antoniuskirche,* einst Gotteshaus einer kleinen Niederlassung der Franziskaner. Vis-à-vis erinnert ein ansehnlicher Fachwerkbau als historische Stätte an eine bemerkenswerte Epoche: Im *Gasthof Engel* wickelte in den Jahren 1714–18 als zweibrückischer Statthalter der polnische Exilmonarch Stanislas Leszczynski bei oftmaligen Aufenthalten zu Meisenheim seine Regierungsgeschäfte ab.

Nahebei mündet die von Norden in die Altstadt hereinkommende Saarstraße in die Obergasse, an welcher sich (Hausnummer 26) der *Boos von Waldecker Hof* aus dem 16. Jahrhundert erhebt. Zusammen mit dem *Fürstenwärther Hof* (Obergasse 8), dem *Steinkallenfelser Hof* (Obergasse 5), dem *Kellenbacher Hof* (Obergasse 3) und dem *Hunolsteiner Hof* (Amtsgasse 13) zählt er zum imponierenden Bestand der binnen weniger Jahrzehnte nach 1500 fast gleichzeitig in Meisenheim eingerichteten Adelssitze von Hunsrücker und naheländischen Sippen, die aus der Enge und Isolation ihrer alten Stammburgen in das von den Veldenz-Zweibrücker Schirmherren geförderte Zentrum drängten. Ritterliche Treue und Waffenbrüderschaft standen dazumal noch hoch im Kurs; bereits 1495 zogen Karl Boos von Waldeck und Schweickardt von Sickingen mit Herzog Alexander von Zweibrücken als Pilger ins Heilige Land. Simon Boos von Waldeck, dessen Grabrelief in der Schloßkirche eingemauert wurde, fiel 1553 als Feldherr und Gefolgsmann Kaiser Karls V. vor Metz.

In Abwechslung mit den meistenteils in Fachwerk aufgeführten Bürgerhäusern tragen die repräsentativen Fassaden (z. T. im 19. Jh. umgestaltet) der Meisenheimer Adelshöfe bedeutend zur Lebhaftigkeit des Gesamtbildes bei. Wo von der Obergasse abwärts die Hammelgasse abzweigt, steht mit zwei Fachwerkgiebeln und unter dem pittoresken Umriß des Schloßkirchturms die sogenannte *Ritterherberge* (Obergasse 4; Abb. 90) zwischen Hunolsteiner und Kellenbacher Hof. Dort, so berichtet die Überlieferung, versammelten sich einst alle Abende die Rittersleut' zu wackerem Umtrunk.

Betrachtenswerte Bauten in der nahen Umgebung sind außerdem die lutherische *Christianskirche* (1761–71; Gemeindehaus) und das lutherische *Inspektorhaus* (Obergasse 19), an dem eine Tafel an Johann Nikolaus Götz erinnert (s. S. 304), der hier 1754–61 wohnte. Schließlich, schon unmittelbar im Bannkreis der Schloßkirche, zeigt sich das 1763 erbaute *Rischmannsche Haus* (Amtsgasse 1) als stattlicher Barockbau.

# AN NAHE UND GLAN

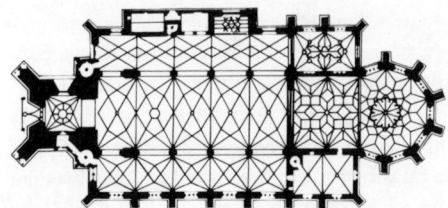

*Meisenheim, Schloßkirche, Grundriß*

Gegenüber, hinter Rasenflächen und von hochstämmigen Platanen wirkungsvoll umkleidet, ragt hier das gotische Meisterwerk mit seinem 52 Meter hohen Turm empor (Farbt. 11). Meisenheims *Schloßkirche* fußt auf den Grundmauern eines für 1269 belegten, gewiß aber noch erheblich älteren Gotteshauses, das bei einer Beschießung 1461 derart in Mitleidenschaft gezogen worden war, daß ein Neubau erforderlich wurde. Herzog Ludwig der Schwarze (1459–89), Pfalzgraf bei Rhein und Graf von Veldenz, war seinem mit 10000 Mann herangerückten Vetter, Kurfürst Friedrich dem Siegreichen von der Pfalz (auch der ›böse Pfälzer Fritz‹ genannt), damals recht schmachvoll unterlegen. Nach diesem militärischen Fiasko warb er jetzt, wie der Kunsthistoriker F. W. Fischer trefflich schrieb, Steinmetzen statt Soldaten: »Hohe Ansprüche und kühne Pläne bestimmten sein Leben. In der Politik blieben sie Fiktion. In der Kunst wurden sie Wirklichkeit. Mit seiner Schloßkirche übertraf er alle mittelrheinischen Fürsten, ja selbst den Kaiser.«

Der Baumeister, der dieses Werk in staunenswerte Tat umsetzte, hieß Philipp von Gmünd, stammte aus Frankfurt und hatte dort in der Bauhütte von St. Bartholomäus gelernt. Philipp Steinmetz, wie er sich auch benannte, errichtete außerdem die Zweibrücker Hofkirche, wirkte in Münster-Sarmsheim und in Monzingen, doch die Schloßkirche wurde sein Hauptwerk. Der begnadete Architekt und Bildhauer erfuhr zwar schon zu Lebzeiten bedeutenden Ruhm (man sprach sogar von der ›Meisenheimer Schule‹), aber er blieb im Lande und starb 1523 gleichsam im Schatten ›seines‹ Gotteshauses. Dessen Bauzeit währte von der Grundsteinlegung am 5. November 1479 (noch unter Ludwig dem Schwarzen) bis zur Weihe am 24. Juni 1504 fast genau ein Vierteljahrhundert: So entstand eine Architektur von ungewöhnlicher Stiltreue und Geschlossenheit, ein Musterstück der ausgereiften Gotik.

Spätere Umbauten haben zwar teils problematische Änderungen bewirkt – die Entfernung des Lettners (1766) oder der Einbau neuer Chorfenster (1968) –, die einheitliche Wirkung des Kirchenganzen ist jedoch geblieben. Auf quadratischem Grundriß erhebt sich der Westturm mit seinen zwei wuchtigen Strebepfeilern. Tiefe Fensternischen, neugotischer Figurenschmuck unter Fialen sowie das zierliche zweigeteilte Portal gliedern die Untergeschosse. Hinter Maßwerkbalustraden und von vier Tabernakeltürmchen umstanden wächst aus dem viereckigen Unterbau ein achteckiges Doppelgeschoß hervor, dem die achtseitige Steinpyramide aufgesetzt wurde, die in ihrem oberen Teil, knapp unter der krönenden Kreuzblume, nochmals von einer mastkorbähnlichen Balustrade (Laterne) umschlossen wird. Dieser mit Krabben besetzte und fein durchbrochene Steinhelm ist es, angesichts dessen häufig die typologische Verwandtschaft mit den berühmten Türmen in Freiburg,

Esslingen und Frankfurt hervorgehoben wird – hierzulande findet er jedenfalls nicht seinesgleichen.

Durch die Turmhalle betritt man das Langhaus, eine dreischiffige Halle von fünf Jochen mit unterteilten und teils eingezogenen Strebepfeilern, der sich ein quadratisches Chorjoch und schließlich die Chorhalle anschließen, letztere als Polygon mit sieben Seiten vom Zehneck geschlossen. Beachtenswert die Schlußsteine: über dem Chorquadrat als sogenannte ›Johannesschüssel‹ (Johannes der Täufer) und über dem Chor im zehnzackigen Rippenstern mit Aposteln und einer Taube (Symbol der pfingstlichen Geisttaufe) ausgeformt. Das Langhaus (41,6 m lang, 19,5 m breit, 13 m hoch; Seitenschiffe 11 m hoch) wird von Rundpfeilern auf achteckigen Sockeln getragen; den Tonnengewölben wurden Rippennetze unterlegt. Nördlich (links) vom Chorquadrat wurde eine doppelgeschossige Sakristei angebaut, während zur anderen Seite, mit einem prunkvollen schmiedeeisernen Gitter versperrt, die Gruftkapelle den architektonischen Höhepunkt des Gotteshauses darstellt.

Hoch über der Grablege mit den seitlich aufgestellten Epitaphien tragen Bündel von Diensten das Netz der fischblasenförmig angeordneten Gewölberippen. Diese an sich schon eigenwillige Gestaltung wird aber noch unterquert durch ein außergewöhnliches zweites Rippennetz, das freischwebend vor der Gewölbekappe ausgespannt ist. Die herrlichen Schlußsteine dieser kühnen Konstruktion tragen Bilder der Gottesmutter, der Evangelisten sowie die Wappen derer, die sich drunten auf ewig haben beisetzen lassen.

Weniger von Symbolen freudiger Jenseitserwartung (wenngleich Kruzifix und biblisches Personal nicht fehlen) als vielmehr von martialischen Insignien überdeckt präsentieren sich die *Grabmäler*. Da vereinen sich die Wappenschilde zu dekorativen Ketten, steinerne Turnierhelme, Harnische und Kampfhandschuhe erzählen vom wehrtüchtigen Metier der verblichenen Herzöge. Auch Herzog Wolfgang von Pfalz-Zweibrücken (1526–1569) kniet da, lebensgroß in Tuffstein abgebildet, voll gerüstet und mit gefalteten Händen (Abb. 93). Seine kriegerische Montur ist freilich kein Bluff: Wolfgang, dem Meisenheim und seine Bürger viel verdankten, hatte als protestantischer Christ auf Bitten der Hugenotten einen Kriegszug nach Frankreich unternommen. Vor Limoges starb er an der Malaria; sein Leichnam mußte auf abenteuerlichen Wegen in seine Heimatstadt überführt werden. Auf seinem Grabmal, das vom Simmerner Meister Johann von Trarbach geschaffen wurde, kniet ihm gegenüber seine Gemahlin Anna von Hessen. Die Schrifttafeln unter dem prunkvollen Werk erzählen ausführlich von beider Lebensgang. Rechts neben diesem Epitaph, ebenfalls durch Johann von Trarbach gefertigt, folgt das Grabmal der Pfalzgräfin Anna (1576 gest., Tochter der Vorgenannten), während dem Sohn Karl, ›von Gottes Gnaden Pfalzgraf bei Rhein, Herzog in Bayern, Graf zu Veldenz‹ (1560–1600) das opulente Bildnisepitaph an der Wand gegenüber gewidmet ist (Bildhauer war Michael Henckhell aus Bergzabern).

Noch mehrere Inschriftengrabmäler, von feinen Reliefs umrahmt, gewahrt man an den Wänden der Gruftkapelle. Andere Epitaphien sind an den Mauern der Seitenschiffe angebracht, darunter eine lebensgroße Plastik des geharnischten Simon Boos von Waldeck (1525–53). In der Seitenwand rechts dieses edlen Ritters erblickt man eingemauerte Reliefplatten mit Brustbildern der Kirchenväter Ambrosius, Gregor, Augustin und Hieronymus:

## AN NAHE UND GLAN

Es sind Überreste der abgebrochenen gotischen Kanzel, die 1769 durch das hölzerne Meisterwerk des ›Türenschmidt‹ ersetzt worden ist. Diese reich verzierte Rokokoarbeit, die Stumm-Orgel sowie die barocken Epitaphien und hölzernen Totentafeln im Langhaus können durchaus dazu verleiten, eine Besichtigung dieser kunstreichen Stätte noch länger auszudehnen.

Gleich neben der Schloßkirche steht das *Herzog-Wolfgang-Haus,* heute eine kirchliche Tagungs- und Freizeitstätte, als Überrest des um 1200 begründeten, nach 1614 umgebauten und 1734 abgebrannten *Schlosses der Herzöge von Pfalz-Zweibrücken.* Wappen von England und von Hessen-Homburg erinnern noch an die historischen Tage, als Landgraf Friedrich Josef V. zu Beginn des 19. Jahrhunderts seiner Gemahlin, einer Tochter des englischen Königs Georg III., zuliebe den alten Magdalenenbau restaurieren und über dem Glanufer einen prächtigen Garten anlegen ließ.

Ein wenig vom Hauch jener romantisch eingefärbten Zeit, als man zu klingendem Spiel abendliche Bootsfahrten auf dem Flüßchen unternahm, scheint noch immer in der Luft zu liegen, wenn man zwischen Schloßkirche und Gelbem Haus zum eisernen Steg geht, diesen überquert und vom jenseitigen Hang das stimmungsvolle Milieu der Gebäudegruppen im grünen Saum überschaut. Von dort führt der Fußweg eine Viertelstunde weit zur Brücke am Untertor: ein Spaziergang, der Meisenheim von seiner anmutigsten Seite erleben läßt.

Um einiges älter als das später aufgeblühte Residenzstädtchen sind etliche Bauernorte der Umgebung, behagliche Nester, an denen man allzuleicht vorüberfährt und so ihre kunsthistorisch sehr interessanten Relikte wahrzunehmen versäumt. So zum Beispiel *Breitenheim,* das man vom westlichen Stadtausgang schon nach drei Autominuten erreicht. Seine evangelische Kirche, ein hübsches Bauwerk unter adretter Zwiebelhaube, wurde zwar erst 1912 in der jetzigen Form errichtet, bezieht aber einen Chor der Spätgotik mit ein und zeigt an der Außenwand römerzeitliche Reliefs von bedeutender Qualität: Zwei trauernde Gestalten und das Bruchstück der Darstellung einer Tänzerin könnten mit weit bekannteren Bildwerken der Antike durchaus konkurrieren (Abb. 85). *Jeckenbach,* der in Richtung Kirn nächstgelegene Ort, ist eine einzige Idylle. Die Kirche (1767) erhebt sich wirkungsvoll zwischen alten Gehöften und über Bauerngärten. Oberhalb der Ortslage finden sich seltene Fossilien vom urzeitlichen Meeresgrund, und auf einer Bergkuppe beim Feldweg nach Desloch und Lauschied haben sich sogar Schacht und Steintröge einer römischen Brunnenanlage erhalten. *Lauschied* mit einer 1875 geweihten Georgskirche bietet sich als Musterbild eines von Landwirtschaft geprägten Dorfes dar. Die Ortsgeschichte vermeldet, daß Schinderhannes und seine Spießgesellen hier einen bevorzugten Unterschlupf hatten.

Wer kennt schon *Hundsbach,* gleichfalls schön gelegen, mit seinem mächtigen Menhir an der Straßengabel Limbach – Otzweiler? Und wer hat schon einmal von *Schweinschied* gehört? Dort sollte man beim Gasthaus zur Linde dem Hinweisschild zum Römerdenkmal folgen: Ein schmales Asphaltsträßchen führt hangauf (rechts hinter dem Dorfrand eine der im 19. Jh. so beliebten und hier noch betriebenen ›Open-air‹-Kegelbahnen) zum Fußballplatz. Das Spielfeld wird am Waldrand von einem mächtigen Sandsteinfelsen überragt, in

*Rekonstruktionszeichnung (19. Jh.) des römischen Denkmals bei Schweinschied*

den noch gut erkennbare Relieffiguren eingemeißelt worden sind. Man erblickt einen Römer zu Pferde, wie er einen Barbaren niederreitet, der sich vergeblich mit seinem Schild zu schützen sucht. Fischschwänzige Fabelwesen, eine unbekleidete Frauengestalt sowie die teilweise erhaltenen Reliefs weiterer Personen vervollständigen dieses erstaunliche Monument im Waldstück über dem Fußballplatz.

Auch *Löllbach* sollte man keineswegs achtlos durchfahren: Sein von der Friedhofsmauer umringtes Kirchlein birgt im unverputzten Gewand einen bedeutsamen Kunstschatz. Der Turm mit seinem Satteldach (ähnlich dem an der Hirsauer Kapelle) entstammt sichtlich der frühen Romanik, indes das einschiffige Langhaus mit dreiseitigem Chor ein spätgotisches Kleinod darstellt (Abb. 83). Im Inneren vereinen sich Empore, Kanzel und Stumm-Orgel (1859) zu einem entzückenden Ensemble, dem die barocken Gemälde des Künstlers Johann Georg Engisch (s. S. 238) so ehrwürdige wie bunte Akzente hinzufügen.

*Abtweiler* mit seiner sehenswerten spätgotischen Kirche, darin Wandgemälde (15. Jh.) und Wappengrabsteine (18. Jh.), *Kirschroth* als abseitig gelegenes ›Geheimtip‹-Weindorf, *Bärweiler* mit der bizarren (kamelförmigen) Felsbildung des *Langensteins* und *Becherbachs* klassizistische Pfarrkirche (Stumm-Orgel von 1788) sind weitere Ziele in dieser naturschönen Gegend zwischen Nahe und Glan, die man von Meisenheim aus ansteuern sollte. Desgleichen lohnen sich Abstecher ins nahe *Obermoschel,* einem an alten Bauten reichen Städtchen zu Füßen der Moschellandsburg (Freilichtbühne unterhalb der Ruine), und zum benachbarten *Niedermoschel* mit der aus Wiesen malerisch aufragenden *Lewenburg* (1173 bereits erwähnt). Von dort kann man über Hallgarten oder das hübsche Lettweiler nach Odernheim und zum Disibodenberg weiterfahren, wo Glan und Nahe ineinander münden.

# AN NAHE UND GLAN

*Burgruine Montfort bei Hallgarten, Zeichnung von P. Gayer, um 1830*

Zuvor aber, zwischen Hallgarten und dem bewaldeten Lemberg bei Oberhausen/Nahe, bedeutet es ein ›touristisch-historisches Muß‹, dem Wegweiser zur Burgruine Montfort zu folgen. Man erreicht hier, gewissermaßen in einer landschaftlichen Sackgasse, ein unvergleichliches Idyll: Im Tal liegt die Gebäudegruppe des *Montforter Hofes* nicht anders, als sie von Zeichnern vor fast 200 Jahren zur Illustration für Bücher der romantischen Epoche abgebildet worden ist. An einer Wappentafel zum Sträßchen hin erkennt man die charakteristischen Gürtelschnallen, die seit den Schmidtburger Emichonen manche Ritter aus Hunsrück und Naheland in ihren Schilden führten. Hier sind es die drei Rinken (= Schnallen) der Boos von Waldeck, die sich nach Zerstörung der Burg (1456) im Tal niedergelassen hatten (Abb. 104). Auch an einem verwitterten Renaissanceportal (1601) nahebei kehrt dasselbe Wappen wieder. Im Montforter Hof lädt eine Wirtsstube die Besucher heute genauso zur Erfrischung ein, wie sie den Wanderern mit Ränzlein und Stecken vor anderthalb Jahrhunderten dargeboten worden ist, bevor sie den Aufstieg zur Ganerbenburg unternahmen.

*Burg Montfort* (Abb. 98), in der jüngsten Zeit ausgegraben und im beachtlich noch aufragenden Mauerwerk vortrefflich restauriert, ist als Gründung der Veldenzer Grafen für 1226 erstmals bezeugt. Turmartige Wohnbauten sieben verschiedener Ritterfamilien, Wirtschaftsgebäude und der runde Bergfried fügen sich zu einem so vielschichtigen wie einheitlichen Gruppenbild, zu einer wahren ›Bilderbuchburg‹.

## Von Kirn zum Disibodenberg

Der mittlere Nahelauf, nachdem er bei Kirn aus der vielerorts von schroffen Felsen flankierten Enge in breitere Mulden geführt hat, ist von sanfteren Formen der Landschaft umgeben. Von der ›Stadt der Steine, des Leders und der Bierbraukunst‹ reihen sich naheabwärts bis zum Disibodenberg mehrere Ortschaften als gemütlich wirkende Kulissen neben dem Flüßchen bzw. seitlich der B 41 auf: *Merxheim, Meddersheim* und *Staudernheim* bieten sich jeweils als gefällige Ansichten bereits dem zügig Durchreisenden dar.

Aber auch Kirn selbst, wenn man es vom Parkplatz an der Umgehungsstraße aus betrachtet, breitet sich drunten als reizvoller Siedlungsraum aus. Seine Kirchtürme übersteigen markant die verschachtelten Giebel, und hoch darüber ist auf ihrem bewaldeten Bergkegel die in jüngster Zeit großflächig freigelegte Kyrburgruine zu erkennen. Im Hintergrund erblickt man den V-förmigen Einschnitt des Hahnenbachtals (auch: Kyrbachtal) mit den wuchtigen Gesteinsklötzen der gleichfalls von Burgmauern gekrönten Kallenfelsen, die sich auf dem Bergrücken rechts oberhalb zu dem bizarr gezackten Quarzitkamm der ›Kirner Dolomiten‹ fortsetzen. Und noch weiter im Hintergrund leuchtet am Hang aus dunklem Wald die Fassade des Schlosses Wartenstein herüber. So kann man hier bei einigermaßen klaren Sichtverhältnissen auf einen Blick fünf Burganlagen in Augenschein nehmen. Sie

*Kirn, Stahlstich von Conrad Wiessner, 1862*

bewachten den Eingang zu der in den tieferen Hunsrück leitenden Talstrecke, an der auf halbem Weg zum Idarkopf auch die einst bedeutende Schmidtburg zu finden ist.

Zunächst aber nun hinein nach **Kirn:** Bei umfassenden Sanierungsmaßnahmen sind außerhalb des Altstadtkerns großzügige Durchfahrtstraßen angelegt worden, während das historische Zentrum gemäß neuzeitlichem Standard zur verkehrsberuhigten Zone ausgestaltet wurde. Das ist zwar für Fußgänger eine erhebliche Verbesserung gegenüber den vormals recht drangvollen Zuständen, hat aber auch in fast allen Winkeln zwangsläufig dazu geführt, daß die historische Bausubstanz jetzt mit einem Vordergrund auskommen muß, der hier wie exemplarisch das vom denkmalpflegerischen Kompromiß diktierte Bemühen um möglichst harmonische Einbindung moderner Elemente (Beleuchtung, Begrünung, Bepflasterung) ins jahrhundertelang Gewachsene spiegelt. Ein nachdenkenswertes Beispiel (ähnlich wie auch in Idar-Oberstein, Sobernheim, Bad Kreuznach und andernorts) – gleichwohl darf man für Kirn behaupten, daß es recht hübsch gelungen ist.

Wo in früheren Zeiten die Bauern aus den umliegenden Dörfern ihre Feldfrüchte feilgeboten haben und dann in den letzten Jahrzehnten parkende Autos diese entschwundene Idylle ersetzten, findet sich jetzt ein neuzeitlicher Brunnenkomplex nebst Straßencafés. Die Viehhändler und Kutschergesellen, die noch vor ein paar Jahrzehnten im Krug am Marktplatz bei deftiger Zehr mit Nahewein und Tresterschnaps zünftige Einkehr gehalten haben, würden sich gewiß, wenn sie's denn erleben könnten, recht verwundert an die Nase greifen.

Der schon 841 erstmals genannte Ort ›am Flusse Kira‹ entwickelte sich unter der *Kyrburg,* dem Hauptsitz der Wild- und Rheingrafen, deren Vorfahren die von salischen Kaisern als Nahegaugrafen eingesetzten Emichonen gewesen waren. 1643 wurden sie als Grafen zu Salm-Kyrburg gefürstet. Während von der einst vieltürmigen Burg droben (12. Jh.) nach ihrer Zerstörung 1734 gewaltige Ruinen der Kellergewölbe und Rundtürme geblieben sind, hat sich aus späteren Herrschaftszeiten im Städtchen Interessantes erhalten. Das ehemalige *Lustschloß Amalienslust* (um 1780/90) am Teichweg zeigt etliche klassizistische Details, während die einstige *fürstliche Kellerei* (1769–71) noch zur Gänze erhalten ist. Letztere wurde als ansehnlicher Bau in Hufeisenform und mit Mansarddächern von Johann Thomas Petri errichtet. Sehenswert ist der Mittelflügel mit dem großen fürstlichen Wappen am Giebel (Abb. 92). Ein *ehemaliges Piaristenkloster* (1753–69) ist vom selben Baumeister ebenfalls als dreiflügelige repräsentative Anlage konstruiert worden. Schöne Portale, verzierte Fenstergewände, schmiedeeiserne Balkongeländer, ein nobles Treppenhaus und zwei Dachreiter mit welscher Haube schmücken den heute als *Rathaus* genutzten Bau. Ein dazugehöriger Achteckpavillon (1776) ist aufs Bachufer gegenüber versetzt worden und gibt jetzt am Rand des Marktplatzes einen netten Blickfang ab.

Unmittelbar neben dem Rathaus erhebt sich die *evangelische Kirche,* die als Halle der Neugotik (1891–95) noch einen spätgotischen Chor (nach 1467) von drei Jochen mit 5/8-Schluß einbezieht, dessen reiches Netzgewölbe mit Wappenschlußsteinen versehen ist. Ältester Teil ist an diesem Sakralbau ein Turm in edler romanischer Form; seine unteren Geschosse entstammen noch dem 11. Jahrhundert (Abb. 97). Das Innere dieses Gotteshauses birgt kunstvolle Grabdenkmäler der Wild- und Rheingrafen, darunter die Bildnisplatte

*Steinkallenfels, Zeichnung von 1830*

des Grafen Gerhard (gest. 1473) und das wahrscheinlich von Jakob Kerre geschaffene Epitaph Johanns VII. (gest. 1531), der in charakteristischer Renaissancemanier als stark gewappneter Beter im Harnisch dargestellt worden ist. Das Wandgrab zweier Kinder des Grafen Otto (gest. 1571) zeigt deren Bildnisse im Relief, indes die Gräfin Anna von Sayn auf ihrem reich verzierten Grabmal (nach 1594) als ausdrucksvolle Bildnisfigur in Witwentracht zwischen dekorativen Pilastern vor rundbogiger Nische steht.

Kirns *katholische Pankratiuskirche* vermag als freilich gefälliges Bauwerk der Neugotik (1892–94) weniger mit solch ehrwürdigen Skulpturen zu prunken, bewahrt jedoch ein kostbares Sakramentshäuschen (1482): einen sieben Meter hohen Schrein mit Kielbogenbaldachin und Fialengehäuse. Die Sakralbauten und die unter den Fürsten erbauten Profanarchitekturen sind nicht das einzig Sehenswerte in Kirn; vielmehr zeigen sich (insbesondere am Steinweg) noch zahlreiche Bürgerhäuser (16.–18. Jh.) von besonderer Qualität. Die Freilegung und Restaurierung einiger Fachwerkfassaden hat dem Straßenbild wieder interessante Akzente verliehen. Besonderes Augenmerk verdient hier die Apotheke am Markt, aber auch an den im Stadtgebiet verstreuten Bauten der Gründerjahre sollte man nicht achtlos vorübergehen.

Das *Hahnenbachtal* aufwärts gelangt man nach drei Kilometern zum eingemeindeten Dorf **Steinkallenfels,** das sich recht malerisch im Schutz seiner drei mächtigen Burgfelsen drängt (Abb. 91). Der untere Klotz trug ein ›Stock im Hane‹ genanntes *Burghaus,* der mittlere zeigt noch den Turmrest der *Burg Kallenfels,* während der oberste als einstige *Burg Stein* mit beträchtlichen Ruinenmassen bis heute die Kühnheit erkennen läßt, die mittelalterliche Baumeister aufbringen mußten, um diesem Fels einen Wehrbau buchstäblich aufzu-

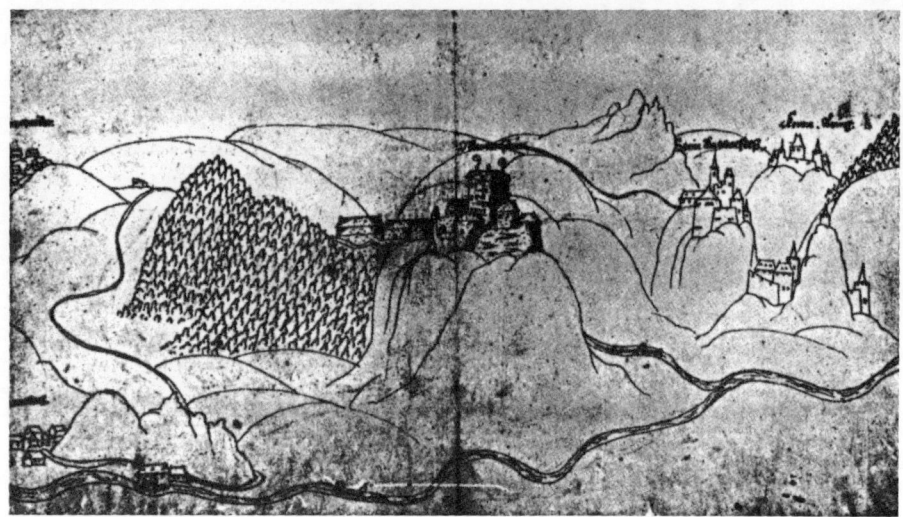

*Schloß Wartenstein, Ansicht des 17. Jh.*

zwingen. In diesen von dichtem Grün umbuschten Mauern hat sich nachweislich der Schinderhannes gern aufgehalten und seinen ›Lieblingsgegnern‹, den Gendarmen drunten in Kirn, wohl eine lange Nase gedreht.

Zur anderen Seite, hoch auf dem nächstfolgenden Bergsporn seitlich des Hahnenbaches, sieht man von Steinkallenfels aus das einsame *Schloß Wartenstein*. Ein Jahr nach seiner Gründung ist es 1348 dem Trierer Erzbischof als Lehen übertragen worden und kam 1583 in den Besitz der Freiherren von Warsberg, deren Nachkommen es noch heute besitzen. Von der 1689 zerstörten Anlage blieben noch spärliche Reste, die sich am Felskamm hinter dem 1704 erbauten und 1728 zur jetzigen Gestalt erweiterten Gebäude verbergen. Wirtschaftsgebäude, Torhäuschen und ein Kavaliersbau wurden etwa zur selben Zeit errichtet.

Schloß Wartenstein ist heute ein empfehlenswertes Wanderziel. Der Ausblick von seiner Terrasse gehört zu den schönsten des Hunsrück- und Nahelandes, und die sich vor seinem Tor verzweigenden Waldwege führen weit durch prachtvolle Naturlandschaften. Hinunter zum Dorf *Hahnenbach* mit seinem hübschen Gemeindehaus neben der alten Brücke oder hinauf nach Hennweiler benötigt man nicht einmal eine Wanderkarte: Trotz der dichten Forsten ringsum bleibt das Gelände stets übersichtlich.

*Hennweiler,* wo im einsam gelegenen Eigener Hof der Schinderhannes seinerzeit ausgerechnet beim Bibellesen (!) von den Häschern ertappt worden ist, liegt inmitten einer Gemarkung, die aus Hügelgräbern der Latènezeit wertvolle Funde für mehrere Museen im mittelrheinischen Raum ›geliefert‹ hat. Aus geschichtlichen Epochen berichtet hingegen seine 1791 einem romanischen Turm angefügte Pfarrkirche. Noch romanischer Herkunft ist auch ein Relief an der Ostseite, und die Turmhalle bewahrt kunstvolle Fresken der späten Gotik. Die Ausstattung enthält barocke Details, die Stumm-Orgel (1846) zeigt einen klassizistischen Prospekt. Schließlich verdienen nicht mindere Beachtung mehrere Wappen- und Bildnisgrabmäler der Damen und Herren von Schwarzenberg.

Die Kirche im Nachbardorf *Oberhausen* (Langhaus von 1743) verfügt noch über einen stilvollen gotischen Chor (15. Jh.) mit farbiger Ausmalung. An der Straße nach Dhaun gewahrt man vor einer Scheune einen alten Dorfbrunnen mit steinernem Kegeldach. Fährt man nun in Richtung Dhaun aus dem Dorf hinaus, öffnen sich weite Ausblicke über das Nahetal: Man sieht die Kyrburg drunten und das Riff der ›Kirner Dolomiten‹. Bald ist die Kreuzung am Karlshof erreicht, von wo (nach links) in wenigen Minuten das Dörfchen **Dhaun** angesteuert werden kann. Aber sogleich, wenn man in diesen am Steilhang erbauten Ort hineinkommt, fesselt der Anblick höchst romantisch wirkender Ruinen den Blick: *Schloß Dhaun* ist in jeglicher Hinsicht ein Gipfelpunkt dieses Landes und seiner Geschichte (Farbt. 12).

Die Anfänge der einst hochbedeutenden Feste liegen im dunkeln, wenngleich manche Heimatforscher im Namen die keltische Wortwurzel ›dun‹ (= Berg) erkennen wollen und weiter mutmaßen, daß nach dem Untergehen oder Vergessenwerden einer prähistorischen Siedlung ripuarische Franken Besitz von dem Felssporn nahmen, darauf einen Stützpunkt errichteten, der aber 833 von eingefallenen Normannen zerstört worden sei. Nachmals ließen sich die Nahegaugrafen hier nieder (wohl um 1140); 1215 ist erstmals urkundlich vom Burgsitz die Rede, und 1221 benannte sich der Kyrburger Wildgraf Konrad (1214–63) ›Conradus comes de Dune‹. Lehensgeber war (seit 1215) das Trierer Maximinstift. 1337–42 kam es im Zusammenhang mit Erbstreitigkeiten um den Schmidtburger Besitz zur soge-

*Schloß Dhaun und Brunkenstein, Zeichnung von Caspar Scheuren, 1837*

# AN NAHE UND GLAN

*Wappen der Wild- und Rheingrafen*

nannten ›Dhauner Fehde‹, während welcher Erzbischof Balduin Dhaun belagern und (nach seiner üblichen Manier) mit den Trutzburgen Rotenburg, Johannisberg, Martinstein, Geiersley und Brunkenstein umringen ließ. Einzig von der letzteren ist am Fuß des Dhauner Burgberges auf einem Felssporn am Simmerbach noch ein Turmrest übriggeblieben; die anderen wurden gründlichst zerstört.

Dhaun selber, an dem im Zug fortgesetzter Erbteilungen praktisch alle wild- und rheingräflichen Linien Anteil hatten, erfuhr durch die Jahrhunderte unablässig bauliche Erweiterungen und Veränderungen. Schließlich erlebte es dann im 18. Jahrhundert nochmals eine Blütezeit, als Rheingraf Karl nach französischem Muster die Anlage in ein opulentes Residenzschloß umwandeln ließ. Er hatte sich mit Luise von Nassau-Saarbrücken verheiratet, die seine Vorliebe für glanzvolle Hofhaltung nach Herzenslust teilte. So wurde ein palastartiger Flügelbau errichtet, dessen monumentale Ruine, nachdem ihn 1804 die Franzosen als Nationaleigentum auf Abbruch versteigert hatten, noch bis in die jüngste Zeit weithin die Ansicht prägte. Unterdessen hat der ›Zweckverband Schloß Dhaun‹, seit 1954 Besitzer der altehrwürdigen Stätte, für seine Heimvolkshochschule umfangreiche Teile wieder aufgebaut und eingerichtet.

Heute zeigt sich Schloß Dhaun den Besuchern als nahezu traumhafte Verkörperung all jener romantischen Ideale, aus denen sich die Vorstellung von ›entschwundener Ritterherrlichkeit‹ zusammensetzt. Neben den hochragenden Bastionen und vor einem rekonstruierten Eingangsturm (19. Jh.) breitet die 1798 als Freiheitsbaum gepflanzte Dorflinde ihr Geäst. Unter dem Turm und den Zwinger hindurch steigt man zum Torbau (1526) hinauf, einer malerischen Baugruppe mit angefügtem Ausgucktürmchen. Ein Gußerker über dem Durchlaß trägt das Wappenrelief Rheingraf Philipps und seiner Gemahlin Antonie de Neufchâtel (Anf. 16. Jh.; Abb. 94). Hinter diesem Tor öffnet sich der auf dem Gelände des vormaligen Turnierplatzes unter Rheingraf Karl nach 1729 angelegte Lustgarten. Hohe Bäume, teils Exoten, beschatten die Spazierwege, an denen im Gesträuch noch etliche barocke Figuren stehen.

Das für die Heimvolkshochschule großenteils wiederaufgebaute *Residenzschloß* (nur Außenbesichtigung) lehnt sich an eine gewaltige Schildmauer, von welcher man weit ins umliegende Land schauen kann. Der aus Simmern gebürtige romantische Dichter Otto von Vacano (1827–97) hat sich hier zu Versen anregen lassen, wie überhaupt die zahlreich an diesem Ort vorzufindenden Bruchstücke uralter Reliefsteine (z. T. außen am Rittersaal eingemauert) im 19. Jahrhundert mehreren Poeten zu denkwürdigen Werken über den ›Stiefeltrunk‹, den ›Katzenkrieg‹ oder den ›Affen von Dhaun‹ literarischen Stoff geliefert haben.

Geht man zwischen den Schloßflügeln zur Bastionsbrüstung vor, gelangt man zum großen Marmorbildwerk des Prometheus von Robert Cauer (Abb. 96). Einen Gegensatz zum grandiosen Panorama stellen allerdings die düsteren und früher berüchtigten Burgverliese dahinter dar. Man kann sie besichtigen: Hier spielten sich einst schauerliche Szenen im Zusammenhang mit Hexenprozessen (noch im 16. Jh.) und anderen Folterstrafen ab. Die in der älteren Literatur häufig zitierte ›Eiserne Jungfrau zu Dhaun‹ soll 1807 ins Museum nach München gebracht worden sein.

In die kleine *Dorfkirche* (18. Jh.) unweit der Dhauner Festungsmauern gelangte ein besonderer Kunstschatz in Gestalt eines biblischen Zyklus' von 25 Tafelbildern. Diese »flott gemalten Arbeiten« (Dehio) eines namentlich nicht bekannten Künstlers gehörten ursprünglich zur Ausstattung der Schloßkapelle und dürften in den Monaten vor deren Einweihung am Neujahrstag 1661 gemalt worden sein.

Nochmals ein Ausblick von Dhaun hinunter ins Kellen- bzw. Simmerbachtal (das sich auch bestens zu Exkursionen bis hinauf nach Gemünden und zum Koppenstein eignet): Drunten liegt hinter einer Biegung das Dörfchen *Heinzenberg* mit einer Burg, von der nur noch spärlichste Mauerreste übriggeblieben sind. Dort wohnte Wilhelm von Heinzenberg, dessen Siegel auf einigen Urkunden (13. Jh.) gefunden wurde und der als Minnesänger in der berühmten Manessischen Liederhandschrift abgebildet ist. Neben Friedrich von Hausen,

*Wilhelm von Heinzenberg, Abbildung aus der Manessischen Liederhandschrift*

der vielleicht aus Hausen am Idarwald oder von Niederhausen an der Nahe herstammte, war ›Willehalm uon Heinzinberch‹ der einzige Troubadour des Hunsrück- und Naheraumes von Belang. Die erwähnte Abbildung zeigt übrigens in seinem Wappenschild den sogenannten ›Schmidtburger Rinken‹.

Auf dem vom Dhauner Burgberg nahewärts streichenden Hügelausläufer wurde Anfang des 13. Jahrhunderts die *Kirche St. Johannisberg* gegründet. 1318 erhob sie Erzbischof Peter von Mainz zur Stiftskirche, während die Wildgrafen sie zur Grablege ihres Hauses erwählten. So birgt das höchst beschaulich zwischen alten Friedhofsbäumen gelegene Gotteshaus als äußerlich bescheidener Bau (14./15. Jh.) seither in Gestalt von nicht weniger als 22 Grabdenkmälern eine außergewöhnliche Galerie der Regionalgeschichte und der Bildhauerkunst.

An den ersten hier beigesetzten Landesherrn erinnert beim Aufgang zur Kanzel das Epitaph für Rheingraf Johann II. (gest. 1383). Der bärtige Ritter ist in Rüstung mit gefalteten Händen dargestellt. Gegenüber sieht man das Grabrelief der Wild- und Rheingräfin Elisabeth (gest. 1446) in gotischer Umrahmung. Friedrich I. (gest. 1447) ist als selbstbewußter Krieger lebensgroß wiedergegeben, während das Grabmal für Philipp (gest. 1521) diesen Herrn bereits als nahezu vollplastische Standfigur, zwar gleichfalls in prunkender Rüstung, mit dem schon eher theatralischen Gestus der Renaissance wiedergibt. Diese Skulptur im Übergangsstil wird einem Schüler Hans Backoffens zugeschrieben. Mit Ehefrau und zwei Kindern zeigt sich auf großem Wandepitaph Johann Christoph (1585; Abb. 95). Zum Vorbild für diese qualitätvolle Arbeit nahm sich Hans Trapp, Nachfolger des Johann von Trarbach, offensichtlich dessen Herzog-Wolfgang-Grabmal in der Meisenheimer Schloßkirche. Trapp schuf auch das Kinderdenkmal für Johann Philipp (gest. 1591). Desgleichen gilt das Doppelgrabmal der beiden Kinder Anna Maria (gest. 1597) und Adolf (gest. 1599) als sehr stilvolle Arbeit. An Wild- und Rheingraf Adolf Heinrich (gest. 1606) erinnert ein Wappengrabstein, und das Familiendenkmal des Wolfgang Friedrich (gest. 1638) ist aus bemaltem Holz gefertigt. Letzteres wird als Zeichen für die Armut jener Zeit im Dreißigjährigen Krieg gewertet; über den knienden Figuren gewahrt man hierauf eine Abbildung des Dhauner Schlosses. Friedrich Philipp (gest. 1668) erhebt sich als Bildnisfigur in herrischer Pose mit Kommandostab zwischen üppiger Ornamentrahmung am Kanzeltreppchen, und eine Inschrift kündet von seinen Taten.

Johann Philipp (gest. 1693) und seine Gattin Anna Katharina von Nassau-Saarbrücken (gest. 1731), als »Bildnisfiguren in höchst manierierter Gebetspose auf Kissen einander zugewandt kniend« (Dehio), gewahrt man auf ihrem von allegorischen Motiven gekrönten Epitaph, als dessen Künstler der in Saarbrücken tätige Pierrar de Corail infrage kommt. Für Johann Ludwig (gest. 1711) wurde nur eine schlichte Schriftplatte angebracht, desgleichen auch für Johanna Philippine (gest. 1725). Graf Karl (gest. 1733) und Ludovica (Luise) von Nassau-Saarbrücken (gest. 1773), Schöpfer des Residenzschlosses und des Lustgartens von Dhaun, ruhen auf einem sarkophagähnlichen Sockel unter pilasterartigem Aufbau. Ihre Kinder Karl August und Wilhelmine (beide gest. 1732) sind zwischen den Eltern dargestellt, außerdem als Wickelkind der Enkel Karl Friedrich (gest. 1732). Im Vergleich zu den vorgenannten Grabmälern ist dieses hier zwar von minderem künstlerischem Rang, besticht aber durch seine aufwendige Gestaltung in schwarzem Marmor, aus dem golden das symbolhafte Auge Gottes hervorsticht.

Mit der schlichten Grabtafel für Dorothea Walpurga (gest. 1737) wird die Reihe der wild- und rheingräflichen Epitaphien abgeschlossen. Gleichwohl verdienen auch die für einen Stiftsherrn von Hosenbach (gest. 1323), für Pfarrer Abraham von Hellbach (gest. 1609), seine Ehefrau Elisabeth (gest. 1601), für Judith Margarethe Huffeissen (gest. 1669), Sophie Juliane von Fürstenwärther-Kellenbach (gest. 1715), den wild- und rheingräflichen Rentmeister Johann Jakob Schmidt (gest. 1729) und Maria Ferdinandine Charlotte Johanna von Donop (gest. 1756) aufgestellten Wappen- und Schrifttafeldenksteine Beachtung. Einen vollständigeren Überblick vom Werden und Vergehen eines naheländischen Adelsgeschlechtes als eben hier gibt es kein zweites Mal.

Bei Martinstein erreicht man, wieder an der B 41, die touristische ›Naheweinstraße‹. Hier beginnen die Rebhänge und begleiten fast ununterbrochen das Nahetal bis zur Mündung zwischen Bingen und Bingerbrück. *Martinstein* erhebt sich zu Füßen eines Felsens, auf dem von der 1340 unter Erzbischof Heinrich von Mainz erbauten und 1780 geschleiften Burg keine Reste mehr geblieben sind. Hingegen gewährt das neben dem Burgberg unter hohen Bäumen stehende Martinskirchlein (1729; Chor 14. Jh.) mit dem Steinkreuz von 1754 davor noch genau den Anblick, wie ihn Caspar Scheuren um 1835 festgehalten hat.

Bevor man nun weiter naheabwärts fährt, empfiehlt sich jedoch ein Abstecher ins benachbarte *Simmertal* (früher: Simmern unter Dhaun) mit seiner schön ausgestatteten Kirche (1730) und dem spätgotischen Rathaus als kostbarem Architekturbeispiel von 1499. Dieses älteste Bauwerk seiner Art im Naheraum enthält auch eine historische Backstube. Wirtschaftlich war der Ort bei der Simmerbachmündung durch seine Eisengießerei (den ›Sim-

*Kirchgang in Martinstein, Lithographie von Caspar Scheuren*

merhammer‹) schon früh von Bedeutung und wurde 1550 als ›Waffenwerkstatt der Wild- und Rheingrafen von Dhaun‹ genannt.

Das *Apfelbachtal* aufwärts gelangt man von Simmertal auch zum schönen Dorf **Seesbach** (Abb. 121), das bereits dicht vor dem Soonwaldrand gelegen ist. Einen ungewöhnlichen Anblick bietet im Ortskern ein wuchtiges Felsmassiv. Bemerkenswerte Bauten stellen die neugotische *Laurentiuskirche* (1888/89) und das ehemalige *Pfarrhaus* (1751) dar, die Hauptsehenswürdigkeit bildet aber die außerhalb gelegene Friedhofskapelle, auf den Fundamenten einer um die Jahrtausendwende vom Mainzer Erzbischof Willigis geweihten Kirche errichtet. Der jetzige Bau, die *Semendiskirche* geheißen, entstammt im wesentlichen dem 13. Jahrhundert, wurde 1733 verändert und beschirmt im Chorraum Fresken (13. Jh.) mit Heiligen, einem Sankt Georg und dem Motiv des Jüngsten Gerichts.

Bis 1716 gehörte die Semendiskirche zur gleichfalls dem 10. Jahrhundert entstammenden und von Willigis begründeten *Gehinkirche* bei Auen. Dieses bedeutende Baudenkmal, unvergleichlich schön im Wald am Talhang gelegen, erreicht man entweder von Seesbach über Waldfriede und am Fliegerhorst Pferdsfeld vorbei oder von Monzingen an der Nahe über Langenthal – Auen. Von Sobernheim kann es ebenfalls über die Pferdsfelder Straße mit dem Abzweig bei Daubach angesteuert werden.

Als ›Gehinkirche Sankt Servatius‹ und später als ›Getzbachkapelle Sankt Willigis‹ war das Bauwerk in der Umgebung bekannt. Nach der Reformation (um 1560) wurde es zur Ruine und erst seit 1912 zum Teil wieder aufgebaut. Das Langhaus präsentiert sich als Rasenfläche zwischen niedrigen Mauern (in den Ecken zwei Säulen; außen lehnt, von Efeu überwuchert, noch eine alte Grabplatte), indes der Chor zur Kapelle umgestaltet wurde (Abb. 103). Anläßlich einer neuerlichen Renovierung (1977/78) fand man in der südwestlichen Ecke römerzeitliche Fundamente und unter 158 gleichzeitigen Einzelfunden auch eine Scherbe mit dem Töpferstempel ›MERC‹. Außen am Chor dieses ältesten Gotteshauses im Soonvorland ruht übrigens Friedrich Wilhelm Utsch (1732–95), der angebliche ›Jäger aus Kurpfalz‹, an den auch das Denkmal droben bei Entenpfuhl erinnert (Abb. 123).

Wieder ins Nahetal zurückgekehrt, kann man entweder am rechten Ufer (Brücke in Martinstein) über Merxheim – Meddersheim oder auf der linken Flußseite über Monzingen (B 41) nach Sobernheim fahren. **Merxheim**, das ›Merkedesheim‹ von 1061, erlebte 1504 und 1870 zwei schlimme Brandkatastrophen, so daß von seiner alten Urbanskirche nur noch ein gotischer Taufstein im Pfarrgarten übrigblieb, der heute im Garten eines Hauses am Nachtigallenweg zu finden ist. Unweit dieser Stelle, wo sich seit 1874 ein neueres Gotteshaus erhebt, ist die katholische Borromäuskirche im und am *Neuen Schloß* (1791) der im Ort begüterten Vögte von Hunolstein eingerichtet worden. Bei diesem handelt es sich um einen repräsentativen klassizistischen Bau mit giebelbekröntem Risalit an der Straßenfront. Das 1570 errichtete, 1779 und in jüngster Zeit erneuerte *Rathaus* zeigt als Bau der Renaissance zur Straße hin einen Rechteckerker mit Masken und Rankenwerk an der Brüstung. Noch etliche Wohnhäuser (16.–18. Jh.) im Ort sowie eine doppelbogige Hofeinfahrt (1592) mit reliefgeschmückten Gewänden und einer niedrigeren Personenpforte erzählen vom kunstbeflissenen Wohlstand der historischen Vergangenheit.

Das benachbarte *Meddersheim* gründet sich auf einen schon zur Römerzeit genutzten Siedlungsboden. Auch in diesem Ort sind an zahlreichen Wohnhäusern noch interessante Details von alter Bauzier (Türgewände, Brüstungsreliefs) zu betrachten. Der ehemalige wildgräfliche Hof mit einem recht klobigen Treppenturm (1592) und das schlichte Renaissancerathaus (um 1600) belegen des weiteren die noble Geschichte des Winzerdorfes, dessen Pfarrkirche (1756) einen Chor (um 1500) sowie den romanischen Chorturm einbezieht. Ein spätgotischer Sakramentsschrein und die Stumm-Orgel (1757) gehören nebst Gemälden (18. Jh.) mit biblischen Motiven an der Empore zum sehenswerten Inventar.

Gegenüber von Merxheim auf dem anderen Ufer der Nahe liegt über einer geologischen Schwelle im Seitentälchen das kleine *Weiler* mit seiner Kirche (Turm 13. Jh.), die im Chor ein prächtiges Sterngewölbe (15. Jh.) nach dem Muster der Meisenheimer Schloßkirche enthält. Der ehemalige gräflich Sponheimer Hof (1752) verfügt über ein Treppenportal mit geschnitzter Tür im Stil des Rokoko.

An **Monzingen** braust man via Bundesstraße gewöhnlich ohne jedes nähere Hinsehen vorbei. Der historische Ortskern gibt sich, da vielfältig verschachtelt, erst aus der Nähe als einzigartiges Ensemble zu erkennen. Weit bekannter als die großartigen Bauwerke hier ist allerdings der Monzinger Wein, der ja neben Goethe auch manchen minderen Dichter zu Lobesworten verleitet hat. Von erlesenem Geschmack zeugen hinwieder auch Monzingens Fachwerkhäuser, allen voran das *Altsche Haus* (1589) mit seinen reichen Balkenornamenten und figürlichen Schnitzereien (Farbt. 14). Schönes Fachwerk mit Erkern zeigen noch mehrere Häuser (Abb. 99) in dem schon 778 erstmals urkundlich erwähnten Weinort, dessen *Pfarrkirche* ein weiteres Kleinod darstellt: Unter einem Dachaufbau der Spätgotik vereinen sich hier Architekturelemente vom 12. bis 15. Jahrhundert; der grandiose Chor mit seinem Sterngewölbe (1488) und die gleichfalls mit hängendem Schlußstein sterngewölbte anschließende Kapelle (1505) sind unter dem Meisenheimer Baumeister Philipp von Gmünd geschaffen worden. Das klassizistische Friedhofsportal (um 1830), ein Dorfbrunnen (um 1840) und das klassizistisch-neugotische Rathaus (1861–64) tragen noch weiter zu Monzingens Rang als kunsthistorischer Musterort bei.

Von einem für 1346 im benachbarten Dörfchen *Nußbaum* bezeugten Burgsitz gibt es keine sichtbaren Spuren mehr, doch seine kompakte Wehrkirche (14. Jh.) und ein aus einem Schlößchen der Steinkallenfelser Herren (1589) hervorgegangenes Hofgut vermitteln durchaus eine Anschauung von reger Ortsgeschichte im Einflußbereich der Wild- und Rheingrafen, der Sponheimer und noch mancher anderer Gebieter.

Nun ist rasch **Sobernheim** erreicht, 1074 zum Mainzer Erzstift gehörig und 1292 mit Stadtrechten bedacht. Trotz Niederlegung der Wehrmauern und Einäscherung durch die Franzosen im fatalen Zerstörungs- und Jammerherbst 1689 wirkt die Fülle an ehrwürdiger Bausubstanz überraschend. Bedeutendstes Monument ist hier die bereits 976 durch Willigis begründete *Matthiaskirche*. Der jetzige Bau entstammt weitgehend der Spätgotik und enthält umfangreiche Teile aus dem 15. Jahrhundert, darunter den Chor mit seinen erstaunlich geformten Fischblasenmaßwerkfenstern und einem feinen Sterngewölbe. 1963/64 konnten Fresken gleichfalls spätgotischen Stils freigelegt werden, die zum gediegenen Gesamtein-

*Sobernheim, Kupferstich von Merian um 1650*

druck nunmehr wieder besonders beitragen (Farbt. 19). Auch die Stumm-Orgel (Anf. 18. Jh.) und die von Georg Meistermann entworfenen modernen Fenster (1963/64) erhöhen den Rang dieses Gotteshauses als Kunststätte beträchtlich. Das Bildnisgrabmal des stark gewappneten Ritters Richard von Löwenstein (gest. 1463) sowie mehrere Epitaphien (16. u. 17. Jh.) anderer Herren vervollständigen die noble Ausstattung. In der Außenansicht vermittelt der 1500 vom Meisenheimer Baumeister Peter Ruben aufgeführte Westturm mit seinem steinernen Helm über Brüstungsmaßwerk einen unverwechselbaren Akzent (Abb. 101).

Die *katholische Pfarrkirche* ist als neugotische Halle erst 1898/99 konstruiert worden und entfaltet eine angenehme einheitliche Raumwirkung. Mehrere bemerkenswerte Grabmäler (15.–18. Jh.), darunter das wertvolle Bildnisepitaph des Gerhard Lander von Sponheim (gest. 1488), sind aus der profanierten Johanniterkapelle hierher überbracht und aufgestellt worden, desgleichen ein Sakramentshäuschen der Spätgotik. Von der ehemaligen *Kommende der Johanniter*, deren spätgotische Kapelle (Mitte 15. Jh.) trotz baulich kaum versehrten Zustandes heute ein trauriges Schattendasein fristet, blieb ansonsten nur ein unscheinbares Wohngebäude (mit Portal von 1750). Dem am einstigen Untertor angesiedelten *Disibodenberger Hof* gehörte ebenfalls eine im spätgotischen Stil gehaltene Kapelle (Anf. 15. Jh.), die zum Lagergebäude verkam. Besser erging es der lutherischen *Philippskirche* (1737), einem rechteckigen Saalbau mit Dachreiter, die eine Funktion als Gemeindehaus erhielt.

Auch Sobernheim war, ähnlich wie Meisenheim, bevorzugter Standort für Adelshöfe der benachbarten Herrschaften. *Ehemhof* (16.–18. Jh.), *Kratzscher Hof* (nur noch Treppenturm des 16. Jh. bewahrt), *Steinkallenfelser Hof* (1532) und der ehemalige *Malteserhof* (18. Jh.) sind als baulich z. T. stark veränderte Relikte dieser Tradition geblieben. Der *Priorhof* von 1572 erhebt sich, im Inneren zwar ›ausgebeint‹, nach einer grundlegenden Sanierung (1978–82) wieder als sehenswerte Fassade. Doch braucht man in Sobernheim eigentlich nicht lange nach derart geschichtsträchtigen Architekturen zu suchen, denn überall im Stadtbild finden sich außer diesen noch viele Bürgerhäuser (16.–18. Jh.), die, insgesamt betrachtet, einen beachtlichen historischen Bestand ausmachen. So gilt als beliebtes Fotomotiv seit vielen Jahren das *Haus ›Zum kleinen Erker‹* (17. Jh.), das dem 1535 erbauten und später (19. u. 20. Jh.) veränderten *Rathaus* beinahe den Rang ablaufen könnte. Letzteres gefällt als Blickfang mit einer zum Marktplatz weisenden Maßwerkbrüstung (Abb. 100).

Im übrigen eignet es sich gut als Start- und Orientierungspunkt für einen Bummel durch den inneren Stadtbereich, der dank fußgängerfreundlicher Umgestaltungsmaßnahmen geradewegs zu kleinen Entdeckungsgängen auffordert. Dabei gelangt man sicher auch zum Vorgelände des Bahnhofs, auf welchem ein Denkmal mit Bronzefigur an den Pastor Emmanuel Felke erinnert, der 1915 nach Sobernheim kam und bis zu seinem Tod 1926 das Werk seines Schülers Andreas Dhonau förderte: Dies wirkt noch heute fort, denn die Heilverfahren nach der Weise des berühmten ›Lehmpastors‹ genießen im Zuge der aktuellen Rückbesinnung auf die wirkungsstarken Gesundungsmittel der Natur wieder bedeutende Aufmerksamkeit. Kurhäuser in Sobernheim und Meddersheim werden mit zeitgemäß entwickelten Einrichtungen solcher Nachfrage gerecht.

Etwas abseits des Städtchens, im *Nachtigallental* jenseits der Nahe, stehen die kulturhistorisch wertvollen Baugruppen eines *Freilichtmuseums*, das nach und nach alle architektonisch relevanten historischen Siedlungsformen in Rheinland-Pfalz dokumentieren soll. Diese gemäß einer weitreichenden Konzeption noch auf jahrzehntelangen Zuwachs ausgelegte Sammlung enthält bereits wichtige Objekte aus allen Einzellandschaften des Bundeslandes, wobei in Anbetracht der räumlichen Nähe Hunsrück und Naheland schon besonders charakteristisch mit Fachwerkbauten vertreten sind. Das alte Rathaus aus Hasselbach, die Dorfschmiede aus Alterkülz, ein Winzerhaus aus Weinsheim, das Schusterhaus von Wallhausen, ein Rapperather Bauerngehöft, das Bickenbacher Einhaus und der Winterburger Tanzsaal sind die an ihren einstigen Standorten abgebrochenen und hier wieder originalgetreu zusammengesetzten Hauptschaustücke. Zur musealen Zielsetzung, die beharrlich Zug um Zug realisiert wird, zählen des weiteren die Sammlung kleiner Monumente wie Wegkreuze (Abb. 102) oder Grenzsteine sowie die Rekultivierung ländlicher Produktionsquellen (Flachsverarbeitung) und von einstmals typischen Bauerngärten.

Das benachbarte *Staudernheim* gibt sich ansehnlich mit seinen die Kulisse schon von weither bestimmenden Kirchtürmen. Der salm-kyrburgische Baumeister Johann Thomas Petri aus Kirn hat 1768–70 die von einer zierlich-eleganten Turmhaube überhöhte Johanneskirche als gefälliges Sakralmonument geschaffen, das sich mit dem gleichzeitig errichteten Pfarrhaus zu einer harmonischen Baugruppe vereint. Die neugotische evangelische Kirche (1870) setzt dazu schon aus der Fernsicht einen interessanten kontrapunktischen Akzent. Bürgerhäuser (17. u. 18. Jh.) vervollständigen dieses stimmungsvolle Bild eines schönen Dorfes am Naheufer.

Von Staudernheim an der Nahe nach Odernheim am Glan ist es über die Flanke des Disibodenberges nur ein Katzensprung. *Odernheim* mit seinem 1541 unter Pfalzgraf Wolfgang erbauten Rathaus, einem rustikalen Schlößchen (1567) derer von Pfalz-Zweibrücken, seiner schlichten Saalbaukirche (1738) und dem Obertor (1763) als letztem Rest der einstigen Stadtumwallung wirkt als hübscher Wohnort, den überdies noch anspruchsvolle Bürgerbauten (16.–18. Jh.) bereichern, fraglos anmutig schon auf den ersten Blick.

## AN NAHE UND GLAN

*Klosterruine Disibodenberg, Lithographie von Caspar Scheuren*

Die Straße hinauf nach *Duchroth* (schöne Winzerhöfe 17.–19. Jh.; Rathaus 16. Jh.) gewährt vom Schillerstein und vom Schönblick aus eindrucksvolle Panoramen der Gegend am Zusammenfluß von Nahe und Glan. Dominierend über steilen Rebhängen zeigt sich hier mit seinem Waldschopf von uralten Bäumen der sagenhafte *Disibodenberg*, Träger bzw. Standort einer Ruinenstätte, die gewiß zu den sowohl geheimnisvollsten als auch spurenträchtigsten Geschichtsorten in ganz Deutschland zu rechnen ist. Die Rebhänge reichen bis unmittelbar an die tausendjährigen Mauern heran.

Am schönsten ist's hier im Frühjahr spazierenzugehen, wenn überall zwischen den bemoosten Steinen, an Säulenbasen und aus den Apsiden von Kirchenruine und Klostergebäuden frisches Grün mit den ersten zarten Blüten hervorsprießt. Dabei darf man sich an die heilige Hildegard von Bingen erinnert fühlen, die als Klosterfrau auf dem Disibodenberg ihre visionären Träume oder Botschaften von der göttlichen ›Grünkraft‹ empfangen hat. In der nachweislich schon vor dem Jahr 700 vom Glaubensboten Disibod gegründeten Abtei wirkte sie seit 1136 als Vorsteherin, ehe sie auf dem Rupertsberg bei Bingen 1148 ein neues Kloster bezog. ›Der Weg der Welt‹ ist ihr Hauptwerk betitelt, und Leitsätze darin verweisen auf Ewigkeit und steten Neubeginn: »Die lebendige Ewigkeit selber ist nicht ohne die Kraft zum Grünen. Denn das ist Leben, daß der Geist ausgeht, grünt und Frucht bringt. Ohne Gott ist nichts gemacht worden, und so läßt Gott auch verdorren, was ihn nicht mit der grünen Lebensfrische alles Seins anrührt.«

Hildegard gilt nicht nur als mystische Seherin, sondern vor allem als die in theologischen und naturwissenschaftlichen Dingen kundigste Frau des Mittelalters. Bei dieser ›ersten Grünen‹ auf dem Disibodenberg weilte im üppigen Frühling 1147 Bernhard von Clairvaux zu Besuch. Er fand die Abtei im buchstäblichen wie im übertragenen Sinn noch in voller Blüte vor. Dies änderte sich rasch, nachdem Hildegard mit ihren Nonnen zum Rupertsberg gezogen war. Laxe ›Männerwirtschaft‹ machte sich breit, Wohlleben und Müßiggang leiteten sowohl moralisch als auch wirtschaftlich den Verfall ein. Erzbischof Gerhard von Mainz schritt ein, der Wildgraf, und rief Zisterzienser herbei, unter deren Ägide der Niedergang aufgehalten und eine abermalige Blütezeit für dreieinhalb Jahrhunderte (welch lange Frist!) gesichert werden konnte. Erst im Gefolge der Pfälzischen Erbfolgekriege nahte schließlich das Ende: »Das Kloster Disibodenberg, wo statt der Mönche Truppen lagen, mußte jetzt für die Exzesse der Veldenzer schwer büßen. Es ward rein ausgeplündert; mit einer schonungslosen Zerstörungswut und ohne Plan verfuhren die Sieger gegen alles, was vorhanden war. Kein Gefäß, kein Hausrat blieb übrig; die Fässer Wein, deren eine große Zahl im Keller lag, wurden nicht geöffnet und benutzt, sondern mit den Waffen Löcher hineingestoßen, und wenn der erste Durst gestillt war, der Rest vergeudet.«

Diese drastische Schilderung eines Chronisten findet man bis heute an Ort und Stelle bestätigt, wenn auch das wüste Ruinenfeld eben dank der ›Grünkraft‹ nunmehr so romantisch anmutet: Ein anschauliches ›Memento mori‹ und zugleich ein Sinnzeichen dafür, wie ›neues Leben aus Ruinen sprießt‹ zwischen den Überresten von Basilika und Michaelskapelle, zwischen einstiger Prälatur und Hospizium, zwischen Schweinekoben (die gab's hier auch) und dem Marstall von ehedem.

Eine Abbildung aus dem Jahr 1724 läßt trotz der bereits dachlosen und teils eingesunkenen Gebäude klar erkennen, daß die einstige Klosterkirche ein Bauwerk ganz nach dem Typus der Gotteshäuser in Offenbach/Glan und Sponheim gewesen ist. Diese dreischiffige

*Disibodenberg über der Mündung des Glan in die Nahe, 1724*

AN NAHE UND GLAN

Pfeilerbasilika (57 m lang, 34 m breit), einst gekrönt von einem achteckigen Vierungsturm, kann anhand bedeutender Reste ihrer Grundmauern noch leicht festgestellt und abgeschritten werden. Sehenswerte Details des Mauersockels mit noch vorhandenen Reliefbruchstükken lassen ebenfalls einen direkten Vergleich mit Sponheim zu. Im übrigen, wenn man sich an der Basilika und dem gleicherweise im Grundriß erhaltenen Kreuzgang orientiert, können anhand des Lageplans auch die anderen Klostergebäude unschwer identifiziert werden. Manche Teile der alten Bauzier, kaum verwitterte Reliefsteine, Säulenbasen (Abb. 105) oder Türschwellen, liegen im Gesträuch beinahe so, als brauchte man sie für einen (freilich illusorischen) Wiederaufbau bloß zusammenzusetzen.

## Unter dem Rheingrafenstein

In weit ausufernden Bögen fließt vom Disibodenberg die nun mit dem Glan vereinigte Nahe auf die rheinhessische Ebene zu. Zwischen den Kurorten Bad Münster am Stein-Ebernburg und dem Radon-Heilbad Kreuznach steigern sich die Landschaftsformen zuvor noch einmal zu atemberaubenden Szenerien mit dem *Rotenfels* (327 m) als höchster Felswand in Deutschland nördlich der Alpen (Abb. 106) und dem bizarr aufragenden *Rheingrafenstein* (Farbt. 4).

Zunächst beherrscht aber der über dem Wasserspiegel des bei Niederhausen aufgestauten und hier zu einer naturschönen Seefläche verbreiterten Flüßchens sich aufwölbende *Lemberg* (422 m) die weite Umgebung. Dieser bewaldete ›König der Naheberge‹ mit einer zum Schaubergwerk ausgestalteten Quecksilbermine (›Schmittenstollen‹), seinem an seltenen Pflanzen- und Tierarten reichen Naturschutzgebiet, alten Steinbrüchen (Waldsee) und dem Fundort eines römischen Merkurtempels offenbart, wenn man von Oberhausen über Feilbingert zur (bewirtschafteten) Lemberghütte fährt oder wandert, einen wunderschönen Panoramablick über das Tal bis hinüber zu den Soonwaldhöhen.

Gleich drunten liegt das schon 976 erstmals erwähnte Weindorf *Oberhausen* an der hundertjährigen Luitpoldbrücke. Auf dieser verkündet eine von Reliefschmuck umrahmte Gedenkplatte: »Erbaut unter der Regentschaft Seiner Königlichen Hoheit Prinz Luitpold von Bayern Anno Domini 1889.« *Niederhausen* lohnt einen Besuch wegen seiner romanischen Pfarrkirche (12. Jh.), darin ein sterngewölbter Chor der späten Gotik sowie ausgezeichnete Fresken (13.–15. Jh.) mit biblischen Motiven, Apostelbildern und in phantasiereichen Szenen erzählten Heiligenlegenden. Das ornamentale Weinlaub, das diese Gemälde umrankt, weist auf den kulturhistorisch und noch heute florierenden Anbau von Rebstöcken hin.

Das benachbarte *Norheim* (neugotische Kirche von 1864 mit Chorturm des 13. Jh.) wurde bereits 766 im Codex des Klosters Lorsch als Dorf der Winzer hervorgehoben. Bevor man von hier unter dem Rotenfels weiter- und nach Bad Münster bei dem Rheingrafenstein fährt, sei aber noch eine Exkursion zu den kunsthistorisch wichtigen Stätten zwischen Disibodenberg und Sponheim angeraten.

Da liegt z. B., noch in Sichtweite der Klosterruinen, das kleine Dorf *Boos,* dessen Kirchturm (12. Jh.) deshalb leicht zur Seite geneigt ist, weil er sich auf den noch erhaltenen Gewölben einer Römervilla (Badeanlage) erhebt. Zusammen mit dem auf toskanischen Säulen einer offenen Halle ruhenden Fachwerkgeschoß des Rathauses (18. Jh.) bildet dieses romanische Monument eine ausgesprochen stimmungsvolle Baugruppe. Nur ein kurzes Straßenstück ist es von hier naheabwärts zum Niederthäler Hof und zur Staatlichen Weinbaudomäne gegenüber Niederhausen.

Aus diesem freundlichen Landschaftswinkel führt steil der Weg hinauf nach *Schloßböckelheim,* wo unweit der kleinen Dorfsiedlung von der einst mächtigen Burg nur noch klobige Mauerreste künden. 824 wurde Schloß Böckelheim als Sitz eines Grafen Alberich genannt. Die nachmalige Reichsburg der Salier sah im Dezember 1105 Kaiser Heinrich IV. als Gefangenen seines Sohnes Heinrich V., und es wurde überliefert, daß in der Christnacht der gedemütigte Herrscher im Verlies denkwürdigen Besuch erhielt: »Ritter Hildebert von Böckelheim war Burgvogt. Seine beiden Kinder, Hildebert und Hildegardis – die spätere heilige Äbtissin zu Disibodenberg und Gründerin des Klosters Rupertsberg – bekümmerten sich um den stillen fremden Mann, der Knabe faßte ein Herz zu ihm, aber die kleine Heilige, als sie hörte der Zorn der Kirche ruhe auf ihm, schreckte zurück und wollte für ihn beten.«

Kurz nach dieser Episode gelangte Böckelheim als Lehen des Bistums Speyer an die Grafen von Sponheim, 1279 an die Mainzer Erzbischöfe, 1471 an Kurpfalz und wurde 1620 von spanischen Truppen erobert. Noch mehrmals wechselte die heißumkämpfte Feste ihre Herren: 1632 drangen Schweden ein, 1636 Franzosen und 1643 Kroaten. Letztlich, nach solchen Wirren im Dreißigjährigen Krieg, behielt Frankreich die Oberhand und ließ 1688 die Wehranlagen schleifen.

Als edler Umriß zeigt sich schon aus der Entfernung die neugotische *evangelische Pfarrkirche* (1863–67) hoch über dem benachbarten **Waldböckelheim**. Auch die katholische *Pfarrkirche St. Bartholomäus* ist eine Schöpfung des 19. Jh. (1833–36) mit einer monumentalen doppeltürmigen Fassade. Als Hauptsehenswürdigkeit gilt jedoch die einstige *kurmainzische Faktorei* (1575) an der Hauptstraße mit ihrem von herrlichen Reliefs verzierten dreigeschossigen Erker. Ornamentale und figürliche Motive umrahmen interessante Bildnismedaillons; an der Hofmauer wurde eine Reihe von Konsolen mit grotesken Masken versehen.

Zwischen Waldböckelheim und dem Sobernheimer Ortsteil *Steinhardter Hof* (dort auch Fundstellen der fossilträchtigen Steinhardter Geröll-›Erbsen‹) verbirgt sich abseits der B 41 der aus einem ehemaligen Kloster der Wilhelmiten hervorgegangene *Marienpforter Hof* (1567) als Renaissancearchitektur in einem einsamen Seitentälchen, das schon zur Römerzeit besiedelt gewesen ist. Durch den Waldböckelheimer Wald führt eine Seitenstraße nach **Bockenau** im oberen *Ellerbachtal.* Dort zeigt sich die *evangelische Kirche* als Saalbau von 1748 unter hohem Dachreiter, während die *katholische Laurentiuskirche* (1905) einen angeblich aus Kloster Sponheim stammenden Barockaltar (um 1750) mit einem Gemälde des Schutzheiligen birgt. Eine Töpferei im Ort stellt noch bäuerliche Keramik nach landestypischer Machart her. Sehenswert ist auch das *Rathaus* (1846), ein stilistisch kurioses Gebäude, das sich gleichwohl als aufmerksamkeitheischender Blickfang gibt.

## AN NAHE UND GLAN

In nördlicher Richtung, den Ellerbach aufwärts, gelangt man als nächstes nach **Winterburg,** das unter die sehenswertesten Idyllen im Vorland des Soonwaldes zu rechnen ist. Die gleichnamige *Burg*, von der nur geringe Relikte noch blieben, gehörte stets zur sponheimischen Herrschaft. Unter dieser 1325 erstmals erwähnten Anlage erhielt der bescheidene Ort 1330 Stadtrechte. Als er 1707 an die Markgrafen von Baden kam, war die Burg bereits durch die Franzosen (1689) in Schutt und Asche gelegt worden. Das 1747 vor dem Burggraben errichtete Amtshaus wird heute als Schullandheim genutzt.

Über eine Bachbrücke erreicht man in der Talenge des Dorfes die mit einem opulenten Portalvorbau recht gediegen wirkende *evangelische Pfarrkirche* (1782–84; Stumm-Orgel um 1790). Ihr Bau wurde ein Jahr nach dem Tod des Ortsgeistlichen begonnen, der als Mitbegründer der sogenannten Anakreontik, einer seinerzeit berühmten Gattung barocker Lyrik, einen vorzüglichen Ruf genoß. Goethe pries ihn, und Herder verlieh ihm den löblichen Beinamen ›Winterburger Nachtigall‹: Es war Johann Nikolaus Götz (1721–812), der seine letzten zwei Lebensjahrzehnte hier am Ellerbach zugebracht hat. Der Volksschriftsteller W. O. von Horn, der später in Sobernheim als Seelsorger wirkte, hat sein Andenken durch die Erzählung ›Wallfahrt nach Winterburg‹ lebendig gehalten und berichtete bereits 1844 davon, daß Verehrer zu Götz' Grabstätte auf dem Friedhof oberhalb des Dorfes regelrecht gepilgert sind. Unter einer Linde ist dort auf einem Soonwaldfindling das von Carl Cauer geschaffene Porträtrelief des Dichters angebracht, von dem die sicher zeitlos gültigen Verse stammen:

> Die Welt gleicht einer Opera,
> wo jeder, der sich fühlt,
> nach seiner lieben Leidenschaft,
> Freund, eine Rolle spielt.
>
> Der eine steigt die Bühn' hinauf
> mit einem Schäferstab,
> ein andrer mit dem Marschallstab
> sinkt ohne Kopf herab.
>
> Wir armer guter Pöbel stehn
> verachtet, doch in Ruh,
> vor dieser Bühne, gähnen oft,
> und sehn der Fratze zu.
>
> Die Kosten freilich zahlen wir
> für's ganze Opernhaus,
> doch lachen wir, mißrät das Spiel,
> zuletzt die Spieler aus.

*Bildnis des Barockdichters Johann Nikolaus Götz auf dem Friedhof Winterburg, Bronzemedaillon von Carl Cauer*

Nicht weit vom Winterburger Friedhof mündet die von Rehbach, Eckweiler und Pferdsfeld herunterführende Straße in den Ellerbach-Talweg. Die drei Orte, fast wie zur Bestätigung jener von Götz bedichteten ›Opera‹, existieren nicht mehr. Sie standen, wenngleich allesamt ehrwürdigen Alters, zu dicht am militärischen Sicherheits- bzw. Lärmschutzbereich des Fliegerhorstes Pferdsfeld und mußten deshalb vor einigen Jahren aufgegeben und einplaniert werden. An Rehbach erinnert ein schlichter Stein (»Verweile und gedenke«), während Eckweilers Kreuzkirche (um 1500) als kostbares Baudenkmal der Spätgotik einsam auf der jetzt gänzlich häuserlosen Flur stehengeblieben ist.

Mehrere Straßen führen aus dieser Gegend ins weitläufige Forstgebiet des *Soonwaldes*, dem auch Sponheim am südlichen Abhang des Gauchsberges vorgelagert ist. Im hochgelegenen Dörfchen *Burgsponheim* ragt noch 22 Meter der mächtige, mit Buckelquadern verklei-

*Kloster Sponheim, Stich von Merian um 1650*

dete Bergfried der gräflichen Stammburg wirkungsvoll auf. Gemeinsam mit unbedeutenden Ruinen eines Rundturmes und des Mauerberings gilt er als charakteristischer Vertreter der staufischen Wehrarchitektur. Über die Geschichte der tausendjährigen Burg, des gräflichen Geschlechts und der ehemaligen Benediktinerabtei unterrichtet im nahe gelegenen Hauptort **Sponheim** eine museale Sammlung (›Sponheim-Stube‹). Diese ist im neugotischen Rathaus untergebracht. Eine alte Flachsbreche (›Darre‹) neben der Straße nach Waldböckelheim und das einstige Bann-Backhaus (1607; im Hof ein romanisches Laubkapitell, 12. Jh.) erzählen von der profanen Geschichte des Dorfes, während die alles überragende *Abteikirche* auf dem Feldberg so unübersehbar wie schon von fernher gewaltig zum Ausdruck bringt, daß ihrer Bedeutung als Glaubenshort hierzulande der Vorrang galt.

Sieht man von der nach einem Brand im Jahr 1707 der Vierungskuppel aufgesetzten geschweiften Turmhaube ab, so wirkt der monumentale Bau fast noch genauso, wie ihn ein Stich von Merian (um 1610) wiedergibt. 1044 hat Graf Eberhard als erster geschichtlich feststellbarer Sponheimer Regent die Kirche gegründet, 1101 erfolgte die Stiftung des Klosterwesens unter dem Grafen Stephan. Bis zur 1656 eingeführten Reformation waren es Benediktiner unter der gräflichen Schirmherrschaft, kirchlich vom Erzbistum Mainz abhängig, die in der Abtei und ihrem 1123 geweihten Gotteshaus lebten und wirkten. Spätere ›Wiederbelebungsversuche‹, wie z. B. 1687 unter französischer Herrschaft, fruchteten auf Dauer für die mönchische Gemeinschaft wenig; 1808 kamen die Klostergüter als ›Nationalgut‹ unter den Hammer. Nach diesem Ausverkauf blieb lediglich das Sakralgebäude als nunmehrige *Kirche St. Maria und St. Martin* erhalten. Diese Architektur, aufgeführt über dem Grundriß eines griechischen Kreuzes (zusammengesetzt aus fünf Quadraten), mit ihren drei östlich angebauten Apsiden ist jedoch auch ganz ohne die angeschlossenen Abteibauten großartig genug (Abb. 110).

Drei verschiedene Bauperioden können deutlich unterschieden werden: Die Hauptapsis bis zum Bogenfries, der untere Teil beider Seitenapsiden sowie die Querhaussockel sind noch in die Zeit um kurz nach 1100 einzuordnen. Dann, nach einer Feuersbrunst 1156, erfolgte die Aufmauerung über diesen Teilen; auch die recht merkwürdig anmutende Bauzier (z. B. das Adlerrelief außen an der südöstlichen Ecke sowie mit Flechtornamenten versehene Quadern am Chor) ist damals entstanden (Abb. 107). Mit Recht wird hierbei auf stilgeschichtliche Parallelen im Elsaß (Marmoutier und Rosheim) hingewiesen. Als schließlich 1291 eine abschließende Einweihung der Abteikirche erfolgte, waren die Wölbungen, der Vierungsturm und die Querhäuser endlich fertiggestellt. Danach ergab sich eine gravierende Veränderung bloß noch durch den nach dem erwähnten Brand (1707) erforderlich gewordenen Ersatz des Turmhelms über der Vierung durch eine welsche Haube.

So interessant wie stilgeschichtlich relevant ist, gemessen an der in vielen Grundzügen und auch Details so ähnlichen frühgotischen ehemaligen Benediktinerabteikirche von Offenbach/Glan, das hier in Sponheim konsequent durchgezogene und ausgearbeitete romanische Schema. Dies ist auch an manchen Einzelheiten deutlich abzulesen: Die Kelchknospenkapitelle, die figürlichen Gestaltungen mit Adlerfiguren (Abb. 108) und mit Drachen sowie die (sachgemäß restaurierte) Ausmalung folgen noch dem alten Stil. Desgleichen verdient auch das in ansehnlichem Umfang erhalten gebliebene Bodenmosaik einige Beachtung, zu welchem sich Analogien im Kloster Arnstein an der Lahn und in der vorzüglich wiederhergestellten Abteikirche von Rommersdorf (zwischen Bendorf-Sayn und Neuwied am Mittelrhein) erkennen lassen. Aber trotz all dieser Fakten und Vorzüge, welche die Klosterkirche Sponheim wirklich zu einem in der Tat unvergleichlich wichtigen Rang weit über die Region hinaus erheben, ist nicht zu verkennen, daß sie ein Torso geblieben ist: Dieser »kristallinisch reine Bau der Romanik«, wie ihn Carlheinz Gräter nannte, verfügt über kein eigentliches Langhaus; dessen Abschlußwand nach Westen trägt – seit vielen Jahrhunderten – sichtlich provisorische Züge.

Im Inneren kann man dank der guten Lichtverhältnisse eingehend alle Details der feinen Bauzier betrachten, die sich an Konsolen und Kapitellen bis hoch in die alles dominierende Vierungskuppel äußert. Der Baugestalt in all ihrer formalen Klarheit kommt die 1964 sorgsam wiederhergestellte Ausmalung zugute; am Chorgewölbe sind überdies die zart wirkenden Ornamente einer ›Bandelwerkmalerei‹ von ca. 1720 zu erblicken (Farbt. 21).

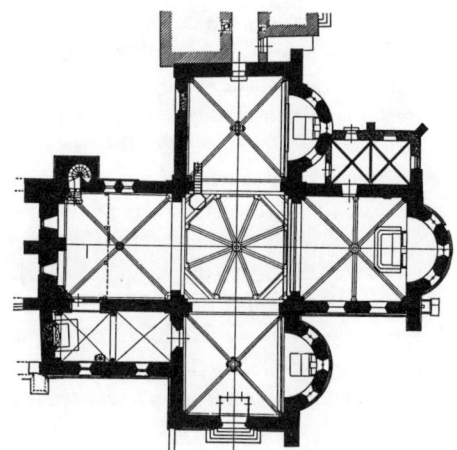

*Sponheim, Marienkirche, Grundriß*

Mit diesen typologischen Grundzügen und der Formvollendung auch im kleinen zeigt sich Sponheims betagte Abteikirche insgesamt vor allem als ein die harmonische Landschaft ringsum in jeglicher Hinsicht krönendes Bauwerk. Man sollte sich (und dies fällt nicht schwer) gedanklich in jene Zeit zurückzuversetzen suchen, als hier unter den gräflichen Schutzherren das klösterliche Leben in höchster Blüte stand. Heraus ragt aus jenen Zeitläufen der berühmte Abt Johannes Trithemius, der aus Trittenheim/Mosel gebürtige Naturwissenschaftler, Okkultist und Geschichtsschreiber, der von 1483 bis 1506 mehr schlecht als recht der Abtei vorgestanden hat. Von seinen weitreichenden Beziehungen, den Korrespondenzen und Begegnungen mit führenden Köpfen seiner Zeit (z. B. Jakob Wimpfeling, Mutianus Ruffus), von seiner zweitausendbändigen Bibliothek und den achtzig von ihm selbst verfaßten Büchern finden sich hier keine Spuren. Kaum etwas weiß man auch von seiner gewiß so vehementen wie intellektuell aufgeladenen Konfrontation mit Johann Georg Sabellicus Faustus, dem unter Franz von Sickingen in Kreuznach als Rektor der Lateinschule eingesetzten ›Erzzauberer und Schwarzkünstler‹.

Reformation des Glaubens und der Kirche lag damals schier ruchbar in der Luft, und Trithemius für seine Person tat vielleicht gut daran, der mangels Disziplin der damaligen Mönche ohnehin recht fragil gewordenen Klosterzucht zu Sponheim entschieden den Rükken zu kehren. In Würzburg suchte und fand er eine neue Wirkungsstätte; Tilman Riemenschneider schuf sein Grabmal in der dortigen Neumünsterkirche. War's Triumphgeschrei, das Faust von sich gab, als er auf der Sponheimer Klostermauer, Trithemius zu schaden, eine schwarze Messe zelebrierte?

Drei Kilometer nordöstlich Sponheim liegt *Mandel,* das mit der hübschen Gebäudegruppe seiner Kirche (1829/30), des klassizistischen Pfarrhauses (1789–91) nebst dem Renaissancejagdschlößchen der Freiherren von Koppenstein (Privatbesitz; Jahreszahl 1624 am Treppenturm) eine respektable Geschichtskulisse präsentiert. Im nahen *St. Katharinen* wurde 1219 über der Klause eines frommen Einsiedlers das Katharinenkloster errichtet, von dem aber nach der Auflösung 1574 außer schriftlichen Quellen nichts mehr übriggeblieben ist. Eine Marienkapelle (1858) steht am Platz der einstigen Klosterkirche.

Im übrigen fällt in dieser Gegend zwischen Nahetal und Soonwaldrand eine gewisse Häufigkeit der Wege- und Dorfkreuze auf, die zwar meistenteils der barocken Stilepoche entstammen, aber sicher auf der älteren Tradition jener Abteien fußen, deren Ende mit Einführung der Reformation im sponheimischen Gebiet gekommen war. Bemerkenswert ist in diesem Zusammenhang letztlich eine Eheschließung im Jahr 1560: Beatrix, die letzte Äbtissin von St. Katharinen, wurde von Jakob Spira, dem letzten Sponheimer Abt, als Gemahlin heimgeführt.

*Sommerloch* mit seiner schlichten Ägidiuskirche und dem Fachwerkzehnthaus (16. Jh.) sowie *Braunweiler* (Kirche von 1758) sind freundliche Weinbaugemeinden in der Umgebung, und in *Roxheim* am Katzenbach wacht noch der mächtige Chorturm seiner Wehrkirche (13. Jh.; Schiff von 1738) über den Häusern. Von hier kommt man über Hargesheim nach wenigen Kilometern in die Kreisstadt Bad Kreuznach oder kann an der Straßeneinmündung vor Rüdesheim nach rechts auf die B 41 abbiegen. *Rüdesheims* evangelisches Gotteshaus (1743) bezieht noch die Südwand einer älteren Kirche mit schönen Maßwerk- und Stichbogenfenstern von 1466 mit ein. Das benachbarte *Weinsheim* besitzt außer der zweitürmigen Pfarrkirche (1823–25) und der katholischen Herz-Jesu-Kirche (Neugotik, 1907/08) ein Rathaus (1576) der Renaissance mit einem Barockportal. Daneben gewahrt man ein altes Backhaus (›Dorfbackes‹) von 1597; eine Anzahl schöner Fachwerkhäuser im Ortsinneren entstammt ebenfalls noch dem 16. Jahrhundert.

In beiden Dörfern – Rüdesheim und Weinsheim – zweigen von der B 41 Seitenstraßen nach **Hüffelsheim** ab, das Ritter Boos von Waldeck bei einem wüsten Trinkgelage auf dem Rheingrafenstein 1426 zugefallen sein soll. Gustav Pfarrius (1800–1884), der aus Heddesheim gebürtige und im 19. Jahrhundert überregional bekannte ›Sänger des Nahetals‹, hat diesen Vorgang in einer Ballade verewigt. In der unter Einbeziehung spätgotischer Bauteile (Turm und Langhausmauern) 1706 erbauten *Dorfkirche* erinnert ein gemaltes Wappen daran. Das Steinrelief einer Kreuzigung (18. Jh.), eine schöne Kanzel (1718) und die Stumm-Orgel von 1803 sind betrachtenswerte Kunstwerke. Hüffelsheims interessantes *Rathaus* (um 1590) erhebt sich mit seinem Fachwerkgeschoß über einer Halle. Diese bildete bis 1980 eine Straßendurchfahrt; danach wurde das gesamte Gebäude um 90 Grad gedreht und seitlich an den jetzigen Standort versetzt. Sein runder Treppenturm enthält ein Portal (1595) mit Werksteingewände und muschelförmigem Aufsatz.

Ein Abstecher von Hüffelsheim (in Richtung Waldböckelheim) führt zum 1194 erstmals genannten *Schollander Hof,* der damals aus dem Besitz der Grafen von Katzenelnbogen an Werner von Bolanden übertragen wurde. Es handelt sich um eine jener mittelalterlichen Hofgründungen, aus denen gewöhnlich größere Siedlungen entstanden. Hier aber bietet sich bis heute das Bild eines isolierten Feudalgutes (seit 1372 sponheimisch), dem man die geschichtliche Form noch rundweg abgewinnen kann. Die dazugehörige Michaelskapelle trägt zwar am Portal (Rokokotür) die Jahreszahl 1776, ist aber sicher erheblich älter.

Von Hüffelsheim über Traisen (gotische Kirche 14./15. Jh.) und Norheim gelangt man durch die Weinhänge jetzt wieder ins Nahetal. Unmittelbar unter dem gigantisch aufragenden Porphyrmassiv des zerklüfteten *Rotenfels* (Abb. 106) führt die Straße nach **Bad Münster am Stein-Ebernburg**. Das in den letzten Jahren mit städtebaulich nicht eben vorbildlichen Umgestaltungsarbeiten zur zeitgemäßen Verkehrsführung bedachte Kurbad verfügt über angenehme Anlagen im Bereich der *Salinen bzw. Gradierwerke*. An malerischen Bauten kann es seltene Objekte vorweisen, so das Fachwerkgebäude der *Kurverwaltung* (1781) und das 1911 errichtete *Kurmittelhaus* (Abb. 111), gleichfalls in Fachwerk als höchst reizvolle Baugruppe mit Dekorationselementen des Jugendstils konstruiert. Das putzige *Fischerhäuschen* (18. Jh.) und manch idyllischer Winkel an den zum Naheufer führenden Sträßchen zeugen gleicherweise vom historischen Erbe in diesem 1195 als ›monasterium ad lapidem‹ bezeichneten Ort. Von einer Kirche des 15. Jahrhunderts blieb beim Gemeindehaus an der Nahestraße noch der *Turm* erhalten, während die 1907/08 errichtete *evangelische Kirche* ein beachtenswertes Beispiel historisierender Architektur darstellt. Das katholische *Gotteshaus* (1900) zeigt sich in neugotischem Stilgewand.

Bad Münsters großartigste Sehenswürdigkeit ist jedoch der am anderen Ufer, rechts der Nahe, das Städtchen und seinen ohnehin herrlichen Landschaftsrahmen als monumentales Naturgebilde dominierende *Rheingrafenstein* (Farbt. 4). Je nach Standort erblickt man ihn als zwei- oder dreifache Steilpyramide aus rötlichem Porphyr, bekrönt vom Adlerhorst der Burgruine. Nach dieser benannten sich im 11. Jahrhundert die Herren vom Stein, denen 1194 das Erbe der Rheingrafen und 1350 bzw. 1406 auch dasjenige der Wildgrafen zufiel. Mit einer kleinen Personenfähre gelangt man an den Fuß des Burgfelsens und kann in ca. 20 Minuten durch das anmutige *Huttental* zu den Ruinen hinaufsteigen, von wo sich ein prachtvoller Panoramablick öffnet. Zur Rechten erkennt man Bad Kreuznach und dahinter den Beginn der rheinhessischen Ebene, während zur Linken der Rotenfels und der im Mündungswinkel zwischen Nahe und Alsenz gelegene Stadtteil **Ebernburg** unter den restaurierten Bauten der Sickingerfeste den Blick einfängt.

Die *Ebernburg*, 1209 erstmals erwähnt und unter Franz von Sickingen als ›Herberge zur Gerechtigkeit‹ bekannt geworden, wird heute als Tagungsstätte und Heimvolkshochschule genutzt (Burgrestaurant). Unterhalb erinnert im Ort das von Ludwig Cauer geschaffene *Hutten-Sickingen-Denkmal* mit den bronzenen Bildnisstatuen der beiden berühmten Männer an die reformatorische Umbruchzeit. Daran kann man sich desgleichen in der altehrwürdigen *evangelischen Pfarrkirche* (12./13. Jh.) erinnert fühlen: In dem mit seinem Wehrturm unter gemauertem Steinhelm inmitten des schattigen Friedhofes (darin Grabsteine des 18. Jh.) stehenden Gotteshaus hielt der Reformator Oekolampadius 1521 die erste Predigt in deutscher Sprache. Der 20 Meter hohe Turm gilt als ältestes Bauwerk der Romanik im Naheland. Er birgt noch Wappengrabsteine der Sickinger sowie eine 1429 gegossene Glocke. Kirchenschiff und Chor wurden 1512 erneuert; die Fenster entstammen romanischen und gotischen Bauperioden. Ebernburgs *katholische Pfarrkirche* erhebt sich als 1915–18 anstelle eines alten Vorgängerbauwerks errichtetes Stilgefüge aus neugotischen mit barocken Elementen und verfügt über ein Netzgewölbe im Chor. Eine hölzerne Skulptur

›Mariä Ohnmacht‹ soll noch aus dem 14. Jahrhundert stammen; die Muttergottes und eine Evangelistenfigur sind barocker Herkunft.

Außer der Burg, dem Reformatorendenkmal und den Kirchen sind im Ort auch das Amtshaus (16. Jh.) an der Burgstraße sowie die Häuserensembles des historischen Kerns stimmungsvolle Überreste der Vergangenheit, indes der idyllische Ort insgesamt mit dem den Hintergrund beherrschenden Rotenfels von der Burgzufahrt (Parkplatz vor der Brücke) einen unvergleichlichen Anblick bietet (Farbt. 6). Bevor man von hier durch das romantisch anmutende Salinental nach Bad Kreuznach fährt, sei als Alternative ein Umweg durch das Alsenztal und über den Rand der Kreuznacher Bucht angeraten, der zu wenig bekannten, gleichwohl aber sehr kostbaren Stätten der Kunst und der Geschichte führt.

## Zwischen Alsenz und Appel

Vom Donnersberg (686 m) nehmen die Täler von Alsenz und Appelbach einen zwar eng benachbarten und fast parallelen Verlauf zur unteren Nahe hin, prägen aber einen jeweils unterschiedlichen charakteristischen Landschaftswinkel. Während die Alsenz zwischen Hochstätten und Bad Münster am Stein-Ebernburg streckenweise unter schönen Waldhängen dahinrauscht, schlängelt sich der Appelbach in weiten Bögen östlich Bad Kreuznachs durch sehr offene Gemarkungen, welchen es aber an Idyllen keineswegs mangelt.

Unweit Ebernburgs springt in *Altenbamberg* die Alsenz noch heute an derselben Stelle über ein Wehr, an dem schon vor fast zwei Jahrhunderten Zeichner gesessen und die über dem malerischen Vordergrund auf ihrem baumbestandenen Burgberg ragende Altebaumburg als Motiv festgehalten haben. 1981/82 ist den bis auf das Jahr 1129 zurückgehenden Ruinen die stilvolle Rekonstruktion des Palasgebäudes mit Treppengiebeln und Treppenturm hinzugefügt worden (Restaurant). Die Stammburg der 1358 ausgestorbenen Raugrafen kam später an Kurpfalz und wurde 1689 durch die Franzosen zerstört. Im Dorf drunten zeigt sich die kleine katholische Kirche (1783) mit einer von Pilastern gegliederten Giebelwand unter einem Dachreiter.

Talaufwärts zweigt an einer Gabelung im Wald von der B 48 die B 428 in Richtung Fürfeld ab. Im Eck zwischen diesen zwei Straßen liegt *Hochstätten* gleichsam zwischen Wald und Wein. Seine Pfarrkirche (1772) wurde einem aus romanischer Zeit überkommenen Turm mit Satteldach und kleiner Haube angebaut; im Inneren findet sich eine von Philipp Daniel Schmidt aus Meisenheim (s. S. 280) 1777 aufgestellte Orgel. Nach Fürfeld zieht die Straße von hier die Waldhügel hinauf und später über immer baumärmere Hügelrücken. In der zur Pfalz zählenden Umgebung gibt es alte Dörfer mit kunsthistorischen Blickpunkten in Hülle und Fülle: Abstecher sind zu empfehlen nach Alsenz, Sitters, Münsterappel und Gaugrehweiler.

**Fürfeld** selber, das man bald nach Passieren eines Waffendepots der US-Streitkräfte erreicht, besitzt zwei jeweils bemerkenswerte *Kirchen*. Sie wurden zur selben Zeit, nämlich 1774–76, errichtet. Grund dafür war ein (nicht nur) örtlich intensiv ausgetragener

Religionsstreit, der letztlich durch eine gemeinschaftliche 200-Jahr-Feier 1976 seine offizielle Beilegung erfuhr. »Die Zeit ist reif dafür, daß die Gräben zwischen den einzelnen Konfessionen zugeschüttet werden und Christen der verschiedenen Kirchen und Gemeinschaften Zugang zueinander finden.« Diesen Satz formulierten und unterzeichneten der evangelische und der katholische Ortsgeistliche in der zum Jubiläum erschienenen Festschrift. Beachtung verdient diese Zusammenfassung insofern auch, als sie von der Beharrlichkeit des Gegensätzlichen zeugt, das letztlich doch ›nur‹ durch die von einstigen Landesherren befohlene Hinwendung der Untertanen zum protestantischen oder zum Verbleib beim katholischen Bekenntnis aufgeworfen worden ist. Wie auch immer: Fürfeld verdankt jener Sachlage jedenfalls zwei ansehnliche Gotteshäuser, das *evangelische* mit einer vorzüglichen Ausstattung (1782) durch Altar, Kanzel und Orgel des bekannten Saarbrücker Meisters Johann Georg Geib, und das *katholische* als edlen Saalbau mit wertvollen Barockfiguren und einem Schnitzaltar (um 1500) aus dem Frankfurter Dom (hl. Anna selbdritt).

Von Fürfeld ins *Appelbachtal*, vorüber am Thalerhof, senkt sich die Landstraße in anmutige Wiesenauen. Dort liegt **Hof Iben** am Standort einer für 1258 als Wasserburg der Tempelritter bezeugten Anlage. Im 14. Jahrhundert Besitz der Raugrafen, seit 1704 der Schenken von Schmidtburg und nunmehr längst als bäuerliches Gut in Privateigentum, gibt sich die ländliche Gebäudegruppe nicht auf Anhieb als historisch hervorragende Stätte zu erkennen. Lediglich die zwischen den Dächern aufragende Kapellenspitze läßt von fern das Besondere erkennen. Sie gehört als Dachreiter auf dem Giebel zu einem wahrhaften Meisterwerk der Gotik, das deutlich champagneske Merkmale trägt und in der jüngsten Zeit dem Naumburger Meister zugeschrieben worden ist.

Diese einstige *Burgkapelle* am Appelbach untersteht heute der rheinland-pfälzischen Schlösserverwaltung und kann tagsüber jederzeit besichtigt werden. Im Grunde stellt sie den Chor eines im 19. Jahrhundert abgerissenen romanischen Langhauses dar und zählt neben

*Hof Iben, ehemalige Burgkapelle*

der Trierer Liebfrauenkirche und der Elisabethkirche in Marburg »zu den Inkunabeln des gotischen Stils in Deutschland«. Das Äußere ist zwar charaktervoll, doch eher schlicht (Abb. 112), wenngleich es einen lebendigen Kontrast zu den umgebenden rustikalen Gebäuden darstellt. Der kleine Innenraum ist von bedeutender Eleganz mit seinen schlanken Eckdiensten auf Achtecksockeln, darüber die Birnstabrippen des Gewölbes. Und von ganz außergewöhnlicher Zartheit sowie völlig unversehrt erhalten sind die großartig gestalteten Kapitelle mit ihrem naturalistisch ausgeformten Blattwerk (Abb. 113, 114). Weinlaub ziert das Gesims, feingliedrig gearbeitet wie auch das Maßwerk der Fenster – Iben ist ein einziges Schatzkästlein der frühgotischen Steinmetzkunst. Zusammen mit der ehemaligen Abteikirche in Offenbach/Glan ist diese kleine Kapelle ein kunsthistorischer ›Meilenstein‹ auf dem Weg, den das in Frankreich entwickelte hochgotische Formengut zu den deutschen Bauhütten genommen hat.

Dem Appelbach abwärts folgend, gelangt man vom Hof Iben rasch nach **Neu-Bamberg,** dem ›Neve Boineburg‹ der Raugrafen von 1253 (Abb. 115). Unter den kolossalen Ruinen entwickelte sich der mit schönen Häusergruppen gefällige Ort, von dessen Wehranlagen noch einige Reste und der Torturm der *Kandelpforte* (14. Jh.) geblieben sind. Unter den gediegenen Wohnbauten des 18. Jahrhunderts fällt das einstmals *kurmainzische Amtshaus* als voluminöser Barockbau (um 1720) besonders auf. Eine neugotische *Burgkapelle* (18./ 19. Jh.), heute katholisches Gotteshaus, fußt auf dem Bau des 13. Jahrhunderts. Die *evangelische Pfarrkirche* steht in einiger Entfernung vom Ort am Hang und gehörte vormals zu einem untergegangenen Dorf namens Sarlesheim. Im Untergeschoß ihres Turmes (13. Jh.) fanden sich Reste von Fresken; das Schiff (18. Jh.) birgt einen Sakramentsschrein (15. Jh.) und eine Stumm-Orgel von 1765.

Zurück zur Kandelpforte: Vor dem historischen Stadttor biegt die Straße nach *Frei-Laubersheim* ab, einem gleichfalls sehenswerten Ort mit vielen alten Bürgerhäusern (17./ 18. Jh.), einem stilvollen Rathaus (1603) und einer reich ausgestatteten Kirche neben einem ehemaligen Wehrturm (13. Jh.). Hier erreicht man auch wieder die B 428, die über Hackenheim nach Bad Kreuznach führt.

## Bad Kreuznach

Die letzte von dramatisch wirkenden Landschaftsformen flankierte Engstelle des Nahetales zwischen den Porphyrmassiven flußabwärts von Bad Münster war offenbar schon zur keltischen Zeit (um 500 v. Chr.) ein neuralgischer Punkt. Droben, auf den Felsen der Hardt und der Gans, sind im Gesträuch noch Reste von Vorzeitfestungen erhalten, die zur Sicherung der ins hintere Naheland und den Hunsrück hineinführenden Verbindungswege und vielleicht auch schon der Solequellen im Salinental gedient haben mögen. Der Name Kreuznach geht auf einen keltischen Eingesessenen zurück und lautete in römischer Zeit ›Cruciniacum‹, später (822) ›villa crucenacus‹ sowie (1225) ›Crucenache‹. Daß 1167 der Sponheimer Abt Kraffto vom Papst eine Partikel des Heiligen Kreuzes als Reliquie geschenkt erhielt, hat demnach mit der Namensgebung ursächlich nichts zu tun.

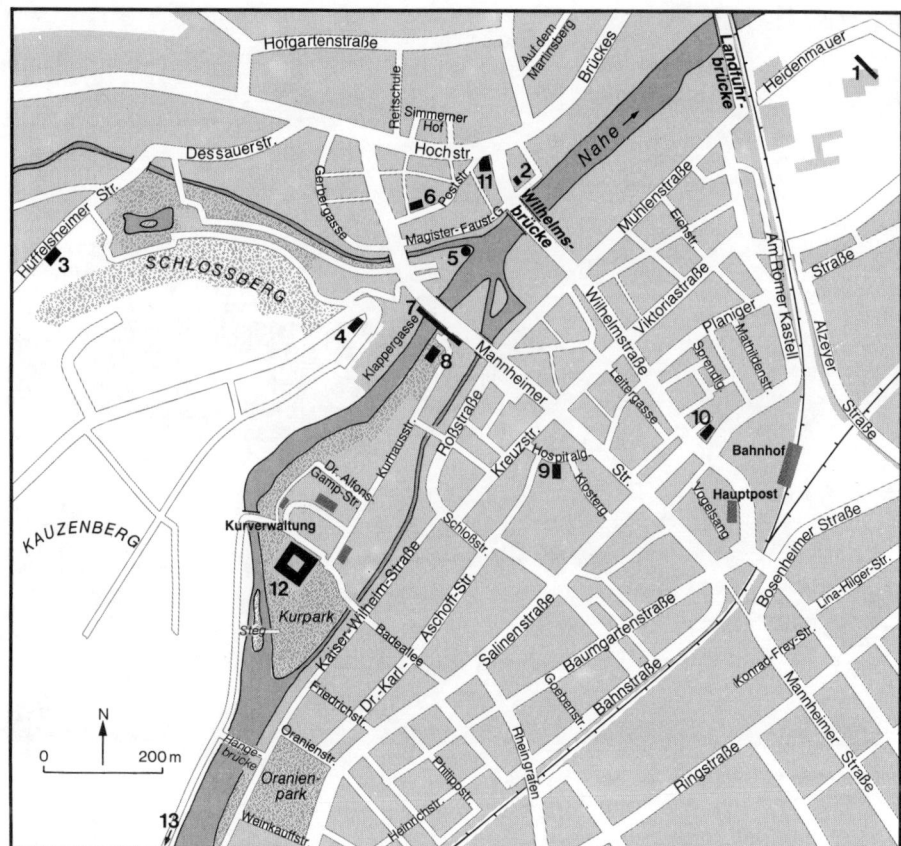

Bad Kreuznach 1 Heidenmauer 2 Fausthaus 3 Römerhalle, Puricelli-Schlößchen und Römer-Villa 4 Kauzenburg 5 ›Butterfaß‹ mit ›Pfeffermühlchen‹ (Stadtwehr) 6 Nikolauskirche 7 Nahebrücke mit Brückenhäusern 8 Pauluskirche (ehem. Pfarrkirche auf dem Wörth) 9 Wolfgangskapelle 10 Pfarrkirche Heiligkreuz 11 Hundheimer Hof 12 Kurhaus 13 Roseninsel und Gradierwerke im Salinental

Die römerzeitliche Siedlung bestand rechts der Nahe. Von einem dort unter Kaiser Valentinian (364–74) angelegten Kastell blieb als rund 15 Meter langer Rest der einstigen Umwallung die sogenannte ›Heidenmauer‹ erhalten (unfern der Bahnlinie, schräg gegenüber der Pfingstwiese hinter dem anderen Flußufer). Die im Umland der Kreuznacher Bucht aufgesammelten steinzeitlichen Artefakte deuten jedoch in weit tiefere Vergangenheiten zurück: Schon vor 6000 Jahren ließen sich bandkeramische Siedler in dieser Region nieder, und die ›Lößjäger im Lindengrund‹ am Guldenbach-Unterlauf (zwischen Bretzenheim und Gul-

AN NAHE UND GLAN

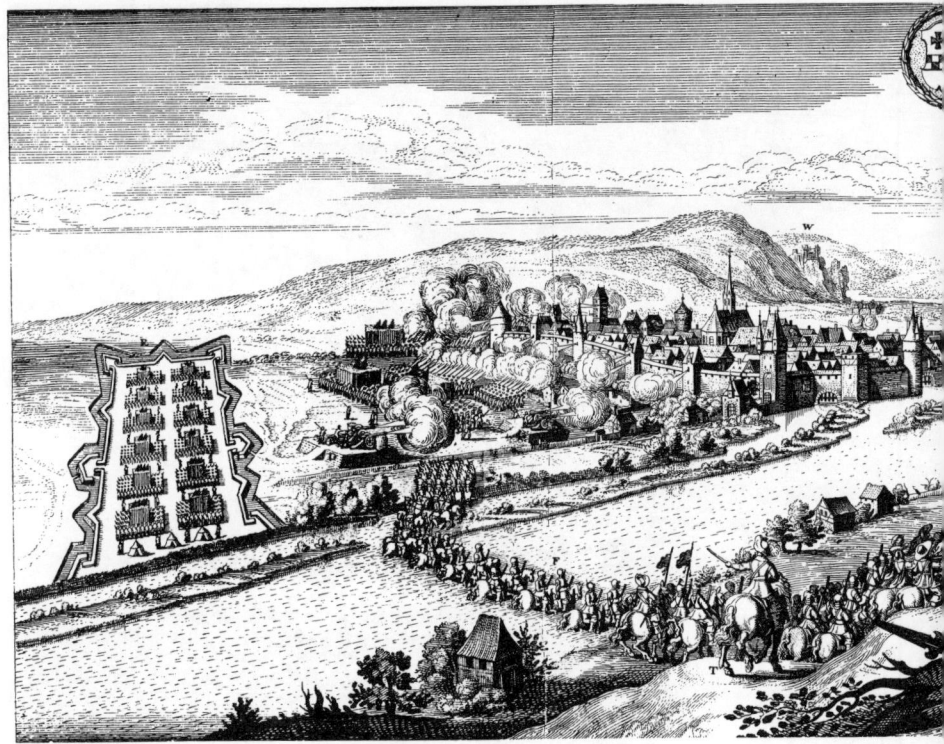

*Bad Kreuznach wird bestürmt und eingenommen, Stich von Merian, 1644*

dental) stellten bereits zur Altsteinzeit den damals dort lebenden Rentieren, Wildpferden, Wollnashörnern, Wisenten und anderen Beutetieren nach.

Als dauerhafter Wohnort für die Menschen der Frühgeschichte wurde das heutige Bad Kreuznach aber erst während der gallo-römischen Epoche bedeutend. Davon erzählen die aus dem früheren Karl-Geib-Museum in die 1985 eröffnete ›Römerhalle‹ (Hüffelsheimer Straße 11) überbrachten Funde mit hervorragenden Einzelstücken. Einzigartige Attraktionen in diesem vortrefflich eingerichteten Lapidarium zwischen den aufgemauerten Resten des römischen Landhauses und dem Museum im klassizistischen Puricelli-Schlößchen sind die beiden Mosaikböden. Das Kreuznacher Gladiatorenmosaik mit seinen zahlreichen Einzelszenen von Schaukämpfen in der antiken Arena stellt außer dem ähnlich konzipierten Bilderbogen von Nennig an der Mosel das einzige Kunstobjekt dieses Inhalts im Europa nördlich der Alpen dar (Abb. 119). Und das ebenfalls in der Römerhalle gezeigte Oceanusmosaik (um 300) gibt in seiner lebendig wirkenden Bildkomposition Motive aus dem Leben der Wassertiere, Schiffe, Händler am Strand sowie interessante Architekturen wieder. Sogar

den Namen seines Schöpfers kennt man: Victorinus hat sein Kunstwerk signiert. Im übrigen zeugt die benachbarte Peristylvilla, aus welcher es geborgen wurde, in ihren über fünfzig Räumen auf einer Gesamtgrundfläche von 5750 Quadratmetern mit luxuriösen Details von bedeutendem Wohlstand im Cruciniacum der Römerzeit.

Nach der Völkerwanderungszeit, als die antiken Bauten weit umher in Schutt und Asche lagen, hielten salische Franken am Unterlauf der Nahe Einzug, von deren reger Besiedlungspolitik die in der Umgebung sehr häufigen Ortsnamen mit den Endungen auf -heim noch Kunde geben. Im Stadtteil *Planig* (Kirche von 1492 mit romanischem Turm und gotischem Chor von 1507) konnte ein fränkisches Fürstengrab untersucht und auf das Jahr 525 datiert werden. Der mit kostbaren Waffen Bestattete hatte einen Spangenhelm bei sich, dessen ornamentale Zier aus Weintrauben gebildet ist. Zur Zeit, als er zu Grabe getragen wurde, entstand im Bereich des Kastells von Cruciniacum ein Königshof, den später Ludwig der Fromme mehrere Male (810, 839) aufsuchte. Zugleich wurde am selben Platz eine Martinskirche (1590 abgerissen) als wohl frühester christlicher Sakralbau der Region errichtet.

AN NAHE UND GLAN

Seit dem 10. Jahrhundert traten die Nahegaugrafen (Emichonen) als Lehensmänner in der allmählich angewachsenen Siedlung auf. Ihnen folgten die Herren vom Stein (nachmalige Rheingrafen), während auf dem linken Ufer nach 1105 die Grafen von Sponheim einen Ort begründeten, der schon 1240 mit Stadtrechten bedacht wurde (die ›Neustadt‹) und zu dessen Schutz sie ihre *Kauzenburg* erbauen ließen. Von dieser 1689 zerstörten Feste (seit 1233 Hauptsitz der Vorderen Grafschaft) blieben noch wuchtige Kellergewölbe, denen nach 1970 die moderne Architektur des Burgrestaurants aufgesetzt worden ist.

Die mit der Kauzenburg verbundene historische *Stadtwehr* hinterließ Relikte in der Magister-Faust-Gasse und am Flußufer, darunter als einstige Eckbastion an der Ellerbachmündung das sogenannte *Butterfaß* mit dem achteckigen Gartenhaus des *Pfeffermühlchens* (18. Jh.). Dahinter gewahrt man die interessante Häuserzeile von Kreuznachs ›Klein-Venedig‹ (Abb. 120) unter dem markanten Umriß der *Nikolauskirche* (13./14. Jh.). In dieser querhauslosen Basilika zu drei Schiffen mit fünfjochigem Langhaus und zweijochigem Chor können trotz zahlreicher Restaurierungen späterer Zeiten noch bemerkenswerte Einzelheiten der Spätgotik beobachtet werden, so vor allem der südliche Nebenchor mit seinem vorzüglichen Sterngewölbe. Unter der neugotischen Ausstattung befinden sich Gestühl und Kommunionbank (1796) mit barocken Schnitzereien. Von historischer Bedeutung sind die vier Bildnisgrabsteine im Chor: Johann von Stein-Kallenfels (gest. nach 1357), Graf Walram von Sponheim (gest. 1382), Johann von Waldeck und Schönette von Montfort (gest. nach 1438) und Rheingraf Friedrich (gest. 1490).

Durch die Mannheimer Straße gelangt man zur alten *Nahebrücke* mit ihren historischen Brückenhäusern (Farbt. 5), hinter welchen die 1311 gestiftete ehemalige *Pfarrkirche auf dem Wörth* (Flußinsel) mit ihrer malerischen Turmhaube (1768–81) aufragt (heute evangelische *Pauluskirche*). Die einst dreischiffige gotische Basilika fiel den Zerstörungen 1689 zum Opfer, wurde 1768–81 erneuert und im 19. Jahrhundert mehrfach verändert. Vom gotischen Bau blieben der Chor und die Westwand mit ihren Treppentürmen erhalten. Altar, Kanzel und Gestühl wurden 1777 aufgestellt, die Orgel um 1840. Auch im Chor der Pauluskirche sind mehrere alte Epitaphien von besonderem Interesse: Auf ihren gut erhaltenen Grabreliefs erkennt man Rheingraf Konrad (gest. um 1385), Hermann Stumpp von Waldeck (gest. 1412), Frank von Löwenstein (gest. 1456) und die mit ihren beiden Kindern abgebildete Rheingräfin Lucart (gest. 1452).

An weiteren Gotteshäusern in Bad Kreuznach verdient die gotische *Wolfgangskapelle* (nach 1472) als Rest einer ehemaligen Franziskanerklosterkirche Beachtung (neben dem modernen Bau des Gymnasiums). Die neugotische katholische *Pfarrkirche Heiligkreuz* am Bahnhofsvorplatz (1895–97) gilt als beispielhafte Architektur ihrer Stilgattung. Von der lutherischen *Wilhelmskirche* (17./18. Jh.) blieb beim Neubau eines Bankinstituts der Turm mit einem 1561 datierten Türgewände stehen.

Mit dem *Dienheimer Hof* (1563) an der Mannheimer Straße, dem barocken *Hundheimer Hof* (1715; heute Stadthaus), dem *Kronenberger Hof* (1660) und dem *Volxheimerschen Burghaus* (17./18. Jh.) verfügt Bad Kreuznach noch über historische Stadthäuser adliger Herrschaften, während das Fachwerkgebäude des historischen *Fausthauses* (1590) an der

Wilhelmsbrücke (Restaurant) an den einst ›weitbeschreyten‹ Magier und Lateinschullehrer von Sickingschen Gnaden erinnert (Abb. 117). Noch zahlreiche gediegene Bürgerhäuser, insbesondere an Mannheimer, Post- und Hochstraße, überstanden die Jahrhunderte (auch die Zerstörungen im Zweiten Weltkrieg), während die Villen und sonstigen repräsentativen Gebäude des *Kurviertels* nicht etwa einen morbiden Hauch der entschwundenen ›Belle Epoque‹, sondern einen lebenserfüllten Erholungs- und Freizeiteindruck vermitteln.

Naheaufwärts erstreckt sich von der *Roseninsel* zu den *Gradierwerken* im *Salinental* eine weitläufige Parklandschaft, die einst wie heute zum Flanieren einlädt. Hier wie auch vielerorts im Stadtinneren erblickt man eine Vielzahl kunstvoller Skulpturen, die Bad Kreuznach zum überwiegenden Teil seiner Bildhauer-›Dynastie‹ der Familie Cauer verdankt (etliche Arbeiten auch im Schloßmuseum).

Emil Cauer d. Ä. (1800–67) wirkte seit 1832 als Zeichenlehrer am Kreuznacher Gymnasium. Er modellierte Märchenfiguren, Gestalten aus der deutschen Geschichte und aus Shakespeares Dramen. Sein Sohn Carl Cauer (1828–85) schuf das Mannheimer Schillerdenkmal, das Prieger-Standbild für den Begründer der Kurbadtradition (an der Pauluskirche) und das Götz-Bildnismedaillon auf dem Winterburger Friedhof. Sein Bruder Robert Cauer d. Ä. (1831–93) hinterließ vor allem auf dem Friedhof seiner Heimatstadt zahlreiche Grabdenkmäler. Robert Cauer d. J. (1863–1947), Carl Cauers Sohn, schuf das bedeutende Michel-Mort-Denkmal auf dem Eiermarkt in der Bäderstadt, während sein Bruder Ludwig Cauer (1866–1947) die Brunnennymphe im Innenhof des Bäderhauses sowie das Sobernheimer Felke-Standbild fertigte. Hugo Cauer (1864–1918), ebenfalls ein Sohn von Carl Cauer, wirkte als Bildhauer für zahlreiche Städte und hat auch eine Büste des Nahetaldichters Gustav Pfarrius entworfen. Sein Bruder Emil Cauer d. J. (1867–1946) hat viele Denkmäler in und um Berlin geschaffen; auch auf dem Bad Kreuznacher Friedhof finden sich etliche Arbeiten von seiner Hand. Hans Cauer (1870–1900), fünfter von Carl Cauers Söhnen, unternahm als Maler seine Reisen in Spanien und Ägypten. Stanislaus Cauer (1867–1943) war ein Sohn Robert Cauers d. Ä. und wirkte als Professor an der Kunstakademie Königsberg. Von ihm stammt das Maler-Müller-Relief, das in Bad Kreuznach an den Dichter und Maler erinnert, der seine künstlerische Erfüllung in Rom gefunden, dabei aber nie seine Heimatstadt vergessen hatte: Friedrich Müller, genannt Maler Müller (1749–1825), brachte es vom Sohn eines Kreuznacher Bierbrauers bis zum ›spiritus rector‹ der deutsch-römischen Malerkolonie am Anbruch der romantischen Epoche. Friedrich Cauer (1874–1945), Stanislaus' Bruder, war Schöpfer kunstvoller Grabmäler. Schließlich hat Hanna Cauer (geb. 1902), Tochter Ludwig Cauers, ihre Heimatstadt um eine Reihe ansehnlicher Skulpturen bereichert, von denen mehrere im Oranienpark stehen: Brunnenmädchen, Kauernde und die Schwebende Göttin (Abb. 118) sowie das Traubenmädchen im Kurpark sind ihre bekanntesten Werke.

Meisterliche Bildhauerwerke aus weit älterer Zeit kann man auf einem Abstecher von Bad Kreuznach über Bosenheim nach *Pfaffen-Schwabenheim* in Augenschein nehmen. Dort erhebt sich die ehemalige Klosterkirche mit ihrem herrlichen Chor (Übergangsstil, 1225–48) über der Grablege der Sponheimer Grafen aus der Kreuznacher Linie. Graf Johann (gest.

AN NAHE UND GLAN

1340) und Graf Walram (gest. 1380) sind als Bildnisfiguren zu erblicken; letzterer gilt in der regionalen Sage als Urbild des ›Wilden Jägers‹, von dem vor allem in den Überlieferungen der Soonwaldgegend häufig die Rede geht.

Östlich von Pfaffen-Schwabenheim liegen die rheinhessischen Winzer- und Bauerndörfer offen in der fast baumlosen Ebene, während zur anderen Seite über dem Nahelauf mit seinen Rebhängen der Anstieg zum Großen Soon und zum Binger Wald bereits die dichten Forsten erkennen läßt, die weiter droben den Landschaftsraum prägen. Auf dem zum Hunsrück gehörigen Westufer, teils über niedrigen Flußterrassen, erheben sich die Orte der Verbandsgemeinde Langenlonsheim. *Winzenheim*, als eingemeindeter Stadtteil noch zu Bad Kreuznach zählend, birgt in seiner katholischen Kirche (1819) einen Altar (um 1770) und einen alten Taufstein (um 1500). Vor dem Ort weitet sich zur Nahe hin eine Ackerflur, an deren Rand ein modernes Denkmal daran gemahnt, daß hier auf dem seither so benannten ›Feld des Jammers‹ nach dem Zweiten Weltkrieg ein großes Lager mit deutschen Kriegsgefangenen zur Leidensstätte geworden war. Unmittelbar daran vorbei führt die B 48 (›Naheweinstraße‹) und wenig weiter nach Bretzenheim hinein.

Vom Guldenbach zum Mäuseturm

Schöne Wohnhäuser (darunter viel Fachwerk), das ländliche Barockschloß (1774) und die Villa Plettenberg-Puricelli (1877) formen heute das anmutige Ortsbild von *Bretzenheim*, dem die katholische Pfarrkirche (1789–91) mit ihrer Barockhaube einen gleichsam beschwingten Akzent verleiht. Im Tal des *Guldenbaches,* der neben dem Ort in die Nahe fließt, erhielt sich weiter oberhalb bei der ›Eremitage‹ (Heim für Nichtseßhafte) noch ein Überrest der in den Sandsteinfelsen gehöhlten einstigen *Antoniusklause,* die bereits 1043 ein Ziel für Wallfahrten gewesen ist. Naheabwärts folgt *Langenlonsheim,* ebenfalls ein Winzerdorf, auf dessen Gemarkung seit der Römerzeit Wein angebaut wird. Die evangelische Kirche (1867) verfügt noch über einen Chor der späten Gotik (um 1500), und das katholische Gotteshaus wurde 1907/08 in neugotischen Formen errichtet. Vergleichbare Traditionen erkennt man auch im nahen *Laubenheim*: Unter den Römern wurde die Rebenkultur eingeführt, und die evangelische Pfarrkirche von 1864–66 ist als neugotisches Bauwerk über den Bauresten des 15. Jahrhunderts gestaltet worden. Im benachbarten *Dorsheim* spielt der Weinbau gleichfalls eine bedeutende Rolle, während *Rümmelsheim* mit seinem Ortsteil *Burg Layen* auch seinerseits Geschichtliches im Kranz der Reben präsentiert: Das ›Rimelisheim‹ von 1125 und das ›castro Leiga‹ waren stets miteinander verbunden; ein Rundturm als Rest der Burg erhebt sich zwischen Weingütern und Kellereien.

Nahebei führt durch das *Trollbachtal,* zwischen bizarren Felsköpfen und bewaldeten Hängen, die Autobahn (A 61) zum Hunsrück hinauf. Sie leitet den Verkehrsstrom an **Münster-Sarmsheim** vorüber, das eine prachtvolle *Kirche* sein eigen nennt: Der Westturm (12. Jh.) zeigt noch romanische Formen, und dem 1895 vergrößerten Langhaus des 15. Jahrhunderts schließt sich ein Chor (1504) unter Netzgewölbe an. Der Meisenheimer Baumeister Philipp von Gmünd soll hier gewirkt haben, wo außerdem seltene Glasmalereien (16. Jh.) Bewunderung verdienen. Bemerkenswert sind des weiteren *Rathaus* (1520) und *Alte Schule* (18. Jh.). Münster-Sarmsheims berühmtestes Kunstwerk, das römische Sol-Mosaik, befindet sich allerdings im Bonner Landesmuseum. Von der historischen Wehrmauer des Ortes blieb lediglich ein Turm, ebenso wie von der Zollsperre ›Trutzbingen‹ (1493; gleich neben der Brücke östlich vom Ort).

Gegenüber liegt *Büdesheim*, Geburtsort des Dichters Stefan George (1868–1933), unter dem Umriß des Rochusberges mit seiner prächtigen Wallfahrtskirche. Was sich bei diesem Gebirgsstock nicht auf den ersten Blick zu erkennen gibt, läßt sich anhand der geologischen Strukturen (schon Goethe suchte hier Gesteine) nachweisen: Wenngleich rechts der Nahe gelegen, gehört der Rochusberg erdgeschichtlich noch zum Hunsrück.

Zwischen Bingen und Bingerbrück überspannt eine alte Brücke das Naheflüßchen knapp vor seiner Mündung in den Rhein. Allen häufig kolportierten Ansichten zum Trotz stammt sie erst aus dem Mittelalter und ist deshalb nicht mit der römerzeitlichen ›Drususbrücke‹ identisch, über welche weiland (371) Ausonius von Mainz nach Trier kutschiert worden ist. Auch vom *Kloster Rupertsberg* der Hildegard von Bingen, das im 19. Jahrhundert dem Eisenbahnbau zum Opfer fiel, sind kaum nennenswerte Relikte geblieben; das Langhaus der ehemaligen Klosterkirche von 1151 zeigt sich noch in spärlichen Fragmenten am Haus

*Nahemündung, Stich des 19. Jh.*

Rupertsberg 16 nebst einem spätgotischen Wappenportal. **Bingerbrücks** *katholische Pfarrkirche* (1890–92) erhebt sich als ansehnliche Basilika im historisierenden Stil der Neuromanik. Die *Gustav-Adolf-Gedächtniskirche* wurde, gewissermaßen als Widerpart, 1896 neugotisch erbaut. So ist vom alten Bingerbrück, über das W. O. von Horn im 19. Jahrhundert in seiner Zeitschrift ›Die Spinnstube‹ romantische Rittersagen veröffentlichte, wenig an originalen Zeugen geblieben. Oder ist's vor allem der sagenumwobene *Mäuseturm* (14. Jh.; 1855 neugotisch verändert) auf seiner kleinen Felseninsel im Rhein vor dem Ort, an welchem man nostalgisches Empfinden gleichsam ›festmachen‹ könnte?

Heinrich Hoffmann von Fallersleben, der 1849–52 in dieser Landschaft lebte und dichterisch viel zu ihrem Ruhm beitrug, schöpfte in Bingerbrück am ›Hildegardisbrünnlein‹ Wasser. Droben in Waldalgesheims evangelischer Kirche ließ er im Oktober 1849 das Aufgebot für seine Eheschließung mit Ida zum Berge bestellen. Von seiner Wohnung genoß er einen beneidenswerten Ausblick über die Nahemündung: »Da uns der ganze dritte Stock vermietet war, hatten wir nach allen Seiten hin etwas zu sehen: vor uns die Nahebrücke, der Scharlachberg, die Klopp, die Kirche mit einem Theil von Bingen, rechts die Straße nach Münster und die weite Ebene bis zum Donnersberge, links der Niederwald mit dem Ehrenfels, der Zusammenfluß des Rheins und der Nahe, und ganz links der Rupertsberg; hinter dem Hause der steile Bergweg nach Weiler, daneben der Gießbach und rechts die Weinberge mit dem Rondell.«

## Zwischen Rhein und Simmerbach

### Über dem ›Nil des Abendlandes‹

Von Bingerbrück erschließt die B 9 als stetig das Rheinufer begleitende Durchgangsstraße die Vielfalt der von ihren berühmten Burgen gekrönten Tallandschaft, die man in Anbetracht ihrer Geschichtsmächtigkeit mal den ›Jordan‹ und mal den ›Nil des Abendlandes‹ genannt hat. Die bedeutenden Städte und Stätten wie Bacharach, Oberwesel, St. Goar und Boppard oder die Burgsitze von Rheinstein über Sooneck bis Stolzenfels (einer einstigen Grenzfeste des Erzbistums Trier) standen fast alle von jeher in Beziehung zum Hunsrückraum als ihrem Hinterland. Die meisten der am Mittelrhein einst bedeutenden Herrengeschlechter wiesen in ihren Ahnentafeln Vormütter und Vorväter aus Hunsrücker und naheländischen Stammburgen auf. Trotzdem – und so ist es bis heute geblieben – sind die verkehrsmäßigen Bedingungen stets von der Straße drunten am Fluß bestimmt worden. Will heißen: Die engen Seitentäler und die über ihnen ausgebreiteten tiefen Forsten (z. B. Binger, St. Goarer und Bopparder Wald) sind relativ siedlungsarm und meist über wenig befahrene Strecken vom Rhein aus zu erreichen. Als einzige parallel zum Rheintal verlaufende Trasse ermöglicht die Autobahn A 61 seit Anfang der siebziger Jahre kurze Abstecher zu manchen

Ortschaften (mitunter noch geringschätzig als ›Geißendörfer‹ bezeichnet) mit ihren interessanten kunsthistorischen Objekten.

Fährt man von Bingerbrück über Weiler nach Waldalgesheim hinauf, so erblickt man schon von weitem die Baugruppe unter dem Förderturm der *Manganerzgrube Amalienshöhe*. Die nach Stillegung zur ›Besuchergrube‹ gewordene Mine gilt als ›Europas schönstes Bergwerk‹ aufgrund ihrer im neuklassizistischen Stil 1917/18 schloßähnlich angelegten Gebäude. Selbst bei einer Besichtigung wirkt dieses Ensemble noch aus unmittelbarer Nähe eher als Feudalsitz denn als Industrieanlage. Der Nachbarort *Waldlaubersheim* verdient einen Abstecher wegen seiner evangelischen Kirche, die als neuromanischer Bau 1862/63 einem Turm des Mittelalters unter spätgotischem Helm angebaut wurde. Das ehemalige Amtshaus derer von Schonenberg (1584) und ein repräsentatives Bürgerhaus (1850) an der Windesheimer Straße stehen für das historische Erbe dieses ansonsten eher als moderne Wohnsiedlung wirkenden Dorfes. *Warmsroth*, das man westlich Waldalgesheim erreicht, bewahrt ein Kleinod in Gestalt seiner katholischen Kirche ›in Walderbach‹ (15. Jh.) mit spätgotischen Details und Wappengrabsteinen (18./19. Jh.). Das schön gelegene *Schlößchen Wald Erbach* zeigt sich hingegen unweit der Ortslage als ›ostwärts versetztes‹ Architekturbeispiel der Maas-Renaissance. Es wurde 1654–57 für einen Hüttenherrn aus Lüttich errichtet. Ganz nah bei Warmsroth liegt *Stromberg*, ein für Exkursionen ins Soonwaldgebiet bestens geeigneter Ausgangsort (s. S. 323).

Nördlich davon, zu beiden Seiten des *Guldenbaches* und ringsum von Wald umkleidet, finden sich als sehenswerte Dörfer *Daxweiler* mit einem rippengewölbten Chor (1484) am neugotischen Gotteshaus (1894/95), *Seibersbach* ebenfalls mit altem Chor (um 1500) an der evangelischen Kirche (um 1770) und *Dörrebach* mit Kreuzrippengewölben (1515) in der katholischen Pfarrkirche St. Maria (18. Jh.). Im *Schloßgrund* zwischen den beiden letztgenannten Orten erhebt sich noch zwölf Meter hoch der *Suitbertusstein* als Überrest eines mittelalterlichen Wohnturmes. In der Stromberger *Neuhütte* drunten am Guldenbach wurden ca. 1830–1932 ungezählte gußeiserne Herdplatten und Öfen gefertigt, die heute unter Antiquitätensammlern zu den gesuchtesten Objekten gehören. Weiter aufwärts im selben Tal gelangt man von hier zur *Rheinböller Hütte* (s. S. 75).

Zu den nördlich des Binger Waldes in Seitentälern des Rheins gelegenen Orten gibt es keine direkte Straßenverbindung: Im Bogen (am besten über Rheinböllen) muß man die Waldhöhen umrunden und kommt dann nach *Oberheimbach* mit seiner frühgotischen Margarethenkirche. Die dreischiffige Basilika besitzt eine kostbare Ausstattung: Holzkanzel (1517), ein hl. Michael (15. Jh.) am neugotischen Hochaltar, weitere Bildwerke des 15. Jahrhunderts sowie Epitaphien (16. Jh.) und eine spätgotische Totenleuchte außen an der Michaelskapelle sind allesamt vorzügliche Kunstwerke. Im benachbarten Seitental liegt *Oberdiebach* mit der dreischiffigen gotischen Mauritiuskirche (14./15. Jh.). Laubkapitelle und figürlich gestaltete Konsolen (15. Jh.) sowie gotische Wandmalereien im Chor verdienen nebst einer gediegenen Ausstattung besondere Aufmerksamkeit. Knapp oberhalb des Ortes, an der wieder zum Hunsrück hinaufführenden Talstraße, steht in *Manubach* (Abb. 125) die evangelische Pfarrkirche mit einem noch dem 13. Jahrhundert entstammenden

## ZWISCHEN RHEIN UND SIMMERBACH

*Wilhelm Oertel von Horns Wohnhaus in Manubach*

Turm, darin ein spätromanisches Kreuzgewölbe. Außergewöhnlich kostbar ist das geschnitzte Gestühl (1524) im Langhaus. Vor allem sehenswert sind aber Manubachs viele Fachwerkhäuser (16.–19. Jh.). Deren Reiz haben die Einwohner noch erhöht, indem sie die meisten mit Inschriften verziert haben, welche häufig Bezug auf den Wein und die mit seinem Genuß verbundenen Lebensfreuden nehmen: »Der liebe Gott hat nicht gewollt, daß edler Wein verderben sollt'. Drum hat er uns nicht nur die Reben, nein, auch den nöt'gen Durst gegeben.« Oder: »Alter Wein aus alten Krügen und ein Lied aus alter Zeit lieb' ich ferne von den Lügen der modernen Herrlichkeit.«

Über die touristische ›Rheingoldstraße‹ gelangt man durch das *Steeger Tal* nach *Bacharach*. Oberhalb dieses städtischen Inbegriffs der Rheinromantik liegen die Dörfer *Perscheid* (Albanuskirche, 1841–44) und *Langscheid* mit einer barocken Nikolauskirche (1782), deren Rokokoaltäre mehrere Bildwerke aus älterer Zeit (15. Jh.) enthalten. Auch *Damscheids* katholische Pfarrkirche (17./19. Jh.) bewahrt noch eine Muttergottes des 15. Jahrhunderts; der Turm zeigt romanische Formen. Im nahen *Niederburg* steht ebenfalls ein sehenswertes Gotteshaus bei einem Turm des 13. Jahrhunderts: Im Inneren erblickt man zwei Glasgemälde (15. Jh.) und das schöne Rippengewölbe des Chores (14. Jh.). *Biebernheims* evangelische Pfarrkirche (1706) enthält noch Teile eines gotischen Bauwerks und wirkt durch ihre großzügige architektonische Gesamtform. Seitlich der von hier über Pfalzfeld zur Autobahn und zur Hunsrückhöhenstraße führenden Strecke liegt *Utzenhain* mit einem historischen Rathaus (1782). Das nahelegene *Karbach* ist mit seiner prachtvoll am Berghang gelegenen Quentinskirche ein alter Wallfahrtsort. Der jetzige Bau wurde 1752–80 errichtet und wirkt im Inneren mit wuchtigem Barock. Über dem Tabernakel thront ein 1275 signiertes hölzernes Vesperbild als kleines Meisterwerk der Gotik. Die Kirche zum Heiligen Kreuz in

*Leiningen* bewahrte bis heute die romanische Choranlage mit einem Kreuzrippengewölbe, dessen Schlußstein das Wappen der Abtei Prüm (Eifel) mit dem fahnentragenden Lamm wiedergibt. Dies deutet darauf, daß Leiningen von Prüm als Lehen an die Herren von Eltz übertragen worden war. Die Skulpturen beiderseits des hölzernen Hochaltars sind Arbeiten der jüngeren Zeit (20. Jh.).

Die meisten Orte in dieser Gegend auf den Höhen über Oberwesel und St. Goar weisen im übrigen noch viel an traditionellen ländlichen Wohnbauten und Bauernhöfen auf. Die blauschwarzen Schieferdächer über Fachwerkfassaden, Wetterschutzdächer an Fronten und über Hauseingängen, hölzerne Schlagläden und wuchtige Scheunentore sind ein durchaus nicht seltener Anblick. In nördlicher Richtung, auf Koblenz zu, breiten sich zunehmend wieder dichte Waldungen über die Gebirgsausläufer und Talhänge. Einige Straßen sowie die ausschließlich durch den Wald verlaufende steile Bahnstrecke von Boppard nach Emmelshausen durchqueren dieses einsame Gebiet zwischen dem Rhein und der Hunsrückhöhenstraße. Die Autobahnauffahrt bei Emmelshausen-Dörth oder diejenige bei Buchholz ermöglichen – je nachdem – schnelle Verbindungen zum Rhein-Mosel-Ballungsraum bei Koblenz oder aber die Rückfahrt zur Anschlußstelle bei Stromberg zwecks Besichtigung dieses Städtchens und einer kleinen Erkundungsreise durch den Großen Soon.

## Versteckte Schätze im Soonwald

**Stromberg** liegt im Schnittpunkt zweier Bäche, die hier in den Guldenbach münden, und hat deshalb als Kreuzung der diese Täler begleitenden Straßen eine historische Funktion als Knotenpunkt. Davon profitierten außer den Burgherren droben auch die Bürger, was noch heute in Gestalt einer ganzen Reihe ansehnlicher Wohnhäuser zum Vorschein kommt. Insbesondere im 18. Jahrhundert erfuhr der Ort eine Blütezeit, gleichsam abzulesen an den mehreren mit reich geschnitzten Haustüren versehenen Bauten des Barock, Rokoko und frühen Klassizismus. Als weiteres Zeugnis jener Zeit steht auf dem (neuen) *Marktbrunnen* die Steinfigur (1780) des Pilgerheiligen Jakobus, eine Schöpfung des Mainzer Künstlers Johann Matthäus Eschenbach. Demselben Patron ist auch die neugotische *katholische Pfarrkirche* (1863) geweiht, indes das *evangelische Gotteshaus* (Turm von 1877) als verputzter Bruchsteinbau von fünf Achsen mit dreiseitigem Chorschluß 1725 errichtet worden ist und mit einigen Wappengrabsteinen (17./18. Jh.) sowie dem hinter dem Altar eingefügten Sponheimer Wappen (1481) an ältere Geschichte erinnert.

Auf steilem Bergsockel wachen die markanten Türme der 1980 restaurierten und zum modernen Hotel-Restaurant ausgestalteten *Fustenburg* (auch: Stromburg) über dem Städtchen im Tal. Graf Berthold aus dem Nahegau-Geschlecht der Emichonen, der nach 1072 als Gründer des Klosters Ravengiersburg (s. S. 92 ff.) hervorgetreten ist, besaß die 1056 erstmals erwähnte Feste. Diese wurde 1116 völlig zerstört und kam nach alsbaldiger Wiedererrichtung 1156 als Lehen an die Pfalzgrafen bei Rhein. Heiß umkämpft war sie im Dreißigjährigen Krieg und fiel endgültig erst 1689 durch die Franzosen in Trümmer.

## ZWISCHEN RHEIN UND SIMMERBACH

*Die Fustenburg (Stromberg), Lithographie von Caspar Scheuren*

Nach der Fustenburg, die ihren Namen vom legendären Fausthieb ihres Gründers erhalten haben soll, benannten sich die Burgmannen der ›Fuste von Stromberg‹. In seiner 1921 veröffentlichten Erzählung ›Schein und Sein‹ läßt Gustav Pfarrius den historischen Dr. Faust als Abkömmling dieser Fuste auftreten. Freilich ist dieses ›Urbild deutscher Suche nach ewigen Wahrheiten‹ im Heidelberger Immatrikulationsregister 1509 (Heidelb. Tom III. Fol. 36,a) als ›Johannes Faust ex Symera‹ aufgeführt worden: Darin wollten frühere Forscher den Beweis für Fausts Herkunft aus dem Bereich der Simmerner Pfalzgrafschaft erkennen, zumal als sein Geburtsort im ersten Faustbuch von 1587 ›Rod‹ genannt wurde – und Roth heißt auch ein ganz nahe bei Stromberg gelegenes Dörfchen. »Fausts Teufelsbund und Höllenfahrt ist ein Märchen«, schrieb Pfarrius, »der vermeintliche Hexenmeister lebte im Tale des Guldenbaches harmlos und in Frieden.«

Historische Wahrheit und frei von allen Spekulationen ist hingegen die Existenz des von den Fuste abstammenden Johann Elias Michael *Obentraut* (um 1575–1628), der als ›Deutscher Michel‹ in die Geschichte eingegangen ist (s. S. 40 f.).

Der Fustenburg gegenüber liegt auf ihrem bewaldeten Vorsprung die seit 1156 ebenfalls pfalzgräfliche *Burg Gollenfels*. Die alte Schreibweise ›Goldenfels‹, gleicherweise auch den Namen Guldenbach, deutet die örtliche Sage so, daß Zwerge, die im nahen Stromberger Karst (heute auf großer Fläche durch die dortigen Kalksteinbrüche zur ›Mondlandschaft‹ geworden) nach Schätzen schürften, brockenweise Gold ins Bachbett warfen. Das Burghaus auf dem Gollenfels wurde 1619 errichtet. Von der älteren Anlage gewahrt man noch den imposanten Wohnturm (13./14. Jh.) unter seinem großen Walmdach. Zwei Gedenksteine auf dem Rasen erinnern an den preußischen Leutnant Gauvain, der 1793 mit 37 Mann gegen eine Übermacht von 600 Franzosen den Gollenfels verteidigte und fiel.

Folgt man von Stromberg dem Guldenbach talabwärts, prägen statt der Wälder bald Weinhänge die Landschaft. *Schweppenhausen* (Kapelle von 1515), das ›Sweppenhuzun‹ von 1044, steht am Straßenabzweig zu den Dörfern im Gräfenbachtal. *Schöneberg* mit den historischen Bauten eines Burghauses (um 1540), Fachwerk aus der Zeit um 1700 und einer neuromanischen Kirche (1895) sowie *Hergenfeld* (Kapelle von 1895) liegen auf dem Buckel zwischen beiden Tälern. Aber nochmals ein Blick ins Guldenbachtal: Dort gefällt das schon zur Römerzeit als Wohnort geschätzte *Windesheim* mit seiner den Ort trefflich überhöhenden evangelischen Pfarrkirche (1519). Ihr Turm zeigt klare romanische Formen (12. Jh.), und das Kirchenschiff (16. Jh.) enthält außer einer zur Entstehungszeit bemalten gotischen Holzdecke auch eine Stumm-Orgel von 1792. Das Pfarrhaus (1771) vereint sich mit etlichen Fachwerkbauten zu einem stimmungsvollen architektonischen Erbe dieses alten Winzerdorfes. *Guldental* schließlich, schon am Unterlauf und nahe Bretzenheim/Nahe zwischen Weinbergen in die Landschaft gebettet, präsentiert im Ortsteil *Waldhilbersheim* mit seiner Martinskirche (1774/75) ein barockes Bauwerk (Altar noch von 1629). Die evangelische Kirche im Ortsteil *Heddesheim* mit romanischem Turm und Schiff des 15. Jahrhunderts enthält einen gotischen Sakramentsschrein, eine Renaissancesteinkanzel (1592) sowie Bildnisgrabsteine (16. Jh.). Das katholische Gotteshaus ist ein neugotischer Backsteinbau von 1894. Im Ortsbild fallen eine voluminöse Kelter von 1708 und der Dorfbrunnen von 1584 auf, letzterer als einziges Objekt seiner Art im Gebiet der einstigen Rheinprovinz. Ein muschelförmiger Sandsteinaufsatz bekrönt dieses rare Exemplar.

Nun geht's über den erwähnten Bergbuckel hinüber ins *Gräfenbachtal*, wo nordwestlich Hargesheim (bachaufwärts) *Gutenberg* unter seiner mitten aus den Rebstöcken aufragenden *Gutenburg-Ruine* liegt (Abb. 116). Diese 1213 als Besitz des Ritters Wolfram vom Stein genannte Anlage kam 1350 an die Sponheimer Grafen und 1437 an Kurpfalz. Den Dreißigjährigen Krieg überstand sie nicht, zeigt jedoch noch heute beachtliche Reste von Rundtürmen (darin Kugelgewölbe) und Schildmauer. Ein Meisterstück des Barock ist drunten im Ort der Dachreiter auf der 1769 errichteten *Kirche* mit seiner welschen Haube.

*General Johann Michael Elias von Obentraut, der historische ›Deutsche Michel‹*

Einen ebenfalls ungewöhnlichen Kirchturm erblickt man in **Wallhausen,** dem nächsten Dorf am Talweg zu den Soonwaldhöhen. Die *Pfarrkirche St. Lorenz* gründet sich auf Fundamente aus dem Jahr 1111, ist jedoch eine 1929 und 1963 veränderte Architektur von 1792/93. Und der Turm wirkt deshalb so merkwürdig, weil ihm 1929 ein durchlichtetes Glockengeschoß in strengen Formen geradewegs ›aufgepflanzt‹ worden ist. Unweit dieses den Ortskern lebhaft akzentuierenden Sakralbaus gelangt man zum 1565 (Südflügel) und 1723 (Westflügel) erbauten *Schloß* der einstigen Kämmerer von Worms. Früher war es Verwaltungszentrum der Herrschaft Dalberg und bietet heute als Prinz-Salm-Dalbergsches Weingut eine ganz vorzügliche Gelegenheit, den Hochgenuß der ringsum auf den Hängen gezogenen edlen Tropfen zu erleben. Das ›Wein-Cabinet‹ (Gutsausschank) profitiert von der urigen Atmosphäre im großen Gewölbekeller – Weinproben gibt's hierin sozusagen nach Art der alten Rittersleut'. Die Alte Schule (1723), hübsche Fachwerkhäuser (18./19. Jh.) und die Nepomuk-Figur (18. Jh.) auf einer Bachbrücke sind Wallhausens weitere Sehenswürdigkeiten.

Nicht einmal drei Kilometer sind's bis **Dalberg,** wo schon von weitem über den Dächern im jetzt immer enger werdenden Tal als wuchtiger Klotz die bedeutende *Burgruine* ins Blickfeld gerät. Sie wurde um 1150 durch Ritter Godebold von Weierbach (an der oberen Nahe) begründet, dessen Enkel sich bereits nach der Burg ›Johann Herr von Dailberch‹ nannte. Die Kämmerer von Worms (seit 1315) machten sich als Erben den berühmt gewordenen Namen zu eigen. »Ist denn kein Dalberg da?« lautete der zeremonielle Heroldsruf, bevor der Kaiser bei Reichstagen verdiente Männer mit dem Ritterschlag bedachte. Das Privileg, vor allen anderen des Reiches zum Ritter geschlagen zu werden, verdankten die

*Burg Dalberg, Stich aus Daniel Meisners ›Schatzkästlein‹, um 1675*

Dalberger der Tapferkeit eines Ahns, der dem Kaiser an der Tiberbrücke in Rom einst durch unerhörte Tapferkeit das Leben gerettet hatte.

Die nie durch Kampf zerstörte Dalburg verfiel allmählich, seit ihr militärischer Nutzen nach Erfindung des Schießpulvers fragwürdig geworden war und ihre Herren das Talschloß drunten in Wallhausen als Wohnsitz vorzogen. Trotz langwährender Ausschlachtung als Steinbruch erhob die Feste sich noch Ende des 18. Jahrhunderts als gewaltiger Bau und ist bis heute mit wuchtigen Mauermassen und interessanten Architekturdetails (z. B. Spitzbogenfries am talseitigen ›Langen Saal‹, 14. Jh.) einer Besichtigung durchaus wert. Bei dem links von der Straße nach Spabrücken abzweigenden Burgweg steht am Waldrand eine schlanke Säule (1728) mit einer Figur der Jungfrau Maria. Die kleine *Kirche* (1486) an der Talstraße bewahrt hingegen die Muttergottes sowie die Heiligen Bernhard und Laurentius in Gestalt spätgotischer Fresken (vor 1500). Maria schließlich als Gnadenbild der ›Mutter vom Soon‹ (14. Jh.) wird von alters her in der großartigen *Wallfahrtskirche* von **Spabrücken** verehrt, die man knapp oberhalb Dalbergs inmitten des gleichnamigen Dorfes auf einem Höhenzug vor den tiefen Wäldern erreicht.

Urkundlich wurde die ehemalige Klosterkirche der Franziskaner erstmals 1338 erwähnt. Nach Abbruch eines Bauwerks aus dem Jahr 1359 datiert das jetzige Gotteshaus von 1731–36. Der einschiffige Saal zu fünf Fensterachsen mit dreiseitigem Schluß unter hohem Satteldach wird von zwei höchst malerisch wirkenden Dachreitern überkrönt, deren zwei bzw. drei Geschosse mittels kugelartiger Schieferhauben voneinander abgesetzt sind. Die durch Pilaster gegliederten Fassaden der Süd- und Westseite verfügen über aufwendig gestaltete Portale; das südliche ist von drei Nischen mit schönen Figuren umgeben (Abb. 122). Im Kircheninneren entfaltet sich trotz der reichen Barock- bzw. Rokokoausstattung eine noch gotisch anmutende Wirkung. Das altehrwürdige Gnadenbild befindet sich im Hochaltar (1738). Außerhalb der Wallfahrtskirche verdienen die steinerne Kreuzigungsgruppe (18. Jh.) vor dem Südportal, die nördlich angefügten einstigen *Klostergebäude* (1721–32) sowie im Ort das einfache ehemalige *Amtshaus* (1750) der vormaligen Herrschaft Dalberg einige Aufmerksamkeit.

Drunten windet sich nunmehr der *Gräfenbach* zwischen steilen Waldhängen durchs Bett. *Argenschwang* heißt der nächste Ort, über dessen kleiner Kirche (1880–83) und dem Pfarrhaus (1665) die Bruchsteinmauern der *Ruine Rosenburg* aufragen. Ausgesprochen romantisch wirkt dieses noch mit zwei Geschossen vom einstigen Palas in Bruchstein erhaltene Gemäuer (heute Pfadfinder-Jugendburg), das im 12. Jahrhundert durch die Grafen von Sponheim gegründet worden und Sitz eines Ministerialen ›von Arinswancke‹ gewesen ist. Das mit einem Wappen versehene Torhaus stammt aus dem 17. Jahrhundert.

*Spall* und *Münchwald* liegen westlich über dem Gräfenbach dicht am Rand des Soonwaldes. Der kleine Weiler *Struthof* (Bauerntöpferei) erinnert mit einer gußeisernen Tafel an Johann Adam Melsheimer, der von 1719 bis 1757 kurpfälzischer ›reitender Förster im unteren Soon‹ war und als historischer ›Jäger aus Kurpfalz‹ in der jüngeren Forschung jenem Friedrich Wilhelm Utsch unterdessen den Rang abgelaufen hat, welchem drüben am Ortsrand von Entenpfuhl am 13. August 1913 ein ansehnlicheres Denkmal geweiht worden ist

(Abb. 123). Der deutsche Kaiser nahm diese postume Ehrung als ›Allerhöchster Jagdherr‹ persönlich vor.

Nun also ist die Rede von jenem bis heute schier unergründlich tiefen Forst, der 868 in einer Urkunde des Klosters Prüm erstmals als ›silva sana‹ bezeichnet wurde. ›Off dem Sane‹ hieß es 1483, und später bürgerte sich ›Großer Soon‹ als fester Begriff ein. Wahrhaftig: ein mythologisch befrachtetes Waldgebirge. Bei Kreershäuschen zweigt die Tiefenbacher Straße ab und von dieser wiederum, lange Waldkilometer weiter und kurz vor dem einsamen *Forsthaus Ellerspring*, der unebene Waldweg zur sagenreichen *Ruine Wildburg*. Ängstlichen Gemütern darf von der Wanderung abgeraten werden: Man wird nach halbstündigem Gang auf dem entlegenen Felsriff lediglich bröckelnde Mauern auf einer Quarzitklippe inmitten hochstämmigen Waldes erblicken. Standorte sind's für seltene Pflanzen und ruhiger Lebensraum für Eulen und Wildkatzen. Hirschrudel kann man, sofern man behutsam wandert, in dieser Gegend ohnehin alle paar Kilometer aufspüren. Dies also auf dem urgewaltigen Felsklotz war die angeblich um 1150 errichtete Wildburg, die von Heimatforschern gern als ›Montsalvatsch‹ bzw. ›Montsauvage‹ in die hehre Nähe der Gralssage gerückt wird. In noch älterer Zeit soll Volker von Alzey, der Nibelung, hier gewohnt oder häufig als Jagdgast verweilt haben; auch Ludwig der Fromme frönte in diesen Forsten bereits dem edlen Waidwerk.

Nach *Entenpfuhl, Kallweiler* und *Trifthütte* mit der›Schinderhanneseiche‹, allesamt winzige Weiler im großen Wald, kommt man zum Wanderparkplatz unterhalb der *Alteburg*. Diese besteht aus einem erst 1890 im Stil mittelalterlicher Bergfriede errichteten 20 Meter hohen Aussichtsturm (621 m ü. NN). Eine Gedenktafel erinnert hier an den Revierförster Bollinger, der im Alter von 100 Lebensjahren noch einen Hirsch in die ewigen Jagdgründe schickte, ehe er selber im 101. Lenz starb: Soonwaldgeschichte(n)...

*Forsthaus Entenpfuhl im Soon, Zeichnung von Uwe Anhäuser, 1974*

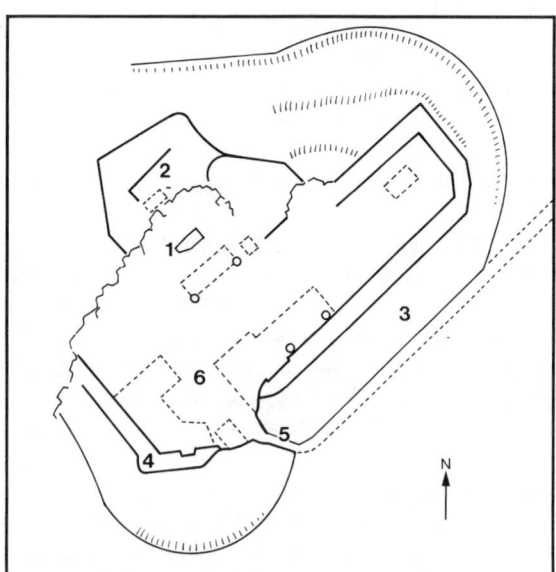

Burg Koppenstein, Grundriß der Wehrbauten und Mauerzüge im Bereich des untergegangenen Bergstädtchens
1 Bergfried
2 Zwinger
3 Wallgraben
4 Wehrgang
5 Zugbrücke
6 Wohnhäuser und Stallungen

Fern über den Wipfeln erhebt sich auf scharfgezackten Quarzitkämmen harsch der *Koppenstein* (Abb. 124). Zugänglicher zwar als die Wildburg, jedoch vergleichbar von dunklem Sagengut umwittert. Der Bergfried ist bestens konserviert worden, und Schwindelfreie können über die eisernen Treppen im Inneren problemlos den Aufstieg unternehmen. Droben dürfen sie dann ein wirklich beispielloses Panorama genießen. Vom Binger Wald über die Simmerner Mulde, zum Lützelsoon und bis an den dreigipfligen Idarwald reicht die Sicht. Drunten liegen die Ortschaften Gemünden, Kellenbach und Königsau, während nahebei die Wallrelikte und Mauerzüge einer längst untergegangenen Bergstadt unter den dichten Baumkronen ruhen. Die wohl bereits im 12. Jahrhundert begründete Höhensiedlung erhielt nach 1330 kaiserliche Genehmigung: Eine Kapelle (1339) durfte als Sponheimer Ableger errichtet werden. Die Herren vom Koppenstein, die einen Raben im Sponheimer Schachbrettwappen führten, befleißigten sich weiterer Ausbaumaßnahmen, leider jedoch ohne anhaltenden Erfolg. Der Mangel an Wasser, so heißt es, führte zur Aufgabe der Siedlung. Die längst schon unbewohnte Feste gelangte schließlich 1812 durch Veräußerung an die Schmidtburger Freiherren und nachmals – zusammen mit weiteren alten Lehen – in den Besitz der Freiherren von Salis auf Schloß Gemünden.
Geht man heute im Umkreis des Bergfried-Aussichtsturmes durch den Wald, sind im nahen Umkreis zahlreiche Mauerreste der einstigen Burg- und Stadthäuser im Unterholz zu entdecken. Als geologisches Kuriosum findet sich außerdem der kubusartige ›Wackelstein‹, der neben dem Turm auf dem Felsgrat thront, augenscheinlich jeden Augenblick zu kippen droht und sich trotzdem in vielen Jahrtausenden kein einziges Mal rührte (Abb. 124).

## ZWISCHEN RHEIN UND SIMMERBACH

Die Soonwaldstraße senkt sich in Serpentinen vom Koppenstein die Berglehne hinab und führt nach **Gemünden** hinein, wo die vom Forst herabsprudelnde Lamet dem Simmerbach und damit dem Kellenbachtal zufließt. Gemünden als Ort erschien urkundlich schon 1304; die *Burg* über dem Ort wurde 1417 erstmals erwähnt. Letztere, ursprünglich Sponheimer Besitz, kam an Kurpfalz, Simmern und Baden, wurde 1514 an die Schmidtburger Schenken veräußert, von welchen sie die heutigen Eigentümer erblich erhielten. Die nur von außerhalb zu besichtigende Anlage mit ihren vier massigen Eckrundtürmen wurde nach Zerstörung der älteren Baulichkeiten 1718–28 auf den alten Fundamenten errichtet (Farbt. 17).

Das Dorf zu Füßen der Burg gefällt durch eine Vielzahl qualitätvoller Fachwerkhäuser (17./18. Jh.). Seine *katholische Pfarrkirche* (1899) unterstützt historisierend mit romanischem und gotischem Formengut die altertümliche Wirkung des Ortes. Bedeutender wirkt hingegen das *evangelische Gotteshaus* (1905/06), das noch einen spätgotischen Chor einbezieht. Im 16./17. Jahrhundert diente die Kirche als Grablege der Schenken von Schmidtburg und birgt aus dieser Zeit höchst ansehnliche Grabdenkmäler. Niklas Schenk von Schmidtburg (gest. 1575) und Elisabeth von Schwartzenburg (gest. 1572) erblickt man als lebendig gestaltete Bildnisfiguren, dargestellt innerhalb eines Rahmens von Ahnenwappen durch den Trierer Meister Hans Ruprecht Hoffmann. Hans Trapp aus Johann von Trarbachs Werkstatt war Schöpfer des Denkmals für Friedrich Schenk von Schmidtburg (gest. 1567) und der Magdalena von Dienheim (gest. 1586). Hans Henrich Schenk von Schmidtburg (gest. 1613) und seinen zwei Gattinnen Christine von Hunolstein (gest. 1602) und Ursula von Brambach gilt das dritte dieser bemerkenswerten Grabmäler.

Der ›Geologische Hunsrück-Lehrpfad Gemünden‹ am Rand des Ortes führt ein und wiederum zurück in die uralte Vergangenheit dieser Region, deren Schieferfossilien aus dem Devonmeer beredte Überbleibsel aus jenen fernen Zeiten sind. Und in stürmischen Nächten – ob man's glauben mag oder als spektakulären Spuk abtun möchte – hetzt durchs Gewirr ächzender Wipfel der Wilde Jäger, Graf Walram von Sponheim, seine Meute.

## Merkwürdiges am Rande

Mancherlei ist in diesem Buch mitgeteilt worden vom ›historischen Personal‹ des Hunsrücks, von Ausonius bis Dr. Faust, von Nibelungenrecken bis zu den Wandermusikanten aus dem Westrich. Aber noch vieles mehr könnte berichtet werden, beispielsweise über die Literaten von Stefan Andres bis Carl Zuckmayer, der mit seinem Schauspiel ›Schinderhannes‹ wesentlich zum Bekanntwerden des ›Rebellen vom Hunsrück‹ und damit auch der Landschaft als solcher beigetragen hat. Beispielsweise auch über Laukhard, den ›tollen Magister‹ (s. S. 238), oder über Gustav Pfarrius und seine romantischen ›Gesänge aus dem Nahethal‹. Doch statt ausführlicher Textbeispiele sei hier lediglich marginal etwas von weiteren ›merkwürdigen Herren‹ aus der Gegend zwischen Mosel, Nahe, Saar und Rhein vorgestellt.

Kein Geringerer als Paul von Hindenburg wandelte und waidwerkte seinerzeit auf den Spuren des Jägers aus Kurpfalz im grünen Soon. In der Gräfenbacher Hütte zwischen Argenschwang und Ellern hatte er sein Jagdquartier. Dort, wo von 1712 bis 1873 die Soonwalderze geschmolzen worden waren und wo noch jetzt der einzige erhalten gebliebene Hochofen der Region vorhanden ist, hielt sich seine Familie gegen Ende des Ersten Weltkrieges auf. Daher rührt es, daß nach dem Friedensschluß von Brest-Litowsk als erste Glocke in Deutschland das Geläut im stillen Gräfenbachtal das Kriegsende verkündete.

Zu derselben Zeit bewirtete in seiner Gaststätte ›Zur Rhein-Nahe-Bahn‹ im Bad Kreuznacher Brückes der Exkönig von Albanien seine Gäste mit Getränken und mit Geschichten. Otto Witte (1871–1958), der Sohn eines Düsseldorfer Schaustellers, hatte 1913 in einer beispiellosen Köpenickiade anstelle des wirklichen Thronanwärters, Prinz Halim Eddin aus Konstantinopel, den Würdenträgern in Tirana vorgaukeln können, er selber sei der Erlauchte. Am 15. Februar 1913 wurde Otto Witte feierlich zum König von Albanien proklamiert und befahl anderentags die gesamte Generalität zu sich, um einen kriegerischen Einfall ins benachbarte Serbien zu planen. Möglicherweise hätte die europäische Geschichte am ›Vorabend‹ des Ersten Weltkrieges einen anderen Verlauf genommen, wenn Wittes Täuschung nicht kurz darauf enthüllt worden wäre. Man warf ihn in den Kerker, aus dem er sich aber alsbald, in Bauernkleidern getarnt, heimlich empfehlen konnte. Nach solchen Abenteuern ließ er sich dann als Gastwirt in der Nahestadt nieder und verkaufte seinen Bewunderern Ansichtspostkarten, die ihn im königlichen Habit zeigten. Diesem Abenteurer, der auch einmal mit einer abessinischen Prinzessin durchgebrannt war, trug sogar das Finanzamt, nachdem ihm per Gerichtsbeschluß das Führen des Titels offiziell genehmigt worden war, in sein Umsatzsteuerheft ein: »Otto Witte, ehemaliger König von Albanien.«

Bad Kreuznach und ›seine‹ Abenteurer – hier nur ein Auszug aus der Lebensgeschichte einer anderen Berühmtheit: »Ich wurde im Jahre 1631 in der Stadt York in England geboren und gehörte einer guten Familie an, die jedoch nicht aus diesem Lande stammte. Mein Vater war ein Einwanderer aus Bremen und ließ sich zuerst in Hull nieder. Als Kaufmann erwarb er sich ein ansehnliches Vermögen, gab jedoch sein Geschäft später auf und zog nach York. Aus dieser Stadt stammte meine Mutter, deren sehr angesehene Familie den Namen Robinson führte. Man nannte mich deshalb Robinson Creutznaer, woraus sich infolge der in England üblichen Mißachtung des Wortes der Name Crusoe entwickelte.«

Wie erwähnt: Viel wäre noch zu erzählen von weiteren merkwürdigen Leuten aus der Hunsrückregion, doch sei nun als letztes Schicksalsbeispiel nur noch Peter Zirbes (1825–1901) erwähnt, der zwar aus der Eifel stammte, aber als Hausierer in allen Orten von Kastellaun bis Meisenheim stets gern gesehen und als ›Entertainer‹ beliebt war. Schon im Alter von 27 Jahren gab der Händler und Poet erstmals seine Erzählungen und Gedichte in Buchform heraus. Bald wurde er dadurch weit über die Grenzen der Region hinaus bekannt. ›Abend im Nahetal‹, ›Abschied von Meisenheim‹ oder ›Gruß an die Pfalz‹ lauten die Titel seiner Gedichte. Der heute fast vergessene Volksliterat schrieb über seinen Doppelberuf:

Ich bin ein wandernder Sänger,
gebürtig zu Niederkail,
und habe nebst Gedichten
auch Glas und Steingut feil.

Das Eine gewährt mir Freude,
das Andere gibt mir Brot,
und so beschützen mich Beide
vor äußerer und innerer Not.

# Erläuterung der Fachbegriffe (Glossar)

**Abschnittswall** Häufige Variante latènezeitlicher Höhenfestungen (siehe auch: Ringwall, Murus Gallicus), bei welcher meist ein Bergsporn an seiner zugänglichsten Seite (Schwachstelle) gegen das Hinterland mit einer Verteidigungsmauer abgegrenzt worden ist.

**Ädikula** Kleiner Aufbau (einst in römischen Tempeln, später für Bildstöcke) zur Aufnahme einer Statue.

**Allegorie** Wiedergabe eines abstrakten ethischen Begriffs mittels Verkörperung in einer figürlichen Gestalt nebst symbolhaften Attributen.

**Amphitheater** Antikes Theater mit ringsum geschlossenen Sitzreihen um eine ellipsenförmige Arena.

**Apsis** Überwölbter und zum Hauptraum geöffneter Gebäudeteil auf halbrundem, rechteckigem oder vieleckigem Grundriß (→ Chorschluß).

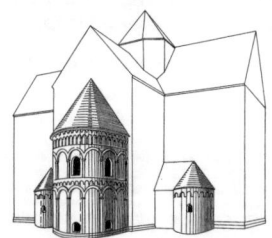

*Apsis   Hauptapsis und Nebenapsiden*

**Arkade** Bogenstellung über Säulen und Pfeilern. Auch fortlaufende Reihe von Bogenstellungen.

**Basilika** Kirche, deren Mittelschiff breiter und höher als die Seitenschiffe ist.

**Bastion** Vorgeschobenes Verteidigungswerk bei Festungswällen und Burgbauten zwecks Aufstellung von Geschützen.

**Bildstock** An Wegen frei stehender Pfeiler aus Holz oder Stein, der in einem Gehäuse (→ Ädikula) ein Kruzifix, Vesperbild oder Heiligendarstellungen enthält.

**Birnstab** Gotisches Schmuckmotiv für Rippen und Dienste, das einen birnenförmigen Querschnitt hat.

**Blendarkatur** Einer Wand vorgeblendete Bogenstellung als dekoratives Element zur Gliederung.

**Bollwerk** Einer Festung oder Stadtwehr vorgelagerte Verteidigungsanlage.

**Bossenquader** An seiner Vorderseite nur roh (buckelförmig) bearbeiteter Quader oder Werkstein; charakteristisch z. B. für Burgen der Stauferzeit.

**Chor** In der christlichen Kirche ursprünglich Raum für den Sängerchor, mittels der Chorschranken vom übrigen Raum abgegrenzt. Seit dem 15. Jh. übliche Bezeichnung für den gesamten Altarraum.

**Chorschluß** Dieser wird nach der geometrischen Form seines Grundrisses benannt, z. B. runder Chorschluß der Romanik, vieleckiger Chorschluß der Gotik; polygonale Chorschlüsse

(5/8- oder 7/10-Schluß) nach Anzahl der Segmentteile.

**Dachreiter**  Schlankes Türmchen auf dem First eines Daches.

**Dienst**  Langes, dünnes Viertel-, Halb- oder Dreiviertelsäulchen, das als Teil eines Bündel- oder Wandpfeilers die Rippen des Gewölbes oder der Bögen aufnimmt.

**Emichonen**  Aus dem seit der frühen Kaiserzeit eingesetzten Verwaltungsadel (Nahegaugrafen) gingen die Emichonen als erstes namentlich bekanntes Herrengeschlecht hervor. Auf ihren Stamm gründen sich die später als Wild-, Rhein- und Rau(h)grafen hervorgetretenen Familien bzw. Linien.

**Epitaph**  Gedenkstein für Tote mit figürlicher Darstellung der Verstorbenen und Inschriften (auch Wappenepitaphien); an Wänden, Pfeilern oder in Gruftkapellen der Kirchen aufgestellt.

**Fensterrose**  Kreisrundes, mit radial angeordnetem Maßwerk gefülltes Fenster.

**Fiale**  In der gotischen Kunst schlankes, spitz zulaufendes Ziertürmchen auf Strebepfeilern.

**Firste**  Im bergmännischen Sprachgebrauch: Scheitelpunkt eines Abbauraumes.

**Fischblase**  Form des gotischen Maßwerks, die an eine Fischblase erinnert.

*Fischblase*

**Fliehburg**  Im Hunsrück seit der Latènezeit übliche Wehranlagen, die in Form von Ring- oder Abschnittswällen auf entlegenen Bergköpfen errichtet wurden und in Kriegs- bzw. Krisenzeiten die Bevölkerung der umliegenden Gebiete (samt Vieh und beweglicher Habe) aufnehmen konnten.

**Fossilien**  Überreste von Lebewesen aus dem Devonmeer, im Dachschiefer von Bundenbach und Gemünden zahlreich vorkommend; darunter manche Spezies, die nur an diesen Fundstellen angetroffen wurde. Der vorzügliche Erhaltungszustand geht auf chemische Umwandlungsprozesse zurück. Die organischen Körperteile wurden in Schwefelkies (Pyrit) umgewandelt, was zur Folge hat, daß dieser harte Stoff zwar schwierig aus dem gleichfalls sehr dichten Schiefergestein herauszupräparieren, aber dafür auch dauerhaft haltbar ist.

**Fresko**  Auf den frischen (ital. fresco) und noch feuchten Kalkputz aufgetragene Malerei.

**Fries**  Allgemein jeder glatte oder verzierte Streifen zur Teilung oder Abgrenzung von Flächen, im besonderen am oberen Rand einer Wandfläche.

**Ganerbenburg**  Wohnsitz einer ritterlichen Erbengemeinschaft. Die miteinander verwandten Familien der Burgsassen besaßen jeweils vertraglich begründete Anteile innerhalb der als gemeinschaftlicher Besitz oder Lehen geführten Anlage. Der sogenannte Burgfrieden regelte die Zusammengehörigkeiten und Aufgaben der Ganerben.

**Gewände**  Die durch schrägen Einschnitt eines Fensters oder eines Portals in der Mauer entstehenden Schnittflächen, häufig profiliert und mit Ornamenten und Figurenschmuck versehen.

**Gewölbeformen**  1. *Tonnengewölbe*. Gewölbe mit halbkreisförmigem Querschnitt. Einfachste Gewölbeform. 2. Die Durchdringung von zwei Tonnengewölben heißt *Kreuzgewölbe*. 3. Bilden sich an den Schnittpunkten der Gewölbeflächen eines Kreuzgewölbes Grate, handelt es sich um ein *Kreuzgratgewölbe*. 4. Wird die Gewölbelast von Rippen übernommen, die ein Traggerüst bilden, nennt man dies *Rippengewölbe*. 5. Beim *Sterngewölbe* bilden die Rippen eines Joches eine Sternform.

# GLOSSAR

**Gewölbekappe** Eine der nichttragenden Teilstücke des Kreuzgewölbes zwischen zwei Graten oder Kreuzrippen.

**Hallenkirche** Mehrschiffige Kirche, deren Schiffe die gleiche oder annähernd die gleiche Gewölbehöhe besitzen; das Mittelschiff erhält sein Licht durch die Fenster der Seitenschiffe.

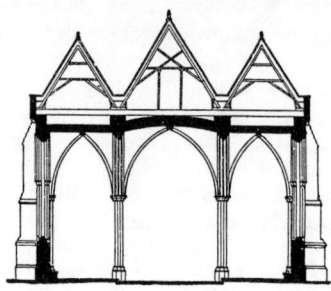

*Hallenkirche*

**Hängegewölbe** Frei unter den Gewölbekappen nur durch Spannung der Bauteile gehaltenes Rippensystem (vgl. Schloßkirche in Meisenheim).

**Hypokausten** (griechisch: Heizung von unten), Warmluftheizung unter dem Fußboden in antiken Gebäuden (Wohnräume und Bäder). Dabei ruhte der Fußboden meist auf zahlreichen niedrigen Ziegelsäulen, zwischen denen die von einem Ofen am Gebäuderand erwärmte Luft zirkulierte.

**Ingericht** (Thing, Ding), Gerichtssitzung oder Gerichtsort unter freiem Himmel als Hauptform der aus germanisch-keltischem Rechtsbrauchtum bis ins Mittelalter fortbestehenden Sitte der Volksversammlung zwecks Urteilsfindung über Straftaten.

**Joch** Gewölbeabschnitt in Längsrichtung.

*Joch*

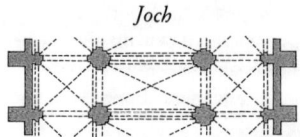

**Kapitell** Ausladender Abschluß einer Säule, eines Pfeilers oder eines Pilasters; vermittelt formal zwischen Stütze und Last eines Gewölbes oder Gebälks.

**Karner** (Beinhaus, Ossuarium), Friedhofsgebäude, in dem bei Anlage neuer Gräber aufgefundene Skelettreste früherer Verstorbener zusammengetragen wurden.

**Krumbier** Mundartlich im Hunsrück für Kartoffel, etymologisch abgeleitet von ›Grundbirne‹. Durch linksrheinische Siedler verbreitete sich diese Bezeichnung erheblich über den Hunsrück- und Pfalzraum hinaus.

**Konsole** Aus der Mauer vorspringender Tragstein für Bögen, Gesimse, Skulpturen oder ähnliches.

*Konsole*

**Kreuzgang** Rechteckig angeordnete, meist gewölbte Gänge um den Klosterbinnen(kreuz)hof, in Bogenstellungen (Arkaden) gegen diesen geöffnet.

**Lapidarium** Sammlung von Steindenkmälern und -inschriften.

**Laterne** Runder oder vieleckiger durchfensterter Aufbau über einer Decken-, Gewölbe- oder Kuppelöffnung.

**Laye** Als Layen werden landläufig alle gespaltenen Schieferplatten bezeichnet (Dachschiefer). Bemerkenswert ist die sprachliche Nähe zu den im Französischen als ›lauzes‹ bekannten flachen

Feldsteinen, mit denen z. B. in der Dordogne viele Dächer eingedeckt sind.

**Lisene** Schwach profilierte, vertikale Mauerverstärkung ohne Basis und Kapitell.

**Maßwerk** Gotisches Bauornament, zunächst zur Unterteilung von großen Fenstern, später auch zur Gliederung von Wandflächen, Giebeln usw.

**Motte** Wehranlage des frühen Mittelalters, meist als kleine Turmburg auf Hügelanschüttungen hinter Palisaden und/oder Verteidigungswerken aus Wällen und Wassergräben errichtet.

**Murus Gallicus** Von Cäsar erstmals beschriebene Festungsbautechnik der keltischen Völker: Unbehauene Steinbrocken wurden packungsweise zwischen ein Haltegerüst aus Balkenwerk geschichtet (keinerlei Mörtelbindung). Zerfielen die Balken oder wurden durch Brand zerstört, sanken solche Wehrmauern zu großen Wällen zusammen, wie man sie an den Hunsrücker Keltenfestungen noch sehr eindrucksvoll erkennen kann.

**Nekropole** Gräberfeld, Friedhof, Ansammlung von Hügelgräbern (vgl. Belginum).

**Oppidum** Befestigte Siedlung des keltischen Kulturkreises (z. B. Altburg).

**Orgelprospekt** Künstlerisch gestaltete Schauseite einer Orgel.

**Palas** Hauptgebäude einer Burg (Rittersaal, Wohnräume) und nach den Verteidigungsanlagen deren wichtigster Teil.

**Pietà** Vesperbild: Darstellung der Marienklage; die schmerzhafte Muttergottes hält den verstorbenen Sohn in ihrem Schoß.

**Pilaster** Der Wand oder einem anderen Bauglied vorgelagerter vertikaler Mauerstreifen mit Basis und Kapitell.

**Retabel** Altaraufsatz mit plastischem Schmuck oder Malereien.

**Ringwall** Festung bzw. Fliehburg, die sich, im Hunsrück durchweg als Bauwerk in der Technik des Murus Gallicus, meist in strategisch günstiger Lage um die Gipfelzone eines Berges zieht (→ Abschnittswall).

**Rippe** Tragende Konstruktionsteile bei Gewölben, die das Gerüst für die nichttragenden Gewölbekappen bilden.

**Risalit** Ein in ganzer Höhe eines Bauwerks vorkragender Mittelteil, der auch als Eck- und Seitenrisalit zur Auflockerung einer Fassade beiträgt.

**Rocaille** Muschelförmiges, asymmetrisches Dekorationsmotiv des Rokoko.

**Rosselhalde** Versturzgestein, in der Regel Verwitterungsschutt, der sich haldenförmig unter den Graten eines Felsbuckels häufte. Verschiedentlich, weil Ringmauerbefestigungen in ähnlicher Weise zerfielen (→ Murus Gallicus), ist schwer zu unterscheiden, ob solche Rosselhalden rein natürlichen oder auch artifiziellen Ursprungs sind.

**Schleife** In der Idar-Obersteiner Gegend allgemein gebräuchliche Kurzform für die Werkstatt eines Edelsteinschleifers. Wasserschleifen sind die durch Wasserschaufelräder angetriebenen Schleifmühlen der Vergangenheit.

**Schlußstein** Im Scheitel von Bögen oder Gewölben sitzender Stein, oftmals ornamental, figürlich oder mit Wappenmotiven verziert.

*Schlußstein*

# GLOSSAR

**Schnabelkanne** Bronzene Kanne (seltener aus Keramik wie z. B. diejenige aus einem Hügelgrab bei Sien) mit ausgeprägtem schnabelartigem Ausguß und Griffhenkel, oft schön verziert. Ein kunsthandwerklich vorzüglich bearbeitetes Gebrauchsgefäß, das aus dem etruskischen Formengut von keltischen (latènezeitlichen) Herstellern übernommen worden ist.

**Schrankofen** Die vom Küchenfenster aus beheizten Takenplatten waren zur Wohnstube hin oft in ein schrankähnliches Gefach vor einer Mauernische bettet. Darüber befanden sich verschließbare Gefache für warmzuhaltende Speisen.

**Silen** Die gealterte, trinkfreudigere, fettleibige und behaarte Variante des Satyr.

**Spolien** Bei Neubauten wiederverwendete Überbleibsel älterer Monumente.

**Takenplatten** System einer Zweiraumheizung: Ein Mauerdurchbruch zwischen Küche und Wohnstube nahm unmittelbar hinter dem Herdfeuer eine gußeiserne und meist mit Reliefs verzierte Gußeisenplatte auf, deren Wärmeabstrahlung den Wohnraum temperierte. Solche in den Eisenhütten von Soon und Idarwald produzierten Takenplatten waren bis ins 19. Jahrhundert neben den Gußöfen als kunstvolle Exportartikel aus dem Hunsrück bekannt und begehrt.

**Trempel** Meist ovale Lüftungsfenster an der Traufseite von Speicherräumen in aus Fachwerk aufgeführten bäuerlichen Anwesen. Sie dienten zur Durchlüftung des auf dem Speicher ausgebreiteten Erntegutes (Getreide, Obst).

**Tympanon** Bogenfeld über einem Portal, in der Romanik und Gotik häufig mit figürlichem Schmuck ausgestaltet.

**Vedute** Gemalte, gezeichnete oder gestochene Ansicht einer Stadt oder eines ihrer charakteristischen Ausschnitte als naturgetreue Wiedergabe des jeweiligen Motivs.

*Vierpaß*

**Vierpaß** Kreisförmiger Teil des gotischen Maßwerks, aus vier Kreissegmenten bestehend.

**Vierung** Rechteckiger oder quadratischer Raumteil, der aus der Durchdringung von Langhaus und Querhaus entsteht.

**Vierungspfeiler** Die meist verstärkten Pfeiler an den Eckpunkten einer Vierung.

**Welsche Haube** Glocken- oder zwiebelförmig geschweiftes Turmdach.

**Westwerk** Vorgeschobener, turmartiger Raumkörper im Westteil großer romanischer Kloster- oder Bischofskirchen. Meist bestehend aus einem quadratischen Raumschacht, der an drei Seiten von Emporen umgeben ist.

*Westwerk*

**Zwickel** Dreieckige, manchmal sphärische Fläche zwischen zwei Bögen einer Arkade.

**Zwinger** Der Bereich zwischen Vor- und Hauptmauer einer Burg oder einer Stadtwehr.

# Praktische Reisehinweise

## Anschriften

*Fremdenverkehrs- und Heilbäderverband Rheinland-Pfalz*
Postfach 14 20
5400 Koblenz
∅ 0261/3 10 79

*Kreisverkehrsamt
des Kreises Bad Kreuznach*
Salinenstraße 47
6550 Bad Kreuznach
∅ 0671/9 53 93

*Moselland-Touristik*
Postfach 13 30
5550 Bernkastel-Kues
∅ 06531/20 91

*Moselland-Information*
Postfach 13 20
5590 Cochem
∅ 02671/6 11 48

*Deutsche Edelsteinstraße*
Brühlstraße 1
6583 Herrstein
∅ 06785/7 90

*Kreisfremdenverkehrsamt Birkenfeld*
Postfach 01 14 80
6580 Idar-Oberstein
∅ 06781/2 70 25

*Fremdenverkehrsverein Rhein-Hunsrück*
Ludwigstraße 3–5
6540 Simmern
∅ 06761/8 21 79

*Fremdenverkehrsgemeinschaft
Vorderer Hunsrück*
Römerstraße 23
6534 Stromberg
∅ 06724/36 04

*Kreisverwaltung Trier-Saarburg
– Touristikinformation –*
Postfach 26 20
5500 Trier
∅ 0651/71 52 64

*Tourist-Information
Trier Stadt und Land e.V.*
Postfach 38 30
5500 Trier
∅ 0651/7 54 40

*Ferienkreis Bernkastel-Wittlich*
Postfach 14 20
5560 Wittlich
∅ 06571/1 43 70

Unter allen aufgeführten Anschriften kann jeweils Prospektmaterial angefordert werden. Außerdem unterhalten alle Städte und Verbandsgemeinde-Verwaltungen im Hunsrückraum eigene Verkehrsämter bzw. Fremdenverkehrsabteilungen.

## Essen und Trinken

Der Hunsrück ist beileibe kein gastronomisches ›Niemandsland‹. Außer den überregional bekannten Weinen von der Nahe oder aus der Region Mosel–Saar–Ruwer und dem gleichfalls schon über die Landesgrenzen hinaus beliebten Spieß- oder Schaukelbraten (am Schwenkgrill gegart) der Idar-Obersteiner Gegend gibt es noch eine Vielzahl typischer Getränke und Küchenspezialitäten, die zu entdecken sich lohnt. Königsbacher und Kirner Bier werden mit Hunsrückwasser gebraut. Als ›Moselwhisky‹ bezeichnet man landläufig die herzhaften Hefe- bzw. Tresterschnäpse. Allerlei Obstbrände und der zum Gedenken an die alten Rittersleut' vom Oberen Stein kreierte Kräuterbitter ›Wilhelm Wyrich‹ bieten sich als weitere Gaumen-›Leitfäden‹ an.

Nahrung in festerer Form von landestypischer Eigenart findet man nicht nur in etlichen Forellenhöfen (z. B. Reinhartsmühle im Hahnenbachtal und Bescheider Mühle am Dhrönchen), sondern vielerorts in den Dörfern, wo noch (oder wieder) die alten Haus- und Gemeindebacköfen in Betrieb sind. So feiert man z. B. in Stipshausen alljährlich im September das örtliche Backhausfest, zu dem auch Fremde jederzeit willkommen sind. Dabei gibt's zum Schmaus nicht nur ofenfrisches Brot, sondern auch deftigen Aufstrich wie Griebenschmalz und ›Leckschmier‹. Letztere, aus Birnenmus in großen Waschbottichen gekocht, wird mancherorts noch hergestellt; ein Vorgang, der sich Tage hinziehen kann.

Sieht man an einem Metzgerladen ein Pappschild mit der Aufschrift ›Heute frische Kartoffelwurst‹, so hat dies nicht etwa mit einer vegetarischen Alternative zum Fleischkonsum zu tun. Es handelt sich um eine außerhalb der Region fast unbekannte Hausmacher-Spezialität. Übrigens sagt man statt Kartoffeln im Hunsrück noch immer ›Krumbiere‹ (Grundbirnen), eine historische Vokabel, die sogar ›exportfähig‹ war: Im Serbokroatischen heißt Kartoffel nämlich ›krompir‹. Gefüllte Kleeß (Klöße) und Salat aus Bettsaichern (Löwenzahn), Schnippelbohnensuppe mit Rahm, Rindfleisch mit Meerrettichtunke oder Weißkohl (›Schlabbeskappes‹) mit Bauchfleisch kommen im Zeichen nostalgischer Hinwendung zu Großmutters Kochrezepten heutzutage wieder häufiger auf den Tisch. Und es gibt nicht wenige Gasthäuser in der Region, die sich statt des Jägerschnitzel-Pommes-mit Ketchup-Einerlei heutzutage gern befleißigen, ihren Gästen auch derlei Erlesenes anzubieten.

Die höhere Kochkunst-Etage schickt in Gestalt eines beim Kreisfremdenverkehrsamt Bad Kreuznach erhältlichen ›Gaumenführers‹ ihre Signale voraus: Soonwälder Fasanengockel mit Aprikosenkern-Kroketten, Schloßböckelheimer Zwiebeltöpfchen oder Karpfen auf Norheimer Art lauten die verlockenden Namen. Eine Pilzpfanne in der Fischbachtaler ›Harfenmühle‹, ein Gänseblümchensüppchen im Gourmet-Eldorado der ›Historischen Bergmühle‹ bei Horbruch oder ein Weindiner bei Ingrid und Daniel Chaventré im Wallhausener Schloßkeller zählen zu den qualitativ die Region überflügelnden Höhepunkten. Desgleichen die Mahlzeiten in den Schloßhotels der Fustenburg oder der Schönburg über Oberwesel, ein Schlemmerabend im Guldentaler ›Val d'Or‹, ein rittermäßiges Freß- und Saufgelage auf der Kauzenburg... Aber es wäre ungerecht, nun eine Liste der Hunsrücker Tip- und Top-Restaurants aufstellen zu wollen, denn allzu viel an weniger bekannten und gleichwohl erlebens- und erschmeckenswerten Kostbarkeiten wartet rings umher auf gaumenfreudige Entdecker. Vielleicht beginnt man mit einer entsprechenden Exkursion in der Simmerner Schinderhannes-Backstube, schon um des präzisen Namens willen...

## Kuren

Die drei Kurbäder im Nahetal, Bad Kreuznach, Bad Münster am Stein-Ebernburg und Sobernheim, empfehlen sich seit einigen Jahren nicht nur als Orte ›auf Krankenschein‹, sondern haben ihre jeweiligen Heilvorzüge auch ins touristische Angebot einfließen lassen. Da kann man (Informationen beim Kreisfremdenverkehrsamt) durchaus zeitgemäße Spezialkuren buchen wie z. B. ›Rheuma pauschal‹, ›Autogenes Training‹, ›Nichtraucherkurs‹ oder ›Felke-Heilfastenseminar‹.

**Heilanzeigen**
*Bad Kreuznach*
*Ältestes Radon-Solbad der Welt*
Rheumatische Erkrankungen aller Schwere und Behinderungsgrade; Gelenkveränderungen durch Gicht; degenerative Erkrankungen der Wirbelsäule und der Gelenke; Frauenleiden; nichtansteckende Hautkrankheiten, insbesondere Psoriasis; Erkrankungen der Atmungsorgane; Erkrankungen im Kindesalter; Gefäßerkrankungen; Störungen der inneren Sekretion.

*Bad Münster a. Stein-Ebernburg*
*Thermal-Sole-Radon-Bad*
Rheuma – Gicht – Ischias; alle rheumatischen, subakuten und chronischen Erkrankungen der Gelenke (z. B. Ischialgien, Poliarthritis, Arthrosis deformans usw.), der Muskeln und Nerven; Herz- und Kreislauferkrankungen; Hypertonie, Hypotonie, periphere Durchblutungsstörungen; Katarrhe der Atmungsorgane (nicht tuberkulöser Art); Restzustände nach Lungen- und Rippenfellentzündung; Alterserscheinungen; vegetative Dystonien; Regeneration sowie allgemeine Erschöpfungszustände.

*Sobernheim*
*Felkekurort*
Stoffwechselerkrankungen (Gicht, Zucker); Erschöpfungszustände, vegetative Dystonie; Herz-Kreislauf-Störungen; Erkrankungen des Verdauungsapparates; Rekonvaleszenz nach Operationen und Krankheiten; Infektanfälligkeit; Herz-, Kreislauf- und Blutdruckstörungen; Allergien und nichtinfektiöse Hautleiden (Hautfachärztin im Hause); rheumatische Erkrankungen.

## Kirchenbesichtigungen

Man sollte Verständnis dafür aufbringen, daß manche Sakralgebäude gewöhnlich nicht den ganzen Tag über geöffnet sind, da neuerdings auch im Hunsrück Diebstähle alter Kunstgegenstände aus Gotteshäusern vorkommen. Die größeren Kirchen in den Städten stehen freilich meist für Besucher offen. In der Simmerner Stefanskirche und in der Schloßkirche Meisenheim schützen historische Gitter aus Schmiedeeisen die bedeutenden Grabmäler ohnehin schon seit Jahrhunderten vor allzu annäherungsbereiten Bewunderern, lassen jedoch den Blick auf die Epitaphien ungehindert zu. Ein ganz außergewöhnliches Erlebnis kann eine Besichtigung des ›Hunsrückdomes‹ in Ravengiersburg bedeuten, wenn man sie mit dem

PRAKTISCHE REISEHINWEISE

freundlichen Pater unternimmt, der als Hüter der altehrwürdigen Stätte dort geblieben ist.

Anderenorts, wie z. B. an der Hirsauer Kirche, in St. Johannisberg oder in Dill, genügt in der Regel die einfache Frage an den nächstbesten Passanten oder im benachbarten Haus, und schon wird der Kirchenschlüssel aus Küsters Hand bereitwillig und rasch ›herbeigezaubert‹. In allen etwaigen ›Härtefällen‹ schafft man im Fremdenverkehrsbüro der zuständigen Orts- oder Verbandsgemeinde jederzeit Abhilfe.

## Museen

**Bad Kreuznach**
*Schloßmuseum und Römerhalle*
Hüffelsheimer Straße
di bis so 9–12.30 Uhr, mo geschl.

**Baumholder**
*Heimatmuseum*
Stadtmitte
di, do und fr 14–16 Uhr

**Bernkastel-Kues**
*Geburtshaus des Nikolaus von Kues (Cusanus)*
Stadtteil Kues, Nikolausufer 49
16. 4. – 31. 10. di bis sa 10–12 Uhr und 14.30–17 Uhr, so 10–12 Uhr und vom 1. 11. – 15. 4. di bis sa 14.30–17 Uhr, so 10–12 Uhr

*St. Nikolaus-Hospital (Cusanusstift)*
Stadtteil Kues, Cusanusstraße 2
tägl. 8–18 Uhr, Bibliothek nur bei Führungen nach Vereinbarung

*Moselwein-Museum*
Stadtteil Kues, Cusanusstraße 2
16. 4. – 31. 10. di bis so 10–12 Uhr und 14.30–17 Uhr und vom 1. 11. – 15. 4. di bis so 14.30–17 Uhr

**Birkenfeld/Nahe**
*Kreismuseum*
Stadtmitte
von April bis Oktober so und feiertags 10–12 Uhr

**Boppard**
*Städtisches Museum in der Kurtrierischen Burg*
di bis fr 10–12 Uhr und 14–16 Uhr, sa 10–12 Uhr und so 14–16 Uhr

**Emmelshausen**
*Agrarhistorisches Museum*
Staatliches Seminar für landwirtschaftliche Lehr- und Beratungskräfte
Besichtigung nach Vereinbarung
*Gabys Spinnwebsammlung*
Stadtteil Halsenbach, Hauptstraße 71
Besichtigung täglich

**Enkirch**
*Enkircher Heimatstuben*
fr 18–20 Uhr, sa 15–18 Uhr, so 10.30–13 Uhr, außerdem von April bis November so 16–18 Uhr

**Hermeskeil**
*Heimatmuseum Hermeskeil (Hochwaldmuseum)*
Neuer Markt
so 10–12 Uhr, mi und sa 14–16 Uhr
*Dampflokomotiv-Museum*
Alter Bahnhof
sa, so und feiertags 10–18 Uhr

*Flugausstellung*
Hermeskeil-Abtei (an der B 327)
1. April bis 1. November täglich 9–18 Uhr

**Herrstein**
*Heimatkundliches Museum*
Hauptstraße, am Uhrturm
so 14–17 Uhr

**Idar-Oberstein**
*Museum unterhalb der Felsenkirche
(Heimatmuseum)*
Täglich 9–17.30 Uhr

*Deutsches Edelsteinmuseum*
Stadtteil Idar, Börsenhochhaus
1. Mai bis 30 September täglich 9–18 Uhr,
1. Oktober bis 30. April täglich 9–17 Uhr

**Kirchberg**
*Heimathaus*
di und fr 17–18 Uhr

**Koblenz**
*Mittelrhein-Museum*
Florinsmarkt
so 10–13 Uhr, di 10–13 Uhr und 14.30–20 Uhr, mi bis sa 10–13 Uhr und 14.30–17.30 Uhr

**Konz**
*Volkskunde- und Freilichtmuseum*
Roscheider Hof
Ostern bis Allerheiligen, mo bis fr 13.30–16 Uhr, so und feiertags 14–18 Uhr, sa geschl.

**Laufersweiler**
*Ehemalige Synagoge;* Gedenkstätte für die einstige jüdische Gemeinde (noch im Aufbau)

**Lauterecken**
*Heimatmuseum im Veldenzer Turm*
noch im Aufbau

**Mittelstrimmig**
*Heimatmuseum Strimmig*
In der alten Mühle
Mai bis Oktober so 14.30–16 Uhr, zusätzliche Besichtigungen nach Vereinbarung unter $\emptyset$ 06542/1619

**Neuerkirch**
*Kulturhistorisches Hunsrück-Museum*
im Aufbau

**Niederheimbach**
*Burg Sooneck*
di bis so 9–12.15 und 14–17.15 Uhr, im Dezember geschl.

**Oberwesel**
*Heimatmuseum*
im Rathaus
April bis Oktober di und do 14–16.30 Uhr

*Bäckermuseum*
Bäckerei Henrich, Rathausstraße 14
Besichtigung nach Vereinbarung

**St. Goar**
*Heimatmuseum*
auf Burg Rheinfels
April bis Oktober täglich 10–12 Uhr und 13–17 Uhr

**Simmern**
*Hunsrücker Heimatmuseum*
Schloß Simmern
Mai bis September di bis fr 10–12 Uhr und 15–17 Uhr, Oktober bis April di und do 10–12 Uhr und 15–17 Uhr

PRAKTISCHE REISEHINWEISE

*Schinderhannesturm*
täglich geöffnet

**Sobernheim**
*Rheilandpfälzisches Freilichtmuseum*
Nachtigallental
täglich geöffnet

**Sponheim**
*Sponheim-Stube*
im Rathaus
Besichtigung nach Vereinbarung

**Thallichtenberg**
*Musikantenland-Museum*
auf Burg Lichtenberg
täglich 10–12 Uhr und 14–17 Uhr

**Traben-Trarbach**
*Mittelmosel-Museum*
Casinostraße 8
Führungen April bis Oktober so 10 und 11.30 Uhr, di 10 Uhr, mi 13.30 und 15 Uhr, do 13.30 und 15 Uhr, November bis März so 10 und 11.30 Uhr, mi 13.30 und 15 Uhr

**Trechtingshausen**
*Sammlung von Öfen und Herdplatten aus der Rheinböller Hütte*
Burg Reichenstein
April bis Oktober täglich 9–17 Uhr

**Trier**
*Bischöfliches Dom- und Diözesanmuseum*
Banthusstraße 6
mo bis fr 10–12 Uhr und 15–17 Uhr, sa 10–12 Uhr, so und feiertags 10–13 Uhr

*Domschatz im Dom*
täglich 10–12 Uhr und 14–17 Uhr

*Rheinisches Landesmuseum*
Ostallee 44
mo bis fr 9.30–16 Uhr, sa 9.30–14 Uhr, so 9–13 Uhr

*Karl-Marx-Haus*
Brückenstraße 10
di bis so 10–13 und 15–18 Uhr

*Schatzkammer der Stadtbibliothek*
Weberbach 25
Mai bis Oktober, mo bis sa 10–13 Uhr und 14–17 Uhr, so 10–13 Uhr

*Städtisches Museum Simeonstift*
Simeonstift
täglich 9–17 Uhr, im Winterhalbjahr mo geschl.

## Naturparks

Der *Naturpark Saar-Hunsrück* (Geschäftsstelle: Postfach 51 in 6649 Weiskirchen) verbindet gewissermaßen als übergreifende Klammer einen Raum, der noch über zahlreiche, kaum versehrte ursprüngliche Landschaftsteile verfügt. Aber auch viele kleinere Naturschutzgebiete sind wie Reservate in die Hunsrücker Landkarte eingesprenkelt.

Aus der Eiszeit überkommene Hochmoore (die sogenannten Brücher) im Schutz der bewaldeten Quarzitkämme, Narzissenwiesen am Erbeskopf und in der Soonwald-Einsamkeit, Wacholderheiden und urwaldartige Landstriche zwischen Saarburg und Kirchberg versprechen für Naturfreunde lohnende Erlebnisse. Da blüht noch die Kuckucksblume, da färben Knabenkraut und Küchenschelle die Wiesen bunt, da breiten sich Flächen mit Sonnentau, und da wiegt sich der seltene Felsenfarn im Wind. Auch die Fauna hat ihre Rückzugswinkel: An der oberen Nahe brüten und jagen Eisvögel, im Hochwald haben vielköpfige Hirschrudel nach wie vor ihren Einstand, und die Wildkatze nimmt an Häufigkeit derzeit sogar wieder zu.

## Reisezeit

Die Übergangs-Jahreszeiten werden von Kennern und Liebhabern des Hunsrücks zu den erlebenswertesten Zeitspannen gerechnet. Der grüne Hauch des sprießenden Frühlings oder die bunten Waldhänge im zeitigen Herbst gelten ihnen als stimmungsvollstes Kleid. Und die Wintersportler, wenn's denn schon schneit, kommen in den bestens ausgestatteten Zentren am Idar- und am Erbeskopf allemal auf ihre Kosten: Gespurte Loipen und die mit Liften bewehrten Abfahrtshänge bieten sich zu ihren Vergnügungen an, zumal Gedränge hierzulande noch kaum solche Unternehmungen beeinträchtigt.

Vom Sommer brauchte man eigentlich kaum noch zu reden: Dann blüht und dann zwitschert, zirpt und frohlockt in den Wäldern und auf den Wiesen jegliche Kreatur. Schöne Freibäder laden, wenn man über all dem Sehenswerten noch Zeit zur lässigen Muße erübrigt, zum erholsamen Entspannen mancherorts ein.

Der Hochsommer und der Frühherbst sind die Zeiten der traditionellen Festlichkeiten: Historisch begründete Jahrmärkte, Kirmessen und Weinfeste ziehen Einwohner und Gäste in ihren Bann. Zwischen Anfang Juli und Ende Oktober gibt es in keinem einzigen Hunsrückort ein Wochenende, an welchem nicht im Umkreis von rund zehn Kilometern eine derartige Festivität stattfände.

## Reiten und Kutschfahrten

Die Reiterei im Hunsrück steht seit des Wilden Jägers und erst recht seit kurpfälzischen Zeiten unverändert hoch im Kurs. Die Zahl der Reiterhöfe, die auch Gästezimmer und Gästeboxen für das eigene Pferd bereithalten, ist erstaunlich groß. Auch Distanz- bzw. ›Abenteuer‹-Ritte, wie sie z. B. Norbert Sichert vom Reiterhof St. Georg bei Niederwörresbach wochenend- und wochenweise mit Freizeitreitern durchführt, lassen die Hunsrücklandschaft nicht nur hautnah vom Sattel aus erleben, sondern leiten auch unter ortskundiger Führung zu stimmungsvollen Höhepunkten der ländlichen Gastronomie.

Die ›Hunsrück-Safari‹ gehört des weiteren zu den ›touristischen Rennern‹ der Gegend: Vornedran zwei wackere Gäule und hinten der wetterfeste Planwagen mit allem, was man zum Leben (Essen, Trinken und Schlafen) braucht, lassen auch gänzlich Ungeübte nach kurzer Einweisung zu zünftigen Kutschern werden.

Bis zu sieben Tagen lang kann man mit diesen Safari-Touren auf beschauliche Entdeckungsfahrten gehen; den Hunsrück gleichsam im Zuckeltempo erleben und für sich erobern.

Nähere Informationen hierüber sind beim Kreisfremdenverkehrsamt Birkenfeld/Nahe erhältlich.

PRAKTISCHE REISEHINWEISE

## Schaubergwerke

*Bundenbach*
Schiefergrube ›Herrenberg‹

*Fischbach/Nahe*
Historisches Kupferbergwerk ›Hosenberg‹

*Idar-Oberstein*
Edelsteinmine ›Steinkaulenberg‹ mit Schürfstollen

*Niederhausen/Nahe*
Quecksilberbergwerk ›Schmittenstollen‹

*Waldalgesheim*
Historische Manganerzgrube ›Amalienshöhe‹

*Wolfstein*
Kalkbergwerk am Königsberg

## Wandergebiete

Die Wandergebiete *Obere Nahe* und *Wildenburg* zählen zu den bestorganisierten in der Bundesrepublik. Aber auch fast alle Verbandsgemeinden in der Hunsrück- und Naheregion haben in den letzten Jahren viel für die Einrichtung und Ausschilderung entsprechender Wegenetze geleistet. Das Kreisverkehrsamt Bad Kreuznach hält eine detaillierte Karte ›Radwandern im Naturparadies Nahe-Hunsrück‹ bereit, und die Verbandsgemeinde Kirchberg hat den historischen Wanderweg ›auf des Ausonius Spuren‹ realisiert.

Grundsätzlich darf man behaupten, daß sich Hunsrück und Naheland infolge der naturgegebenen und historisch bedingten Strukturen, denen eine auf Augenmaß bedachte Fremdenverkehrsförderung folgt, für Wanderer besser erschlossen worden sind als manche bekanntere Urlaubsregion im Bundesgebiet. Dem traditionsreichen Hunsrückverein (Kontaktadresse: Wildenburg bei Kempfeld) gebührt daran bedeutender Anteil.

Die gut ausgeschilderten Wandergebiete Idarwald, Obere Nahe, Wildenburg und Hochwald verfügen über ein Netz von annähernd 2000 Wegekilometern auf rund 400 Quadratkilometern Fläche. Schutzhütten, Rastplätze, Grillstationen und eine bunte Vielfalt bedeutender Sehenswürdigkeiten sorgen für Abwechslung und Kurzweil auf Spaziergängen und Touren.

Interessenten erhalten die ausführlichen Wanderkarten (1:25000) für jedes der vier Wandergebiete beim Kreisfremdenverkehrsamt Birkenfeld, Postfach 011480, 6580 Idar-Oberstein.

---

Alle in diesem Buch enthaltenen Angaben wurden vom Autor nach bestem Wissen erstellt und von ihm und dem Verlag mit größtmöglicher Sorgfalt überprüft. Gleichwohl sind – wie wir im Sinne des Produkthaftungsrechts betonen müssen – inhaltliche Fehler nicht vollständig auszuschließen. Daher erfolgen die Angaben ohne jegliche Verpflichtung oder Garantie des Verlags oder des Autors. Beide übernehmen keinerlei Verantwortung und Haftung für etwaige inhaltliche Unstimmigkeiten. Wir bitten dafür um Verständnis und werden Korrekturhinweise gerne aufgreifen:

DuMont Buchverlag, Postfach 100468, 5000 Köln 1.

# Literaturverzeichnis

Friedrich Back: Ein Jahrtausend künstlerischer Kultur am Mittelrhein, Darmstadt 1932

Bartels, Nassauer u. a.: Militär-Heimat Hunsrück, Neckarsulm 1986

Christiane Becker: Das Schinderhannes-Kochbuch, Münster 1985

Hildegard von Bingen: Der Weg der Welt, München und Berlin 1929

Karl Christoffel: Moselland – Rebenland, Mannheim 1975

Georg Dehio: Handbuch der deutschen Kunstdenkmäler ›Rheinland-Pfalz/Saarland‹, Darmstadt 1985

Klaus Freckmann, Hildegard Frieß-Reimann: Kleine Denkmäler im Landkreis Kreuznach, Köln 1980

Carlheinz Gräter: Weinland Nahe, Mannheim 1978

Heimatkalender für den Landkreis Birkenfeld, Jahrgänge seit 1956, Birkenfeld/Nahe

Lieselotte Kayser-Boelitz: Das Land an der unteren Nahe, Frankfurt/M. 1931

J. G. Lehmann: Die Grafschaft und die Grafen von Spanheim, BadKreuznach 1869

Willy Mathern: Das Naheland, Bad Kreuznach o. J.

Die Nahe (Zeitschrift zur Förderung des Heimatgedankens), Bad Kreuznach 1954

Naheland-Kalender, Jahrgänge seit 1953, Bad Kreuznach

Valentin Palm: Wer war der Jäger aus Kurpfalz?, Bad Kreuznach 1957

Walther Plümacher: Blick ins Land, Speyer 1947

W. Schneegans: Geschichte des Nahethals, Kreuznach 1889

Gustav Schellack, Willi Wagner: Burgen und Schlösser im Hunsrück-, Nahe- und Moselland, Kastellaun 1976

Karl Simrock: Der Rhein (Das malerische und romantische Deutschland), Reprint, Wels i. Ö. o. J.

Der Soonwald, Jahrbuch des Hunsrückvereins e. V., Simmern 1979

Westrich-Kalender, Jahrgänge 1927, 1931, 1934, Baumholder, Kaiserslautern, Oberstein

Klaus Eberhard Wild: Zur Geschichte der Grafschaften Veldenz und Sponheim und der Birkenfelder Linien der pfälzischen Wittelbacher, Birkenfeld 1982

# Abbildungsnachweis

## Farbtafeln und Schwarzweiß-Abbildungen

Uwe Anhäuser, Herrstein  Umschlagvorderseite, Farbt. 1–4, 6–12, 24; Abb. 2–12, 15–21, 23–41, 43–46, 48, 50–54, 56–68, 70–73, 75–81, 83–97, 99–105, 107–110, 112–124

Bildverlag Merten, Saarburg  Umschlagrückseite, Farbt. 14, 23; Abb. 22, 111

Michael Jeiter, Aachen  Umschlagklappe vorn, Farbt. 13, 18–22, 25; Abb. 1, 13, 14, 42, 47, 49, 55, 69, 74, 82, 98, 106, 125

Manfred Mehlig, Lauf  Farbt. 5, 15–17

## Abbildungen im Text

Rheinisches Landesmuseum Trier  Abb. S. 28, 29, 65, 69, 126

Volkskunde- und Freilichtmuseum Roscheider Hof, Konz  Abb. S. 223

Alle übrigen Textabbildungen stammen aus dem Archiv des Verfassers.

Karten und Pläne: DuMont Buchverlag, Köln

# Register

## Personen

Adalbero von Luxemburg 169
Adalgisel 265
Adolf Heinrich, Wild- und Rheingraf 294
Agritius, Bischof 198
Alanen 30
Alberich, Graf 303
Albero, Erzbischof 178
Albrecht, König 77
Alexander von Zweibrücken, Herzog 281
Allmers, Robert 192
Andres, Stefan 9, *134ff.*, 330
Anna von Hessen 283
Apollo Grannus 126 (Abb. 28)
Arnold von Isenburg 192
Attila, König 11, 47, 239
Ausonius, Decimus Magnus 11, 26, 27, 74, 114, 138, *221*, 319, 330

Back, Friedrich 9, 80
Backoffen, Hans 87, 294
Baden, Markgrafen von 304
Baden-Sponheim, Kurfürsten von 42
Balduin (von Luxemburg), Kurfürst und Erzbischof von Trier 8, *33ff.*, 117, 125, 127, 128, 137, 176, 179, 181, 183, 189, 190, *195*, 220, 223, 231, 292
Barenbrock, Heinrich 80
Bataver 137

Bauer, Albert 123
Beatrix, Äbtissin 308
Benediktiner 223, 271
Bernardini, Francesco 89
Bernhard von Clairveaux, hl. 187, 300
Berthold, Graf von Trachgau 92, 177, 323
Best, Hans, Baumeister 96
Birkenfeld, Herzog von 41
Bitterich, Martin 89
Blücher, Gebhard Leberecht, Feldmarschall 43, 75, 274
Böckelheim, Hildebert von, Ritter 303
Böckelheim, Hildebert und Hildegardis (Kinder Hildeberts) 303
Böcking, Eduard 229
Böcking, Gustav 229
Böcking, Rudolf Heinrich (1810–1871) 229 (Abb. 72)
Böcking, Kaufmannsfamilie 175
Boemund von Warsberg, Erzbischof 139
Bolanden, Werner von 308
Bollinger, Revierförster 328
Boos von Waldeck 188, 286, 308
Boos von Waldeck, Karl 281
Boos von Waldeck, Simon 281, 283
Boos von Waldeck, Wilhelm Lothar 188
Bouffleur, General 279

Brand, Ernst 136
Braunshorn, Ritter von 78, 184
Bückler, Johannes s. Schinderhannes
Burgunder 30

Cäsar 24, 25, 47
Castendyck, Giselher 117
Cauer, Familie 317
Cauer, Carl (1828–1885, Sohn Emil Cauers d. Ä.) 304, 317
Cauer, Emil d. Ä. (1800–67) 317
Cauer, Emil (1867–1946, Sohn Carl Cauers) 287, 317
Cauer, Friedrich (1874–1945, Sohn Robert Cauers d. Ä.) 317
Cauer, Hanna, (geb. 1902 Tochter Ludwig Cauers) 317 (Abb. 118)
Cauer, Hans (1870–1900, Sohn Carl Cauers) 317
Cauer, Hugo (1864–1918, Sohn Carl Cauers) 317
Cauer, Ludwig (1866–1947, Sohn Carl Cauers) 317
Cauer, Robert d. Ä. (1831–93, Sohn Emil Cauers d. Ä.) 45, 293, 317 (Abb. 96)
Cauer, Robert (1863–1947, Sohn Carl Cauers) 317
Cauer, Stanislaus (1867–1943, Sohn Robert Cauers d. Ä.) 317

Charlotte Friederike, Pfalzgräfin  279
Chatten  30
Childebert, König  142
Chlodwig I., König  30, 265
Constantius  119
Corail, Pierrar de  294
Creutznaer (Robinson Crusoe)  331
Cusanus, Nikolaus  170
Custines  42

Dagobert, König  32, 142
Daun und Oberstein, Herren von (ehem. Wirich von Daun)  240
Degenhardt, Franz-Josef  189
Dehio, Georg  88, 93, 200, 293, 294
Deutscher Michel  s. Obentraut, Johann Elias Michael
Deutschordensritter  171
Diez, Ferdinand  218
Dille, Adalbertus de  117, 118
Disibod, hl.  31, 300
Dhonau, Andreas  299
Drumm, Georg  *267*

Eberhard, Graf  305
Egell, Paul  89
Ehrenburg, Ritter von  189
Elges, Käte  188
Elisabeth, Wild- und Rheingräfin  294
Eltz, Ritter von  187, 189, 323
Emich IV.  37
Emicho II.  33
Emichonen  39, 142, 240, 277, 286
Endler, Eduard  80, 120, 121
Engisch, Bernhard  238
Engisch, Johann Georg  9, 118, 119, 123 f., *238*, 274, 285 (Abb. 78)
Eschenbach, Johann Matthäus  323

Faust, Dr. (Johann Georg Sabellicus Faustus)  8, *39 f.*, 307, 324, 330

Felke, Emmanuel, Pastor  299
Fischer, F. W.  282
Fortunatus, Venantius  138, 139
Franken  30, 291, 315
Franziskaner  182, 327
Franzosen  37, 117, 127, 169, 174, 184, 186, 191, 279, 292, 303, 304, 310, 323
Freund, Franziskus  179
Friedrich I. (Sohn Ruprechts)  83
Friedrich I. († 1447)  294
Friedrich I., Kaiser  144
Friedrich II., Herzog (Sohn Johannes II.)  85
Friedrich I. Barbarossa, Kaiser  247
Friedrich ›Cynonotus‹ (der ›Hundsrücker‹)  87
Friedrich Josef V., Landgraf  284
Friedrich von Hausen  294
Friedrich von Kyrburg  34, *35*
Friedrich der Siegreiche von der Pfalz, Kurfürst  282
Friedrich Wilhelm, Kronprinz  170
Furck, Sebastian  79

Geib, Johann Georg, Orgelbaumeister  311
Georg I.  278
Georg II., Raugraf  82
George, Stefan  10, 319
Georg Johannes, Pfalzgraf (›Jerrihanns‹)  142, *143*, 277
Georg von Simmern, Pfalzgraf  92
Gerhaert von Leyden, Nikolaus  200
Gerlach, Graf von Kyrburg und Schmidtburg  142
Germanen  25
Goar, hl.  31
Goethe, Johann Wolfgang von  175, 304
Götz, Johann Nikolaus  9, 281, 304
Gräter, Carlheinz  306

Greiffenklau-Vollrath, Richard von  38
Günster, Nikolaus  169

Haffner, Alfred  125
Hagen von Tronje  9, 227
Hager, Jacob  268
Heinrich I., Erzbischof  226
Heinrich II. von Vinstingen, Erzbischof  169
Heinrich IV., Kaiser  271, 303
Heinrich V., Kaiser  303
Heinrich VII., Kaiser  33
Heinrich, Pfalzgraf  192
Heinrich, Wildgraf  34
Heinrich von Gerolseck (Baden)  143
Heinrich von Ulmen  183
Heinzenberg, Wilhelm von  9, 293, 294
Helena, Mutter Kaiser Konstantins  198
Helwig, Werner  188
Henckell, Michael  283
Heriveus von Reims, Erzbischof  268
Hessen, Kurfürsten von  42
Hey, Wolfgang  237
Hildegard von Bingen  8, 300, 319
Hillin, Erzbischof  198
Hindenburg, Paul von Beneckendorff und von  330
Höfle, Hans-Jürgen  129
Höfle, Rudolf  129
Hoffmann, Hans Ruprecht  88, 129, 169, 171, 199, 330
Hoffmann, Heinrich  135, 169
Hoffmann von Fallersleben, Heinrich  *320*
Hohenfeld, Freiherr von  174
Horn, W. O. von  s. Oertel, Wilhelm
Huart, Emil d', Baron  46
Hugo von Reims, Abt  273
Hunnen  11, 30
Hunolstein, Christine von  330
Hunolstein, Elisabeth von  140

347

# PERSONENREGISTER

Hunolstein, Graf von 125
Hunolstein, Vögte von 296
Hüsch, Hanns-Dieter 189

Ingbert 31
Innozenz II., Papst 178
Irrlacher, Jakob 233

Jäger aus Kurpfalz s. Melsheimer, Adam und Utsch, Friedrich Wilhelm
Jakob I., Kurfürst 141
Jerrihans s. Georg Johannes, Pfalzgraf
Johann I., Herzog von Simmern 87
Johann II., Herzog von Simmern 83, 85 (Abb. 14)
Johann II., Rheingraf 294
Johann III. von Metzenhausen, Erzbischof 120
Johann von Böhmen, König 35, 224, 225
Johann von Trarbach 80, 87f., 283
Johanna Philippine 294
Johanniterorden 274, 278
Judas, Hans Georg 199

Karl der Große 32
Karl IV. von Lothringen, Herzog 223
Karl V., Kaiser 38, 281
Karl XII., König von Schweden 274
Karl Philipp von der Pfalz, Kurfürst 94
Karl, Pfalzgraf bei Rhein 283
Karl, Rheingraf 292
Karolinger 265, 269
Kastor, hl. 31
Katzenelnbogen, Grafen von 308
Kelten 17
Kerre, Jacob 87, 289
Kesselstatt, Reichsgraf von 221
Kieser, Eberhard 79

Kilian, Hubertus 268
Knebel, Hajo 188
Kneip, Jakob *123*, 179, 188
Kogelherren *172*
Konrad, Sohn Emichos I. 33
Konrad III., Kaiser 178
Konrad von Hochstaden 192
Konrad von Metzenhausen 183
Konstantin der Große, Kaiser 31, 138, 139, 200
Koppenstein, Freiherren von 307, 329
Kraffto, Abt 312
Kratz von Scharfenstein 118
Krebs, Johannes 170
Kroaten 303
Kurpfalz, Fürsten von 92
Kyrburg, Johann Dominik von 240
Kyrburg (Dhaun), Konrad Wildgraf von 291
Kyrburg und Schmidtburg, Grafen von 143

Labienus, Titus 25, 225
Lasalle von Louisenthal, Octavie de 222
Laukhard, Friedrich Christian (›toller Magister‹) 9, 238, 330
Leszczynska, Maria, Königin von Frankreich 274
Leszczynski, Stanislas, König von Polen, Herzog von Lothringen *274*, 281
Liese, Adolph 9
Lietzenburger, Peter 117
Lubentius 31
Ludwig I., von Veldenz-Zweibrücken, Pfalzgraf 272
Ludwig XIV., König 41f., 127, 274
Ludwig der Bayer, Kaiser 82
Ludwig der Fromme 315, 328
Ludwig das Kind, König 122, 177
Ludwig der Schwarze, Herzog *282*

Luise von Nassau-Saarbrücken 292
Luitpold von Bayern, Prinz 302
Luther, Martin 173

Magnentius, Kaiser 83
Mainz, Erzbischöfe von 42, 303
Mainz, Gerhard Erzbischof von 301
Mainz, Heinrich Erzbischof von 295
Mainz, Peter Erzbischof von 294
Mainz, Siegfried Erzbischof von 92
Mainz, Willigis Erzbischof von 77, 296, 297
Marburg, Johann 195
Martin, hl. *218*
Marx, Karl 195, *219*
Maximianus, Kaiser 83
Meisner, Daniel 9, 79, 95, 246, 326
Meister von Simmern s. Johann von Trarbach
Meistermann, Georg 298
Melsheimer, Adam (Jäger aus Kurpfalz) 77, 327
Merian, Matthäus 79, 82, 170, 226, 276, 279, 298, 305, 314
Merowinger 265, 269, 276
Mersy, Rudolf 268
Metternich, Reichsfreiherr von 184
Mettler, Bildhauer in Morbach 129
Mey, Reinhard 189
Müller, Friedrich (gen. Maler Müller) 9, *317*
Munsteiner, Bernd 231
Münster, Sebastian 82

Nagel, Abdeckermeister 37, 90
Nahegaugrafen (Emichonen) 277, 291, 316
Napoleon 43, 75, 117

Nassau-Saarbrücken, Anna Katharina von 294
Nassau-Saarbrücken, Johanna von 87
Nassau-Saarbrücken, Karl Graf von 294
Nassau-Saarbrücken, Ludovica (Luise) Gräfin von 294
Nassau-Saarbrücken, Karl August und Wilhelmine, Kinder Karls und Ludovicas 294
Nassau-Saarbrücken, Karl-Friedrich von 294
Neumann, Balthasar 219
Niketius, Erzbischhof 138, 198

Obentraut, Johann Elias Michael (Deutscher Michel) 3, *40f.*, 324
Oekolampadius, Reformator 309
Oelbermann, Robert und Karl 188
Oertel, Wilhelm, Pfarrer (W. O. von Horn) *45*, 304, 320
Oldenburg, Großherzog von 43
Olevian, Caspar 173
Overbeck, Friedrich 222

Paulinus, hl. 219
Permoser, Balthasar 89
Petri, Johann Thomas 288, 299
Petri, Wilhelm 124
Pfalz, Kurfürsten von 42
Pfalzgrafen bei Rhein 323
Pfalz-Simmern, Herzöge von 83, 174
Pfalz-Zweibrücken, Kurfürsten (Herzöge) von 42, 174, 266, 280, 299
Pfalz-Zweibrücken, Wolfgang, Herzog von 283
Pfalz-Zweibrücken-Birkenfeld, Herzöge von 246

Pfarrius, Gustav 308, 317, 324, 330
Philipp von Gmünd (Philipp Steinmetz) 282, 297, 318
Preußen 174
Prämonstratenserinnen 186
Puricelli, Carlo 74
Puricelli, Jenny 76
Puricelli, Hüttenherren 74
Pies (›Knochenflicker‹) 9
Poppo, Erzbischof 169, *197*, 198

Rabaliatti, Franz-Wilhelm, Hofbaumeister 141
Raugrafen 37, 277, 310, 311, 312
Rauschenberger, Nikolaus 128
Ravengar, hl. 92
Reichard, Herzog 88 (Abb. 11)
Reinfried von Rüdesheim 271
Remigius von Reims, Bischof 265
Rheingrafen 33, 294
Rhodler, Hieronymus 84
Richter, Ludwig 45
Riemenschneider, Tilman 307
Ripuarier 30
Rischer, Johann Jakob, Baumeister 89
Röhrig, Jakob 117
Röhrig, Karl 188
Rolland, Romain 188
Romery, Eremit 225
Römer 17, 24, 25, 67
Rottmann, Peter-Josef 85
Ruben, Peter, Baumeister 298
Rudolf von Habsburg, Kaiser 169

Salentin von Isenburg, Graf 140
Salier 303
Salis, Freiherren von 329
Salm-Kyrburg, Grafen zu 288
Sarmaten 11, 119
Scheffler, Christoph Thomas 219

Scheuren, Caspar 291, 295, 300, 324
Schinderhannes (Johannes Bückler) 9, 37, *89f.*, 113, 128, 230, 284, 290
Schinkel, Karl Friedrich von 225
Schmidt, Georg, Karl und Daniel, Söhne J. Ch. Schmidts 280
Schmidt, Johann Christoph 280
Schmidt, Philipp Daniel 310
Schmidtburg, Herren (Schenken) von 231, 311, 329, 330
Schmidtburg, Freiherr von 18
Schmidtburg, Emicho von 32f.
Schmidtburg, Friedrich Schenk von 330
Schmidtburg, Niklas Schenk von 330
Schmitt, Rudolf 268
Schneider, Paul, Pfarrer *96f.*
Schöneck, Ritter von 189
Schwartzenburg, Elisabeth von 330
Schweden 169, 174, 184, 303
Seiz, Johannes 200, 217
Sickingen, Franz von 37ff., 46, 127, 137, *169*, 181, 228, 307, 309
Sickingen, Schweickardt von 281
Silbermann, Andreas 233
Sinatra, Frank 268
Sirona, Göttin 126 (Abb. 27)
Spanier 174
Spee von Langenfeld, Friedrich *217*
Spinola, Ambrosius 40
Spira, Jakob 308
Sponheim, Grafen von 33, 37, 79, 117, 119, 120, 173, 174, 177, 183, 235, 244, 303, 316, 317, 325
Sponheim, Eberhard Graf von 120
Sponheim, Johann Graf von 317

349

# PERSONENREGISTER / ORTSREGISTER

Sponheim, Loretta Gräfin von 8, *35f.*, 66, 176, 243
Sponheim, Walram Graf von 318
Sponheim, Stephan Graf von 305
Sueben 30
Stein, Wolfram von, Ritter 325
Stein, Ritter vom (›Bosselstein‹) (Herren vom Stein) 240, 309, 316
Steinhausen, Wilhelm, Maler 190
Stephan, Pfalzgraf 83
Stoffel, Schleiferei 231
Ströher, Friedrich Karl *123*
Stromberg, Fuste von 39
Stumm, Gebrüder 89, 128, 177, 230, *232ff.*, 280
Stumm, Friedrich Philipp 229
Stumm, Johann Michael *232ff.*
Stumm, Johann Nikolaus 232
Süverkrüp, Dieter 189

Tacitus 137
Tagore, Rabindranath 188
Theoderich 199
Theodosius 119
Tietz, Ferdinand 200, 219
Tilly, Graf von 40
Trapp, Hans 88, 294
Treverer *24f.*, 30, 70, 72, 125, 137, 183
Trier, Kurfürst von 42
Trithemius, Abt 8, 11, 39, 40, *307*
Turenne, Feldherr 41, 236

Ulrich von Hutten 38
Ursula von Brambach 330
Utsch, Friedrich Wilhelm (Jäger aus Kurpfalz) 296, 327

Vacano, Otto von 293
Valentinian, Kaiser 223, 313
Valentinus 137
Vandalen 30

Vauban, Sebastien Le Prestre de 174
Veldenz, Agnes von 278
Veldenz, Grafen von 33, 143, 265, 276, 277, 278, 280, 286
›Venus von Hinzerath‹, Quellgöttin *126*
Vershofen, Wilhelm 123
Victorinus 315
Volker von Alzey 116, 328

Wader, Hannes 189
Waldeck, Ritter von 189
Walram, Graf (›Wilder Jäger‹) 16, 318
Warsberg, Freiherren von 290
Weierbach, Godebold Ritter von 326
Wendalinus 31
Westgoten 30
Wiessner, Conrad 287
Wild, Klaus Eberhard 174
Wild- und Raugrafen 143, 277, 294
Wild- und Rheingrafen 42, 231, 272, 288, 309
Wilhelmiten 303
Wilkie, Colin 189
Wiltberg, Herren von 187, 192
Winkler, Josef 123
Wirich von Dhaun 240
Wirtz, Julius 223
Wirtz, Reinhold 135
Witte, Otto 331
Wodan, Gott 269
Wohlgemuth, Conrad 88
Wolf, Pfalzgraf 299
Wolfgang, Herzog 280 (Abb. 93)

Zick, Januarius 180, 195
Zimmer, Heinrich *80*
Zirbes, Peter 331
Zisterzienser 301
Zorno, Burgvogt *192f.*
Zuckmayer, Carl 330
Zum Berge, Ida 320
Zurn, Burgvogt auf Thurant 192
Zwingli, Ulrich 266

## Orte

Abentheuer 229, 247
Abtweiler 285
Achtelsbach 247
Ahringstal 176
**Alken** 191, 192, *194*
– Fallerport 194
– Michaelskapelle 194
**Allenbach** 234, 245
– Burg 245 (Farbt. 13)
– Pfarrkirche 245
Alsenz, Bach 310
**Altburg** *21f., 29, 65f., 72f.* (Abb. 9)
Altebaumburg 33
Alte Burg (Laudert) 78
Alteburg (Attlayer Bach) 72
Alteburg (Soonwald) 73, *328*
Altenbamberg 310
Altenglan 270
Alterkülz 82, 234, 299
Altlay 179
Altlayer Bach 72
Altstrimmig 181
Altweidelbach 77, 234
Amalienshöhe, Manganerzgrube *321*
Andel 142, *144* (Abb. 37)
Antoniusklause (Guldenbach) 318
Apfelbachtal 296
Appelbach 310
Ardennen 12, 24
Argenschwang, Rosenburg 327
Argenthal 77, 234
Arnstein, Kloster 306
Asbach 229 (Abb. 72)
– Asbacher Hütte 17, 229 (Abb. 73)
Auen (Abb. 103)
Aurora, Bleibergwerk 230
Ausonius-Straße 26, 29, *144ff.,* 125, 140 (Abb. 25, 26)
– Wachtturm 116
Ayl 226

Bacharach 320, 322
Baden 37

Baden-Baden 87
**Bad Kreuznach** 15, 18, 23, 33, 41, 43, 234, *312 ff.*, *339* (Abb. 120)
- Butterfaß 316
- Dienheimer Hof 316
- ehem. Pfarrkirche auf dem Wörth, heute ev. Pauluskirche 316
- Faust-Haus 316 f. (Abb. 117)
- Fürstengrab (Planig) 315
- Gradierwerke 317
- Heidenmauer 313
- Hundheimer Hof 316
- Karl-Geib-Museum 314
- Kauzenburg 316
- Kronenberger Hof 316
- Kurviertel 317
- Michel-Mort-Denkmal 317
- Nahebrücke 316 (Farbt. 5)
- Nikolauskirche *316*
- Oranienpark 317 (Abb. 118)
- Pfarrkirche Heiligkreuz 316
- Pfeffermühlchen 316
- Puricelli-Schlößchen 314
- Römerhalle (Schloßmuseum) 314, 340 (Abb. 119)
- römisches Landhaus 314
- Roseninsel 317
- Salinental 310, 317
- Stadtwehr 316
- Volxheimersches Burghaus 316
- Wilhelmskirche 316
- Wolfgangskapelle 316

**Bad-Münster am Stein-Ebernburg** 309, *339*
- ev. Kirche 309
- Fischerhäuschen 309
- Huttental 309
- kath. Kirche 309
- Kurmittelhaus 309 (Abb. 111)
- Kurverwaltung 309
- Rheingrafenstein *309* (Farbt. 4)
- Salinen-, Gradierwerke 309

– **Ebernburg** *309 f.* (Farbt. 6)
– Ebernburg *309*
– ev. Pfarrkirche 309
– Hutten-Sickingen-Denkmal 309
– kath. Pfarrkirche 309
Bad Wildstein *176*
**Baldenau** 34, 125, *127 f.* (Abb. 33)
Balduinseck 34, *179 f.* (Abb. 55)
Balduinstein 34
Bärenbach an der Nahe 90, 120
Bärweiler 285
– Langenstein 285
Bäsch 228
**Baumholder** 240, *247 f.*, 265
– Dicker Turm 247
– ev. Pfarrkirche 247
– Heimatmuseum 340
– kath. Gotteshaus 248
Baybach 187, *188*
Becherbach 234, 285
**Beilstein** 184
– Burgruine Metternich 184
– ehem. Christophoruskirche 184
– Karmeliterkloster 184
– Zehnthaus 184
**Belginum** 25, *125*
Belgweiler 90
Bell 81
BellerMarkt 81
Beltheim 187
Bergen 32, 67, 247
Berger Wacken 137
Berglicht *135 f.*
**Bernkastel-Kues** *144 ff.*, 243
– **Bernkastel** 144
– – Bärenbrunnen 169
– – Burg Landshut 144, 169, *169 f.*
– – Graacher Tor 169
– – kurfürstliches Amts- und Kellnereigebäude 169
– – Marktplatz 144 (Abb. 42)
– – Michaelsbrunnen 144
– – Michaelskirche *144 f.*
– – Rathaus 144

– **Kues** *170*
– – Geburtshaus des Nikolaus von Kues 170, 340
– – Moselwein-Museum 340
– – St. Nikolaus-Hospital 170, 340
Berschweiler 67, 235
Bescheid 135
Beulich 189, 234
Bickenbach 187, 234, 299
Biebern 234
Biebernheim 322
Biehlsche Edelsteinschleiferei (Fischbach) 238
Bingen 26, 74
**Bingerbrück** 65, 320
– Gustav-Adolf-Gedächtniskirche 320
– kath. Pfarrkirche 320
– Mäuseturm 320
Binger Wald 15, 16, 72, 74, 320, 321, 329
**Birkenfeld** 43, *246 ff.*
– Burg 246
– ehem. Kaserne 246
– ev. Pfarrkirche 247
– Kreismuseum 29, 46, 69, 246, 340
– Neues Schloß 246
Birkenfelder Land *43*, 244
Birkenhöhe 120
Bischofsdhron *128 f.* (Abb. 30)
– Fatima-Kapelle 128
– St. Paulinus 128
Bitscher Kopf 144
Blankenrath 179
Bleidenberg 193, *194*
Bleiderdingen 247
Bockenau 303
– ev. Pfarrkirche 303
– kath. Laurentiuskirche 303
– Rathaus 303
Börfink 227
Bonerath 222
Boos *303*
Boppard 10, 31, 73, 320
– städt. Museum (Kurtrier. Burg) 340
Bopparder Wald 320

351

ORTSREGISTER

Bollenbach 231
Borga-Burgen 142
Bosenbach, Wolfskirche 270
Brauneberg 141, 142, 143
– St. Remigius *141*
Braunshorn 187
Braunweiler 308
Breitenheim 284 (Abb. 85)
Breitwies-Mühle 134, 135
Bremerberg 67, 72
Bremm 183
Bretzenheim 318
Briedel *178f.*, 234 (Abb. 47)
– Pfarrkirche St. Martin 178 f.
Briedern 183
Brodenbach *191*
Bruchweiler 229, 234
Brunkenstein 292
**Bruttig** *184 f.*, 234
– Altes Rathaus 185
– St. Margaretha 185
– Schunksches Haus 185 (Abb. 50)
Bubach 234
Buborn 273
Buch 180
Buchholz 73
Büchenbeuren 120, 234
Büdesheim 319
Büdlich 124, 135
Bullay 183
Bundenbach *231* (Abb. 2)
Burg 177
Burgen *142*, 188
– ev. Kirche 142
– Fahls 142
Burgsponheim *305*
Burgund 271
Burgundische Pforte *248*

Calmond 183
Champagne 271
Col du Hundsrueck *248*
Cumbd, Kloster 186

Dagstuhl, Schloß 222
**Dalberg** *326 f.*
– Dalburg *326*
– Kirche 327

Damianskopf 65, 73
Damscheid 322
Daxweiler 321
Deimberg 273
Deinsberg 269
Deuselbach 227
Deutsche Edelsteinstraße 229
**Dhaun** *291 f.* (Farbt. 12)
– Dorfkirche 293
– Residenzschloß 292
– – Prometheus 293 (Abb. 96)
– Schloß 33, 35, 45, 291, *292* (Abb. 24, 29)
Dhron (Drahonus) 34, 68, 124, 127, 132, 138, 139 227, 228
**Dhronecken** *228*
– Amtshaus, ehem. Burgsitz der Wild- und Rheingrafen 228
Dichtelbach 77
Dickenschied 96 (Farbt. 7)
Dieblich 194
**Dill** 35, *117f.*, 238 (Abb. 24)
– Burg 117 (Abb. 23)
– ev. Kirche 117
**Disibodenberg, Kloster** 8, *300 ff.* (Abb. 105)
Dollberg 46
Dommelsberg 73, 310
Dommershausen 188
Donnersberg 65, 72, 278
Dörrebach 321
Dorsheim 318
Duchroth 300
Dudenroth 78
Dünnbachtal 186
Dusemond-Brauneberg 142

Ebernburg s. Bad-Münster am Stein-Ebernburg
Eckweiler 305
Ediger 183
Ehr 190
**Ehrenburg** *190 f.* (Farbt. 5)
Eller 183
Ellerbachtal 303
Ellern 77, 234

Ellerspring 16
Ellweiler 247
Elsaß 248, 306
Elsenfels *65 f.*
Elzerath 115
Emmel 140
Emmelshausen 73, **189**
– Agrarhistorisches Museum Emmelshausen 189, 340
– Gabys Spinnwebsammlung (Halsenbach) 340
– Halsenbach 189
– Museum für ländl. Textilverarbeitung 189
Emmeroth 144
**Enkirch** 176, *177*, 234, 238
– ev. Pfarrkirche *177*
– Heimatstuben 177, 340
– Ravengiersburger Hof 177
– St. Franziskus 177
Ehrbach 189
Entenpfuhl 328 (Abb. 123)
Erbach 77
Erbeskopf 11, 16, 124, 134, 227
Erden 171 f.
Erzweiler, Kriegerehrenhain 273
Eveshausen 188

Fankel 184
›Feuerklopp‹ 67
Filzen *141* (Abb. 43)
– Andreasturm 141
– Klosterkirche 141
Fisch 224
**Fischbach** 65, 66, *238*
– Dorfkirche 238 (Abb. 78)
– Kupfermine ›Hosenberg‹ 238 (Abb. 5)
Fischbach, Bach 65, 238
Flaumbachtal 185, 186
Forst 180
Forsthaus Ellerspring 328
Frankreich 303
Frankweiler 187
Frauenberg 243
– Frauenburg 36, 243 (Farbt. 1)
Frei-Laubersheim 312
Freudenburg 224

352

- Dreifaltigkeitskirche 224
- Freudenburg 224
- Stadtwehr 224
Frohnbach 144
Fürfeld *310f.*

Gallia Belgica 31
Gallien 28
Gans 312
Geiersley 292
**Gemünden** 16, 87, *330* (Farbt. 17)
- Burg 330
- ev. Pfarrkirche 330
- Geologischer Hunsrück-Lehrpfad 330
- kath. Pfarrkirche 330
Georg-Weierbach 239
Glan 10, 30, 265, 266, 276, 278
Glan-Münchsweiler 234
Glasburg 67
Gödenroth 78, 187
Gondershausen 189
Gornhausen 142
Götzeroth 144
Graach *171*
- Abtei St. Matthias 171
- Andreaskirche 171
- Josephshof 171
- Mattheiserhof 171
Gräfenbacherhütte 230
Gräfenbachtal 325, 327
Graue Lei *130f.*
Graues Kreuz 16 (Abb. 31)
Greimerath 226
Grenderich 181
Griebelschied 67, 235
Grimburg 226
Große Dhron 124, 130, 133, 134
Großer Soon 91, 328 (Abb. 4)
**Grumbach** 23, 33, 274, *276* (Abb. 88)
- Archivbau 276
- Kirche 276
Guldenbach 23, 318, 321
Guldental 325
Guldental-Heddesheim 234
Gumbsweiler 273
Gusterath 222
Gutenberg 325

- Gutenburg 325 (Abb. 116)
Gutenthal 228

Haag 132
Hahn 120, 121
Hahnenbach 15, 16, 21, 29, 32, 113, 231, 290
Hahnenbachtal (bei Bundenbach) 12, 18, 287, 289
Hallgarten (Abb. 104)
Hanau 87
Hanosiusmühle 181
Hardt 312
Harpelstein 68, 133
Harpelsteinwall 69
Haschbach 269
Hasselbach 80, 83, 299
Hausen 231
Hausweiler 274
Heddesheim 23, 325
Heddert 222
Heidenbiegel 66
Heidenpütz (Heinzer-Bach) 130
Heiligenbösch, Kirche *244* (Farbt. Umschlagklappe vorn)
Heiligenhäuschen 140
Heiligenmoschel 280
Heinzenberg 293
Heinzerath 131
Hellkirch 113, *114*
Hennweiler 234, 290
Hentern 222
Hergenfeld 325
**Hermeskeil** 68, *227*
- Dampflokomotiv-Museum 227, 340
- ev. Kirche 227
- Flugzeugausstellung 227, 341
- Hochwaldmuseum (Volkskunde) 227, 340
- kath. Martinskirche 227
Herrenberg, Schiefergrube 18, 21, 22, 29
Herren-Sulzbach 234, 238, *274*

**Herrstein** 234, *235ff.* (Umschlagvorderseite, Farbt. 10, Abb. 76)
- Amtshaus 235
- Heimatkundliches Museum 341
- Schinderhannesturm 236
- Schloßkirche 235, 236
- Uhrturm 235 (Abb. 75)
Herschwiesen 189
Hesweiler 179
Hettenrodt 245
Heuchelheim (Sulzbach) 232
Hilscheid 228, 234
Hinzenburg 222
Hinzerath 127
Hinzweiler 270
Hirsauer Kirche (Hundheim) 128, *270* (Farbt. 24, Abb. 86)
Hirschfeld 119, 238
Hirtenbösch 232
Hirzenach 31
Hochkessel 183
Hochscheid 126, 127 (Abb. 27, 28)
Hochstätten 310
Hochsteinchen 16
**Hof Iben** *311f.* (Abb. 112–114)
Hollerberg 116
Holzbach 234
Holzerath 222
Homberg 274
Homerskopf 66
Horath *132f.*
Horbruch 116
Horn 77, 234
Horner Burg 77
Hosenbach 232, 234, 235
Hosenberg 18, 66
Hottenbach 230, 232, 234
Hoxel 227
Hüffelsheim 234, *308*
Hundesrucha 30
Hundheim s. Hirsauer Kirche
Hundsbach 284
›Hunnenring‹ (Otzenhausen) 11, *46ff.*
›Hunnenstein‹ (Reidenbach) 239

# ORTSREGISTER

Hunolstein 131, 132, 228 (Abb. 35)
Hunsrückhöhenstraße 74
Husarenbusch (Anhöhe bei Kirrweiler) 274
Huttental 309
Hüttgeswasen 227

**Idar-Oberstein** 13, 234, 240*ff.*
– **Idar** 242
– – Besuchergrube Steinkaulenberg (Algenrodt) 17, 18, 243
– – Deutsches Edelsteinmuseum 341
– – Weiherschleife 243
– **Oberstein** 240 (Abb. 80)
– – Altes Schloß 240
– – Felsenkirche 240 (Farbt. 20, Abb. 79)
– – Neues Schloß 240
– – Obersteiner Heimatmuseum 242, 341
Idarbach 70, 245
Idarkopf 16, 27 (Abb. 32)
Idarwald 16, 329 (Abb. 54)
Imsbach am Donnerberg 238
Irmenach 123, 234
Irsch 226

Jeckenbach 234, 284
Jettenbach 268
Johannisberg (Burg) 292
Judenkirchhof (Elzerath) 130

Kallweiler 328
›Kampsteine‹ 176
Kandrich 15
Kappel 121
Kappeln 275
Karbach 322
Kasel 221
**Kastellaun** 35, 41, 78*ff.*, 87
– Burg 79
– ev. Kirche 80
– Friedhofskapelle 81
– kath. Kirche zum hl. Kreuz 80
Kastelskopf 66

Kastel-Staadt 225
– Johanniskirchlein 225
– Klause 225 (Farbt. 23)
Katzenelnbogen, Grafschaft 187
Katzenloch (Kempfeld) 245
Kaub 43, 75
Kell am See 226
Keltenwall 70
Kempfeld 229
Kindel 172
Kinheim 172
**Kirchberg** 15, 41, 74, 87, 94*ff.*, 116, 234 (Abb. 22)
– badisches Gendarmerie-Gebäude 96
– Burghaus der Herren von Eich 96
– Friedenskirche 95
– Heimathaus 341
– kath. Michaelskirche 94
– kath. Pfarr- und Gemeindehaus 96
Kirchgarten 274
Kirn 30, 234, 238, 287, 288*f.*
– ehem. fürstliche Kellerei 288 (Abb. 92)
– ev. Kirche 288 (Abb. 97)
– kath. Pankratiuskirche 289
– Kyrburg 288
– Lustschloß Amalienlust 288
– Piaristenkloster 288
– Rathaus 288
›Kirner Dolomiten‹ 287
Kirrweiler 274
Kirschroth 285
Kirschweiler 70, 245
Kisselbach 83
Kleine Dhron (das ›Dhrönchen‹) 124, 133, 134
Kleinich 124, 234
Kleinweidelbach 77
**Koblenz** 10, 74, 195
– Alte Burg 195
– Altstadt 195
– Bürresheimer Hof 195
– Kauf- und Tanzhaus 195
– Mittelrhein-Museum 159, 341
– Moselweiß 194

– Schöffenhaus 195
Köln 192
Konken 269
›Königstein‹ bei Rhaunen 23, 231
**Konz** 16, 223
– Karthause 223
– Pfarrkirche 223
– Volkskunde- und Freilichtmuseum Roscheider Hof 223, 341
**Koppenstein** 16, 329 (Abb. 124)
Korweiler 187
Krackes-Mühle 133
Krettnach 222
Krummenau 9, 118, 238
Külzbach 81
Kümbdchen 83
Kuno-Kapelle 227
Kurpfalz 37, 85, 303, 325, 330
**Kusel** 265, 268
Kyrburg 33, 37, 287, 288

Lahr 187
Lampaden 222
Landstuhl, Burg 39
Langenlonsheim 318
Langscheid 322
Laubach 77, 234
Laubenheim 318
Laufersweiler 119
– ehem. Synagoge 341
Lauschied 284
Lauter 276
**Lauterecken** 276
– Altes Schloß (Heimatmuseum) 277, 341
– ev. Kirche 277
– Glanbrücke 277
– kath. Kirche 277
– Lauterbrücke 277
– Neues Schloß 277
Lautzenhausen 120
Lay 194
Leiningen 323
Leisel 244
Lemberg, Schmittenstollen 302
Lettweiler 234

Leukbach 225
**Lichtenberg,** Burg 265f.
- Musikantenland-Museum (Zehntscheune) 265, 266, 288
Lieg 187
Liesenich 180
Lindenschied 118
Lingerhahn 187
Loeschemer Kapelle 224
Löffelscheid 179
Löllbach 234, 238, 285 (Abb. 83)
Longkamp 115, 124
Lorsch, Kloster 302
Lösnich *172* (Abb. 45)
- Annakirche 172
- Schlößchen der Grafen von Kesselstatt 172
Lothringen 67, 223, 248
Lötzbeuren 123, 234, 238
Lütz 187
Lützbachtal 187
Lützelsoon 16, 72, *114*, 235, 329
Luxemburg 24, 223

Macken 188
Mackenbach 268
Mainz 31, 43, 305
Mandel 307
Mannebach 187
Manubach 321 f. (Abb. 125)
Maria Engelport, Kloster 186 (Abb. 52)
Marienpforter Hof 303
Mark Thalfang 124
Martinstein 15, 265, 292
Mastershausen 179
Meckenbach 234
Medard am Glan 65, 265, 277 f.
Meddersheim 287, 297, 299
**Meisenheim** 30, 87, 234, 265, 278 ff. (Farbt. 11)
- Boos von Waldecker Hof 281
- Christianskirche 281
- Fürstenwärther Hof 281
- Gasthof Engel 281

- Gelbes Haus 279
- Gotisches Haus 279
- Herzog-Wolfgang-Haus (ehem. Schloß der Herzöge von Pfalz-Zweibrücken) 284
- Hunolsteiner Hof 281
- Inspektorhaus 281
- kath. Antoniuskirche 281
- Kellenbacher Hof 281
- Markthalle 281
- Marktplatz 281
- Mohrenapotheke 281
- Rapportierplatz 281 (Abb. 89)
- Rathaus *279*
- Rischmannsches Haus 281
- Ritterherberge 281 (Abb. 90)
- Schloßkirche 278, *282ff.* (Abb. 90, 93)
- Steinkallenfelser Hof 281
- Thaynsches Haus 281
- Untertor 281
Mengerschied 90
**Merl** 182
- ehem. Klosterkirche *182*
- Klapperburg 182
- Springlersbacher Hof 182
- Turm 182 (Abb. 40)
Merscheid 125, 132
Merxheim 287, 296
- Neues Schloß 296
- Rathaus 296
Merzig 31
Mesenich 183
Mettlach 16, 24, 31
Metz 265, 271
Metzenhausen 120
Michelsberg 265
Michelstadt 87
Mittelreidenbach 239
Mittelstrimmig *180*
- Heimatmuseum Strimmig 341
Molina-Mülheim 142
Montfort, Burg 286
Montforter Hof 286
Monzelfeld 142

**Monzingen** 282, 297 (Abb. 99)
- Altsches Haus 297 (Farbt. 14)
- Pfarrkirche 297
**Morbach** 74, *129*, 131
- Bildhauerbude 129 (Abb. 36)
- kath. Pfarrkirche 130
Morbach-Bischofsdhron 234
Mörschbach 77
Morscheid 131
Morscheid-Riedenburg 227
Mörschieder Burr 71
Mörsdorf 180, 234
Mörsdorfer Bach 179
Morshausen 189
Mosel 15, 16, 18, 23, 24, 30, 31, 32, 67, 74, 138, 195, 223, 248
Mülheim *144*, 234, 238
- ev. Gotteshaus 144
- Haus Richter 144
- Kapelle St. Maria 144
- kurpfälzisches Oberamt 144
Münchwald 327
**Münster-Sarmsheim** 282, *318f.*
- Alte Schule 319
- Kirche 318
- Rathaus 319
Mutterschied 77

Nachtigallental (Freilichtmuseum) 299
Nahe 10, 18, 25, 31, 65, 309, 319
Nahe-Bergland 14
Nahegau 30, 277
Nahekopf *66*, 243
Nahetal 10, 15, 33, 37, 65, 67, 312
Naturpark Saar-Hunsrück 342
Naumburg 37
Naurath 137
Neef *183* (Abb. 48)
- Burghaus 183
- Ofenmuseum 183

355

# ORTSREGISTER

- Peterskapelle 183
Nehren 183
Nennig 224
Neu-Bamberg 234, *312*
(Abb. 115)
- Burgkapelle 321
- ev. Pfarrkirche 312
- Kandelpforte 312
- kurmainzisches Amtshaus 312
Neuerkirch 82
- kulturhistorisches Hunsrück-Museum 341
Neuhütte 321
**Neumagen (-Dhron)** 74, 133, 134, *139ff.* (Abb. 7, 56)
- Märtyrerkapelle 140
- Peterskapelle 139 f.
- Pfarrkirche St. Maria 140
Niederalben 234, 273
Niederbrombach 243 ff.
Niederburg 322
Niedereisenbach (Glanbrücken) *273*
- Museum in der historischen Ölmühle 273
- St. Julian 273
Niederhausen 302
Niederheimbach
(Burg Sooneck) 341
Nieder-Kostenz 120
Niederkumbd 83
Niederfell 194
Niederhosenbach 234, 235
Niedermoschel 285
- Lewenburg 285
Niederweiler 118
Niederwörresbach 234
(Farbt. 2, Abb. 53)
Nohen 243
Nonnenberg 77
Nordpfälzer Bergland 72
Norheim 234, 302
**Nunkirche** *91* (Abb. 20)
Nußbaum 297

Oberdiebach 321
Oberemmel 223
Oberfell 194

Oberhausen 290, 302
Oberheimbach 234, 321
Oberkirn 118, 231 (Abb. 21)
Ober-Kostenz 120, 234
Obermoschel, Moschellandsburg 285
Oberreidenbach 239
Oberwesel 10, 31, 320
- Bäckermuseum 341
- Heimatmuseum 341
Ochsenheck 232
Ockfen 226
Odenbach 277
- ev. Pfarrkirche 277
- Rathaus 277
- Wasserburg 277
Odenwald 11
Odernheim 299
Odert 125
**Offenbach** 234, *271 ff.*, 306
(Farbt. 8)
- ehem. Propsteikirche
(Abb. 81, 82, 84)
- kath. Kirche 272
- Schaffnerhaus (Pfarrhaus) 272
- Siener Heide 271
Ohligsberg 73
Ohlweiler 234
Öhringen 87
Oppertshausen 83
Osburg 222
Osburger Hochwald 16
Otzenhausen (›Hunnenring‹) 46, 65, 227

**Palzem** 224
- Helfanter Dom 224
- Pfarrkirche St. Agatha 224
- Schloß Thorn (Kreuzweiler) 224
Panzweiler 91
Papiermühle 133. 134
Pellingen 222
Perchwald 232
Perscheid 322
Peterswald 178
Pfaffen-Schwabenheim 317
Pfalz 33, 38, 41, 67, 248, 269
Pfalz-Zweibrücken 143

Pfalz-Simmern 174
Pfalzfeld 78, 187
Pfälzer Bergland 14
Pferdsfeld 305
Pforzheim 87
Piesport 140
Pilmeroth *144*
Pleizenhausen 77
Pluwig 222
Pommern/Mosel 234
Prosterather Wacken 137
Prüm 328
Pulgersmühle 186
**Pünderich** 177, *178*, 234
(Abb. 41)
- Fahrhaus 178
- Kloster Sprenkersbach 178
- Marienburg 178, 182

Rachtig *171*
- Deutschherrenhaus *171*
- Kirche 171 (Abb. 51)
Rapperath *129f.*, 299
- ›Großer Herrgott von Rapperath‹ 9, 130 (Abb. 34)
Rapperather Wacken 129
Rauschenburg 34, 189, 190
**Ravengiersburg** *92ff.*
(Abb. 3)
- ›Hunsrückdom‹ 9, 30, 31, *92ff.*, 234 (Farbt. 16, Abb. 18, 19)
Raversbeuren 121, 122, 234, 238
Rayerschied 77
Rehbach 305
Reichenbach 243, 270
Reichenstein, Schloß 75
Reidenbachtal 239
Reims 265
Reipoltskirchen 277
- Wasserburg 277 (Abb. 87)
Remigiusberg 265, 269
**Rhaunen** 118, *231*, 234
- ev. Pfarrkirche 231
Oberamtshaus 231
- Rathaus 231
Rhein 15, 16, 24, 30, 31, 32, 43, 195, 319
**Rheinböllen** *74ff.*, 77

356

- ev. Pfarrhaus 74
- ev. Pfarrkirche 74
- Jagdschloß Karlsburg 76
- kath. Kirche 74
- Puricelli-Gruftkapelle 76
- Rathaus 74
- Rheinböllerhütte 7, 75, 321
- Stromberger Neuhütte 76
- Waisenhaus, Kirche 76

Rheingrafenstein 302, *309* (Farbt. 4)
Rheinhessen 33, 38
Rheinisches Schiefergebirge 11, 14
Rheinlandpfälzisches Freilandmuseum 342
Rheinstein 320
Riegenroth 234
Ringelkopf 16
Ringmauer bei Fischbach 66*ff.*, 72
Ringskopf *69ff.*, 72, 246
Riol (Rigodulum) 137
Riveris 221
- Riveris-Talsperre 221
Rochusfeld 91
Rochuskapelle *224*
Rockenburger Urwald 124, 136
Rödelhausen 121
Röderberg, Hunnenring *68*
Rommersdorf 306
Roscheider Hof s. Konz
Rösterkopf 16
Rotenfels (Bad Münster am Stein-Ebernburg) 302, 309 (Abb. 106)
Rotenburg 292
Roth 187, 234
Rothselberg 268, 270
Roxheim 308
Rüdesheim 308
Rümmelsheim 234
Rupertsberg, Kloster 300, 319
Ruwer (Erubrus) 30, 138, 221
Ruwertal 221, 222

Saar 10, 15, 16, 30, 31, 223, 225
Saarbrücken 265

**Saarburg** *225f.* (Abb. 69)
- Burg 225
- Kunoturm 225
- Laurentiuskirche 226
- Wallfahrtskirche Mariä Heimsuchung (Beurig) 226
Saarburger Land 223, 224
Saargau 16
Saarland 223, 230, 269
Saar-Nahe-Graben 12, 14
Saar-Nahe-Bergland 248
Sabershausen 186
St. Goar 31, 234, 320
- Heimatmuseum 341
- St. Goarer Wald 320
St. Johannisberg 294 (Abb. 95)
St. Julian 273
St. Katharinen 307
- Katharinenkloster 31, 307
Sargenroth 91
Schanzerkopf 16, 77
Schauren 179, 229, 234
Schengener Brücke 223
Schillingen 226
Schloßböckelheim 303
Schloßgrund 321
- Suitbertusstein 321
Schönberg 136
Schönberg-Talling, Menhir 136 (Abb. 6)
Schönborner Hof *274*
Schöndorf 222
Schöneberg 325
Schöneck, Schloß 189f.
**Schmidtburg** 21, 22, 29, 30, 33, 34, 113 (Abb. 9)
Schmidthachenbach 234
Schneppenbach 90, 113
Schollländer Hof 308
Schwarzenbach, Fürstengräber 48
Schwarzerden 265
Schwarzwälder Hochwald 16, 226
Schweich 135
Schweinschied 284f.
Schweppenhausen 325
Schwerbach 118
Schwollbachtal 243

Schwollen 244
**Seesbach** 296 (Abb. 121)
- ehem. Pfarrhaus 296
- Gehinkirche *296*
- Laurentiuskirche 296
- Semendiskirche 296
Seibersbach 321
Senheim 183
Sensweiler *245*
**Serrig** 225
- Pfarrkirche 225
- Schloß Saarfels 225
Sevenich 187
Sickingen 37
**Sien** *239f.* (Farbt. 9)
- Barockschlößchen 240
- ev. Pfarrkirche 240
- St. Laurentius 240
Siener Heide 271
Siesbach 244
- ›Kipp‹ 27f.
- Römergrab 29
Silberich 16, *69ff.*, 72
Simmerbach 16, 91
Simmerkopf 16
**Simmern** 37, 41, 74, *82ff.*, 234, 330 (Abb. 10)
- kath. Pfarrkirche St. Josef 89
- Neues Schloß (Hunsrücker Heimatmuseum) 89, 341
- Schinderhannesturm 85, 342
- Stefanskirche *85f.*, (Abb. 11–17)
Simmerner Mulde 16, 329
Simmertal 295
**Sobernheim** 41, 234, *297ff.*, *339*
- Disibodenberger Hof 298
- Ehemhof 298
- Haus ›Zum kleinen Erker‹ 299
- kath. Pfarrkirche 298
- Kommende der Johanniter 298
- Kratzscher Hof 298
- Malteser Hof 298
- Matthiaskirche *297* (Farbt. 19, Abb. 101)

357

# ORTSREGISTER

- Rathaus 299 (Abb. 100)
- Rheinlandpfälzisches Freilichtmuseum (Nachtigallental) 342 (Abb. 102)
- Steinkallenfelser Hof 298

Sohren 119
Sohrschied 118
Sommerau 221
Sommerloch 308
Sooneck 320
Soonschied 235
Soonwald 9, 16, 24, 75, 77, 305
Sosberg 180
**Spabrücken** 234, *327*
- Amtshaus 327
- Wallfahrtskirche 327 (Abb. 122)

Spall 327
Speyer 265, 303
Sponheim, Grafschaft 35, 174, 188
**Sponheim** 305 ff.
- Abteikirche 8, 31, 33, *305* (Farbt. 21, Abb. 107–110)
- Kirche St. Maria und St. Martin 306 (Abb. 110)
- Sponheim-Stube 342

Sprendlingen 234
Starkenburg 123, 176
- Kirche 176, 238
Staudernheim 287, 299
Steeger Tal 43, 322
Steinalp 273
Steinhardter Hof 303
**Steinkallenfels** 289
- Burghaus 289
- Burg Kallenfels 289
- Burg Stein 289
Steinkaulenberg s. Idar-Oberstein
Sternfeld, Forsthaus 137
**Stipshausen** 127, 230 f., 234
- ev. Pfarrkirche 230 (Farbt. 18, Abb. 71, 77)
- kath. Maternuskapelle 231
Stolzenfels 320
Straßburg 265
Strimmiger Berg 181
**Stromberg** 39, 41, *323*

- Burg Gollenfels 324
- ev. Pfarrkirche 323
- Fustenburg 323 f.
- kath. Pfarrkirche 323
- Marktbrunnen 323
Stromberger Neuhütte 76
Struthof 327
Stuben 183 (Abb. 59)
Stumpfer Turm (Hunsrückhöhenstraße) 125
Suitbertusstein (im Schloßgrund) 321
Sulzbach (bei Rhaunen) 229, 231

**Taben-Rodt** 225
- Kirche 225
- Michaelskapelle 225
- Propsteigebäude 225
- Tabener Urwald (Naturschutzgebiet) 225
Tawern 224
Tellig 179
Temmels 224
Teufelsfels 16, *114*
**Thalfang** 228, 234 (Abb. 70)
Thallichtenberg 226
- Musikantenland-Museum 342
Theisbergstegen (ev. Pfarrkirche am Deinsberg) *269*
Tholey, Kloster 31
Thomm 137
Thurant, Burg *192 f.*
Titelberg (Luxemburg) 65
Todenroth 120
Tönnchen *133*
**Traben-Trarbach** *174 f.*
- - ev. Pfarrkirche 174
- Graacher Schanzen 174
- Grevenburg *174 f.*
- Lateinschule 175
- Starkenburg 33, 35, 176
- **Traben** 174
- - Montroyal 174
- **Trarbach** 33, *174*, 234
- - Kaysersches Haus 175
- - Kellerei Julius Kayser & Co 175
- - Mittelmoselmuseum (Haus Böcking) *175*, 342 (Abb. 49)

Tranenweiher 227
Trauntal 69
Trechirgau 30, 81
Trechtingshausen, Öfen- und Herdplattensammlung Rheinböller Hütte (Burg Reichenstein) 342
Treis 185, 234
- Treiser Burg 185
- Wildburg 185
Treiser Siebengebirge 185
**Trier** 10, 16, 18, 26, 30, 31, 39, 46, 74, 133, 137, 140, 143, 169, 192, *195 ff.*, 265, 320
- Alter Kran 218
- Amphitheater *217* (Abb. 63)
- Antoniuskirche 217
- Augustinerhof 218
- Augustinerkirche 218
- Barbarathermen 218
- Basilika 200 (Abb. 62)
- Bischöfliches Dom- und Diözesanmuseum 342
- Bischöfliches Palais 200
- Dom *198 f.* (Farbt. 22, Abb. 66)
- - Domkreuzgang 199 (Abb. 64)
- - Domschatz 342
- Domfreihof 198
- Dreifaltigkeitskirche 217
- Dreikönigenhaus 198
- Duisburgerhof 220
- Frankenturm 198
- Georgsbrunnen 217
- Hauptmarkt 198
- Jesuitenkolleg 217
- Kaiserthermen *217* (Abb. 218)
- Karl-Marx-Haus 219, 342
- Karthäuserhof 220
- Kastilport 200
- Kornmarkt 217
- Kurfürstlicher Palast 200
- Liebfrauenkirche 200 (Farbt. 22, Abb. 68)

- Marktkreuz, altes 198
- Palais Kesselstatt 200 (Abb. 67)
- Palais Walderdorff 200
- Petrusbrunnen 198 (Abb. 60)
- Porta Nigra *197* (Abb. 61)
- Rheinisches Landesmuseum 29, 48, 68, 69, 70, 124, 126, 139, *200f.*, 342 (Abb. 57, 58)
- Römerbrücke 218
- St. Gangolf 198
- St. Irminen-Stift 218
- St. Martin 218
- St. Matthias 31, *219*
- St. Maximin 31, 32, 219
- St. Paulin 31, *219* (Abb. 65)
- Schloß Grünhaus 220
- Simeonsstift *197*
- Stadtbibliothek (Schatzkammer) 217, 342
- Städtisches Museum 197, 342
- Steipe 198 (Abb. 60)
- Viehmarkt 217
- Zollkran 218
- Zurlaubener Ufer 218
Trifthütte 328
Trollbachfelsen 74
Trollbachtal 318
Turmburg (Laubach) 78

Uhler 187
Unterjeckenbach 275
Usarkopf 16
Utzenhain 322

Valwigerberg 185
Vassiniacum (b. Bergen und Berschweiler) 232
Veitsrodt 238 (Abb. 74)
**Veldenz** 143, 234
- Burg Veldenz *142f.*
Veldenzertal 141, 144
Verdun 142, 143, 144, 265, 277

Viereckschanze *68*
Vogesen 248
Vorkastell *69*

Waldalgesheim 24
**Waldböckelheim** 303
- ev. Pfarrkirche 303
- kurmainzische Faktorei 303
- Pfarrkirche St. Bartholomäus 303
**Waldeck** *188f.*
- Burgruine Waldeck 188
- Drachenkopf
Wald Erbach, Schloß 321
Waldhilbersheim 325
**Waldrach** *221*
- Pfarrkiche St. Laurentius 221
- römische Wasserleitung 221
Waldweiler 226
Walhausen 179
**Wallhausen** 299, *326*
- St. Lorenz 326
- Schloß 326
Warmsroth 321
Wartenstein, Schloß 287, 290
Wasigen (Wasgau) 248
Wasserbillig 224
Wasserliesch 224
Wederath 125, 127
Weiden 230
Weierbach 239
Weiler 297
Weiler bei Bingen 234
Weinplatz 130
Weinsheim 299, 308
Weitersbach 231
Wellen 224
Wenigerath 125, 131
Westrich (Westreich) 10, *248*, 265, 267, 268
Wickenrodt (Römerstraße) 232, 235 (Abb. 1)
Wiesweiler 272

Wildburg *328*
Wildburg-Höhe 16
**Wildenburg** 16, *69ff.*, 229 (Abb. 8)
Wiltingen 223
Wincheringen *224*
Windesheim 234, 325
Windhausen 189
**Winterburg** 234, 299, 304
- Burg Winterburg 304
- ev. Pfarrkirche 304
Wintrich 140
- St. Kornelius 141
Winzenheim (Bad Kreuznach) 318
Wirschweiler 245
**Wolf** *172f.*
- Göckelsberg *173*
- Liebfrauenkirche auf dem Göckelsberg 172, 173
- Pfarrkirche 173
Wolfstein 277
Womrath 92
Woppenroth 16, 113
Würzburg 307

**Zell** *181f.*, 234
- Haus der kurtrierischen Amtsverwalter 182
- Kirche 182
- Kurfürstliches Schloß 181 (Abb. 44)
- Rathaus 182
Zeller Hamm 177, 181
Zeltingen 171
- Pfarrkirche St. Stephan *171* (Abb. 46)
Zerf 222
Zilshausen 186
›Zwei Steine‹ (Quelle Große Dhron) 133
Züsch 227
Zummethöhe 135
Zweibrücken 274
Zweikirche (im Lautertal bei Rutsweiler) 270

...) ist Sitz der Kreis-

### Allenbach
Prähistorische Wallanlage ... dem *Ringskopf*. 1265 wurde erstmals *Schloß Allenbach* als Wasserburg erwähnt. Spätgotischer Wohnbau mit Fachwerkerkern erhalten, 1528 durch die Sponheimer erbaut. Privatbesitz.

### Alteburg im Soon
Aussichtsturm neuzeitlich. Nahebei Wallanlagen; prähistorischer Ursprung fraglich, wahrscheinlicher Viehtriftgrenzen des Mittelalters.

### Altebaumburg
1129 erstmals erwähnte Stammburg der Raugrafen, 1689 zerstört. Bedeutende Anlage, weitläufige Ruinen. Palas als Burgrestaurant wiederaufgebaut.

### Argenschwang
Malerische Ruinen der *Rosenburg* (Pfadfinder-Jugendburg). Im 12. Jh. durch die Sponheimer gegründet, 1793 zerstört.

### Baldenau
Einzige in der ursprünglichen Bauform erhaltene Wasserburg des Hunsrücks. Um 1320 durch Balduin von Trier gegründet, 1689 zerstört, nach 1980 als Ruine restauriert. Oberhalb an der B 327, auf dem Boden des römischen *Belginum*, der *Stumpfe Turm* (um 1400).

### Balduinseck
Um 1325 unter Balduin von Trier errichtet, um 1780 bereits nicht mehr bewohnt. Mächtiger Wohnturm in malerischer Lage.

### Beilstein
Ruine der *Burg Metternich* über dem Ort. Entstammt dem 13.–15. Jh., 1689 zerstört.

### Bingerbrück
Prähistorische Wallanlage auf dem *Ohligsberg* im Binger Wald.

### Birkenfeld
Ruine der *Burg Birkenfeld* (Jugendherberge). Im 13. Jh. gegründet, 1584–1717 Residenz der Herzöge von Pfalz-Zweibrücken-Birkenfeld; Stammburg der pfälzischen Wittelsbacher. Das klassizistische *Neue* Prähistorische *Vorkastell* über dem Traunbach.

### Brunkenstein
1336 unter Balduin von Trier als Trutzburg gegen Dhaun errichtet, 1411 abgebrochen. Rest eines Rundturms.

### Dalberg
Um 1170 gegründeter Stammsitz der Herren von Dalberg. Allmählicher Zerfall schon vor 1689.

### Schloß Dhaun
Bedeutende Feste der Wild- und Rheingrafen, im 12. Jh. gegründet, im 16./17. Jh. erheblich erweitert, seit 1729 Ausbau zum Barockschloß. Enorme Reste, großer Park, mächtige Bastionen, unterirdisches Gangsystem (Burgverlies). Im restaurierten Teil heute Heimvolkshochschule.

### Dhronecken
Angeblich Stammsitz des Hagen von Tronje. Historisch nachweisbar seit 1290 als luxemburgisches Lehen der Wildgrafen. 1346 zu Trier gehörig, 1637 zerstört, 1648 erneuert. 1714 wieder zerstört; danach (im Amtshaus, 18. Jh.) seit 1817 und noch heute Forstamt.

### Dill
1107 Sitz der Herren von Dill. 1697 zerstört. Mächtiger Wohnturm des 14. Jh.; Ausgrabungen und Sicherungsarbeiten im 20. Jh.; Privatbesitz.

### Dudenroth
Burghügel des frühen Mittelalters. Wall- und Grabenreste der noch im 11. Jh. genannten Wehranlage.

### Ebernburg
1209 erstmals erwähnt. Stammburg der Sickinger; nach Franz von Sickingens Tod 1523 niedergebrannt. Schleifung der Rest 1697. Seit etwa 1970 umfangreiche Rekonstruktionen. Heimvolkshochschule; Burgrestaurant.

### Ehrenburg
Große Ruine mit architektonisch bedeutsamem Doppelturm und Rampenturm. Um 1120 auf römer- zeitlichen Ruinen gegründet, 1689 zerstört. Burghotel und Restaurant.

### Fischbach/Nahe
Latènezeitlicher Abschnittswall der *Ringmauer* über dem Hosenbachtal.

### Freudenburg
1337 unter König Johann von Böhmen errichtet und bald darauf an Balduin von Trier veräußert. Seit 1589 Eigentum der Trierer Abtei St. Maximin. 1646 zerstört. Stattliche Ruine.

### Frauenberg/Nahe
Latènezeitlicher Abschnittswall auf dem *Nahekopf*. Unweit Ruine der um 1330 unter Loretta von Sponheim erbauten *Frauenburg*.

### Gemünden
Schloß Gemünden (Privatbesitz). Gründung im 12. Jh., 1514 an Schmidtburg und seit 1814 Eigentum der Freiherren von Salis-Soglio.

### Gollenfels
Burghaus (Wohnturm 13./14. Jh.) oberhalb Stromberg. 1156 pfalzgräflicher Besitz. Gebäude von 1619 erhalten. Außenbesichtigung möglich.

### Grimburg
Ende 12. Jh. vom Erzbistum Trier erbaut. Bergfried (12. Jh.) und Mauerwerk (14. Jh.) der großen Anlage wurden baulich gesichert.

### Grumbach
Vom Schloß der Wild- und Rheingrafen blieben ein Gewölbekeller und das Archivgebäude (1608) erhalten.

### Gutenburg
Vor 1213 durch die Herren vom Stein errichtet; nachmals sponheimisches und dann pfalzgräfliches Eigentum. Im 17. Jh. zerstört. Malerische Ruine.

### Heinzenberg
Spärliche Reste der wohl im 12. Jh. erbauten und seit etwa 1330 zerfallenen Burg des Minnesängers Wilhelm von Heinzenberg.

### Herrstein
Bedeutende Reste (Türme) der Burg (13. Jh.) über dem historischen Ortskern. Von der Stadtwehr

# Kunst-Reiseführer in der Reihe DuMont Dokumente

*Zur schnellen Orientierung – die wichtigsten Orte und Sehenswürdigkeiten des Hunsrücks und des Nahelandes auf einen Blick:*
(Auszug aus dem ausführlichen Ortsregister S. 348–353)

| | | | |
|---|---|---|---|
| Alken | 194 | Lauterecken | 276 |
| Altburg (Bundenbach) | 21 | Lichtenberg | 265 |
| Bad Kreuznach | 312 | Meisenheim/Glan | 278 |
| Bad Münster am Stein | 309 | Monzingen | 297 |
| Baldenau | 127 | Morbach | 129 |
| Belginum/Hinzerath | 125 | Neumagen-Dhron | 139 |
| Bernkastel-Kues | 144 | Nunkirche | 91 |
| Birkenfeld/Nahe | 246 | Offenbach/Glan | 270 |
| Dhaun | 291 | Ravengiersburg | 92 |
| Dhronecken | 228 | Rheinböllen | 74 |
| Dill | 117 | Saarburg | 225 |
| Disibodenberg | 300 | St. Johannisberg | 294 |
| Ebernburg | 309 | Schmidtburg | 21 |
| Ehrenburg | 190 | Simmern | 82 |
| Gemünden | 330 | Sobernheim | 297 |
| Grumbach | 276 | Spabrücken | 327 |
| Hermeskeil | 227 | Sponheim | 305 |
| Herrstein | 235 | Stromberg | 323 |
| Hof Iben | 311 | Thalfang | 228 |
| Idar-Oberstein | 240 | Traben-Trarbach | 174 |
| Kastellaun | 78 | Trier | 195 |
| Kirchberg | 94 | Veldenz | 142 |
| Kirn | 287 | Waldeck | 188 |
| Koppenstein | 329 | Wildenburg | 70 |
| Kusel | 268 | Zell/Mosel | 181 |

In der vorderen Umschlagklappe: Übersichtskarte Hunsrück

In der hinteren Umschlagklappe: Burgen-Übersicht

Ebernburg zu Franz von Sickingens Zeit, Holzschnitt von 1523